自由思想的伦理

〔英〕卡尔·皮尔逊 著

李醒民 译

商务印书馆
The Commercial Press

2016年·北京

Karl Pearson

THE ETHIC OF FREE THOUGHT
AND OTHER ADDRESSES AND ESSAYS

New York : The Macmillan Company,

Second Edition (Revised), 1901.

本书根据纽约麦克米兰出版公司 1901 年修订第 2 版译出

卡尔・皮尔逊(Karl Pearson,1857—1936)

献给剑桥国王学院的成员
作为微不足道的感激的标志
为的是令人愉快的几年学院生活和非常宝贵的友谊

目　　录

自由思想的伦理
与其他讲演和论文

英国皇家学会会员,剑桥国王学院前研究员,伦敦大学应用数学和力学学院教授

卡尔·皮尔逊

自由,但是要使自由与高尚的东西始终契合

人生的认真和严格,乃神圣之美德

哈默林[①]

当无人积攒黄金,那时会留给我们什么货资,

以便在市场买回良友,勒索和榨取这位售出的奴婢?

什么财富也未留下,除了可爱的都市,山冈上的小房子,

与美丽的荒原和林区,我们耕作的令人陶醉的田地。

也有古老传奇的家园,伟大逝者的坟冢;

亦有智者四处搜寻奇迹,诗人头脑诗兴喷涌;

---

① 罗伯特·哈默林(Robert Hamerling,1830～1889)是奥地利诗人,主要因其叙事诗为人铭记。诗集有《一首浪漫派的绝唱》(1862)、《阿哈斯维尔在罗马》(1866)、《锡安山之王》(1869)等。——译者(一些"译者"的资料来自《简明不列颠百科全书》等多种辞书或有关网络,此后不一一注明。)

还有画家梦笔生花之手,余音绕梁提琴之弓,

以及联合圣乐团——全都各司其职、娴熟精通。

在世界变得美好之日,这一切归于全民,

必定丝毫也不缺乏劳动岗位与生活提供。

威廉·莫里斯①

---

① 威廉·莫里斯(William Morris,1834～1896)是英国诗人、美术设计家、手工艺人和社会主义先驱者,现在被视为 19 世纪的伟人之一。作为 19 世纪英国最重要、最有影响力的设计师,他创作的图案具有强烈的艺术气质,主要取材于自然界的花卉植物等。他设计的图案被应用于教堂彩色玻璃、地毯、壁毯和很多纺织品、家居饰品上。他创作的诗集《圭尼维尔的自行辩解及其他诗篇》(1858)是他的处女作诗歌集,其成名作是浪漫主义诗篇《伊阿宋的生与死》(1867),其他诗集有《地上乐园》(1868～1870),作为诗歌成就代表作的《沃尔松族的西古尔德的故事和尼贝龙族的衰败》(1876),附有精美彩色插图的《诗集》(1870)等。这几行诗歌是威廉·莫里斯的《对社会主义者的赞美诗》(*Chants for Socialists*)第一节"这一天正在到来"(The Day Is Coming)中的一部分。

译文参考《英国维多利亚时代诗选》(飞白译,长沙:湖南人民出版社,1985 年第 1版,第 247～248 页)中的下述译文译出:

我们还有什么财富——如果再无人搜集黄金,

在市场购友为奴,搜刮和折磨卖身之人?

再没有财富,除了可爱的城市,山上的小屋,

美丽的荒野和森林,我们耕种的幸福泥土,

还有古老传说的故乡,伟大死者的墓道,

还有哲人探求着奇迹,诗人被想象萦绕,

还有画家下笔如有神,小提琴奏出绝响,

还有合唱队和声悠扬,他们都精通本行——

这一切属于我们全体,当世界变得合理,

任何人都不缺少劳动和生活所需。——译者

第二版序言

我准许本书原来的序言以及一两篇论文再次印刷,只是做了些微修订,这并不是因为它们确切地表达我今日思考的东西,而是因为一起阅读时它们可以向一些读者说明撰写这些讲演和论文的境况——部分是历史的境况,部分是个人的境况。在 1880 年和 1881 年,相较而言,人们在工人俱乐部几乎听不到几个关于社会主义的讲演,我完全记得当时就拉萨尔(Lassalle)和马克思的学说提出了什么严肃问题。最近二十年完全改变了这一切——主要特征之一是费边社(Fibian Society)①的出色教育工作。二十年前,性问题的讨论同样是非同寻常的。现在涌现出关于这个课题的相当多的文献。我们偶尔也遇到可怕的赘疣,但是在整体上所写的东西是富有思想的、有益健康的,在结论方面是合情合理的。

自本书第一版以来逝去的十四年,可能被社会改革者看作是稳定进步的岁月,即使在某种程度上是缓慢的进步。现在,人们认识到,劳动问题和性问题被认为是我们这一代人的问题,关于它们

---

① 费边社是 1883~1884 年在伦敦成立的社会主义团体,其宗旨是在英国建立民主的社会主义国家。费边社信奉渐进社会主义,不主张革命。费边社的名称源自善用缓进待机战术的罗马将军费边·昆克塔托的名字。一般认为费边社的创始人为苏格兰哲学家 T. 戴维森,其早期成员有 G. 萧伯纳、韦布夫妇、A. 贝赞特、E. 皮斯和 G. 华莱斯。——译者

的讨论最近虽然名声不好,但很可能会成为风尚的标志。

　　在自由思想方面,进展是实在的,但却不大明显。自由思想者(Freethinker)过多地作为单个人起作用;我们今日需要的东西是现在可以容易地将工作做得同样好的自由思想者的社团,公谊会(the Society of Friends)①很久以前就做这样的工作,在一位论派教徒(Unitarians)②和实证论者(Positivists)转而开始站在理智进步的前列时,他们也这样做了。神学争论的再发作,"正在和解的"形而上学的再次爆发,规避宗教考察法(Test Act)③幽灵的成功尝试,在通神学(theosophy)④和"基督教科学派"(Christian Science)⑤名义下各种形式的迷信行为的复活,大大唤起对如此联

---

　　①　公谊会是基督教新教的一个教派,亦称贵格会。17世纪中叶兴起于英格兰和美洲殖民地。该会没有信条,不设神职,没有传统教会组织或圣事仪式。其教义特点是强调信徒追求"内心之光"——不是良知或理智,而是自觉上帝存在于内心。公谊会的礼拜集会任何人都可以参加。——译者

　　②　一位论派是继承早期基督教会或宗教改革运动时期的某些非正统神学思想的派别。它先于16世纪在匈牙利、罗马尼亚和波兰,继而于18世纪或19世纪在英格兰和美国等国建立教会。它认为上帝只有一位,否认基督的神性和三位一体教义。——译者

　　③　宗教考察法是在英格兰、苏格兰和爱尔兰关于信奉指定的宗教才能担任公职的法律。1567年,苏格兰通过一项法案,规定只有信仰基督教新教的人才能担任公职。英格兰的刑法规定得非常严格,当然把不信奉国教的人排斥在公共生活之外。直到1828年才发布取消这种考察的法令,1860年代和1870年代,各种考察法被正式废除。——译者

　　④　theosophy即通神学或神智学,它倾向于神秘主义的宗教哲学,历史悠久,在19世纪或20世纪对宗教思想的发展有触发作用。通神学各派内容歧义,但有一些共同点:它们都强调奥秘经验、密传教义,着眼于超自然现象,向亚洲的宗教哲学靠拢。大写的Theosophy即接神论,认为万物轮回,人可以通过修持获得神性。——译者

　　⑤　基督教科学派是宣传靠信仰治病的宗教派别,1879年在美国波士顿创立。玛丽·贝克·艾娣自1862～1875年提出一整套思想,并于1875年出版《科学与健康》一书,介绍这种思想,后来她称这种思想为基督教科学。基督教科学派大部分成员是中层或上层社会地位的中老年妇女,集中在城市、疗养胜地和繁荣的住宅区。——译者

合的重要性的注意。考虑到这些无论如何绝不是暂时反应的无关紧要的征兆,这本《自由思想的伦理》的再版对一些人来说也许不是没有它的正当理由的。

我衷心感谢我的朋友 W. R. 麦克唐奈(W. R. Macdonell)博士,他审读校样并向我指出许多不准确之处和差错。

卡尔·皮尔逊(Karl Pearson)
1901 年 7 月于思拉夫汉(Througham)

1887 年第一版序言

　　包含在这本选集中的讲演是向业余听众和其他听众演讲的，论文是过去八年发表在杂志或小册子上的。特地为本书撰写的唯一一篇论文，是批评皇家学会主席最近对自然神学的撰稿[①]；在标题为"社会学"的栏目中的其他几篇论文修改或局部重写了。

　　关于我的书的方法和范围，有必要说几句话。读者将发觉，无论栏目还是单篇论文并非像读者乍一看所猜想的那样大相径庭。我斗胆认为，它们中存在意图的统一和论述的相似性。我依据这一立场提出，自由思想的使命不再是砸烂旧有的信仰（faiths），这在很久以前就有效地完成了，我至少准备好在废墟周围设置围栏，从而可以保护它们免受亵渎，并作为界标发挥作用。我确实承认，最近那篇关于基督教的尖刻文字[②]只是使我厌倦，我马上把我的副本转给一位年青先生，他热切地希望我阅读一本标题为《精神世界中的自然规律》（*Natural Law in the Spiritual World*）的著作——他告诉我，这本书给予他童年时代的信仰以全新的广度。于是，从基督的"确实存在"是完全超出有益讨论的领域之公理开始，本书头五篇论文努力阐明这样的见解：今日合理性（rational）

---

　　① 在写这些话语时，乔治·加布里埃尔·斯托克斯爵士（Sir George Gabriel Stokes）是主席。

　　② 作者是已故的科特·莫里森（Cotter Morrison）先生。

的存在物可能对物理世界和智力世界都适用。它们倡导——至于是否成功我听任读者判断——合理性的热情和合理性的道德基础。它们坚决主张怀疑的几乎神圣不可侵犯的性质,同时强调科学研究和历史研究是通向知识的唯一道路,是通向正确行为的唯一可信赖的向导。自由思想者的立场在某种程度不同于不可知论者(Agnostic)的立场。后者断言,一些问题超越人的解决能力,而前者使自己满足于以下陈述:在这些方面,他现在不知道,可是他能够在关注过去的同时不给未来的知识设置界限。他相信,相继的数代人的渐进研究可以解决大多数问题,其间他不会容许神话掩盖他的无知。自由思想者不是无神论者(Atheist),但是他强烈否认迄今提出的任何神祇的可能性,因为它们之中的每一个观念由于与某个思维规律相矛盾,而包含荒谬的东西。他进而认为,在我们的知识和我们的心理发展的目前状态下,创造首尾一贯的神祇的尝试注定要失败。那只不过是理智能量的浪费。

　　从自由思想者的立场看,第二组历史组的论文涉及过去一两个时期的思想和生活。在这里,选择在某种程度上是比较困难的,因为我们有较多的材料从中挑选。头两篇文章与在第一个栏目论述的观点密切相关。后三篇论文涉及这样一个时期,在该时期倾向于变革社会的力量在许多方面与我们目前在行动中发现的力量相近似。研究人(man of the study)①、蛊惑民心的政客、乌托邦主

---

　　① "研究人"是皮尔逊的专门用语,它与"市场人"(man of the market-place)相对。具体含义详见以下有关论文。也可参见李醒民:《自由思想和研究的热情——皮尔逊社会哲学一瞥》,北京:《自然辩证法通讯》,第 22 卷(2000),第 1 期,第 21~28 页。李醒民:《学术界需要"研究人"而非"市场人"》,北京:《民主与科学》,2010 年第 2 期,第 47~49 页。——译者

义者和狂热者,都忙于在 16 世纪初的德国发挥作用,记录他们各自努力的成功和失败在今天对我们来说不应该没有兴趣。

　　本书最后的栏目是最可能遭受严厉批评和不赞成的栏目。它讨论激烈的竞争问题,依我之见,这些问题日复一日变得越来越紧迫。我们对外贸易的下降必然不可避免地把经济问题强加在我们身上,这些问题直抵我们目前家庭生活和社会生活的真正根基。正是这些事情与我们的个人行为和我们的家庭私密十分密切,以至直率的讲演变得必然,可是也变得极其困难。在另一代人看来,对于我们大量的劳苦大众正在变得越来越迫切的事情的任何自由的讨论,"社会"可能会惊讶地赞同;我重复说,对另一代人来说,也许只有在以下两种情况下可能不赞成——如果体面始终被置于安全之上的话,好吧,那么人们很可能太迟地获悉,偏见和虚假的谦逊将永远不足以制止宏大的民众运动,也将永远无法满足迫切的民间需求。存在起作用的强有力的力量,这些力量可能变革社会观念,动摇社会的稳定性。表明如何通过逐渐的和连续的变化,我们能够把这些力量约束在安全的渠道,以至社会将从我们的 19 世纪的文艺复兴和宗教改革的困难中再次显示其强大和有效,正是有闲暇从事研究的人的责任。我相信,这种可能性将在很大程度上依赖于今天与他们的众多同胞的感情和需求保持接触的人文主义者(Humanists),否则我们的社会很可能遭到毁灭,被把它的精神指导委托给救世军(Salvation Army)①、被把它的经济理论交托

---

　　①　救世军是国际基督教慈善组织,其组织形式和活动方式类似于军队。救世军的国际总部设在伦敦。其缔造者是循道会牧师 W. 布斯,1878 年他把自己建立的慈善组织易名为救世军。——译者

给社会民主联盟（Social-Democratic Federation）①的民主毁灭。再说一句话：本栏目最后的论文本质上是尝试性的；它们与其说提供最终的答案，还不如说努力指出问题。如果它们诱导一些诚挚的男人和女人研究和讨论，为未来的社会改革者和政治家铺设道路，它们的意图就会实现。

卡尔·皮尔逊（karl Pearson）
1887 年 9 月于赛格（Saig）

---

　　① 社会民主联盟是 1884 年在激进民主团体——民主联盟的基础上建立的英国社会主义组织。1881 年 6 月，伦敦的一些激进团体在 H. M. 海因德曼（1842～1921）推动下联合组成民主联盟。1883 年 6 月民主联盟通过一个主张生产手段国有化的纲领——《社会主义浅释》。1884 年 1 月创办英国第一份社会主义期刊《正义》。1884 年 8 月正式更名为社会民主联盟。社会民主联盟集合了当时英国各种不同色彩的社会主义者。盟内存在着严重的思想理论分歧。联盟成立之始，以诗人兼艺术家 W. 莫里斯为代表的左翼就同以海因德曼为代表的右翼发生冲突。1884 年 12 月，联盟第一次分裂。由于在如何看待议会斗争、改革、英军侵入苏丹等问题上的意见分歧和不满海因德曼的个人作风，W. 莫里斯、E. 艾威林、E. 马克思等 10 名联盟执行委员会成员宣布集体辞职，并另行组织社会主义同盟。1903 年，克莱德地区的一部分盟员又退出联盟另行组成社会主义工党，联盟再次分裂。1905 年，伦敦地区的一部分极左的盟员也从联盟分裂出去。民主联盟成立后促进了社会主义思想在英国的传播，但是联盟领导人在思想理论上的混乱和严重的宗派主义妨碍了联盟的发展。联盟虽然积极领导 1880 年代中叶的失业工人运动，但在新工会运动中没有发挥组织的作用，也没有积极参加英国工人争取独立劳工代表权的斗争；它曾加入 1900 年建立的劳工代表委员会，很快就因工会领袖拒不采纳社会主义纲领而退出，因而脱离了英国工人运动的主体。1907 年社会民主联盟改名为英国社会民主党，加强反对工党和工会右翼领导人的斗争以及同工会组织的联系，但未完全摆脱宗派主义的影响。1911 年英国社会民主党与其他左翼社会主义团体一道建立了不列颠社会党。——译者（所依据的资料在 http://www. dictall. com/indu53/21/5321279A4DD. ）

一　自由思想

心智（Mind）的秩序与物质（Matter）的秩序是一种秩序；因此，唯有心智是自由的——它在大自然（Nature）发现自身，它在自身发现大自然。

1 自由思想的伦理①

> 真相（truth）乃是，大自然（Nature）来自神（Mind）的法令。——黑格尔

今晚我冒险给你们做讲演，并不是没有相当大的犹豫的。人的生活有一些时期，对他来说最好是缄默不语——与其说教还不如聆听。眼下世界充满预言家；他们聚集在市场，他们在每一个可能的角落设置座位并停歇其上，他们向他们的热情能够吸引或他们的舌头能够伸到的那么大的人群大声喊叫他们的几种货品的优点。哲学家、科学家、正统的基督徒、自由思想者——聪明人、傻子和盲从者——都通过他们与某一较大的真理针锋相对，正在市场上呐喊、讲授、创造和消亡，也许正在翻江倒海，而他们一个个同样都没有意识到真理的存在。在这样的真理与谬误、教条与怀疑的喧闹和骚动当中，任何碰巧的个人有什么权利放置他的凳子并讲授他的信条呢？对他而言，用《雷默斯大叔，他的歌和他的话》

———————————

①　这篇讲演于 1883 年 3 月 6 日在南城会社（South Place Institute）发表，后来以小册子印行。

(*Uncle Remus*)①的语言来说,"保持沉默"(to "lie low")②难道不是要好得多吗?或者,如果他碰巧起身,那么那位和善的朋友③应该从他身下抽走他的凳子吗?

我觉得,没有一个人有权利就卡莱尔(Carlyle)④称其为"无限"(Infinities)或"永恒"(Eternities)的东西之一给他的同胞讲演,除非他感到某种特殊的召唤作为任务接受下来——除非他深刻地意识到他**必须**将其传达给其他人的某个真理,除非他深刻地意识到他**必须**扫除的某个谬误。在没有有益的担心的情况下,演说的能力几乎无法私下得以运用;它公开地变成我们之中很少几个人行使的最神圣的信赖,而且只是在最罕见的场合行使。

因此,今晚我在给你们讲演时是犹豫不决的。我没有新的真理提出以供考虑,我没有旧的谬误去扫除;**我能够告诉你们的许多东西,你们可能以前已经从作为位居我们现代思想领导者的人那**

---

① 该书全名是《雷默斯大叔,他的歌和他的话》(*Uncle Remus*, *His Songs and His Sayings*),其作者是美国作家乔尔·钱德勒·哈里斯(Joel Chandler Harris,1848~1908),于1880年出版。哈里斯熟悉黑人的传说和方言,后以方言写作,幽默异常,奠定了其作家的声誉。1879年发表《柏油娃娃》,掀起方言文学的热潮。该作品以及后来所写的关于雷默斯大叔的故事,奠定了他在美国文坛的地位。——译者

② lie low 的意思是多重的:平躺,伏卧;隐匿,等待时机;处于受辱地位;保持沉默。——译者

③ [在倾听 G. B. S. 所做的讲演后的讨论中完成,当时也许就像他对讲演者来说不出名一样。]译者在这里说明:缩写字母 G. B. S. 很可能是萧伯纳(George Bernard Shaw,1856~1950)姓名的缩写。

④ 托马斯·卡莱尔(Thomas Carlyle,1795~1881)是苏格兰散文作家和历史学家。主要著作有《法国革命》《宪章运动》《论英雄、英雄崇拜和历史上的英雄事迹》《过去和现在》《奥利佛·克伦威尔书信演说集详解》《普鲁士腓特烈大帝的历史》《论书的选择》《挪威早期帝王史》《回忆录》等。——译者

里,以更真实、更明晰的说明全都听到了。我来到这里,与其说是讲授,毋宁说是学习,我为处在这里所寻找的借口完全是通常跟随这些论文的讨论。我是足够自私自利的:希望那种讨论宁可是审查你们的观点,而不是批评我的观点——批评总是宁可采取辩论的形式,而不是仅仅采取提问和回答的形式。抱着这个目标,我将努力避免一切争辩。我不理解借助关于自由思想的讨论对正统基督教的攻击;我们时代的解放了的理智,应该在意识它自己的力量方面前进,远远超越这样的攻击;它的使命是教育而非谴责——是创造而非破坏。因此,我愿设想,我的听众的大多数是自由思想者;他们不接受基督教是上帝的启示或超自然的启示;而且我想请求持有其他观点可能碰巧今晚在这里的每一个人,暂时尝试和接受我的立场,以便把握从这种立场来看世界如何呈现给我们。因为只有借助这样的同情心,他们才能发现我们各自的信条最终是真理还是谬误;唯有这样的同情心,把思想者和抱有偏见的人区别开来。

为了说明稍微受到批评的我的讲演的标题,我正打算请求你们现在接受我对宗教(Religion)、自由思想和教条主义(Dogmatism)的定义。我不要求你们将这些定义作为约束来接受,但是为了我下面推理起见仅仅请求你们采用它们。我将由一个公理——我担心这是**教条的**做法——开始,不过我认为你们中的大多数人会倾向于接受它。我的公理如下:"整体不等于部分。"这个公理立即把我们导向一个问题:部分与整体有什么关系?把这个公理应用到一个特殊的例子,我们陈述:个体不等于宇宙大全(universe)①;并且我们询问:个体与宇宙大全有什么关系?现在,我不愿冒险断言,在宇宙大全中存在无论什么目的或目标;我想请求你们同意我的全部东西是,它的构形改变对于我们目前的意图来说是无关紧要的,不管这种改变仅仅是机遇的结果,还是内在于物质的规律(law)②的结果,或是能思考的高级生物(being)的结果。我只是断言,宇宙大全改变着,正在"演化"(becoming);我不愿冒险说什么正在演化。其次,我想请求你们同意,个体也正在改变,不仅是"实存"(being),而且也是"演化"。这些改变不论它们的本性如何,只要个体是物质的或精神的(如果确实存在任何区分的话),我将——仅仅出于方便——称它们为"**生命**"(life)。于是,我们可以如下陈述我们的问题:个体的生命与宇宙大全的生命有什么关系?现在,在我们没有把我们自己交托给任何确定的教条的情况下,我认为我们可以辨认出,这两个表达即"个体的生命"和"宇宙大全的生命"有云泥之别。与后者相比,前者是无条件地从属的、绝对无限小的。后者的"演化"与前者的"演化"没有明显的关系。换句话说,宇宙大全的生命与个体的生命并不具有最微小的比率。一个似乎是有限的、有界限的、暂时的,相形之下,另一个则是无限的、无边际的、永恒的。人自从他第一次天真地尝试思考以来,这种不同就将自己置于人的注意力之上。此刻,"永恒的为

---

① universe 和 cosmos 都是"宇宙"的意思。前者指称宇宙大全,后者指称宇宙秩序。——译者

② 根据不同的语境,我们把 law 译为定律、规律、法,有时其意思可能兼而有之。——译者

什么"（Eternal Why）开始萦绕他的心智。他发问："我为什么、永恒地为什么在这里？"我作为一个部分，与整体、与所有物质的和精神的事物之总和有什么关系？有限的东西与无限的东西有什么关联？暂时的东西与永恒的东西有什么关联？原始人试图当下回答这个问题。他在他自己身上发现显然能够审视整体的能力；他匆匆得出满意的结论：那种能力本身必须是无限的；他作为人并非全然是有限的，于是他发现心灵和心灵不朽（immortality）的学说。于是成长出神话、迷信、原始宗教、教义，由此使得无限隶属于有限——漂浮在人所设想的不朽的这个大气泡上。宇宙被赋予意图，这个意图即人，从而使整体从属于部分。那是对该问题的第一个解答，是最具体的宗教的主旨。我不打算讨论这个解答的有效性。我迄今仅仅向前推进，而达成一个定义，这个定义如下所示：**宗教是有限与无限的关系**。请注意，我说宗教是关系。你们会立即表示，若只存在一种关系，则只能有一种宗教。任何给定的宗教体系，仅仅就它实际上说明有限与无限的关系而言，它才为真。就它在有限与无限之间建立虚构的关系而论，它为假。因此，由于现存的宗教没有在我们面前充分展示有限与无限的关系，所有宗教体系必然只不过是部分的真理。我之所以说部分的真理，未说完全谬误，是因为许多宗教在朝向解决该问题的过程中做出了一些进展，即便是很小的进展。

大多数现有体系的巨大危险在这里：不满足于我们关于有限与无限的关系的真正知识，它们借助虚构略过我们的广泛的无知。**神话**填补了真知的处所，而在此处我们对有限与无限的关联一无所知。因此，我们可以说，大多数具体的宗教体系给予我们某种少

量的知识,但却给予我们大量的神话。现在,我们关于有限与无限
的关系的知识尽管可能很少,但是它还在继续增加;科学和哲学正
在继续给予我们关于人与大自然、个别思想与抽象思想之关系的
比较广阔的观点。因此,立即可得,由于我们关于有限与无限之间
关系的知识——我们对于一个真正宗教的了解——以不管多么小
的程度永远增加着,以至于在每一个具体的宗教中,知识的成分应
该增加,神话的成分应该减少;或者,正如我们可以表达的,每一个
具体的宗教应该处于发展状态。这是事实吗?在某一微小的程度
上,它是事实。例如,基督教在今日与它在一千八百年前是截然不
同的事态。不过,尽管我们在知识方面的增加可能很少,但是具体
的宗教体系并未与之齐步前进。它们执意用神话说明一部分有限
与无限的关系,而我们对此已有真正的知识。由此我们完全看到
任何神话的危险,尽管不是绝对的灾难。当人们找到真正的说明
时,有限与无限的关系的虚构说明过分经常地阻碍它的传播。这
就产生所谓的宗教和科学,或宗教和哲学的争夺——这些是难以
理解的"信仰"(faith)与"理性"(reason)的冲突,它们只能在无法
清楚察觉神话和知识之间区别的人的心智中产生。坚持用神话说
明人类在那上面已经达到的或今后可以达到真正知识的任何问
题,我称其为被奴役的思想或**教条主义**。由于大多数具体宗教的
缓慢发展速率,它们或多或少都是教条的。拒斥所有的神话说明,
坦诚地接受一切已确立的关于有限与无限关系的真理,就是我命
名为**自由思想**或真正的宗教知识的东西。换言之,在我关于该术
语的意义上,自由思想者具有更真实的宗教,比任何神话的相信者
知道更多的有限与无限的关系;他的真正的知识使他在这些术语

的最高意义上成为宗教人（religious man）。

按照所得到的这个思想自由的定义，我希望你们立即注意极大的困难。自由思想与其说是一种实际，还不如说是一个理想；它也是渐进的理想，该理想随着可能的知识的每一进展而进展。自由思想者不是像他惯于思考事物那样思考事物的人，而是像事物必须那样被思考而思考它们的人。要成为一个自由思想者，抛弃所有的教条主义形式是不充分的，更不必说用粗俗的讽刺杂咏攻击它们了；这只不过是否定的行为。真正的自由思想者必须拥有他的时代的最高级知识；他必须站在他的世纪的斜坡上，标明过去已经得到的和现在正在达到的东西；如果他本人正在为增加人类知识而工作，或者为在他的同胞中传播它而工作，那就更好了——这样的人真正可以被称为自由思想的高级牧师。你们将立即看到，自由思想者在他面前具有什么积极的、创造性的任务。拒斥基督教，或者全然嘲笑具体的宗教，决不构成自由思想，甚至太经常的是十足的教条主义。真正的自由思想者不仅必须意识到他所拥有的真理的处所，而且必须分辨出他还是无知的处所。像真正的科学人（man of science）一样，他必须永远不为下述说法感到羞愧：我在这里无知，我不能说明这一点。这样的供认吸引思想家的注意力，并促使在我们知识的黑暗地点从事研究；它不是承认软弱，而实际上是有力量的标志。略过这样的带有虚构知识的地点，就是哲学的教条主义或科学的教条主义，或者更确切地讲，是假哲学的和假科学（false science）的教条主义——恰如具体宗教的教条主义一样危险。如果我打算告诉你们，某些力内在于物质，这些力足以说明原子结合成分子，化合物由分子形成，一些化合物与原生质完全相同,由此构成从原始细胞甚至到人的生命①——尽管我告诉你们这一切,而没有时时正确指出每一个症结且说:这是假定,在这里我们实际上无知;这是可能的,可是迄今我们在这一点还无精确的知识;倘若我未这样做,我就不会是真正的博物学家;那只可能是假科学的、假自由思想的教条主义——每一点都像用人格化的神和三位一体的上帝之存在想要说明一切事物的宗教教条主义一样危险。因此,**物质论**(materialism)就其因教条主义而略过无知而言,**无神论**(atheism)就其仅仅是否定的而言,**实证论**(positivism)就其宣称有限与无限的关系超越解答而言,也认为该问题超越解答的**悲观主义**(pessimism)就其未用充满热情的人类道德体系代替信念(belief)而言,这些都不等同于自由思想。

真正的自由思想从未因教条主义而略过无知;它不仅是破坏的,而且是创造的;它相信,生命问题处于逐渐解决的过程中;它不是颂扬无知,而宁可说是颂扬知识。于是,我不能不认为,真正的科学人永远不是物质论者、实证论者或悲观主义者。如果他是第一个,那么他必然是教条主义者;倘若他是后者中的无论哪一个,那么他必然坚持他的任务是不可能的或无用的。我未因这种等同性而使自由思想与科学完全一致。远非如此!正如我们看见的,自由思想是有限与无限的关系的知识,而科学就其说明个体相对于整体的地位而言,是这样的知识的十分重要的要素(element),但却不是这样的知识的全部。

---

①　众所周知的现世主义者(Secularist,宗教与教育分离论者)几周前从同一讲台,就这个结果已经做出陈述。

我相信,你们会宽恕我花一段时间讨论**宗教**、**自由思想**和**教条主义**。我想继续向你们传达我就这些术语理解的东西。我把**宗教**定义为有限与无限的关系;把**自由思想**定义为我们对于这一真正宗教的必然不完全的知识;把**教条主义**定义为用神话的东西代替已知的东西的心理习惯,或至少用虚构的产物填充已知的产物的心理习惯——以每一种方式阻碍自由思想成长的一种习惯。

你们会立即说,成为一个自由思想者,即使不是不可能的任务,也是极其困难的任务。我不否认这一点。要接近任何宗教的理想,确实是极其困难的。在最近过去的一千九百年,有多少完美的基督徒?请回答**那个**问题,并请判断多少完美的自由思想者落入一个世纪的区段!洗礼实际上不过是使人成为基督徒,而摆脱教条主义将使人成为自由思想者。这是长期的思考、坚忍不拔的研究的结果,是一生的劳动——这是纯真地献身于真理,即便真理的获得可能消灭原先珍爱的信条(conviction)。在这里必定没有出于私心的动机,不是为支持一个党派、一个个人或一个理论而工作;这样的行为无非导致知识的歪曲,从自由思想者的立场看,不从无偏见的立场出发追求真理的人是魔鬼的犹太教堂的教长。达到完美的自由思想也许是不可能的,因为所有终有一死的人易受偏见的支配,或多或少是教条主义的,可是通向这个理想的道路是向我们大家敞开的。在这个意义上,我们最伟大的诗人、哲学家和博物学家,诸如歌德(Goethe)、斯宾诺莎(Spinoza)和达尔文(Darwin)这样的人都是自由思想者;他们无视教条主义的信念,力图用他们时代最高级的知识和思想武装起来,去阐明生活的一个重大问题。我们这些沿着他们的脚步费力斗争的人,完全能够像指望我们宗教的高级牧师一样指望他们。

　　在指出我认为自由思想的本质是什么并提出达到它的困难之后，在讨论我可以把它的使命叫作什么之前，我希望就我的宗教定义做一点议论。你们中的一些人也许觉得有意询问："如果你断言宗教的存在，那么你确实必须相信上帝（God）的存在，可能确实必须相信所谓的灵魂不朽的存在吗？"此刻，我必须请求你们注意，我在这些要点上无论如何没有断言什么。由于把宗教定义为有限与无限的关系，我没有断言神（deity）的存在。事实上，虽然那个定义使宗教成为必然的和逻辑的范畴，但是它仅仅给上帝以偶然的存在。通过提及一种具体的宗教，也许会更清楚地说明我的意思，这完全把上帝的存在和不朽的希望放在一边。我提及佛教（Buddhism），并从里斯·戴维斯（Rhys Davids）的讲演选取如下句子：

　　"在这一生中，像你能够趋近地那样力图接近智慧和善。不要就上帝使你自己烦恼。不要让你自己因为对任何未来的存在的好奇或想望而扰乱。仅仅追求自我修养和自我控制的崇高路线的果实。"

　　关于心灵的未来的讨论，被称为"在妄念中漫游"、"莽丛"、"木偶戏"和"荒野"。我们被告知："关于有感觉的生物（beings），除了它们行为的结果，没有什么会幸存；相信、希望任何其他事物的他，在他的**宗教的**成长中，将被妄想的最致命的东西蒙蔽、妨碍、牵制。"对现代的自由思想者来说，这样的概念也许使佛教变为具体宗教体系之中最有价值的研究对象。

　　现在，我能继续考虑，我刚才定义的自由思想的使命在我看来好像是什么。在我的讲演的开头，我尽力指出，有限与无限之间——个体与宇宙大全之间——的不同，把它自己强加于人的注意。尽管他可能与之斗争，但是"永恒的为什么"还是萦绕在他的心智。如果他没有看到这个问题的答案，或者更确切地讲，如果他没有发现他可以尝试解决它的方法，那么他难得不被驱赶到绝望、悲观主义、绝对的精神苦难之中。也请注意，这种精神苦难与缺乏面包和黄油的身体苦难是某种截然不同的事情，这一点虽然几乎没有怎么涉及，但是在我们伦敦这个地方，每年都越来越响亮地发出呐喊；尽管它与众不同，但是仍然是现实的。身体苦难的解除是道德问题、人与人之间的关系问题，恰恰在此刻是一个紧迫的问题。对当下的注意很紧迫，可是超越了我们现在讲演的界限。由于如此之多的具体宗教体系急剧倒坍，现今也十分流行的精神苦难的解除就是自由思想者的使命。用每一种可能的方式减轻人类的苦难正是人类的责任，在做这一断言时，我不认为我正在假定任何十分过分的事情；这实际上只不过是功利主义道德基础的更真实的表达。因此，自由思想解除精神苦难的使命，是作为具体宗教的自由思想和作为道德的自由思想之间的关联环节。让我们稍微仔细地审查一下这一使命的意义。

　　除了十分罕有的情况，个体的自由思想者几乎不能推进我们关于有限与无限的关系的部分知识。他必定使他自己仅仅满足于吸收在他那里已经确定的真理。现在，虽然这部分真理无非是还未发现的真理的无限小的一部分，但是无论如何，在任何一代人中添加到我们库存中的真理的数量本身，与我们从过去接受的真理相比，则是微不足道的。换句话说，我们知识的较大部分是由过去留传给我们的,它是我们的遗产——我们每一个人作为人生来就有的权利。于是,每一个自由思想者都对过去怀有强烈感激的义务;他必然充分尊崇行动在他前面的人;他们的斗争、他们的失败和他们的成功被视为一个整体,都会给他以大量的知识。因此,甚至对前人的失败、错误的步骤,他确实都感到同情。他从未忘记,他把什么归功于过去智力发展的每一个阶段。与他不能嘲笑或辱骂他的祖先或类人猿相比,他不能以更大的理由嘲笑或辱骂这样的阶段。即使当他发觉他的邻人停滞在这样一个智力发展的过去阶段时,他也没有权利辱骂,他只能尽力教育。自由思想者必须以最深沉的同情和尊崇对待过去。我认为,对自称为自由思想的许多东西的决定性检验正在这里。嘲弄过去发展阶段的倾向,嘲笑还处在教条主义信仰束缚的邻人的倾向,便把公愤加在自由思想者的名字上,而要摆脱这种公愤将是困难的。嘲弄和嘲笑永远不能是自由思想的真正使命。

让我们现在假定,我们的理想的自由思想者教育他自己。就此而言,我意味着,他吸收他的时代最高级的科学知识和哲学知识的成果。甚至你们可能接着转而反对我,并说他还没有解决生命问题,这并非不可能。我承认这一点。就他还拥有一些真正的知识即一些真理而言,他已经开始他的解决。由于真理这个词本身指称事物之间某种固定的和清楚的关系,从而指称有限与无限之间的关联。然而,他不仅仅开始他的解决;他也在正确的方向上起程,他必须在那里继续劳作,倘若他有助于解决生命问题的话。于是,神话、教条主义都不能把他引入歧途。今日的自由思想者比昔日的信仰者具有这种优势,因为他在那里是无知的,他供认这一点,而且这本身增加生命问题正在被解决的速率。在每一步骤,将永远不存在被扫除的复活的神话;在每一转折,我们自己的教条主义将不会作为充当我们进步的累赘。

因此,在我看来情况似乎是,真正的自由思想者能够解除大量的精神苦难;他能够指出,多少问题已被解决,尽管许多问题尚未解决;但是,他能够指出寻求进一步解决的方向。因而,我们可以决定他的使命——传播实际上获得的真理,摧毁有损于不可抗拒的事实逻辑的教条主义。它是教育的、**创造的**使命,而不仅仅是破坏的使命。请不要以为这个使命是轻松的使命;令人震惊的只是,多么众多的已经获得的真理仅仅存留在少数几个心智中;它没有在人群中广泛传播。我不如此之多地谈论工人阶级,就目前劳动的农奴制所容许的而论,他们正在就他们自己开始探询和思考,我宁可更多地谈论那些被不可思议地称为"有教养的人"。以无论什么教派的普通教士、教会或正在运营的附属教堂的律师、商人或店主为例,作为一个通例,你们将发现在社会行为上对近代哲学和近代科学的真正意义的绝对无知。在这里,自由思想具有无穷尽的教育任务。使科学和哲学成为我们所有学校和大学的全部课程必不可少的一部分,这样一个补救办法好像还不可能。

不管怎样,自由思想的使命不仅在于传播现有的真理,而且在于发现新的真理。在这里,我们发现它的最崇高的功能,它的最深邃的意义。这种对知识的追求是人的真正的崇拜——有限与无限之间的统一,人的心智有能力得到的最高愉悦。对我们来说,很难鉴赏在某一伟大真理的发现时必然紧随的欢欣鼓舞。开普勒(Kepler)在多年观察之后,导出支配行星系统的定律;牛顿

(Newton)在长期困惑之后,找到万有引力原理;W. R. 哈密顿(W. R. Hamilton)作为错综复杂分析的结局,发现锥形折射的存在并证实(verifying)光的波动说——在所有这些案例和许多其他案例中,对真理、对确信必定引起无限的愉悦。恰如斯宾诺莎所说:"拥有真正观念的他同时意识到,他拥有真正的观念,而且他不能怀疑这件事。"就真理而言,确信和后继的愉悦就是这样来到的。可是,这不是沾沾自喜,而是把新近获得的真理传达给他人的热烈欲望,是传播新知识、把它的光辉撒向黑暗的角落、扫除错误以及伴随它的一切神话和无知的蜘蛛网的强烈愿望。因此,作为一个准则,自由思想从中收到最大贡献的人,正是哲学家或科学家,因为这样的人大大地延伸了现有知识的界限;正是面对他们,自由思想必须寻找它的领袖和导师。请注意,自由思想和比较古老的具体宗教之间十分显著的差异也在这里;自由思想的牧师必须是充分获得它的时代最先进的知识;派遣教派的笨蛋使宗教苟延残喘,将不再可能了;虽然半拉有教养的人过于经常地足以影响人的未受训练的激情,但是唯有思想家能够诉诸人的理性。

可是,我有点离开我的观点:自由思想的部分使命与新真理的发现相关。正是在这方面,显示出自由思想的本质上**宗教**的特征。它不是具有定形的和不可改变的信条的、极力拒绝一切不保持其教条的新真理的、停滞不前的宗教体系,而是实际上要求新真理的、其唯一目的是使人类知识成长和传播且必须把每一个伟大发现作为它自身的基本部分的宗教体系。自由思想的热情应该出自这种对宗教真理的追求中;它从这种源泉中应该找到连续的燃料供应,教条的信仰是无法利用这种燃料的。如果自由思想一旦把握它的使命的这一方面,我就不得不认为,源源不断的热情立即会把作为占优势的宗教体系的它贯彻到社会的所有阶层。只要自由思想是个人对教条的冷嘲热讽的对抗,只要它仅仅是否定的和破坏的,它就永远不会变成一种伟大的、活生生的力量。为了如此做,它必须在确信它自己的绝对正确性方面变得强有力,富有创造性,对过去怀有同情心,对未来感到自信,尤其是充满热情。没有热情,世界运动(world-movement)永远无法蔓延开来。用最近德国诗人中的最伟大者的词句来说:

> 要知道,永恒的精神之苦难酿造耽于幻想之人!
> 幻想者世界中的这些东西,显露出贵尊![①]

我针对这种新宗教运动愿意描绘的东西并不是无意义的未来,它也许是拥有未来的唯一的运动;所有其他运动都是过去。它将必然使自己抖掉许多缺点,摆脱许多低劣的影响,采取关于它的使命和它自己的更广阔、更真实的观点。当它的狂热鼓吹者能够遍及国家,在每一栋房子都能听到、在每一条街道都能看见宣讲和教授与理性一致、与人的尊严共鸣的唯一信仰时,我相信的日子终归会到来。解决生命问题不是靠神话,不是靠虚构的猜测;但是,通过认真的实施,通过率直而艰苦的大脑工作,就能将其遍布许多人的一生——不仅如此,遍布人的许多世纪——甚至扩展到世人的一

---

① 该诗句德文原文是:Wisset,im Schwärmgeist brauset das Wehen des ewigen Geistes!/Was da Grosses gescheh'n,das Thaten auf Erden die Schwärmer!

生;因为问题的解决等于人类的智力发展,没有一个人能说这将在何处结束。于是,在我看来,自由思想的这一使命似乎是这样的,意识到这个使命的自由思想者,可以用加利利(Galilee)①先知的话语骄傲地说:"我前来不是破坏,而是完成。"

还剩下一点,对你们来说,在这一点自由思想的伦理也许尤其是模糊的和无意义的。我涉及那个真理、那个有限与无限关系的知识——寻求它正是自由思想的主要责任——的本性。

假如我们可以断言,一切事物都是混沌,在一个有限的事物和另一个有限的事物之间不存在不变的关系;相同的境况集合今天恰恰导致与昨天不同的结果;世人和民族的生活、生物和文明的阶段,在没有秩序的开端或终结的情况下永远进入虚无;在四面八方,在没有协调的境地下,就像作为嘲弄而模仿混沌的玩物一样,浩大的剧变和广阔的变革永远正在开始,永远正在终止——情况的确如此,那么把有限与无序关联起来的所有希望总是不可能的。不仅我们自己时代和过去每一个时代所记载的经验告诉我们情况不是这样,而且我冒险断定,绝对不可能是这种情况;由于十分简单的理由,没有人能够构想它。正是这样的混沌的存在会让一切思想变得不可能,概念本身必然会在这样的世界上终止。曾经获得任何有限事物的**明晰的**概念比如水,获得任何其他有限事物的明晰的概念比如酒;再者,倘若有一天这些概念可能不同了,在第二天可能又相同了,那么显而易见,一切明晰的思维便会终结;倘

①　加利利是古代巴勒斯坦最北部地区,相当于今以色列北部。现分上、下加利利两部分。——译者

若这种混乱在一切有限事物之间统治,那么对人而言将根本不可能形成任何概念,对他来说不可能思维。①

　　在我看来,正是人**确实**思维的事实似乎足以表明,在一个有限事物与另一个有限事物之间存在着确定的关系、固定的秩序。这种确定的关系,这种有限的秩序,就是我们称谓的**定律**;由此可得公理即"相同的原因集合总是严格地产生相同的结果",没有这个公理便不可能有任何知识、任何思想存在。这是自由思想信条的真正本质,是每一个人实际上用来指导他的行为的法则。这个定律的本性,这种原因在结果中的有序结局之本性,究竟是什么? 显然,它不是有限的、可变的东西,而是绝对的、无限的、独立于时间或变化或有限事物的特定群的所有概念的东西。因此,它就是我们作为有限与无限之间的关系正在追求的东西。它就是把个人与宇宙大全结合在一起的东西,从而在他的生命中给他以必要的地位。定律使得他的"演化"成为宇宙大全"演化"的必然的一部分;没有另一个存在,无论哪一个也不能存在。因此,有限与无限关系的知识即是定律的知识。按照我今晚给予你们的定义,宗教**即是**

---

　　①　〔在我的《科学的规范》(*The Grammar of Science*)1899 年第二版中,我强调并比较充分地发展了思维即引出概念的能力对我们感觉接续的这种依赖。〕

　　译者在此特别说明:*The Grammar of Science* 初版于 1892 年,第二版于 1900 年出版(皮尔逊的"第二版序"写于 1899 年 12 月),第三版于 1911 年出版。该书的中译本《科学的规范》依据第一版翻译,请读者参见〔英〕K. 皮尔逊:《科学的规范》,李醒民译,北京:华夏出版社,1999 年 1 月第 1 版,xii+410 页。〔英〕K. 皮尔逊:《科学的规范》(汉译世界学术名著丛书·分科本:哲学),李醒民译,北京:商务印书馆,2010 年 7 月第 1 版,xxx+458 页。〔英〕K. 皮尔逊:《科学的规范》(汉译世界学术名著丛书),李醒民译,北京:商务印书馆,2012 年 6 月第 1 版,xxx+458 页。

定律,①而自由思想的使命乃是传播已经得到的知识和获取关于这个定律的新知识。②

　　让我通过一个例子,力图更清楚地说明我的意思。假定你们不得不承认我把万有引力原理或能量守恒原理的真理应用于行星系统。那么,我能够在几乎几分之一秒告诉你们,在给定时间每一个行星星体的精确速率或位置。不仅如此,我可以更进一步,描述每一个个体行星的"演化",它的外部运动、平移运动和转动的损失;接着,描述它的内部运动、振动或热的损失,如此等等。这一切必然能够从你们承认我运用的原理中得出,数学分析的复杂工作能够用观察证实。现在,请留意,这种数学分析的每一步骤遵循确定的思维规律,一步不混乱地紧随另外一步——绝对的逻辑的必然性的一步。我能够认为仅仅以**一种**方式接续,那一种方式是什么?当然啰,在我看来,现象正是以这种方法在所谓的大自然中发生!

　　这能够使我把你们的注意力引向定律的另一个方面,即我们能够思考事物的唯一可能的方式,似乎等价于它们显露给我们的发生方式。当思想关系与事实关系不一致时,这种不协调或者总是不清楚的思维的结果,或者总是不清楚的事实的结果——假的思维或假的事实知觉。让我更仔细地说明我的意思。当我们说二加二得四时,我们立即辨认出一个使所有思维不可能的原理,即使

---

① 这是犹太人朦胧把握的事实,甚至是拉丁宗教间接表明的事实。
② [而今,我应该首先把原因的必然性置于思维者之中,既不是置于现象之中,也不是置于"物自体"之中。现在,我应该把设计符合感知经验的概念模型的可能性归因于感知官能和理性官能的发展。]

是矛盾的原理。现在,我希望突出的,恰恰是所谓的自然定律的相同样态。比如,以开普勒的行星运动定律为例,他通过枯燥地比较冗长系列的观测资料,发现了这些定律。乍看起来,它们好像只不过是内在于行星系统的定律——支配物质宇宙那个特定部分的经验定律。但是,标志性的事件发生了:牛顿发明万有引力定律;于是,思想只能构想,行星以开普勒定律指定的方式运动。换句话说,行星以思想能够构想它们那样运动的唯一方式运动。开普勒定律不再是经验定律,它们变得像思想定律一样必然。由于万有引力定律被承认,心智必须认为行星精确地像它们所做的那样运动,甚至犹如心智必须认为二加二得四一样。你们也许会反对:"可是,至少万有引力定律是经验定律,是内在于物质的盲目的力的纯粹摹写;它可能随着反立方或其他幂变化,就像随着反平方变化一样。"根本不是这样!我的目标并不是今晚向你们说明,物理学家似乎多么接近万有引力定律必然性的概念证明——正是宇宙的流体媒质的存在把多么奇妙的概念强加于他们。不过,作为一个假设的案例,我可以提及,如果我们不得不把物质构想为最终由能够表面脉动的球形原子构成的话——并且许多人确认(confirm)这样的假定,那么仅仅由于它们在流体媒质中的存在,便会迫使思想把它们构想为以某种确定的方式相互作用,这种方式作为分析的结果原来是与万有引力定律十分近似的某种东西。因而,鉴于承认原子和媒质,万有引力本身在心理上变得像二加二得四一样必要!我们应该在思想链条中拥有另一个环节,在那个心智规则中拥有另一个阶段,这是在大自然中接续的根源。

目前,我们的实证知识太少了,以致不容许我们以这种样式拼合整个宇宙。我们所谓的许多定律仅仅是经验定律,是观察的结果;不过,在我看来,当可以表明宇宙的所有有限事物用定律统一起来,而定律本身是思想能够构想的唯一可能的定律时,知识的进步似乎指向非常久远的时间。请设想某一未来人高度发达的理性,比如说一开始就具有 60,000,000 年前的无生命的混沌的质量——这种质量现在形成我们的行星系统——的清晰概念,他接着仅仅从这些概念能够思考世界 60,000,000 年的,关于它可以通过的每一个有限时期的历史;在这个思想体系中,每一个时期都可以具有它的必然的处所,它的必然的进程。那么,他能够思考全部历史的什么东西?它也许等同于世界的实际历史;因为那个历史以可以构想的一种唯一的方式进化。宇宙是它所是的东西,因为那是唯一可以构想它能够以其存在的样式——能够以该样式思考它。在宇宙中每一个有限的事物是它所是的东西,因为那是它能够以其存在的唯一可能的方式。询问事物为什么不是它们所是以外的东西是荒谬的,因为虽然我们的观念是足够清楚的,但是我们应该看到,它们以它们是可以思考的唯一方式存在。询问任何有限的事物或任何有限的个体为什么存在同样是荒谬的——存在是逻辑的必然性,即是在宇宙的完备的思想分析中的一个必然的步骤或要素,没有这一步骤,我们的思想分析、宇宙本身都不会存在。

　　存在另一种立场,我们可以从该立场观看定律与个体思想者的这种关系。在两个哲学思想者学派即物质论者(materialists)和观念论者(idealists)之间,长期以来具有明显的对立。后者在他们的最近发展中使个体"我"成为存在中的唯一客观实体。这个"我"除了它自己的感觉以外一无所知,它由以形成我们可以命名为

"我"的观念和宇宙的观念的主观概念。正如在所有哲学体系中一样，这两个观念的关系是重大的问题。但是，在这种观念论中，"我"的观念和宇宙的观念仿佛绝对地处在个体"我"的支配之下——它是客观的，它们是主观的；它骄傲地强制规定它们必须服从的定律。决定"我"的观念和宇宙的观念之间关系的，正是"我"的纯粹的思想定律。另一方面，物质论者在自然中发现某种不可改变的定律，他假定这些定律以某种方式内在于他的不可定义的实在即物质；就"我"是主观的而言，这些定律无论如何好像不是个体"我"的后果，而是某种在它之外的东西——这指明它与宇宙的关系，而不顾"我"的思想。这两种考虑"我"和宇宙的方法之间的对立像它乍看起来那么大吗？或者更确切地讲，该差异不是学派的琐碎的差异吗？让我们转向我们的观念论者。在使他的思想成为"我"的观念和宇宙的观念之间的关系的骄傲统治者时，为了把握他自己的位置和调整他自己在生活中的行动，他被迫以对"我"的观念采取主观态度安置他自己——他的"我"；他被迫把他自己与"我"的观念等同起来。这种行为是对他的客观性的放弃，他变成主观的，支配他与宇宙关系的客观实体是抽象的"我"——纯粹的思想，正是这一点决定了"我"和所有其他有限事物之间即有限与无限之间的关联。换言之，观念论把下述概念强加于我们：把有限与无限联结起来的定律是纯粹的思想定律，唯一存在的客观性是"纯粹思想的逻辑"。但是，这恰恰是物质论者在基于物理科学时指出的结果，也就所说，最终将发现，一切所谓的物质定律或自然定律只不过是思想能够构想的定律；所谓的自然定律无非是"纯粹思想的逻辑"中的步骤而已。于是，随着科学知识的增长，观念论和物质论之间的所有差异似乎注定要消失。

这样一来，必须把宗教或有限与无限之间的关系本质上视为定律；不是"物质"的无心智的定律，而是思想的定律，甚至类似于"没有什么东西能够存在又不存在"。我们必须把宇宙看作是一个庞大的理智过程，每一个事实都对应于一个概念，每一个事实的接续都对应于一个不可避免的概念序列；正如思想仅仅以理智的逻辑秩序进展一样，事实也不过是如此。一个的定律等同于另一个的定律。因此，断言宇宙的定律可以被干预或改变，即是断言以与**唯一**可以构想的方式不同的方式构想事物是可能的。真正的自由思想者对于人格化的上帝存在或不存在的问题的分歧由此产生。这样的存在物能够与对宇宙定律无论什么活跃的干预毫无关系；换句话说，就人而言，他的存在不能是具有最小重要性的事情。重复一下佛陀的话："不要就上帝使你自己烦恼！"像情愿有一个法国佬或犹太人国王的一样，如果你坚持有上帝，那么你可以因宇宙的不可改变的定律的庞大体系而称宇宙为上帝——恰如斯宾诺莎那样①。你将不可能陷入关于他的本性的诸多错误。

最后，让我把你们的注意力引向另一个要点，该要点对于自由思想的宗教具有特殊的价值。我们看见，有限与无限之间的不同如何易于使人消沉到精神苦难最深处，你们会在詹姆斯·汤姆森

---

① 斯宾诺莎说："神或实体"，"神或自然"，"对神的理智的爱"。这里的"或"（sire）即是"等于"的意思。斯宾诺莎的神指的是自然界，即在存在事物的有秩序的和谐中显示出来的神。在斯宾诺莎的语境中，把 Gott 译成"神"比"上帝"妥当，"上帝"一词的人格属性太重，不符合斯宾诺莎将实体、自然和神统一的想法。但是，为了全书的统一起见，我们还是采用"上帝(Gott)"的译名，请读者务必留意。——译者

（James Thomson）①的《恐惧的暗夜之城》（*City of Dreadful Night*）中描绘的这样的最深处。这样的苦难过分经常的是通向思想自由的必要的第一步之结果，即通向完全拒斥一切形式教条信仰的必要的第一步之结果。只有通过辨识生命问题的真正意义，通过辨识有限与无限的关系，才能驱散它。但是，正如今晚我尽力表达的，奇妙的、难以言传的愉悦正好在这个问题的本性中；正是人的明显有限的心智本身，统治着无限；正是人的思想，强制规定宇宙的定律；唯有人能够**思考**的东西也许才能够**存在**。② 真正使他惊骇的无垠广漠，它们在某种意义上难道不是他自己的创造？不仅如此，尽管这可能有些悖谬，但是在这样一个断言中存在许多真理：**正是人的心智统治宇宙**。自由思想在使自由思想者成为他自己的理性的主人时，也使他变成世界的君主。在我看来，这似乎是自由思想者的信仰的无穷乐趣。正是真正的和活生生的信仰，才是创造性的、富于同情的，尤其是热情的，它注定成为未来的纲领。③

你们对与热情联系的自由思想觉得好笑？请铭记几行诗句：

---

① 詹姆斯·汤姆森（1834～1882）是英国诗人，以诗篇《恐惧的暗夜之城》（1880）闻名。他在揭露社会黑暗方面超过所有其他同时代的诗人。——译者

② 当然不能由此得出，一切事物迄今都被思考过了。截至目前，我们在对自然的理智分析中只获得十分少的手段。但是，这并没有鼓励余下的东西也是能够理智地分析的信念。

③ 尽管我仍然衷心赞同可以称之为这篇讲演的伦理部分的东西，但是现在我应该稍微不同地陈述自然定律和思想之间的关系——与其说改变结论，不如说改变措辞。我的比较充分发展的观点在《科学的规范》1899 年第二版表达出来了。

　　他们愿称我们为热情者——当然，我们应当是热
情者：

　　真的无法长久地充分控制空虚的言语和文字？

　　嗬，站起来，你这个长得太高的少年，

　　人类终于双脚自立！

　　可是你却不能站起——甚至直到目前不能站起，

　　没有拐杖，你必定还得坠地，

　　因为你不足以站立，于是必定坠底！

（哈默林）

2 物质与心灵①

在地球上,除了人不存在伟大的东西;在人之中,除了心智②不存在伟大的东西。——威廉·哈密顿爵士

如果我猜想,我的大多数听众读过或至少听过格拉德斯通(Gladstone)③先生最近在《十九世纪》(*Nineteenth Century*)发表的文章,那么我不认为我可能正在做一个卓越的假定。我的注意力并不是批评对我们的前任首相命名的东西所做的辩护——他把在《创世纪》第一章描写的创世称为"宏伟的过程"。这位作者从头到尾显露出对近代科学的真实目的和方法如此绝望的无知,以致使得她(近代科学)的最卑下的仆人可能也要为下述做法道歉:不是把他的文章看作批评的材料,而是看作有趣的心理学研究。对我们来说,它揭露心智的图景,这一图景现在并不是罕见的。心智的激情的需要要求它想象自然现象背后在种类上类似的意志和理

---

① 这篇讲演是 1885 年 12 月 6 日于乔治会堂大街(St. George's Hall)在星期日演说社团(Sunday Lecture Society)面前发表的。它后来被该社团作为小册子出版。

② 术语 mind 有心智、精神、心之义。我们在本书一般把它译为"心智",而把 soul 一般译为"心灵",把 spirit 一般译为"精神"。——译者

③ 威廉·尤尔特·格拉德斯通(William Ewart Gladstone,1809～1898)于 1868～1874 年,1880～1885 年,1886 年以及 1892～1894 年四度出任英国首相。——译者

智,即使有点不同于人的意志和人的理智;这在自然背后设置神人
同感同欲说的(anthropopathetic)神祇,即便没有设置拟人的
(anthropomorphic)神祇。另一方面,在科学不得不就宇宙生成谈
论的话语中,这种心智仅仅找到"力学的过程"。它正在渴望"理智
的",它找到"力学的"。从这种知觉产生对近代科学思想的反叛。
这样的心智拒绝承认:宇宙除了"相互吸引和排斥的一点物质"再
也不存在什么,我们具有人的非凡的景象——对人来说至少我们
19世纪的知识和文化不是被禁止的范围,这种知识和文化更喜欢
摩西(Moses)关于创世记述的"宏伟的过程",而不太喜欢一切从
伽利略(Galilei)时代到达尔文时代世界上伟大的思想者缓慢发现
的真理。实际上,心智的景象是非凡的,因为心智发觉应该用诸多
世纪耐心研究获得的知识取代半野蛮人的神话,这几乎是一个翻
天覆地的事件!

我冒险认为,这一具有毋庸置疑的心理学兴趣的观念之混乱,
实际上首先是由于缺乏关于必须把什么意义与词语"理智的"和
"力学的"联系起来的清晰概念,其次是由于对近代科学的现时概
念只有微不足道的了解。在看来是格拉德斯通先生的意义上,如
果我片刻不得不使用词语力学的——这有点与精神的(spiritual)
相对,那么我将被迫把摩西创世的"宏伟的过程"描述为力学的过
程,而关于自然的发展的近代科学理论远非力学的,在我看来应该
是精神的。这些理论首次把宇宙提升为可理解的实体。根据它们
首次能够导致我推测,理智序列和自然定律并非天壤之别;思想和
物理现象的序列无论如何在科学上不能是对立的;质料与心灵
(stuff and soul)、物质与心智(matter and mind)实际上远非具有

迥然不同的属性,我们迄今就它们获悉的与其说是差异之点,毋宁说是类似之点。如果表明在观念论和物质论之间学派的陈旧区分是近代科学的功能的话,那么什么仅仅是历史的而不是逻辑的?在分析对近代科学来说特有的物质概念之后,如果我们发觉为我们熟悉的唯一东西完全与它类似,那么什么是心智呢?确实,这将使世界正在变成可理解的,而不是正在变为力学的——使用后一个词语不是在科学的意义上,而是在格拉德斯通先生的意义上。为了表明观念论和物质论可能不是对立的心理极,物质与精神(spirit)不可能是截然不同的实体,将是我本次讲演的尝试。因此,讲演的论题是:那种科学远非在流行的意义上如此使世界实物化(materialized),而是使世界观念化;对我们而言,科学的确首次使得有可能把宇宙视为某种可理解的东西,而不是实物的(material)东西。

让我们力图查明,科学就物质必须告诉我们什么,由此开始我们的研究。不过,我首先应当告诫你们,科学像神学一样,曾经具有历史的过去。她从过去保留了某些偏见,甚至保留了某些教条,只是在今天才正在抛弃这些陈旧的混乱观念,正在把她实际上知道的东西和貌似可信的理论区分开来,把貌似可信的理论和没有理由的假定区别开来。没有一个科学的基本概念比物质成为更没有理由的假定了,而相当稀奇古怪的是,物质居然是物理科学完全可以忽略得起的东西。它确实要求所谓质量的物理概念,但这是科学历史进化的不幸之事,即把质量与物质联系在一起了。在牛顿把质量作为在物体中的物质的量的著名定义中,他已经认可这种关联。鉴于每一个物理学家都知道质量是什么,而没有一个物理学家能够就物质可能是什么提供除貌似可信的理论以外的任何东西,这件不幸之事的重要性对大家来说必定是显而易见的。如果可以容许我表达我自己的见解的话,我会说,物质是一个流行的迷信,这个迷信把它自己强加于物理科学,几乎一样地强加于公众,或者至少像神学的心灵迷信把它自己强加于心理科学一样。为了向你们更清楚地说明我意味着什么,让我尽力分析与物质有关的流行迷信。

对于普通的心智而言,物质是某种处处可触知的东西,某种坚硬的、不可入的东西,某种施加力的东西。通常的心智不能精确地定义,但是却完全确信它理解物质——这是日常经验的事实。这种怡人的朴素概念反作用于科学,结果不止一位最近的作者把物质描述为"心智不可避免的原始概念之一"。如果心智的所有原始概念都像这个物质概念一样混乱,那么我冒险认为,心智实际上只能做出十分微小的进步;科学只会是基于混乱观念上的教条。倘若我质疑坚硬的和不可入的词语意味着什么,那么就把我们掷还到对运动的压力或阻力的概念上;于是,便把我们驱赶到物质论者最后的庇护所——**力**。物质是施加力的那个东西;物质和力总是一起出现的两个实体,借助该实体我们能够说明宇宙的整个运行。因此,为了我们可以接近物质,我们就必须理解力。让我们看一看,我们是否能够理解力,或者它是否能够在我们困难时以任何方式帮助我们。如果我的任何听众询问在离开整个讲演厅后他们遇见的第一个人,地球**为什么**描绘绕太阳的轨道,那么我几乎毫不怀疑,答案必定是:因为万有引力定律。针对万有引力定律应该是什么进一步质疑,答案也许在于这样的陈述:随距离的平方反比地变化、随质量之积正比地变化的力在太阳和地球之间作用。现在,我大胆地断定,牛顿正像开普勒一样,没有告诉我们地球**为什么**描绘绕太阳的轨道。我总是不愿意说,这个问题是不可解决的,但是它距离现在解决是非常遥远的。开普勒描述了地球**如何**绕太阳运动,这正好也是牛顿所做的事情,只是牛顿更为清楚、更为普遍地描述了。万有引力定律是某一运动的**描述**(description),而不是某一运动的说明(explanation)。牛顿说过,地球的运动是这样的:它的变化能够以如此这般的样式描述。但是,它的运动为什么以这种样式变化? 牛顿未回答这个问题;他若**完满地**回答它,他将有可能发现物质与心智之间的关系。于是,力不是运动变化的**真实原因**,它只不过是运动变化的**描述**。力是**如何**而不是**为什么**。它是物体如何改变它们的运动的描述,我们只能通过观察发现它们如何改变它们的运动,因而,力不是**物理的**实体,而是实验事实的陈述。还有什么事情能够比"物质是施加实验事实陈述的那个东西"之定义更为荒谬绝伦呢?

然而,是"运动的如何"的力当然可以暗示,物质是运动的那个东西。这是完全值得考虑的暗示,尽管它导致我们非常远离坚硬的、不可入的、施加力的实体的流行概念。事实上,也许毋庸置疑,事物即所谓的外部物体在我们身上产生的感觉——它的可见的形状、它的气味、它的味道、它的触感——被物理学家归因于运动的种种方面,他假定这些方面在事物中存在。一旦使这些运动终止,我们不会有感觉,对我们而言事物也就不会存在了。下述断言不是教条,而是明显不过的常识:若使宇宙中的一切事物处于静止,则宇宙便会不再是可感觉的,或者对人的所有意图而言我们可以说它可能不再存在。物质的可察觉的存在完全取决于运动的存在。力使我们大失所望，现在让我们看看，我们是否能够通过运动接近力。在我看来，我不认为向你们说明我们借助位置和形状——这些是心智能够用来形成十分清晰的观念的东西——理解什么是必要的；心智也能够形成位置变化和形状变化的清晰概念；但是，这样的变化是我们称之为运动的变化。于是，运动是我们大家可以理解的某种事情，虽然我们也许不能以科学的精确性测量它。现在，在不要求我们就物质教条地阐述的情况下，我们能够陈述在我们的路途中将帮助我们的任何重大的运动定律吗？我以为我们能够。假定我们拿来两个物体，让它们以任何方式相互影响，我们观察到什么呢？噢，它们相互改变运动。这是一切物理经验的重大事实：物体能够相互改变运动。这个事实是如此无可置疑，以至我们甚至可以使之成为一个普遍的陈述，并说宇宙中的一切事物在或大或小的程度上改变其他每一事物的运动。宇宙中的一切事物**为什么**正在改变宇宙中的其他每一事物的运动？科学家不知道，他如此说；形而上学家不知道，但是他不如此说。宇宙中的一切事物**如何**改变其他每一事物的运动？科学家在大量的案例中知道，他如此说；事实上，描述这种**如何**，正是物理科学的整个目标。形而上学家不知道，但是他一般地断言他所断言的，为此理由他是值得阅读的——好像阅读格拉德斯通先生一样，当然是作为心理学研究阅读的。

唯有借助实验和基于实验的推理，物理学家才能发现物体借以相互改变运动的某些法则。这些法则只是经验法则，但是它们具有恒定地给出的真实结果，以至神志正常的人都会毫不犹豫地接受它们。这些法则中最显著和最有价值的一条如下：若任何两个物体相互改变运动，则在运动中改变的速率之比是一个数字，该数字对于相同的两个物体来说依然数字相同，而不管它们可能怎么相互影响；这就是说，或者把一个放在另一个之上，或者用绳子或电荷或无论什么可能的关系把它们联系起来，其结果依旧。这个法则是我们寻求的重大的运动定律，它是大多数物理科学的基础。有许多法则隶属于这个法则，它们是通过把表示针对不同物体速率改变之比的数字关联起来的实验发现的，我现在不打算讨论这些。在这里，补充一下物理学家把一个名称给予这些数字就足够了；他们把这样的数字的反比命名为使数字与之结合在一起的两个特定物体的**质量比**。我希望特别引起你们注意的要点就是这一点，即科学家就质量知道的唯一事情是，它是运动改变的比率。这是完全可以理解的：运动是一个清楚的观念，运动改变的速率是一个清楚的观念，而表示一个运动改变速率是另一个运动改变速率多少倍的数字也是一个十分清楚的概念。我们全都能够理解运动，我们全都能够理解质量或运动改变速率的比率。可是，整个近代物理学的理论依赖于运动和质量。你们将立即看到，如果这是真实的，那么像力和物质这样的朦胧观念对于近代物理学而言就是完全不必要的，而且你们可能相当有把握，如果任何人向你们把宇宙表述为由相互施加力的部分物质构成，并以此假定它给出说明，那么他还是正在用混乱的观念辛勤劳作，他还是处在古老的迷信、陈旧的物质和力概念的影响之下。关于物质，我们一无所知，这样的知识对于物理科学不是**必要的**；关于力，我们能够说，它从来没有告诉我们任何事物**为什么**发生，它只不过是实验或观察发现的某种类型的运动的描述。

实际上，科学不是把宇宙简约为那些不可理解的概念物质和力，而是简约为真正可理解的概念运动；因为我们现在能够理解或需要理解的一切是借助运动测量它。牛顿的断言"质量是物体中的物质的量"是没有理由的。它力图用某种我们绝对一无所知的东西说明某种我们能够形成清楚观念的东西。那么，它是如何出现的呢？仅仅出自单一的实验结果，该实验却与不可入的、充满空间的某种事物即物质的古老迷信有联系。单一的实验结果是这样的：人们发觉，我们称之为物体的质量的数字对于相同实物的物体来说与它们的大小成比例。因此，与大小成比例的这样的物体的质量，被看作是假定充满这个大小的体积的质料的量度。就"相同实物的物体"来说，我仅仅意味着，它的每一个要素在我们身上产生相同的特有的感觉，不管是化学的感觉还是物理的感觉。只要我们认为宇宙是由运动的、相互改变运动的事物组成的，我们就处在安全的基础上。不过，你们会发问：为什么不给使物质运动的事物取名呢？那不是关于术语的遁词吗？对于把运动的事物称为物质我没有异议，但是我们必须永远记住，运动的事物可以是与物质的流行概念一致的、世界中的最终事物，这些事物甚至可以是物质概念的对立面。如果我们在其上建立外部世界的貌似实体的实在（substantial realities）的终极原子是绝对的真空，那将会如何？或者，如果物质仅仅是运动中的非物质（non-matter in motion），那将会如何？我不说运动的物体属于这个类型，因为迄今无人知道它实际上是什么，但是让我们尽力想象该类型的某种事物。如果我们审查一两个原子假设，那么它会帮助我们。笛卡儿（Descartes）

由于是伟大的几何学家,认为物质的本质是广延,而不是不可入性。他呐喊:"给我广延和运动,我将建构世界。"对于运动的事物的这种观点,人们喋喋不休;所有物质是形状,而不是必然充满某种事物的形状,这十分接近我们的有些近代假设。与康德(Kant)的"给我物质,我将创造世界"相比,"给我运动和能够改变其形状的空间,我将给你们说明宇宙"要合理性(rational)得多,更不用说是纯粹的自吹自擂了。由于承认物质,几乎无法把宇宙提交出去予以说明。

可是,已经存在物质假设——在科学理论中并非起无足轻重作用的假设,这些假设甚至否认物质是广延。我们可能特别注意博斯科维奇(Boscovich)的假设。在他看来,物质的终极元素(element)是数学点,也就是没有广延的点;他认为这些点具有吸引力和排斥力。请回忆一下,我们对于力能够理解的一切是运动的描述,我们必须认为博斯科维奇的宇宙是由某些样式的运动构成的。就这样,博斯科维奇的物质——没有广延的点——只是以它的运动的事实与非物质区别开来,或者我们完全可以把它描述为**运动中的非物质**。

比较可能和比较新近的假设是威廉 · 汤姆孙爵士(Sir William Thomson)[①]的涡旋原子(vortex-atom)理论。有非常强有力的理由相信,在我们称为物质的东西之间所有的间隔和空间被某种事物充满,虽然它并不可察觉地抵制物质的运动,但是它本身还能够运动。某些光现象特别暗示、几乎证明,这种能够传递运动

---

① 现在为开尔文勋爵(Lord Kelvin)。

的媒质存在着。现在,这种媒质或把它命名的以太(ether)是完全触摸不到的,它似乎不影响一般称之为物质的东西的运动,我们被迫把它或者看作非物质,或者另外把它看作第二种和截然不同种类的物质。这种二重性本身具有某种非科学的东西,是威廉·汤姆孙爵士想出的杰出观念,即物质只可能是在以太中的运动的特殊面相。他建议的运动形式是蜗旋圈(vortex ring);原子是在以太中运动的以太的蜗旋圈,是某种像吸烟者可以把烟圈吹到烟雾中那样的事物。选择烟圈的理由是因为人们表明,在某一种类的流体中,这样的运动一旦开始,它就像原子一样不可破坏。因而,威廉·汤姆孙爵士把我们普遍命名物质的东西看作运动中的以太。倘若我们能够使这一运动停止,便会把宇宙划归为隔离我们的行星和太阳的明显虚空。用流行的语言来讲,这再次是非常相像的断言:物质是运动中的非物质。不幸的是,威廉·汤姆孙爵士的以太蜗旋圈,看来不像是以我们要求我们的原子运动那样严格相同的样式运动。无论如何,整个理论还正在处于审查之中。

虽然以太似乎是非实物(immaterrial),但是我们还是可以考虑这样的可能性:原子是其中不存在以太的小部分空间,或者换句话说,是任何事物的虚空,甚至是非实物的以太。假定这些虚空的边界被赋予某一数量的能量,这样的理论实际上将对某些万有引力和内聚力现象做出解释。我仅仅提及这个理论,以表明通常的物质概念可能多么容易令人产生错觉;我们命名为原子的东西即物质的终极基础,可以是现时命名为实物(materrial)的一切的否定,它可以是能够运动的虚空。

最后,让我谈谈已故的克利福德(Clifford)教授建议的,但却从未完成的假设。设想我不得不选取具有十分细小内径的柔韧软管；如果我维持它伸直，那么在我看来，它可能垂下一截细小的直线段正好通过它。另一方面，倘若我必须使它弯曲，那么线就不能通过，除非它面前的弯曲部分伸直。现在，让我们假定，用只能想象**向前**运动，而不斜向运动的蠕虫或某种生物代替一小段线。如果蠕虫处在伸直的软管内，那么它能够朝前运动；由于它从未斜向运动，在它看来它好像具有完美的运动自由——在它的空间不可能有障碍物。此时，让我们设想，在直线软管中有皱褶或弯曲处；于是，若是蠕虫本身完全柔韧，那么它会向前行进，而没有在它的空间发觉障碍物，尽管发觉有皱褶。可是，哎呀！对蠕虫来说，如果它像一小段不能弯曲的线，当它到达皱褶时，软管即它的空间在它面前看来好像完全敞开着，但是它可能发觉它自己不能前进。蠕虫或者必须使它面前的弯曲处伸直，要不必须认为它是某种穿不过去的东西，某种不管怎么触摸不到仍然阻挡它的运动的东西。也许，蠕虫观看弯曲处几乎就像我们观看物质一样。可是，弯曲处实际上是几何的，不是实物的；它是空间的形状的变化。这样一个例子可以隐约地向你们的心智暗示，克利福德如何看待物质；物质是运动中的某种事物，但是某种事物是纯粹几何的，它是**我们的空间形状的变化**。你们将注意到，在这个假设中，空间本身代替充满空间的以太；取代以太中的蜗旋圈，我们将具有特殊的弯曲处，可能是像物质的元素一样的、几何的螺旋形圈。物质不会必然地终止存在，因为运动终止了，但是不会立刻终止，倘若空间变成平坦的，倘若在它之外使弯曲处、皱褶和螺旋形变得平滑的话。物质只可能在它的形状方面不同于非物质。

　　在没有就我简要地向你们描述的物质理论做任何强调的情况下，我依然可以引起你们注意它们全体的共同特征。他们全都尽力把那个朦胧的观念即物质划归为我们对其具有更清晰的概念的某种东西，划归为我们的运动观念或我们的形状观念。物质是运动中的非物质，或者物质是成形的非物质。物质的终极元素是某种超越实验达到的事物；显而易见，这些物质理论实际上只不过是，通过把它们划归为我们能够对其形成清晰概念的范畴即运动和广延，尝试描述我们的感觉。对我们来说，可感觉的宇宙是由广延和运动建造的；对物体相互影响运动的方式的观察能够让我们建立运动定律，借助这些定律我们使许多物理现象变得可以理解。物质的理论无非是使物体相互产生的各个种类的运动变得可以理解的尝试，而不是说明运动**为什么**的尝试。没有一个物质理论能够被认为是令人满意的，或者至少是最后的答案，这仅仅是把一个种类的物质划归为另一个种类的物质而已。因此，如果威廉·汤姆孙爵士的蜗旋原子理论是真实的，那么只会使我们回到这样一个问题：像完美的流体一样作用的以太是什么？或者换句话说，促使以太各部分相互施加压力或相互改变运动的那种事物是什么？这再次使我们回到特定种类的运动的**为什么**。不可能用物质说明物质，不可能从本身服从运动定律的物体推导支配运动的定律，这个事实并非总是能够清楚地加以辨认。假如我从以太的各部分运动推导万有引力和内聚力，那么这并不是对它们的真实说明，这再次要求我说明以太对各部分为什么相互作用。为此意图，我可以发明另外的以太，但是这个系列在哪里停止呢？在我看来，基于力学原理说明物质似乎是毫无希望的任务，由于我们的下一步应该是从我们的物质的特征推导那些力学原理。运动定律必须出自物质的本性,而这些定律本身却不能说明物质。因此,如果我们用运动定律说明我们的原子,那么我们可以返回有用的和必要的阶段,而且我们能够确信,我们正在考虑的原子不是物质的终极元素。

物质问题也许是不可解决的,不过它最低限度是基于力学原理不能解决的。如果运动定律永远能够从经验的提升到可以理解的,那么我们必须在物质背后找到力学机制(mechanism)①的源泉。至于这一源泉的本性可能是什么,科学现在是不可知的(agnostic);该源泉可能具有心智的本性,或者它可能具有我们目前无法构想的本性;不管怎样,它不能是实物的,它的确也不能是力学的,因为那只能是用物质说明物质,用力学机制说明力学机制。

现在,尽管科学迄今对于这个问题必定依然是不可知的,但是考虑关于物质本性的每一种可能性还是有价值的。我们发觉,虽然我们怎么也不能解释它,但是那两个相互在场的物体影响彼此的运动。我们常常能够陈述**如何**,可是迄今永远不能陈述**为什么**。有任何我们意识到的其他现象完全类似于这种明显自发的运动变化吗?有一个现象显著地与它类似。我举起我的手,在你们看来运动的变化好像是自发的;可以用一系列的神经刺激和肌肉运动说明它的**如何**,可是你们恐怕把它的**为什么**即终极因归属于你们称之为我的意志的某种东西。意志也许是某种至少看来能够改变

---

① mechanism 可以依据上下文译为力学机制、物理过程、机械论、力学主义。——译者

运动的东西。但是,某种运动的东西能够改变另外的某种东西的
运动。由类比提议某种运动的东西即物质可以是意志,并不是一
大步。这是叔本华(Schopenhauer)迈出的一步,他断言宇宙的基
础即通常称为物质的实在是**意志**。我必须强调,我不能充分理解
叔本华达到这一结论的论据。在我看来,它像博斯科维奇的数学
点一样,似乎有点纯粹教条主义的味道。尽管如此,由于它是教
条,在这样的假设中便不存在绝对荒谬的东西;它至少没有尝试通
过物质说明物质。仅仅作为一个建议,它将有助于使我们想起这
个未知的(unknown)——即使不是无能知的(unknowable)——
实体物质的可能本性。

　　我们现在处在比较有利的位置上,可以就物质在科学的宇宙
概念中所扮演的角色形成一般的结论。

　　1. 物理宇宙的科学观点基于运动和质量;由于后者只是运动
变化速率之比,因此我们可以说它仅仅基于运动。从这种观点演
绎的物理宇宙的合理性的理论,取决于某些实验的运动定律。一
旦承认这些定律,科学就能使最复杂的物理现象变得可以理解。

　　2. 关于物质的本性,科学目前完全是不可知的。不过,它认
识到,假如能够发现物质的本性,那么运动定律[①]就会不再只是经
验的,而变成合理性的。

　　我认为,我们可以把下述结论添加在这些陈述中:

　　3. 依据力学原理说明物质似乎是不可能的,因为这样做只不

　　[①] 在这次讲演中,术语"运动定律"是在比动力学教科书中的意义更广泛的意义
上使用的。它包括基本运动的方式(hows),或者通常称之为万有引力、内聚力、磁力和
其他力的定律的东西。

过是迫使粗糙物质依赖也许更小的粗糙物质,实际上等于没有说明。

4. 虽然科学对于物质完全不可知,但是在我们看来,它有权利考虑促使物质变得可以理解的各种尝试;值得注意的是,克利福德说明物质的尝试不是立足于力学原理,而是立足于几何学原理——这能够从几何学中演绎力学机制;叔本华尝试用意志的类比说明物质。

事实上,现在并未要求科学对克利福德、叔本华或其他物质理论家表示支持;可是,同样必须记住的是,他们的理论向无限彼岸的可能性敞开着大门。如果克利福德的理论是真实的,那么我们就必须断定四维空间的存在,因为要是我们不能在我们自己的空间构想弯曲,我们将被迫让物质问题依赖我们自己之外的宇宙,而我们对于这个宇宙一点也无法知道——我们只能断定它的存在。倘若叔本华的理论是真实的,那么将会使我们返回意志的心理学问题,可能不得不断言宇宙的意识。幸运的是,现在并未要求科学这样任意跳跃而陷入晦涩难懂;科学满足于认为,这样广泛未知的东西是未来的问题,并且坚定地拒绝接受任何无论基于力学的、形而上学的或神学的教条之上的解答。

无论如何,如果我把真实的科学宇宙观(scientific view of the universe)摆在你们面前,那么我以为你们会与我一致赞同,像某种坚硬的、死一般的事物即物质的流行概念只不过是迷信。物质的真正本质是运动,是这样种类的运动:虽然我们能够描述它**如何**发生,但是我们迄今无论如何一点也未发现**为什么**。我们不说由两个以太粒子彼此引起的运动**实际上**(really)是自发的,但是至少它**看来好像**（appears）是自发的。我们不说,当我们看见一个人举起他的臂膀,那个运动**实际上**是自发的,但是至少它**看来好像**是自发的——我们称之为他的**意志**的东西的结局。我们习惯于把**看来好像**自发的运动与生命联系在一起。于是,在称呼物质是死一般的时,岂不是某种极其荒谬的事情吗?

让我们以最原始的生物即可能的、简单的有机细胞为例——乍一看,我们在它身上找到什么呢? 找到看来好像是自发的运动的联合;我们相信那些运动可能不是自发的,但是我们只能说,我们目前无法说明它们。让我们以物质的终极形式为例——如果粗糙物质正要用以太说明,那么以太粒子是我们寻找的东西吗? 为什么这种粒子具有运动,并能够以某种方式影响其他粒子的运动? 在生命的终极胚芽（germ）和物质的终极元素之间,划一道界线是可能的吗? 你们之中的一些人可能感到倾向于回答:可是,生命的终极胚芽能够自我复制。严格地讲,这意味着什么? 这意味着,如果我们把它置于有利的条件下,那么它就能够集聚其他物质粒子,并给予它们以类似于它自己的运动。但是,与在集聚起来形成分子的原子中,与在集聚起来形成化合物的分子中,与在大量聚集起来形成星云并最终形成新行星的化合物中相比,在这种无论什么事物中存在更惊奇、更独特的生命迹象吗?

一些人说,**一切生命皆是物质**。这个陈述可能意味着,按照所持有的关于物质的教条,这个陈述意味着无论什么东西,或者什么东西也不意味。但是,我冒险断言,宇宙意味着正好这么多的东西,或者意味着正好这么少的东西——**一切物质皆是生命**丝毫也不比**一切生命皆是物质**更荒谬或更教条。我们的物质的终极元素具有某些运动和影响运动的能力,我们没有说明这一点,我们的生命的终极胚芽也是如此。那么,为什么呢?我们将用力学机制说明生命吗?肯定无疑地,如果我们发觉那个教条是令人满意的,那么请记住,我们还不得不说明力学机制在于什么。另一方面,为什么不用生命说明力学机制呢?肯定无疑地,如果我们发觉那个教条比第一个教条更加令人满意,那么请记住,迄今还没有一个人发现生命是什么!

但是,我设想你们之中有人会反对:这也许是十分真实的,但是它忽略了物质和生命即意识现象之间根本的区别。好吧,我的亲爱的先生,让我们尽力分析这种意识现象,看看否定属于物质的意识是否不可能完全像断言物质具有意识一样教条。现在,让我问你们一个问题:你们认为我是一个有意识的存在物吗?若是,为什么?对于这个问题,你们能够给出的唯一回答将是不可知的。你们实际上不知道,我是否是有意识的。每一个个体的**自我**(ego)都能够自行断言,它是有意识的,但是断言你们称之为我的那个感觉群(group of sensations)是有意识的,这是一个假定,不管它看来也许是有道理的。先生们,对你们来说,我和外部世界的其余部分是自动机制,只是纯粹的机械机制;在你们看来,赋予我们以意识在实践上也许是可取的,但是你们怎么能够证明它呢?你们可能答复:我在你们的身体部位上看见自发的行动,它类似于我能够使我自己产生的行动。通过类比,我被迫赋予你们以意志和意识。好的!你们用类比表明,我有意识;你们无疑将把它授予动物界;此刻,在你们经过整个植物界直到单细胞为止,你们在任何地方都不能打碎类比的链条,你们在那里明显地发觉自发的运动,并主张生命即意识。现在,我把你们的论据向前推进一步,并告诉你们,在物质的终极原子中,我发觉运动的最复杂面相和影响其他事物运动的能力。对我而言,所有这些事情都是无法说明的。它们**好像**是自发的运动;亲爱的先生们,因此借助类比,物质是有意识的。

眼下,我肯定是有意识的唯一事物,即是我自己个体的**自我**;无论如何,在物质是有意识的断言中,我没有发觉比在单细胞是有意识的断言中,或者逐渐向上在**你们**是有意识的断言中更荒谬的东西。它们在目前都是未证明的断言。物质是有意识的像生命是力学机制一样,都不是无意义的;也许在某一天,由于人类智力随世纪推移而发展,以至我们能够表明,这些陈述中的一个或另一个为真,或者更可能,二者都为真。

你们之中那些信奉我针对力和物质说过的话的人会认识到,考虑宇宙能够在物质和力的基础上说明,就是尽力用模糊的术语说明它,因而是完全不科学的。对科学人而言,力是运动**如何**变化的描述,力并没有告诉他关于**为什么**的事情。在科学人看来,物质是处在力学机制背后的事物;假如他知道它的本性,他便能够说明运动为什么受到改变,但是他并不知道它的本性。科学也许能够说,物质可能是像生命一样的某种精神的事物,像意识一样的某种心理的事物。因此,神学家和有神学思想的人的呐喊——近代科学把宇宙划归为死一般的力学机制,划归为"相互施加力的物质小碎屑"——是多么荒谬。近代科学正在力图使宇宙变得可理解,用合理性的、可理解的演化过程代替古老创世传说的死一般的力学机制。假如她目前在经验的运动定律止步,那会怎么样呢? 如果她充其量发现物质的本性,那么力学机制将是那种本性的可理解的和合理性的结果,她对此不十分确信吗? 我承认在这里有不可避免的危险;只要不存在物理科学,神学家和形而上学家就会推进,并用教条和模糊的定义"说明"整个物理宇宙。如果科学人一旦清楚地断定,他们眼下对物质的本性完全不可知,他们确信的一件事是,物质本性不是力学机制而是说明力学机制,那么退却的神学家和形而上学家帮派便不可能躲避在这块未知的土地,并对未知东西的真正的发现者和真正的殖民地开拓者——当他们最终接近它的陆地时——大加反对吗? 这种事情很可能发生,但是我不担心太多的危险。只要人类智力处在它目前的发展状态,总是有神学家或形而上学家出现,也许同样地,他们可能拥有某一偏僻的角落像蜘蛛一样吐丝结网。对他们来说,物质像心灵一样,也许是一个好场所,使他们可以牢固地占据一些时间。进而,在这类人中,阻碍知识进步的可能性现在不是很大的;在科学思想在那里为自己赢得物理宇宙的争夺中,它的倒退被中止了。伽利略时代的神学家曾经是最强大的,他们恐怕是侵犯成性的,能够迫使他宣布放弃主张;今日的神学家在集会上对知识的进步感到痛心,但是他们无法阻止它。让他们做他们将就物质做的事情吧;科学只能够说:现在我是不可知的,但是我不会接受你们的教条。如果这一天到来了,正如我相信的那样这一天将到来,此时我将有知识,于是你们和你们的蜘蛛网会被迅速地一扫而光。解决物质问题不是靠灵感,不是靠神话,而是靠训练有素的心智延续多年的、也许数世纪的坚忍研究和思考。对于今天的人类智力来说不可能的事情,对于未来的人类智力而言可能是容易的。被解决的每一个问题不仅标志人类知识总和的前进步伐,而且也一般地隐含着人的心智能力的相应扩展。所获得的知识的总体越大，在获得这样的知识时运用的本领也会越发达。如果我们在当下仅仅培育和使用我们的理智本领，我们就能够大胆地指望未来。

让我们现在由物质转向心灵（soul），探询一下我们就心灵做出任何确定的断言能够达到什么程度。我在我的讲演中使用心灵一词，虽然**心智**（mind）可能更适用我的意图；因为我只谈心智，所以可能导致你们猜想我撇开心智，只在神学意义上承认心灵（soul）的存在。现在，由于我们正在力图发现**事实**而避免猜想，我们必须从我们的思想中立即消除所有关于心灵的神学的或形而上学的教条。心灵不朽可以是神话、启示或任何形式的信念的事情，但是它不是科学的事情即知识的事情；总的来说，它是虚妄的假设，即使不是危险的假设。亚里士多德（Aristotele）在他的论心灵的伟大著作中实际上把心灵等价于生命（*De Anima*《论生命》ii. 3）。他的门徒、伟大的犹太哲学家迈蒙尼德（Maimonides）也是如此，甚至把心灵授予植物界（*Eight Chapters. Chapter I*《八章·第一章》）。对于具有教条意图的基督教神学来说，依旧区分心灵和生命。黑格尔把心灵定义为生命概念，尽管我们必须极为谨慎地接受形而上学家的定义，可是我不认为我们会错误地追随他走得很远，至少在这一点上如此。这是因为，如果我们开始探询关于生命概念我们意味着什么，那么不可避免地使我们返回意识和意志现象——实际上返回我们先前提及的那些**显然**自发的运动。无论我们在那里发觉生命概念，我们在那里便假定意识或意识的可能性，而且除了在我们个体的自身中，我们只不过是根据显然自发的运动判断意识。如果我们接受心灵是生命概念，那么我们就不能针对任何活物否定心灵,它必须存在于最原始的有机体中;但是,正如我们看到的,断定在最简单的细胞和终极的振动原子之间存在质的差异,只不过是教条主义而已。我们不能说,什么是物质的终极元素;在我们的知识的目前状态下,说"物质是意识"或"物质是无意识",同样是无根据的。如果情况如此,而且意识的可能性是我们的生命概念或心灵概念,那么对任何一个人而言,在现时断言"心灵是物质"或"物质是心灵"都是废话。在这一点,我们必然是绝对不可知的,**但是**我们同时必须记住,一切在心灵与质料之间、在物质与心智之间加以区别的人,都是纯粹的教条主义者。可能有区别,或者可能无区别;我们肯定不能断定哪个存在。鉴于物质论和观念论远非是对立的思想方法,因此正是在可能的范围内,它们体现学派的无根据的区别。断言心智是宇宙的基础和断言物质是宇宙的基础,并非是必然对立的命题,因为我们针对相反的心智与物质能够说的一切,归根结底可能是同一事物,或者至少可能只是同一事物的不同表现形式。只要我们对心智和物质二者无论哪一个的终极要素的本性眼下依旧全然不可知,那么断言"心智是物质"或"物质是心智"是纯粹无意义的。两个断言都是教条,它们只能被实证知识的成长确认或反驳。

如果我们关于物质与心智的考虑具有任何价值的话,那么它将至少导致我们承认,在物理宇宙和心理宇宙的基础上**有可能**一样地存在相同的要素。最后让我们探询,不管怎样,是否可以用我们的物理定律和心理定律的概念否定或确认这种可能性。

我们通过具体的例子可以最佳地达到我们的鹄的。古希腊天文学家借助当时可能存在的工具容许的那样精细的观察,发现了太阳、地球和月球运动的某种特征；他们以一定的精确度用圆的复杂系统、用偏心圆和周转圆描绘这个运动。这是满足更为广泛流行的概念——物理定律是物理事实的纯粹陈述——的结果。实验和观察给我们以一类事实，我们能够把它们包含在一个普遍的陈述之下。在我们实验之前，我们没有理由（reason）说该陈述将属于一个种类而不属于另一个种类；在我们实验之后，该陈述的唯一理由是我们使它基于其上的感知到的事实。这样的物理陈述被命名为经验定律，它的发现不依赖于推理（reason），而取决于观察。物理科学充满这样的经验定律，它们的存在导致某些混乱的思想家把物理宇宙看作是经验定律的复合（complex），而不是可理解的整体。在这一点，数学家行进到此并说，你们的经验定律背后存在某种东西，它们不是独立的陈述，而是一个从另一个合理性地流出的。请告诉我运动定律，我将合理性地演绎物理宇宙；物理宇宙好像不再可能是经验定律的复合，你们将把它视为可理解的整体。如果牛顿关于太阳、地球和月球相互面对下落的方式的描述是真实的描述，那么它们必须以如此这般的样式运动。希腊人的偏心圆和周转圆再也不是运动的经验描述，它们变成理智的必然性，变成牛顿的行星运动描述的逻辑结局。请片刻同意牛顿的万有引力定律是整个真理，于是我说太阳、地球和月球**必须**以如此这般的样式运动。我们对理性（reason）力量的信任如此巨大，以至当它导致我们达到未被物理观察确认或发现的结果时，我们说：请更仔细地观看，请弄到更好的仪器，你们将发觉它**必须**如此。有数个理性在观察之前发现新的物理现象存在的例子。

　　现在，在使宇宙变成可理解的整体的过程中，一个十分重要的事实显露出来,我希望引起你们的特别注意。让我们片刻承认,在牛顿的万有引力定律中,我们拥有关于太阳、地球和月球相互面对下落方式的整个真理。我们通过我们的论文解决它们的最复杂运动的整体,我们找到与物理现象完全一致的结果。但是,它们为什么会这样?为什么在我们论文上理智的、合理性的过程会绝对地与外部的物理过程巧合?就一个经验定律而言,为什么它不可能与另一个经验定律在逻辑上相反?从一个经验定律开始,为什么我们通过在其上推理不会达到与另一个经验定律对立的结果?可是,你们也许回答:这是荒谬的,大自然不能与她自己矛盾。我只能说,我的**经验**教导我,她**的确**从未与她自己矛盾,但是她没有说明**为什么**她从未与她自己矛盾。

当我们说,大自然不能与她自己相矛盾时,我们实际上只不过是正在断言,经验告诉我们,大自然不是从未与她自己矛盾,而是从未与我们的逻辑矛盾。换句话说,物理宇宙的定律在逻辑上相互关联,一个从另一个合理地流出。这实际上是人类经验的最伟大的成果,是人类心智的最伟大的凯旋。**物理宇宙的定律遵循人类心智的逻辑过程**。理智即人类心智是物理宇宙的主旨。使物质定律和心智定律矛盾,就像使物质与心智一样,是教条主义的。确实,迄今距离将从科学中消除经验定律的光荣时代,我们还有很长的路要走。即使我们从最简单的运动定律演绎出所有这样的定律,我们还应当表明,这些运动定律如何是物质本性的合理性的结果;在我们使整个物理宇宙变得可理解之前,我们还必须发现物质是什么。但是,如果我们知道物质的本性,那么毫无疑问,我们就能够合理地创造整个宇宙;每一步都应该是逻辑的、心理的过程。

如果从一个和从另一个同样能够演绎整个物理宇宙，那么它就是物质与心智可能等价的强有力论据。从外部讲，物质似乎是作为世界的基础，每一个世界过程都处于逻辑序列中；从内部讲，在心智描绘类似的世界，该世界严格遵循相同的序列。否认二者具有它们的相似质的终极要素的**可能性**是困难的。物理过程和理性过程的这种等价性，是人类从经验学到的最伟大的真理。我们对这一真理的确信是如此之大，以至我们拒绝任何与我们的清晰推理对立的物理事实的陈述。说物理事实和理性对立，此刻就是消灭思想的可能性。我们立即坚持认为，我们的感官欺骗我们，事实是错觉，是所发生的事情的错误叙述。任何与我们物理定律对立的物理事实也与心理定律对立；我们不能思考它——它是不可能的。

当科学人说，死人从坟冢钻出来并滔滔不绝讲话是胡说八道时，那就是他意味的一切；他恐怕不得不停止思考，尽管这样的事情是可能的。对我来说，我的思维定律是比神学家的上帝更大的真理，是我的存在的更大的必然性。按照神学家的观点，假如那个上帝做某种与我的思维定律相反的事情，那么我只能说，我对我的心智的评价高于他的上帝。我宁可把世界看作一个可理解的整体，而不愿把它划归为在我看来好像是这样的东西：神学家应当用他自己的语言称其为"盲目的力学机制"。对于任何一个人来说，若他告诉我，他所说的上帝仅仅意指某种精神性的、处在物理现象的基础之处的东西，我回答他："很好，你的上帝因而将永远不与我的理性矛盾，我在生活中能够采取的最佳指导是我的理性，在正确地运用它时，它将永不与你的上帝不符。"不仅如此，我甚至可以提出进一步的可能性。我们称为外部世界的东西即现象世界，对我们来说无非是感觉的接续；关于这些感觉的终极原因，即便存在着，我们也一无所知。我们能够说的一切就是，当我们分析这些感觉时，我们发觉比贫乏的接续更多的东西，我们发觉逻辑序列。对我们来说，这种逻辑序列是作为一个可理解的整体的外部世界。但是，如果这种逻辑序列是把它给予我们感觉的心智本身，那会怎么样呢？如果我们的感觉官能必须以心智的逻辑序列接纳它的图像，那将怎么样呢？我们十分充分地了解，当心智舍弃感觉时，就不再遵循逻辑序列了。对于疯子和白痴来说，不存在实在的世界，不存在如我们所知的可理解的宇宙。把可理解的东西引入现象的，难道不是人的心智本身吗？因此，那些称他们在物理宇宙的定律中发现上帝是可理解之人，也许**只不过是把人类心智神化了**。这无非是我已经暗示的可能性，无非是对我们的生活和我们的思想来说充满最丰富的启发的可能性。对他来说，人的心智能够是创造可理解的世界的心智！至少它意指不能把我们引导得远离真理的礼拜和宗教。

如果我们片刻选择使用旧有的神学术语——尽管它们因其拥有对过去的所有情感和激情而被神化，那么它们由于具有这些新的更深刻的意义显得多么丰富！可以在未来人身上唤起的符号象征像基督教在过去人身上唤起的符号象征一样伟大！宗教献身会变成对知识的追求，礼拜会变成人的心智对已经达到和正在达到的东西的沉思；具有这种信仰的圣徒和牧师成为为发现真理曾经工作或正在工作的人。不再是教条的神学会随思想，随人的智力而发展。在这里没有为意见分歧留有余地，在这里没有为宗派留有余地；不是像人的激情那样反复无常的信念，而是像人的理性那样独一无二的知识,能够强制规定我们的信条。鉴于什么东西也未假定,既不害怕坦白我们的无知,也不犹豫地宣布我们的知识,我们大家可以真正地在一个教会做礼拜。因此,教会可能再次变成国家的;不仅如此,宇宙对同一理性而言存在于所有人之中。仅仅培育我们确定的那一个上帝即人的心智吧;于是,我们确实可以在未来期待这一天:教会将清扫它们的蜘蛛网,大叫大嚷的愚昧无知不再会在它们的布道坛上厚颜无耻地胆大妄为,无意义的符号象征不再会强加于它们的圣坛。此时,我们可以涂掉它们大门入口处的下述语句的一天将会到来:"他死而复生;我之所以相信,是因为它是不可能的。"此时,我们可以在其上刻写(正如威廉·哈密顿爵士在他的教室刻写的):"在地球上,除了人不存在伟大的东西;在人之中,除了心智不存在伟大的东西。"——"我之所以相信,是因为我理解。"不要把世界转换为"死的力学机制",而要把在未来对人类理智有价值的宗教给予人类,在我看来这似乎是近代科学在它面前具有的使命。

　　第 16 页和第 23 页注释:旧的物质观念提供一个出色的例子:除了事物在没有达到"未加思考的"情况下确实存在——一个自相矛盾的概念,否则思考事物怎么是不可能的。"物质是施加力的那个东西,广延概括它的特征。""物质是物体中的物质的量。""原子是物质的终极的个体元素。"但是,物理学家赋予他的原子以质量;因此,实物感觉本身的基础拥有物质,也就是被广延。从而我们发觉不可能把它构想为不可分的或终极的。在其众所周知的讲演(*Ueber die Grenzen des Naturerkennens*《自然认识的限度》,Leipzig,1876,pp. 14,15)中,E. 迪布瓦-雷蒙(E. du Bois-Reymond)教授在这里发觉无法解决的矛盾(unlöslicher Widerspruch)，并在对我们的理解力的这种限制感到绝望时呐喊：不可知的人啊(Ignorabimus)！可是，如果我们由假设——"只要我们能够从**中心的原子力**的相互作用引起的原子运动演绎实物世界，那么实物世界**在科学上**就是**可理解的**"——开始，那么除了理智的混沌之外，我们能够期望什么呢？

　　[作者虽然在这个时期扔掉了在现象的物质和力中具体化的物质论，但是他还与大多数物理学家一起没有认出运动的概念特征。他没有认清整个科学是描述，物理概念是符号。他还把它们视为现象的实在的图像。]

3 对科学的滥用[①]

当神学方法一旦得到肉体供它的轮式刑车车裂时,它具有的机心是多么层出不穷啊! ——克利福德

有趣的心理学研究可以妥善地基于现任和前任皇家学会主席的心理特征。在其对错综复杂的物理学问题的分析中无与伦比的前者,要求数学推理的绝对精确性,并永远准备消灭来自类比的论证或不足信的假设——请目睹他较早时期对伪流体动力学的驳斥吧。后者把他的绝大部分精力花费在一门科学分支的调研和阐述上,该分支几乎没有发展到超越描述阶段。请把需要最谨慎推理的复杂问题、对所有能够提出的论证最仔细的权衡和严格的逻辑放在这两个人的面前,在数学上受过训练的心智比描述的科学家的心智会看得更深远、更清楚,对此能够有疑问吗? 类比论证对后者来说似乎是自然的,他习惯于定性的区分而不是定量的区分,而前者却回避它。可是,该案例的实际状况与这个貌似真实的结论多么截然相反呀! 显而易见,与科学训练相比,当处理理智问题时,多么更加需要给心智以逻辑精确性呀! 正是精通以往思想家

---

① 写于 1887 年。

对人类知识贡献的成果的赫胥黎（Huxley）教授，以不可抗拒的逻辑粉碎了埃兹拉（Ezla）和格拉德斯通先生的模糊宇宙猜想。正是像复活的培利（Paley）①一样的斯托克斯（Stokes）教授②，在人眼中发现设计的证明，并且因神（deity）存在的心理神学证据而使休谟（Hume）的同胞感到吃惊。贫乏的苏格兰！什么，就一年一度的伯内特讲座（Burnett Lectures）和三位吉福德（Gifford）自然神学教授而言，她的下属人员或者将被逼使为公然的无神论，或者将促使他们的心理素质降低到布里奇沃特（Bridgewater）专题论文的水准！的确，德拉蒙德（Drummond）教授在那时撰写了一部著作，借助类比把教条披盖在科学的斗篷内——这本贱卖了数万英镑的著作像心灵研究会（the Society for Psychical Research）一样，是令人满足的证据，证明对最近的超感官信念的刺激物几乎绝望的渴望。确实，格拉斯哥的新黑格尔主义者通过本体论的过程，能够像他们的巴利奥尔（Balliol）③的同道那样随便而轻易地演绎三位一体（Trinity）；可是，对于斯托克斯教授来说，还留待用稀罕的、古旧的"来自设计的证据"的新版本④介绍苏格兰。我们怀疑，他

---

① 培利（William Paley，1743～1805）是英国基督教圣公会牧师，功利主义哲学家。他论著颇丰，主要论述基督教、伦理学和科学之间的关系，其中有些作品是安立甘宗的标准神学，即从目的论的观点论证上帝的存在。——译者

② ［现在是乔治·加布里埃尔·斯托克斯爵士（Sir George Gabriel Stokes）。］

③ 巴利奥尔是牛津大学的一个学院，创立于 1268 年之前。——译者

④ 《论有利的光效应》（*On Beneficial Effects of Light*）。伯内特讲座。据乔治·加布里埃尔·斯托克斯，文学硕士（M. A.），英国皇家学会会员（F. R. S.）等，第 4 讲，第78～97 页。

的同伙自然神学家是否会因该礼物感谢这位教授，由于他们已经
完好地处在发现迄今忽视的、将要替代因果关系——至少对生理
学家来说是这样——的类别的旅途上。不管怎样，比较周密一点
考虑这个礼物，还是有价值的，因为完全可以肯定，如果"自然神学
家"对它不抱好感，那么只有超自然神学家——换言之普通的堂区
负责牧师——将会太高兴（像用第二组二十五位当权者抵消一组
二十五位当权者的中世纪经院哲学家一样），以致不能用第二个皇
家学会主席抵消一位皇家学会主席。

　　让我们通过尝试简要地陈述从宇宙的"秩序"可以合乎逻辑地
演绎的东西探究这个问题，然后揭露斯托克斯教授的推理谬误。
我们从自然现象表面不变的序列或"秩序"中能够引出的第一个且
唯一的基本可靠的结论是：相似的感觉以类似的集群不变地出现
在我们面前。这不是关于自然现象的绝对的知识，而是关于我们
自己的感觉的知识。进而，我们对于"不变性"的知识只是经验的
结果，从而建立在概率（probability）的基础上。这种概率是从一
个重复的感觉群序列中经验到的同一性推导出来的，不过它不是
这种不变性的唯一因素。在所有重复的感觉群的序列中，存在有
利于普遍同一性的极大概率。用日常语言讲，这可以用一个基本
的科学定律表达："相同的原因将总是产生相同的结果。"无论如
何，新的原因群陈述新的结果；为了坚信相似的结果总是跟随，我
们不需要以极大次数重复这个新集群。我们仅仅多次重复该集
群，将足以使我们了解原因和结果的精确序列就行了，于是我们确
信，由于有利于就重复集群序列中的同一性推理的极大概率，结果

将总是随之而来。① 从而，我们对自然现象"秩序"的确信与我们对于它的极大概率的知识成比例；这基于对序列——无论何时重复感觉集群，它们采取序列——的同一性的广泛经验。"秩序"就我们能够追溯它而论，在于感觉序列的同一性，而必定不在于物自体（Dinge an sich）。感觉在时间和空间的基本形式下达到知觉官能；在时间中的感觉序列，有时在空间中明显的同时发生（conjunction），导致人类形成因果性范畴。如果感觉 A 不变地跟随 B，甚或不变地发觉 B 与 A 结合在一起，那么我们便说它们是原因和结果。但是，迄今没有一点点证据表明，"秩序"超越于我们的知觉官能和我们的知觉模式而达到物自体。宇宙的秩序**可能**是从我对它的知觉中产生的，倘若我们在空间和时间的形式下全然知觉它的话。我的知觉官能可以把"秩序"给予我的感觉。因为这一秩序存在，所以必定存在组织的官能，争辩这个说法是完全合情合理的。不过，从人的心智行进到感觉中的秩序，接着断定我们在宇宙中（或者更确切地讲，在我们感觉的总和中）发觉的秩序要求一个在无限尺度上的"使宇宙有秩序的命令者（orderer）"，则是对康德命名为神存在的自然神学（phusio-theology）证据的东西之明显谬见。这是把人的心智投入现象，然后让心智超出现象进入不可达到的或无能知的上帝而被反映；与野蛮人一样，因为我们在镜子看见我们自己，便争辩说在镜子另一面有一个陌生人！从我们

---

① 这方面的一个好例子是氢的凝固，它也许只不过完成了（1886 年）两三次，可是科学家没有怀疑它的可能性（probability）。我认为，布尔（Boole）就我们关于自然现象序列知识的概率基础的批评（*Laws of Thought*《思想定律》，pp. 370～375）被埃奇沃斯（F. Y. Edgeworth）教授充分地对付了（*Mind*《心智》，1885）。

的感觉,我们只能推断某种与我们的感觉**相同秩序**的东西,或者只能推断某种协调这些感觉的知觉官能的东西;从有限的知觉和感觉,我们只能通向有限的知觉和感觉;从"物理事实",我们只能通向相同质的物理事实。① 我们不能把在它们的本性中没有包含的秩序的任何事物放入它们之内。从感觉中的序列,我们能够达到人的有限量值的直觉官能,而不能达到更多的东西;我们不能逻辑地阐述物质的创造者、唯一的世界组织者、无限的心智,也不能阐述诸如神学家、被逐出教会再加入教会者甚或康德本人实际要求的宇宙的道德基础。本体论的过程——从来不是自然神学的过程——**可以尝试演绎道德基础的存在**。实际上,把人与神等同的教条将使我们从泛神论的(pantheistic)设计论证走出来,但是从来也不能使我们获取宇宙的道德基础。斯托克斯教授著作的最后一页表明,他本人朦胧地意识到没有精确地"演绎出"他在寻找的那类神。通过一系列假定,即使不说推理谬误,他或者能够达到"过分拟人化的"神,或者能够达到另外"一类泛神论的抽象";鉴于他只是从人的心智出发,这些结果是毫不奇怪的。为了得到神学家的神圣存在物,他最后不得不诉诸**启示**(revelation)。我们几乎不需要评说,尽管他从它开始,但是他可能使我们免除某一拙劣的逻辑,并使他自己的立场无懈可击;把自己围困在对启示盲目信仰中的、漠视自然神学(natural theology)和我们近代经院哲学家的新黑格尔主义本体论的神学家,超出我们的批判,至少值得我们尊

---

① Kant, *Der einzig mögliche Beweisgrund zu einer Demonstration für das Dasein Gottes*.(《证明上帝存在的唯一可能证据》)Ausg. Hartenstein. Bd. Ii. pp. 165, 203, etc.

敬,在这一点他没有力图借助科学和哲学的羽毛装扮教条,强化他对彼得(Peter)和保罗(Paul)①的证据准确性的确信。

正如我们在上面陈述的,如果因果律、宇宙的"秩序"实际上是用同一样式始终把感觉协调起来的人的知觉官能,那么显而易见,宇宙中的"秩序"的基础必定在知觉官能内找到,而不是在感觉本身中找到;现象的终极定律,正如我们知觉它们的,将是知觉官能的定律,它更类似于思想定律,而不是类似于物质——在该词的通常意义上——定律。基于我们感官观察的所谓自然定律,实际上无非是感觉序列的描述;自然定律永远不像经常粗陋地设想的,是那个序列的原因。虽然斯托克斯教授无疑认出这一点,但是在他的书中有一两个片语,未必没有鼓励粗俗的信念。就这样,他在一处(第79页)谈到"服从万有引力定律的物质",在另一处谈到"作为把最遥远双星的组元结合在一起以及把太阳系的行星维持在它们的轨道"的万有引力。这可能导致粗枝大叶的读者把万有引力定律视为行星运动的原因,不用说,尽管这不是斯托克斯教授的意图。万有引力定律没有回答**为什么**,而仅仅告诉我们**如何**;它是我们对行星的感觉的序列之纯粹描述的报道;它比开普勒所谓的行星**如何**运动的定律更全面、更普遍地告诉我们如何;它告诉我们,行星和其他天体正在改变它们以确定的样式相互围绕运动的速度。因此,它并没有试图告诉我们,它们为什么改变它们的速度;我们都在等待的对万有引力定律的说明,只会使我们回溯更广泛

①　彼得是耶稣十二门徒之一,原为渔夫。保罗是基督教《圣经》中初期教会的主要领袖之一。——译者

的、但还是**描述的**宇宙部分的运动定律。即使我们能够回溯宇宙在它最简单部分的最简单运动上的整个复杂机制,作为我们的处理感觉的基本物理定律还是**描述的**定律。要从那个描述的定律通向它的**原因**,就应该使我们返回知觉官能,并且迫使我们回答,它为什么必须在时间和地点变化的情况下或者在运动的类别(以及在特定类型运动这个案例中)之下,协调它能够把宇宙简化的最简单的概念或它的感觉的总和。假定我确实看见对象的彩色图像的一个图像,而不是一系列图像,那么显然有必要,当我开始研究我的眼睛构造时,我必须发觉它是完全消色差的组合,否则一个感觉系列就会与另一个感觉系列相反;我们的知觉彼此矛盾,思想变得不可能了。按照矛盾不能存在的定律,我只能认为并且不再奇怪,与我仅仅看见一个图像的情况相比,我发觉眼睛是完全消色差的组合。假定我具有对象的单个图像的感觉,那么我的知觉官能强使我对眼睛结构的感觉与前一个感觉处于和谐之中。为从在我的感觉之间存在的和谐到在物自体中相似的和谐和秩序提供理由,就是不需要地增加自然现象的原因,从而就是粉碎斯托克斯教授本人表白赞同的牛顿法则。如果人的知觉官能能够如此协调所有群都维持它们自己的序列的感觉,并且彼此处于完美的和谐,扼要地讲即"秩序"和"设计"在自然现象中显露,那么通过不需要地增加原因,并使我们感觉的"秩序"和"和谐"返回物自体和在感觉背后无能知的理智官能之上,我们会得到什么好处呢?

于是,概括一下对该问题的这种简明处理的结论,以便借助它们的启发探究斯托克斯教授的第四讲,我们发觉:

1. 从我们的感觉不能演绎与知觉它们的那些感觉或官能不

具有的相同秩序的东西;我们只能演绎物理的(或描述的)序列定律和知觉的(或真正因果的)序列定律。

2. 在物自体中可能存在或不可能存在秩序及和谐。我们通过物理的或心理的探究,没有一点办法回答这个问题。不过,假定我们感觉的秩序与在物自体内含的秩序相同,即是"不必要地增加自然现象的原因"。

3. 对于这样的秩序,对于在它背后的、在无能知的我们感觉的基础之间的无限心智,物理科学必定依然是无能知的。

4. 在这件事情上,神学不能从科学得到帮助,因为后者只处理感觉的东西,不能由此行进到具有全然不同性质的量——超感觉的东西。要达到超感觉的东西,神学必须在她自己的双肩担负责任,即坚持完全在感觉之外发生的事件和唯有科学不得不处理的知觉是无能知的——坚持启示。神学必须与德尔图良(Tertullian)一起呐喊:唯其不可思议,我才相信(Credo quia absurdum est)。

由上可见,启示和物质——物自体——是无能知的,神学家在此处能够安全地躲避科学家。让他回忆一下,我们的唯一的物质概念是从运动的感觉引出的,我们只能**描述**而不能说明这一运动的主要方面,于是他会毫不犹豫地同路德维希·比希纳(Ludwig Büchner)握手,并与教条主义者的那个巨头分享无能知的东西。神学接踵而来的愉快和富有生气的生活就在物质论中,尽管这似乎奇怪,但是无论如何是真实的。

让我们现在转向值得注意的第三届伯内特系列讲座的第四讲。虽然这位皇家学会主席曾经正在就与通神学论题有别的科学论题写作,但是几乎无人怀疑,他的方法会是什么。他愿提及先前的研究者就该论题查明的东西,他愿清楚地陈述他自己的工作与它们的工作的关系;总之,如果他得出与第一流思想家的结论不同的结论,那么他会仔细地陈述他的背离的理由,并表明他没有轻易把他们的结果撇在一边。当斯托克斯教授探讨错综复杂的理智问题时,他为什么会认为他可以抛弃科学的和学者的方法呢? 当使正统的和异端的哲学思想家在最近一个世纪同样放弃作为无价值的论证从理智宝库退缩到生锈状态,并且在对许多翻新没有任何掩饰的情况下把它投射到我们可信赖的苏格兰人的头脑时,我们确实必须要求某种说明,而不必像一位卓越的苏格兰数学家那样欢呼这样一篇讲演是"极其清楚的陈述"①,须知这篇讲演没有给出作者是适当地权衡了休谟的明晰对话的证据,还是适当地权衡了康德和后康德主义者详尽阐述的论证的证据。无论休谟自己的见解可能是什么,不管他是像他陈述的那样完全赞同克莱安西斯(Clearnthes)②,还是像斐洛(Philo)③提出的那样仅仅利用克利安瑟斯作为他的真实见解的面具,都不会有疑问,克莱安西斯对斐洛论证没有给出正确的回答;正像赫胥黎教授观察到的,倘若休谟了

---

① P.G.泰特(P.G. Tait)教授,在《自然》(*Nature*)1887 年 6 月 2 日的一篇独特的文章中。但是接着,这位《看不见的宇宙》(*Unseen Universe*)的作者所谓"清楚的陈述"可能意味有启发性的,但却没有包含逻辑证明的陈述。

② 克莱安西斯(公元前 331/330~前 232/231)是斯多葛派哲学家。他强调宇宙是一个活生生的实体,而上帝则是使宇宙活跃的能媒。——译者

③ 亚历山大的斐洛(Philo of Alexandria,公元前 15/10~?)是耶稣和使徒保罗的同时代人,他在思想史上具有双重重要地位:在哲学史上他将宗教信仰与哲学理性结合,在宗教史上他主张逻各斯(理念)是上帝和人的中介。他第一个指出,上帝存在的可知性与上帝本质的不可知性是有区别的。他认为,理念是上帝的永恒思想,上帝先把这些永恒思想创造成真实的有,然后再创造世界。——译者

解这样的回答并隐瞒它的话,那么他就非常不公正地对待读者(*Hume*《休谟》,p. 180)。至于康德,他甚至在他的前批判时期发觉,关于神的存在的"唯一可能的证明"是本体论的证明;在他的后批判时期,他借以从道德世界秩序命令者的需要演绎神的存在的第二个"唯一可能的证明"(当时,超越人的知性限度,他发现物自体是意志)的过程,正是出自设计的论证的颠倒。至于黑格尔,让我们从一位形而上学家那里就这一次引用我们能够核准的、斯托克斯教授完全可以对其耿耿于怀的段落:

"神学的探究模式往往从展示上帝智慧的出于好意的愿望出发,尤其是当它在自然中展现时。现在,在如此尝试发现最终的原因而事物就其而言仅起手段的作用时,我们必须牢记,我们正在突然终止于有限,倾向于落入微不足道的思考。当我们首先只讨论关于众所周知的、它赐给人以用途的葡萄,然后着手观察与栓皮——把栓皮从栓皮槠的茎皮割断放入酒瓶——有关的栓皮槠时,便看到这样的琐细例子。全部著作向来是以这种精神写就的。很容易看见,他们既没有引起对于宗教的兴趣,也没有引起对科学的兴趣。外在的设计直接处在观念的前面;不过,常常为那个理由站在门槛的东西却给予最少的满足。"①

黑格尔告诉我们:"全部著作**向来**是以这种精神写就的";现在,在没有如此多地提议他的论证方法有待于最严厉批判的情况下,斯托克斯教授给予我们整个讲演。不过,这种欠缺提及在先的作者也许是可以原谅的;情况可能是,斯托克斯教授自己的论证是

①　*The Logic of Hegel*(《黑格尔的逻辑》),trans. Wallace, p. 299.

如此结论性的,而过去的批判完全缺乏它们。让我们探究这一点。我们的讲演者开始告诉我们,他正打算把他的最后一讲专门用于例证——他的论题把例证提供给老资格的约翰·伯内特在他起初捐赠基金时(1784 年)提议的主题,也就是:

"有全能的、聪慧的、善良的神(Bing),万物因其而存在;特别排除关于上帝(the Deity)的智慧和善的困难;首先,这来自于书写的启示无关的考虑。"诸如此类,不一而足。

必须供认的是,我们看见的、能够用来使老资格的约翰·伯内特的遗赠对排除前面提及的困难唯一有效的方式也许是,恰当地鼓励内在的阐明,以便世界可以由比"书写的启示"更近代的"口述的启示"提供,而这一点却首先被忽略。不管怎样,斯托克斯教授以另外的方式思索,他在《论有利的光效应》中希望排除我们关于这个全能的、聪慧的、善良的神的理智困难。

他开始告诉我们万有引力定律把秩序引入我们的行星系概念;如果我们不比探讨这样的论题——把行星浓缩成为粒子,从而仅仅近似地处理它们运动的一个方面——更进一步,那么我们怎么能够就行星系预言在将来无限期的连续。这一切是值得赞美的真理,或者非常接近真理。于是,我们被告知,不再作为粒子而作为世界探讨的行星体的物理条件如何正在单独地,但却确实地变化;太阳正在失去它的热,行星正在失去它们的火山能量,地球正在由于潮汐摩擦失去她的转动——简而言之,太阳系的物理条件正在随着它在恒星宇宙的位置而变化。这再次是十分真实的、合理的结论是什么呢? 显而易见:从物理学的角度讲,太阳系可以在数万亿年建成、发展,然后崩塌;也许在长时期再次形成其他星系的部分。我们可以得出这么多的结论，而没有更多的东西。但是，我们的讲演者就这一点说什么？让我们引用他自己的话语：

"结果是，即使我们不顾所有生物，不管是植物还是动物，在自然的实物系统中，我们没有发觉我们能够作为自存的和无前因的而依靠的东西。地球说它不存在于我，太阳说它不存在于我。"（第82页）

世界可以存在并再次终止，人的生命能够在世界上存在的时间受到限制，这些对每一个人来说长期以来都是明显的真理，除了实证论者的崇拜者预示的无止境的进步而外。在世界的演化中比在公麻雀的出生和死亡中更多地存在什么，能够向我们证明假定一个比另一个更多地"有前因"是有理由的呢？宇宙的形状和物理构成在一个时刻不同于它们在下一个时刻的；说宇宙的生命面相不是自存的，只不过说宇宙的生命永远正在变化。人正在不断地获得新细胞，失去旧细胞，但是我们从这些细胞不是自存的事实能够主张人也不是自存的吗？若它是，我们至少可以使我们自己满足于公麻雀的不过分的例子，对通常的观察者来说，公麻雀的死亡是比行星系的衰变更明显的事实。

当我们从纯粹的死物质的沉思中继续行进到各种生命形式——植物和动物——的研究时，我们得到的先前的否定结论得以大大增强。虽然斯托克斯教授看到在没有确定的创造作用的情况下世界演化的可能性（possibility），但是他还是谈论**先前的结论**（仿佛完全达到任何真实的结论！），并进而通过表明动物和植物的生命不是自存的或无前因的来确认它。在我们审查该论证的下一个阶段之前，我们会引起对几乎是格拉德斯通的短语"纯粹的死物质"的注意。正如我们以前指出的,我们对物质本性的无论什么东西一无所知,我们的最简单的物理概念是运动概念;物理学家把宇宙的终极要素描述为处于运动之中,但是它们为什么处于运动之中,而且明显是无前因的运动①,没有人拥有最微小的决定手段。严格地讲,自存的运动不是我们与死亡联系在一起的东西,事实上整个短语"纯粹的死物质"可能导致缺乏某种知识或经验的人猜想,我们具有我们的感觉的原因的完备知识,而我们实际上对于它处于绝对的不可知。

处置了死物质,让我们转向活物质。在这里,有两个问题要探究。在地球上,任何形式的生命的起源是什么?再者,我们在地球上发现的生命的不同形式的起源是什么?这些问题是科学迄今没有给出最终答案的问题;我们目前仅仅处理可能的假设,但是我们必须按照牛顿法则判断这些假设,用斯托克斯教授的话来说,该法则"禁止我们不需要地增加自然现象的原因"。在尝试回答第一个疑问时,我们必须在我们面前保留下述可能性:

1. 在宇宙中从来没有任何生命起源,它像通常与它对照的物质一样始终存在;它改变它的形式,但是从未在任何时期开始存在。

2. 生命"自发地从死物质"起源。

3. 生命是从"在某种超科学原因的境况中的作用"产生的。

斯托克斯教授并没有非常清楚地区分我们命名为永恒(perpetuity)的这些可能性、自发发生和生命的创生。他似乎认

---

① 例如,概念"原子"的内部振动能量。

为,生命**必须必然地具有起源**,因为我们有足够的根据断言,我们现在熟悉的那些生命时期在地球发展的某些过去的阶段存在。在仅仅认识已知的生命类型的情况下,他进而质疑,威廉·汤姆孙爵士的陨星——他并非勉强地拒绝考虑这一假设——是否没有可能把它们的胚芽带到地球。但是,由于承认陨星,斯托克斯教授继续说:

"当然,如果采纳这样的假定,那么它便离开未触及的生命起源问题;它只会使在地球地质时期内生命起源的论据无效。"(第85页)

我们清楚地注意到,作者假定生命必定具有起源,即使它不在地球上起源。但是,生命为什么不以某种类型或其他类型像物质那样可以是永恒的?我们知道吸收碳和排泄氧的生命;我们也知道吸收氧和排泄碳的生命——可是在这种最低级的生命形式之间我们没有划出刻板的界线。于是,我们可以教条主义地断言,能够经历我们行星条件的气体变化和热变化活下来的生命类型是不可能的吗?**无生的**(azoic)一词在应用于我们的地球史早期时,只能归属于我们现在熟悉的生命类型。存在其他生命类型的截然不同的可能性;由于气候学的变化,这些类型逐渐进化为我们认识的类型。我们熟悉的一些明显最简单的生命形式,实际上必定拥有最复杂种类的有机体。精子正像它携带的那样带有双亲的一切私人的和理智的特征,必定具有比导致我们相信它的生理描述复杂得多的有机体;发展的潜在可能必定以某种方式预示构造的复杂性。这样一来,**大小似乎只是复杂性的部分度量**,某些微观有机体的微小性和简单性决不证明,它们是把我们带回最接近所谓无生的时

期的生命形式。无论如何,我们能够相反地断定,生命类型的广度
于是可以像精子一样复杂,像在腐物中找到的微观有机体的不可
见的胚芽一样渺小,倘若胚芽存在的话。显然,地质记录不会有这
样的生命类型的痕迹,我们从在那个记录缺少它们不能坚持认为
它们不可能存在。像我们了解的这样的生命在我们行星的炽热状
态下不会存在,这也许完全是真的,但是这并没有证明,不同的生
命类型的胚芽不可能在气态质量中幸存,并发展成随气候物理条
件改变的、已知的生命形式。另外,关于生命永恒的假设,科学家
只能依然是不可知的,而不能像斯托克斯教授似乎认为的那样,得
出"在某种超科学原因的境况中的作用"的任何证据。无论如何,
生命永恒似乎是比创生有理的假设,尽管它的确"不需要地增加自
然现象的原因"。斯托克斯教授只不过扩大他的前提,即把**我们
在我们周围看到的**活物不能在炽热的时期存在"扩大到"活物根本
不能存在",从而以"超科学的原因"达到生命的起源。

　　继续行进到自发发生的假设,我们可以再次指出相同的逻辑
谬误:

　　"我认为,最谨慎小心的工作者在这个论题方面所做的实验的
结果是这样的,即大多数人现在同意,实验证据非常决定性地反对
这个假定:这些微小的创造物全部能够自发地发生。"

　　所述的微小创造物是腐物中的微观有机体。该陈述可能完全
为真,不过在它能够容许我们逻辑地拒绝生命自发发生的可能性
之前,我们不得不表明:(1)所述的有机体仅仅是能够假定自发地
发生的生命类型;它们的"微小性"肯定不是这种可能性的证据,除
非在**接受进化学说**时我们已经阐明,这些有机体以很大的概率是

我们已知的最早的生命类型,因此是在"无生的"时期之后发生的最靠近的生命类型;(2)我们在我们的实验中复制在可以假定生命起源时期尚存的物理条件。没有证据表明,遭遇每一高温的和保存在密封容器中的芜菁或尿液完全代表地球在无生的时期结束时的物理条件和气候条件。很明显,这些条件在实验中几乎不能实现;我们不能模拟这样的气候物理状态:只可能在数万亿年的漫长过程产生完全不同于我们已知的任何东西的生命类型的,即使复制其类型也不会必然地落在我们的感觉器官的限度内的气候物理状态。没有**否定的**实验能够导致我们拒绝自发发生的假设,可是许多肯定的实验可以证明它。因此,当斯托克斯教授假定生命在地球上开始,否定自发发生,并达到"对于我们能够看到的或看来好像可能的任何事物而言全部处在科学的认识范围之外的"原因时,他只不过正在把皮立翁山(Pelion)堆积在奥塞山(Ossa)①上,把一个教条堆积在另一个教条上,从而无情地把真正科学家的在逻辑上不可知的态度推到一边。至于第三个假设即创生假设,能够唯一出示有利于它的论据是(1)出自穷竭过程,即在逻辑上否定所有其他假设,或者证明一切这样的假设破坏我们感觉的种种群之间的和谐;(2)出自启示证据。不能要求我们在自然神学的标题下处理后者这个论据。

当我们片刻从描述科学或感觉的分类转向心智就生命和物质的终极元素发觉的最简单的理智概念时,我们几乎一点也没有发

---

① 原文为 is piling Pelion on Ossa。皮立翁山在希腊色萨利(Thessaly)地区的东部。奥塞山在希腊东北部。"把皮立翁山堆积在奥塞山上"的转义是"难上加难","做办不到的事情"。——译者

现把一个与另一个分离开来,肯定没有什么东西能够使我们断言,在一个比另一个中更多地存在永恒。我们分析我们对二者的感觉,发觉我们的终极概念是十分相似的。在物质的终极元素中,我们发觉明显自存的(self-cxistent)运动,以及由于这种运动而参与与其他元素组合的能力;我们关于生命的终极元素的概念几乎能够用相同的术语描述。这种自存的运动的概念为什么是我们的终极概念,这在目前是一个没有答案的问题,但是正像我们已经指出的,它的解答通过对知觉官能和知觉官能必须借以知觉的形式的详尽研究,比通过从描述科学引出的任何结果,更可能达到。尽管情况可能是这样,但是注意到下述境况才是充分的:在永恒中,或者另一方面在生命的自发发生(这实际上只是永恒的另一个名称,因为宇宙在无生的阶段也许总是拥有这个或那个行星)中,没有什么东西与我们的感觉的和谐相矛盾,或者没有什么东西把混乱引入我们的生命概念和物质概念。

斯托克斯教授接下来专门用简洁的一页陈述进化学说,用另一页批评进化学说。他的第二个问题是生命类型的多样性的起源,我们接着探究自然神学关于它必须说什么? **显然**,令人满意的是,在陈述现有的异议后,例如在实际实验中形式演变的微小量,联系环节的缺乏和生命类型的退化(deterioration)(或者像雷·兰克斯特(Ray Lankester)教授把它命名为**退化**(degeeneration)),对于物质依然是不可知的。不管怎样,斯托克斯教授在这一点的结论性评论使人联想起他的真实见解:

"关于地球上的生命的最初起源,如果科学无能为力解释它,如果我们必须求助某种超科学的原因,那么在这个超科学的原因

随后也可以起作用的假定中,不存在不明达的(unphilosophical)东西,观察到这一点就足够了。"(第89页)

在这个推理中的谬误差不多太显眼了,以至不需要加以评论。它假定(1)生命具有起源;(2)因为科学迄今没有说明(从来不可能存在的)某种东西,因此它必定总是依旧不能如此说明;(3)如果我们在一个案例中求助超科学的原因,那么再次这样做时不存在不明达的东西。实际上,存在似乎奇怪地逃脱讲演者注意的明显反驳,即把我们迄今没有充分说明的一切自然现象归属于超科学的原因,并且如此摆脱作为无用的和滥花钱的、"不必要地增加自然现象的原因"的机构皇家学会和其他科学团体,因而这不可能是不明达的!

该论证也许与我们可以设想来自中世纪经院哲学家讲堂的下述论证相当:由于科学无能为力说明太阳为什么绕地球转动,而且我们必须求助某种超科学的原因,因此在假定相同的原因引起潮汐时,不存在不明达东西。所以,上帝天天引起潮汐。

从这一点向前,讲演者更为特别地转向来自设计的论证,并把人眼极其复杂的结构作为他的例子。在沉思这个组织复杂精细的部分和它对于使用它的适应性时,斯托克斯教授发觉,"难以理解的是,我们如何不能对这样告知我们的设计证据留下深刻印象"。我们假定,来自设计的这个证据证明老资格的约翰·伯内特的"全能的、聪慧的、善良的神"。我们惊奇,斯托克斯教授的听众是否会同样地对来自设计的证据留下深刻的印象,尽管他选择麻风杆菌作为他的例子,这种杆菌也是惊奇地适应于它的被使用,它的组织和生命同样是来自设计的最有趣种类的证据。尽管采用"有利的"

这个词语,但是它也许还不是从来自设计证据演绎的神的智慧和善良的拟人的质。它仅仅是"构造的心智"的存在。如果情况如此,那么我们就可以彻底探究,结构的复杂性是否总是心智的证据,而且我们不能比引用斐洛用以驳倒克莱安西斯的话语更满意地证明该论证的谬误了。①

　　"婆罗门(Brahmins)②断言,世界是无数的蜘蛛产生的,蜘蛛从它的肚肠吐丝结网构成了整个错综复杂的万物,此后通过再次吸收它并把它分解为它自己的精髓而毁灭万物。在这里存在着在我们看来好像是可笑的宇宙起源的种类,因为蜘蛛是可轻视的小动物,我们从来不可能把它的操作视为整个宇宙的原型。不过,在这里还存在新的类比的种类,甚至在地球存在。而且,假如存在全部由蜘蛛居住的行星(这是非常可能的),那么这一推断在那里似乎是像在我们的行星把一切事物的起源归因于克莱安西斯说明的设计和人格化理智的推断一样,是自然而然的和无可辩驳的。为什么有序的系统不可能由腹腔以及由大脑编织而成,他要给出令人满意的理由恐怕是困难的。"

　　在这些字里行间彻底阐明了来自类比的论证的荒谬。直到斯托克斯教授毋庸置疑地证明,那不是在**它的**感觉世界产生和谐和秩序的人的知觉官能为止,提议在那种和谐和秩序的基础上可能

---

　　① *Dialogues Concerning Natural Religion*《关于自然宗教的对话》. Part vi. Green's edition,p. 425.

　　② 婆罗门(Brahmin 或 Brahman)是印度种姓制度的第一种姓即僧侣。公元前七世纪中叶第印度哲学家耶若婆怯(Yajnavalkya)的唯我论学说有言:"我如一蛛蛛,引丝而布网,世界绵罗开,还即自身出。"——译者

存在某种与人的心智类似的事物似乎是徒然的。这些感觉的基础即物自体毕竟可以是从肚肠而不是从大脑吐丝结网的巨大蜘蛛。

但是，即使我们为了论证而采纳把"死物质"与某种命名为"心智"的其他某种东西区分开来的粗陋的实在论，那么我们在"最适者幸存的定律"中还是发觉结构适应功能的显然充分的原因。确实，斯托克斯教授评论说，即使证明了这个可能的假设，也不会由此得出，未留下设计证据；但是，也许可以得出，就斯托克斯教授的自然神学残留，就他在这本著作中阐明它而言，恐怕倒塌了。那个使关于设计的证据回归到那些伟大的物理学定律之上，某一思想家学派乐于把这些定律描绘成"在死物质中固有的"，而不是描绘为知觉官能的形式。虽然斯托克斯教授没有把反对能够说明结构适应功能的最适者幸存定律的**可能性**的真实论证给予我们，但是他仍然告诉我们他**相信**什么；也就是说，他相信这个定律可以阐明一个复杂整体的某些（若就某些而言，那为什么不就一切而言？）特征，"但是我们不需要什么东西更多地阐明如此精致美妙、如此令人赞叹地适应它们的功能的结构之存在，这对我的心智来说是难以置信的。我忍不住把它们看作是以某种直接得多的方式起作用的设计证据，我不知道那样的事情；我相信，这样的结论可能是大多数人的结论。"

换句话说，自然神学的最后立场是信念，而且是关于大多数人的信念可能是什么的信念。

这样一来，自然神学正在放弃似乎有理的关于现象有序安排的假设，用以交换信念，但不是交换对超科学原因的证明的信念，它的进一步的阶段容易标志出来。自然神学由于重返它的无论物质还是生命都不是自存的未证明的教条——这些教条基于对行星系的衰变、对生命如我们所知在世界一度是非尚存的曲解,它得出结论:通过**类比**在宇宙的秩序中发觉的心智是自存的,因此上帝是自存的。但是,作为神的属性,这样演绎的自存恰恰是启示向我们预告的东西:"那自有的打发我到你们这里来。(I AM hath sent me unto you.)^①"在这里,存在我们正在寻求中的科学和启示之间的统一! 在这里,自然神学发觉它自己与摩西关于它的部落的神的观点一致。斯托克斯教授评论说:"值得注意的是,上帝本身为他自己的标示选择的恰恰是这种自存的属性。""超科学原因的"、犹太人部落的神和上帝(用大写字母 G)的身份证明是完备的!

对我来说,不需要通过斯托克斯教授的余留篇幅跟随他;一旦识破启示的基础,我就不进一步追踪他。我们能够期望发觉,而且确实发觉出自类比的论证和通过虚假的逻辑过程演绎的教条的重复;例如,"我们看见,生命仅仅能够从活着的东西发生"(何时和何处?)——借助类比,为什么心智却不能仅仅从心智发生? 正确和错误的意思太普遍了,以致不能归因于教育的结果(但是,在人类社会自相残杀的斗争中为什么能够归因于最适者幸存呢?),如此等等!

在我关于对自然神学的这种贡献的全部处理中,我努力清楚地观察这种荒谬的"科学"摆在它自己面前的功能,即努力从物理

---

① 《圣经·出埃及记》3—13:神对摩西说:"我是自有永有的。"又说:"你要对以色列人这样说,那自有的打发我到你们这里来。"(And God said unto Moses, I AM THAT I AM; and he said, Thus shalt thou say unto the children of Israel, I AM hath sent me unto you.)——译者

的和有限的感觉推导超感觉的和无限的**证据**。它不顾人的知觉官能的定律对该官能协调的感觉的可能影响；它从目前科学的无知（ignorance）为认识的不可能性提供理由。它完全忽略与牛顿法则同等重要的法则，该法则可以这样表述：在我们迄今没有发现关于自然现象充分的物理起源或知觉起源的地方，等待或探究比在超科学的原因中寻求庇护更为明达（philosophical）。这样的超科学原因就基于启示的信念而言可以是物质，它们从来不能从我们的感觉的研究中推导出来。从我们的感觉的秩序与和谐，我们只能行进到它们的序列的描述定律，即物理原因的定律——行进到此，再无更多到东西。我不得不认为，这位英国科学的老前辈——每一个数学家和物理学家都以个人的感恩图报之心留意他——在我看来好像以违背科学的真实目的的东西结束关于光的最富有启发性的讲演系列，这的确是令人遗憾的。他尽力用思想家早就抛弃的论证演绎神的自存；他只是通过基于术语的错误外延的一系列逻辑谬误达到他的目标。权威比大多数人运用的准确推理更受重视，为此斯托克斯教授承担的讲演系列特别会造成严重的伤害。如果人类现在达到这样一个阶段，此时比基督教徒更富有成效的道德规范概念正在开始变得流行，此时比神学领域更富有成果的研究和思想领域向人类敞开，此时人的服务的遗传本能日益成长得如此强大，以至它的满足是人的主要愉悦之一，那么正是他确定无疑地试图支撑不充分的道德理论、供心智的闲暇活动和变成国家财力几乎难以承受负担的宗教体制——确定无疑，这个人将因他的神学理论被后代逐出教门，而在他的神学理论中这却以另外的方式因他的科学能够使他神圣化！"你们尽量伸出你们的双手，拯救被筛除的、沉积起来的残渣余孽。请留意,免得你们提供温床和保护那个令人畏惧的瘟疫种子,这种瘟疫毁灭了两个文明国家,但是仅仅不能致死像现在人与人之间正在为生存而斗争这样的有好处的承诺。"[1]因此,在1875年屈尊俯就涉猎"自然神学"泥潭的克利福德向两位享有声望的科学家呼喊。在1887年必须再次重复他的话语,正是人的偏见持续存留的值得注意的和令人抑郁的证明。

第59页注释:在我看来,似乎很可能,代表有生物的阶段的波浪从较小的太阳向外横越每一个行星系。这样的波浪现在能够达到我们的地球,并且随着物理发展可以继续前进到外部的行星,至多在它之后留下化石记录。这种波浪的运动总是依赖个体太阳及其行星的物理条件,并且只可能是较大的波浪的涟漪,而较大的波浪通过星际空间从伴随能量散佚的比较中心的太阳向外涌出。

---

[1]　*Fortnightly Review*《双周评论》,June,1875.

4   克己的伦理①

> 但是，在视域中、在声音中，
>
> 以及在你喜欢品味的事物中，
>
> 如果你的心智不再感到乐趣勃勃，
>
> 那么在人的世界或神的世界内，
>
> 你的内心渴望的东西是什么？
>
> 请告诉我那个东西，
>
> 迦叶佛（Kassapa）②。

"人是为烦恼而出生的，这甚至像自然规律一样确定无疑"；由于种族的发展赋予激情（passions）和欲望（desires），使得它迄今还处于现象世界，在那里它们的完全满足或者是不可能的，或者伴随比抵消苦难（misery）的程度更多的东西——这些是一个时代接一个时代使哲学家和先知同样困惑的事实。它们驱使思想家在他们自身之内寻找安静的避难所，寻求某些依然平静的水面，他们绝没有在变动剧烈的外部现象世界发现这些地方。感官世界中的人作

---

① 这篇文章写于 1883 年，但是在 1888 年首次发表。

② 迦叶佛又译作迦叶波佛、迦摄波佛、迦摄佛，意译为隐光佛，称大迦叶，即过去七佛的第六位，现在贤劫千佛中的第三尊佛。——译者

为他的感觉的明显奴隶,似乎永远是主观的和受苦的;只有在心理上,在内部意识中,似乎存在着自由行动、主观创造的领域。在这里,人可以找到躲避那些不可阻止的外部力量的庇护所,这些力量以出其不意的转变把他从欢乐的高峰抛向悲痛(sorrow)的深渊。心智使它自己与种族偏见、与塞满的人的激情、与肉体盲目隶属于现象的奴役状态脱节,从而摆脱外界感觉的羁绊,为它自己的主观性欣喜,这难道不可能吗? 人难道不能把他们的幸福建立在除了现象世界的短暂形式之外的某种东西的基础之上吗? 一方面由于某种理性的过程,或者另一方面由于先验的(transcendental)轮回转生(rebirth),人难道不能使他自己与永远变化的现象的奴役状态无关,使他自己从命运使他所处的世界脱身吗? 通向这一伟大目标的途径可以合适地命名为**克己**(Renunciation)——为避免人的奴隶状态人的激情的自我克制(renunciation)①。乍看起来,一个放弃人的激情的人似乎是与"惊喜若狂"的过程同类的过程,可是许多时代第一流的思想家给予克己需要的大大重视,证明对它的意义较为仔细的探究是正当的。我打算在"克己的伦理"的标题下,审查已经提出的几个比较重要的理论。

       提出克己学说最早的、也许是最伟大的哲学家是佛陀乔答摩(Gotama the Buddha)②。在考虑他的观点时,我愿采取我将通过这篇论文追随的路线,即首先尽可能清楚地断定这位哲学家希望

----

       ①   在本文中,我们把 Renunciation 和 renunciation 译为克己、自我克制。——译者

       ②   乔答摩(Gotama 或 Gautama)是印度哲学家,佛教创始人释迦牟尼(公元前563? ~483)的初名。——译者

人们放弃的是什么,其次尽可能清楚地断定他假定什么能够是这种克己的结果。在佛教理论中,必须扑灭的是"心智和内心(heart)罪孽深重的贪婪疾患"。这种疾患被程度不同地描述为热望(Trishnā)——朝思暮想的渴望(thirst)以及贪婪(Upādāna)——的状态。① 热望的来源必定能在个人经历的作为现象世界一部分的感觉中找到。当个人对这些现象的本性无知,而且没有使它们服从有条理的意志时,它们作为感觉的原因在他身上起作用,并在他那里像在有感觉的有机体那里产生感觉的结果,也就是一切类型的感觉的激情和欲望。除了目前的作为欲望因素的无知,我们也必须记住过去的无知;或是种族的或是个人的过去无知造成对**热望的性向**(predisposition)。因此,可以把"心智和内心罪孽深重的贪婪疾患"的源泉描述为在非理性的(irrational)欲望中达到顶点的无知和性向。为了个人可以使自己摆脱这种奴隶状态的疾患,他必须抛弃他的欲望、他的妄念(delusions);达到这个目的的唯一途径是根除无知和性向。再者,佛教学说绝不是断言人能够使自己摆脱现象世界的感觉作用,而只是断言他有可能抛弃那种作用造成的妄念的欲望。可以把它简明地定义为对纯粹感觉欲望合理性(rational)的克己,而感觉的无法控制的影响倾向于产生这种欲望。被视为破坏无知的克己方法叫作自我修养(self-culture),它被看作是破坏无知、自我控制(self-control)。从这些组合的立场出发,可以把该方法恰当地描述为"自我修养和自我控

---

① 在这里正如在其他地方一样,我关于佛教学说的描述几乎完全引自里斯·戴维斯教授关于该论题的众所周知的著作。

制的崇高路线"。

让我们考虑欲望或妄念,按照佛陀的观点,它们形成"罪孽深重的贪婪疾患"的要素,它们的直接原因必定能在无知和性向中找到。对应的欲望基于的三个主要妄念是肉欲性(sensuality)、个人性(individuality)和仪式主义(ritualism)。这些妄念是人的悲痛涌现的源泉。就我们目前的意图而言,可以设想肉欲性包括感官享受的敏感性(sensuousness),即以现象世界在感官上的影响产生的一切形式快乐(pleasure)为乐事(delight)。至少肉欲性的更为严重的种类肯定是非理性的,是人的较大部分苦难的原因。乔答摩似乎谴责,所有肉欲性、对现世的一切爱好是人的自由的镣铐。在这一点,他实际上与早期和中世纪的禁欲主义者一致。二者都谴责感官的快乐:基督徒谴责是因为他认为它们干扰他的生活秩序,正像启示口授的那样;佛陀谴责是因为他看见许多悲痛出自它们,而且无法找到它们存在的合理性论据。二者对它们的生理学价值同样无知,从锡拉(Scylla)岩礁飞奔到卡律布狄(Charybdis)大漩涡①。在这个案例中,真实的中庸之道(via media)是另一个克己的哲学家迈蒙尼德教导的:虽然感官的快乐作为**意图**被放弃了,但是作为**手段**却受到欢迎,这意味着使身体保持健康,从而使精神充满活力。不再是主人的肉欲性,作为仆人做必要的工作。与印度的哲学家相比,埃及的医生对"欲望"的生理学起源和价值具有更真实的领会。

---

①　在意大利西西里岛海岸外的墨西拿(Messina)海峡,有锡拉岩礁,其对面有卡律布狄大漩涡。它们对航海造成致命的危险。"从锡拉岩礁飞奔到卡律布狄大漩涡"有"刚逃离龙潭又误入虎穴"的意思。——译者

　　乔答摩把人的苦难归咎于的第二个大妄念是个人性。对我论
（Attavāta）——自我学说——的信念是最初的异端邪说或妄念；
它是首要的取之一，这些取是在世人中悲痛的直接原因。乔答摩
把人的个人性与双轮战车加以比较，只要它是底座、车轴、轮子、车
辕等的复合，这就是唯一的双轮战车；在底下或超出之处，没有能
够称之为双轮战车的根据。对于个体的人而言情况也是如此，他
是永远变化的实物特性的组合。在一个瞬时，他的确不能说"这是
我"，这样说就是充满无止境痛苦（pain）的妄念。随之而来的是，
当否定自我与个体的人有关系时，就不能接纳像心灵这样的实体
（entity）；应当把关于来世（future life）的所有疑问叫作"木偶戏"
或"在妄念中漫游"，便是合乎逻辑的。我论学说是由无数人的苦
难产生的，这是无可辩驳的。对心灵不朽的信念，从而对未来状态
的信念，导致人在现在忍受和遭受无穷的痛苦。对基督徒而言，这
样的痛苦似乎是情有可原的，它只是通向目标的手段。推到它的
逻辑结局，使穷人变得舒适和富有，生怕减弱他的天国运气，也许
是邪恶（sin）。为了拯救一百个他人的心灵而使一个人上火刑柱，
恐怕是很大的罪过。佛教徒在这一切中发现只不过是成为妄念结
局的苦难。对他来说，相信未来状态的人在他的精神成长方面，受
到最使人烦恼的枷锁、最致命的取的阻碍。一方面，信赖启示的基
督徒不要求他对心灵存在的信念具有合理性的基础；另一方面，佛
教徒受到乔答摩的告诫，从而一点也不接受他的推理能力不交托
给他的信念。经验教导我们，在这里理性（reason）并不能证明什
么东西。它超越理论理性的限度，而实践理性的断言至多不过是
基于公认的，但却是非分析的欲望。在我看来，乔答摩的立场似乎

是直接的,无论是欲望或性向的结果。但是,更为重要的一步必须是在能够宣布它是妄念之前迈出的;必须追踪性向的历史起源,欲望的滋长。情况可能是,该起源像太阳绕地球转动的信念一样,是自然的,但却是非理性的。在那个案例中,性向也许将随着对它的原因的认识而消失。它会被归类为受到曲解的感觉产生的神话;现象世界表面上的客观作用总是受到主观中枢的错误解释,永久长存的错误引起性向。不用说,乔答摩没有从事这样的必要批评;使人生疑的是,人类学和比较宗教科学是否甚至依然得以充分地进展,从而使我们能够追踪这种性向朝我论的发展。我们肯定可以断言,在生命进化的某一阶段,有机体并未意识到对心灵存在的任何信念;无论如何,断定该信念起源于人是不必要的,如同我们了解他那样。在那个早期阶段和正像他现在所是的人之间,性向出现了。在筹划出那个"之间"的每一个要素之前,将不可能**证明**,瞬时植入理论是靠不住的,不管它可能与我们关于观念成长的一般经验多么相反。像性向存在一样,为了人不可能是苦难的,他就必须满足它,这个论据绝不是正当的。除了许多个人为不朽在对欲望合理性的克己之后幸福地生活,从而提供教育和自我修养能够使人摆脱性向的证据这一事实之外,我们也必须看到,接受在理智上辨认出无根据的信念,归根结底不能有助于理智的幸福。即使我们片刻同意,在没有心灵不朽信念的情况下,我们的生活观必定是悲观主义的——甚至没有这样的信念生活是难以承受的,但是这种承认并不是不朽的证据;它仅仅表明,人或者在任何情况下处于他的目前发展阶段的人,并不完全适应他周围现象的环境。于是,关于人的痛苦的第二个重大因素,我们注意到,乔答摩在断言它是妄念时,与其说他是逻辑地进行的,毋宁说是教条地进行的。的确,对个人性的信念不能合理性地推导出来。另一方面,在对那个信念现存的性向得到批判的和历史的探究之前,无法正当地排除它。不管怎样,我必须评说,如果乔答摩坚定地使他自己确信,对个人性的信念是人朝向公正(righteousness)进步的镣铐,那么他在没有证明它的绝对虚假的情况下要求人抛弃那个学说,就是有正当理由的。佛陀的确信即对某种私人幸福的信念,从此以后破坏真正的精神成长,是导致他抛弃作为妄念中最可怕的我论的东西,这是不可能的。"无论德行多么高尚,无论洞察多么清楚,无论信仰多么谦卑,如果心智依然被对于任何种类的来世的任何渴望(hankering)玷污,那么便不存在阿罗汉果(arahatship)[①]。对来世的欲望是心智的镣铐之一,打碎这个镣铐构成'对自由的高尚拯救'。在我们应当追求的唯一目标——在这个世界上达到在阿罗汉果一词中概括的心理修养和伦理修养的状态——的道路上,这样的希望是实际的障碍。"(*Hibbert Lectures*《希伯特讲演》)显然,只有对通过某种情感激动的准备过程牺牲此生换取来生而破坏"心理修养和伦理修养"拥有深邃的和辛酸的经验的哲学家,才能够如此发泄对个人性信念的强烈谴责。

我们若把乔答摩的前两个取的克己比较一下,我们看到在它们之间存在质的差异;一个是直接的肉体的欲望,另一个是间接的

---

①　梵语"阿罗汉"意译为应供、杀贼、无生,汉语常简称为罗汉,是依照佛陀的教导修习四圣谛,断绝一切嗜欲和烦恼并出三界生死达到涅槃的圣者,称为得到阿罗汉果。阿罗汉有四个阶级:初果、二果、三果与四果。自佛陀初转法轮以来,至今已有成千上万的弟子成就阿罗汉果,还有众多的弟子成就三果、二果和初果。——译者

现象世界对人的影响的结果。按照佛教理论，我们应当抛弃二者。我们追随迈蒙尼德，已经在上面指出某种理由：为什么作为目标抛弃的第一种欲望应该作为身体健康的手段而采纳。当一个人无可否认地能够控制他的肉体存在并在某种程度上能够对它施加影响时，他在不受损害的情况下不能完全制服他的肉体需要，或者不能满足他的肉体欲望。因此，第一种取的克己在它的最广泛的意义上是不可能的。另一方面，消灭信念、根除心理渴望（cravings）则是可能的。心智本身是极度可塑的有机体，作为教育的结果易受无穷的变化，能够在自我修养和合理性思想的情况下在每一时期改变它的欲望。于是，总是存在自我克制心理性向的可能性。当然，这样的性向不能用暴力驱逐，它只能通过知识的成长消除。只有充满理智的心智才能使它自己摆脱个人性的妄念。在乔答摩看来，知识是比较高级的生活的关键；唯有它能够使人们摆脱产生欲望的妄念。在这里，他的教导与迈蒙尼德和斯宾诺莎的教导处于完美的和谐之中。使他的理论成为理性主义体系的正是这一点，而理性主义体系则把他从先知提升为哲学家。他强烈地反复灌输明达的怀疑；他认为不能合理性地演绎的一切都没有要求作为信念的权利。他曾经回答他的门徒："我对你们全体说，请不要相信你们听到的东西；当你们听到任何一个人说，这是特别好或极其坏时，情况就是这样；请不要随着你们自己推理：若它不为真，那么就不能断定它，从而不能相信它的真理性；也不要信仰传统，因为它们在许多地方是世代流传下来的。请不要因为许多人谣传和谈论任何东西而相信它；请不要以为那是它的真理性的证据。请不要因为提出一些过去圣哲所写的陈述而相信：你们不能确保，文字已经不断地被上述圣哲修改,或者文字能够受到信赖。请不要相信你们想象的东西,以至认为因为它是反常的,所以必须靠神祇(Dewa)或某个奇妙的人灌输它。"①

在前面段落中引用的话语,准确地表明乔答摩对待观念的方法。在不能发现合理性的来源时,把观念作为妄念看待。② 确实,哲学家本人奇怪地忽略把这种检验应用于轮回转生教条,从而从它引申出他的令人惊奇的羯磨(Karma)③理论。我现在转向第三种妄念即仪式主义妄念,在其中严格地运用了检验,所推导的结果是:假如诸神存在,那么他们是这样的事物——正是妄念使自己为这样的事物烦恼。我们可以把仪式主义定义为一种形式的崇拜对象,该崇拜对象变成假定能够影响人的生活的存在。乔答摩使自己满意,这样的仪式主义是妄念,而没有就神的存在或非存在参与任何讨论。当然,这样的讨论应当遵循与我论的讨论相同的路线。不可能有神存在的任何合理性证据会变得明了,于是整个疑问会以向性的历史起源的批判性探究为转移。佛陀似乎以变化规律的绝对正确性给人留下如此深刻的印象,以至对他来说正是神在变化规律的影响下陷入无意义;他们只不过是在不断生长、不断衰败的宇宙中的蝴蝶。能够有关于这样的诸神崇拜的合理性的基础吗?假定他们是永恒的,这不是无知的妄念吗?简言之,朝向仪式主义的向性仅仅是低劣的迷信,是对现象世界在无知的人身上产

---

① Alabastar,*Wheel of Law*(《法轮》),p.35.
② 立刻可以看到,佛教比基督教为什么如此更为同情现代的自由思想者。
③ "羯磨"为梵文 Karma 的音译,意为"作业",业发生后不会消除,决定今世或来世的善恶报应。——译者

生的那些被错误解释的感觉的结果。仪式主义像对个人性的信念一样,是人的心理成长和伦理成长的最致命障碍。在这里像在前面的案例中一样,我们注意到佛陀的证据是不充分的,他在没有批判性地审查性向成长的情况下,教条地断言仪式主义是妄念。可是,一旦确立他的尽善尽美之后,在他看来就可以谴责仪式主义是先验的(a priori),从而有理由认为它把人类引入巨大的邪恶;因为所有邪恶都妨碍在阿罗汉果处终结的崇高路线上的进入方式。

让我们努力概括乔答摩的克己理论的结果。它要求人们抛弃三种性向,这三种性向影响了并在大多数情况下甚至大大影响了人在现象世界中的行为过程。没有感官快乐,生命会持久吗？没有不朽信念,人能够是道德的吗？没有对上帝的崇拜,人能够向公正进展吗？是的,乔答摩回答:这些目标能够而且只能借助**知识**达到。唯有知识是通向比较高级的路线的关键;是在生活中值得追求的一件事情。肉欲性、个人性和仪式主义像巫术和偶像崇拜一样,只不过是无知的妄念,必然为人通向知识的进步套上镣铐。感官快乐使人隶属于现象世界,使他成为它的邪恶的奴隶。道德不依赖于对不朽的信念;它的进步等同于知识的进步。公正是自我修养和自我控制的结果,仪式主义只会妨碍它的成长。知识是把宁静与平和带入生活的东西,是使人对现象世界的风暴漠不关心的东西。它产生这样一种状态,唯有该状态能够被称之为圣洁化(blessed)的状态:

　　　　蒙受生活变动的打击,
　　　　心智没有摇曳,

无悲伤或无激情，

无忧亦无虑，

这才是最大的幸事。①

乔答摩使之变得如此非常重要的知识，不像基督教神秘主义者的知识那样是通过先验的或奇迹般的过程得到的，它纯粹是合理性的和探究的理智的产物。佛陀以与迈蒙尼德、阿威罗伊（Averroes）和斯宾诺莎严格相同的样式，把这样的知识作为他的克己理论的压顶石安置下来。

如果我们从佛教学说转向早期基督教学说，我们发现不少引人注目的，尽管极为不同的克己概念。它是一个绝非容易表达为哲学体系的概念，因为它主张启示而不是理性是它的基础。我们必须使我们自己在这里满足于几个不连贯的评论，并把对基督教理论比较完美形式的更为批判性的审查留给另外的场合——鉴于这一形式在迈斯特·爱克哈特（Meister Eckehart）的著作中得以哲学地表达。基督教学说像佛教学说一样，决定性地宣称肉欲性是妄念。现象世界本质上是邪恶的世界，它是阻碍人趋近公正的桎梏。在放弃感性世界之前，在具有它的所有冲动和欲望的"肉体"（flesh）被抑制之前，无法进入比较高级的生活。这种克己被命名为"轮回转生"。轮回转生是新的道德生活的入口，是精神健康的入口，是与被称之为公正的上帝的神秘一体化的入口。轮回

---

①　里斯·戴维斯在《佛教》（*Buddhism*）p. 127 中引用的《吉祥经》（*Mangala Sutta*）。

转生不能通过人的智慧或知识达到,它是神的感化(divin grace)的先验活动,人只能通过信仰或善意的工作为他自己准备神的感化。基督教与佛教一样不尝试使人的感性的东西和精神的东西协调。早期的神父把人的感性本性视为万恶之源,并通过命令人逃离唯有道德行动是可能的特殊领域,走向某种减弱道德情感的道路。不用说,他们没有做出尝试,以合理性地证明感官欲望是妄念;一旦它承认神秘的轮回转生要求克己,克己就作为绝对命令(categorical imperative)随之而来。

关于另外两个大欲望,基督徒采取的立场广泛不同于乔答摩的立场。因此,在他看来,它们并非是妄念,而是调整他的生活的全部行为的条款;它们严格地是引起他抛弃感官世界的东西。基督徒不寻求个人性和仪式主义的合理性演绎,他接受它们是通过启示假定的东西。他关于公正的路线的关键是信仰,而不是知识。如果人的理性与基督徒的启示对立,那么这仅仅表明,人的理性是讹用的。早期基督徒把一切合理性的思想视为极其危险的事物,正如他把所有感性视为极其危险的事物那样。不仅如此,他毫不犹豫地断言,基督教与人的智慧和文化相矛盾。上帝之子死了,虽荒谬却因此可信。埋葬后又复活了,虽不可能却因此是肯定的。(Et mortuus est dei filius; prorsus credibile est, quia ineptum est. Et sepultus resurrexit; certum est; certum est, quia impossibile est.)哲学家无非是持异端者的鼻祖,他们的辩证法只不过是圈套。"对我们来说,没有更多的好奇心,既然基督已经降临,也没有进一步探究的场合,因为我们拥有行动的准则(gospel)。我们不追求在基督的学说中没有包含的东西。"简而言之,唯一真实的真知基于启示。斯宾诺莎追随迈蒙尼德,把所有知识等同于属于上帝的知识。对于早期的基督徒而言,上帝是难以领悟的,不能形成人的知识的题材;合理性地探究他的本性的每一尝试必然导致无神论。人对上帝对感知仅仅是通过先验的过程得到的,上帝自身在这个过程中在场。

读者可能充分地辨认出,早期拉丁教父提出的基督教这种克己观点如何在本质上等同于中世纪神学的观点,这不可能是错误地从其教导获得几乎形形色色的基督教思想赞同的作者那里引用一两段话。我谈到坎普滕的托马斯(Thomas à Kempis)[①]。

"请遏制那种增加学问的极端欲望,这种欲望在同时只不过由于把心智卷入许多困惑和虚假的妄念而增加悲痛。对于这样的困惑和虚假的妄念,贤人哲士喜欢思索,因此受到敬重。可是,那些喜欢让别人觉得他们有学识的人,认为对知识了解得越多越好,但是他们不知道,在许多事情上,知识很少有助于心灵的成长或根本无助于心灵的成长。确实,无论他们就该问题可能思考什么,把他的时间和痛苦给予没有为促进他的心灵幸福服务的事情的某人,决不应当被看作是聪明人。"(第一卷第二章)

"我们为什么愿以热切的辛苦力图成为逻辑定义的能手呢?或者,在哪一方面我们的抽象出来的思索有益于我们? 神的命令指示的某人选取达到真理的更便捷的近道;因为唯有从这个命令

---

① 坎普滕的托马斯(1379/1380~1471)是德意志修士,文艺复兴时期欧洲宗教作家,劝人行善,注重内心修养,积极提倡灵修,一生主要从事带有宗教内容的创作。他可能是《效法基督》一书的作者。该书的心灵修养著作,其影响之深远在基督教著作中仅次于《圣经》。作者在书中力辩人应该以灵性生活为重,物质生活为轻。——译者

中才会获取所有拯救的知识,而没有这个命令人就无法正确地理
解或判断。可是,把他的一切研究都变为这个法则并用它支配他
自己的某人,可以十分心平气和地稳定他的心智,并使他自己可靠
地寄托于上帝。"(第一卷第三章)

　　对于坎普滕的托马斯而言就像对于德尔图良来说一样,与知
识或学问相比,存在"达到真理的更便捷的近道",存在通过带来
"十分心平气和"的"神的命令"指示的神秘过程或先验过程。启示
是克己行动的非常充分的基础。在托马斯看来,现象世界像乔答
摩已经描绘的那样,恰恰是对人的自由的破坏。尘世是苦难
(tribulation)和剧痛(anguish)之地;我们必须天天抛弃它的快乐,
并抑制带有它的一切贪欲肉体。(参考第二卷第七章)他不愿与
"感官快乐的强烈倾向"谈判;"真正的平和与满足从来也不是通过
服从欲念(appetites),而是通过顽强阻止它们拥有的。"(第一卷第
六章)可以看到,这位《效法基督》(Imitatio)的作者在一切本质之
点与拉丁教父一致,而且我们不可以不正当地对这样两个不同的
和远离的作者采取与基督教思想的真实立场相同的陈述。由于这
个假定,现在我们在某种程度处在详细阐明基督教克己学说的位
置上。①

　　像在佛教中一样,必须抛弃的正是感官的欲望。这种克己并
不基于合理性的根据,而是基于情感的根据。基督教的阿罗汉果
或轮回转生不能由纯粹的理智过程获得,而只能由在特征上先验

---

　　①　读者将发觉,在论述迈斯特·爱克哈特的论文中更为充分地讨论了基督教
学说。

的、特殊的情感阶段得到。在此处，它全然不同于佛教的概念。克己的目标在两个实例中是相同的——达到圣洁性（blessedness），但是在一个实例中圣洁性是世俗的或短暂的，而在另一个实例中则是天国的或永恒的。基督徒承认，通过接受他的启示，或者换句话说，通过相信佛教的妄念，他把这个世界划归为悲痛和磨炼的范围——乔答摩预示的结果；可是，在确信死后生活的另一方，他支持牺牲超过为牺牲辩护。佛教徒由于没有找到基督徒的个人性信念的合理性根据，因而他努力获取他在今生的圣洁性，力图使他自己摆脱基督徒为了他的信仰的缘故心甘情愿忍受的悲痛和痛苦。一个在知识中发现拯救的道路，另一个在情感中发现拯救的道路。二者抛弃相同的感官欲望，但是一个基于他假定是合理性根据的东西，而另一个基于他认为是启示规定的东西。像两个伟大的宗教世界体系教导的这样的东西，似乎是克己伦理中的显著特征。

让我们从这种基督教学说转到中世纪东方的克己学说。在这里，我们再次发觉我们自己处在与情感依据相反的合理性依据之上；在这里，犹太人的思想与基督教思想处于矛盾之中。现在几乎不可能决定，印度哲学对希伯来哲学和阿拉伯哲学可能有什么影响，可是至少使阿拉伯人获得比乔答摩的那一生更多的东西，而基督教在接受乔答摩后导致他被封为圣徒（canonisation）。不管能够存在什么影响，毋庸置疑的是，与其说十字架（the Cross）即神秘的赎罪之树，还不如说菩提树（Bo Tree）即知识之树，是我们可以称之为东方哲学的东西的符号。印度人、阿拉伯人和犹太人都宣布，菩提树的果实是生命之树的果实；善（good）和恶（evil）的知

识与其说导致邪恶,毋宁说导致至福(beatitude)。乔答摩由此树
向前,把光明给予处在黑暗之中的人,铺就人的拯救之路。阿威罗
伊告诉我们,哲学家的宗教信仰是加深他的知识;因为人能够提供
给上帝的不是更为应得的崇拜,而是他的工作成果的知识,我们通
过这样的知识达到关于上帝本身充满其本质的知识。按照迈蒙尼
德和斯宾诺莎二人的见解,从对在永恒状态下的事物的认知——
属于上帝的知识——产生心智的最高级的满足、人的至福。它们
在永恒生命中的份额取决于人的智慧的广度。① 必须受到注意的
是,这种智慧自以为并不具有先验的特征;它偶尔可以被神秘的语
言或特定启示的教条遮掩,但是它基本上自称除了人的活跃理智
的创造以外什么也不存在。首先,我们应该推测,在像佛教这样的
学说与像迈蒙尼德和斯宾诺莎那些人的体系之间,存在广泛的差
异——在前者中仅仅提及上帝的名字作为形成妄念的基础,而后
者采纳上帝概念当作它们的压顶石。不管怎样,差异与其说在实
在上,毋宁说在外观上;斯宾诺莎的神(deity)的概念全然不同于
基督徒或佛教徒的人格化的神(gods),完全不能导致仪式主义的
妄念。在他看来,神是一切事物的总和,而且又是它们永存的原
因;神同时是物质或物质的定律——不知道为什么物质不配有神

---

① Maimonides, *Yad Hachazakah*(《密西拿托拉》), Bernard, 1832, pp. 307～
308.参见论迈蒙尼德和斯宾诺莎的文章,其中指出两位哲学家观点之间的一致。与爱
哈克特的相似也是值得注意的。心灵不朽在于它的在先的幻象(vorgēndez bild)在上
帝的心智中的永恒。凭借比较高级的知识或与上帝合一,心灵变得意识到这个实在或
实现它的永恒。苦境(hell)在于缺乏这种意识。

性(nescio，cur materia divinâ naturâindigna esset)^①(*Ethica*《伦理学》i. 15, Schol.)，但不是物理学家的可称量的(ponderous)物质，而是必定能辨认出是形成现象世界基础的那种实在；不是像自然主义者陈述的纯粹的"自然定律"，而是辨认为绝对的思想定律的现象定律；简言之，物质世界作为存在由理智的必然性实现，并且从理智的必然性中演化而来。这样的概念对于乔答摩像对于斯宾诺莎一样，必定是必要的；就前者而言，它是"变化的定律"，该定律比迄今接受的神无法计量地更为强有力；后者仅仅选择称呼它为上帝。对这样的上帝的形式崇拜显然是不可能的。斯宾诺莎像佛教徒一样辨认出，那些恶源于仪式主义的妄念；与乔答摩相比，他更为批判性地探究仪式主义性向出现的原因。请留意，存在许多妨碍人认识真理的成见(præjudicia)，他说：这些成见，在过去以及现在都最足以阻碍人们像我所说明过的方式那样去了解事物的联系。所以我认为值得把它们提出来用理性加以考验。我在这里想要指出的那些成见基于人们一般地认定自然万物与人一样，都是为达到某种目的而行动这一点。并且他们相信上帝作育万物皆导向一定的目的。他们说上帝造万物是为了人，而上帝之造人又为了要人崇奉上帝。(Et quoniam omnia quæ hic indicare，suspicio præjudcia pendent ab hoc uno，quod scilicet communitur supponant homines，omnes res naturales，ut ipssos，propter finem agera，imo ipsum Deum omnia ad certum aliquem finem

---

①　以下有关斯宾诺莎言论的拉丁文原文的中译文，径用下述文献的译文或参阅其翻译，此后不再一一注明。斯宾诺莎：《伦理学》，贺麟译，北京：商务印书馆，1983年第1版。——译者

dirigere, pro certo statuant：dicunt enim，Deum omnia propter hominem fecisse, hominem autem，ut ipsum coleret.）(*Ethica*《伦理学》第一部分，附录；Van Vloten, vol. i. p. 69)斯宾诺莎十分谨慎地尽力表明这种根本成见的虚假性；他指出，人们**如何**终于相信，世界对于他们来说是永恒的，上帝为他们受益而指导一切；它是**怎么**出现的：人们莫不竭尽心思，多方铺张，以媚祀天神，希冀博得上帝欢心，使上帝拿出整个自然界来满足他们盲目的欲望与无餍的贪心。(ut unusquisque diversos Deum colendi modos ex suo ingenio excogitaverit, ut Deus eos supra reliquos diligeret，et totam Naturam in usum cæcæ illorum cupiditatis et insatiabilis avaritiæ dirigeret.）成见就这样转化为迷信，击毁深入人心智中的根基。(Van Vloten, vol. i. p. 71)他对导致的结果即普通民众的一般信念(communis vulgi persuasio)极度痛心：群氓把它的宗教作为重负忍受，它确信在死后作为对它的奴役状态的报偿(reward)把重负扔到一边。此外，它过分经常地受到对来世可怖生活的病态恐惧的影响。这些被他们自己的虔诚耗尽了的可怜人，要不是他们对来生的信念，会把自由的活动给予他们的所有感官激情。(*Ethica*《伦理学》v. 41, Schol.）乔答摩未能更好地描绘在无知的人中间迷信的结局；他在尽力表明对上帝的一切崇拜是妄念时，在任何地方也没有展示这样的批判的敏锐。(特别参见《伦理学》第一部分的整个附录)这些评论适用于迈蒙尼德的上帝概念，尽管是在较小的程度上。迈蒙尼德的哲学在每一点都正在与他的教条的信仰做斗争，他发觉不可能隐藏他的作为世界理智的上帝概念和作为他的宗教的人格化耶和华(Jahneh)的上帝概念之间的对抗。无论如何,从他的著作获得的一般印象是,他赞成阿威罗伊:对上帝的真正崇拜是达到智慧,或者是他的工作成果的知识。于是,关于仪式主义的妄念,我们发觉斯宾诺莎与乔答摩一致,迈蒙尼德本质上也与乔答摩一致;对神的崇拜是必须抛弃的成见;正是无知的首要原因,妨碍人对上帝(即实在的理智基础)的真正本性的认识。

若我们转向佛教的第二种妄念,我们发觉迈蒙尼德和斯宾诺莎与乔答摩本质上的一致,虽则在形式上与乔答摩有所不同。两位犹太人哲学家把人的不朽基于他拥有智慧,即他对神的知识;在先者有些含糊①,后来者②直接提及在上帝那里存在理想实在的理论。柏拉图(Plato)的理念学说——把在可理解的存在背后(secundum esse intelligibile)的一切事物置于上帝的心智之中——的经院哲学变种③对斯宾诺莎的思想没有巨大的影响。他在可理解的存在(esse intelligibile)中发觉人的心灵不可摧毁的要素;这种上帝的理念或在特殊永恒下的(sub specie æternitatis)的个人,是导致他断言某种留下来的东西,就是永恒的(aliquid remanet,quod æternum)的概念(Ethica《伦理学》v. 22,23)。运用心智认清它自己的可理解的存在即它的属于上帝的知识(v. 30),是作为心智不朽的定量量度阐述的(参见段落:Sapiens...sui

---

① 在本书第六篇论文中,给出斯宾诺莎和迈蒙尼德关于心灵不朽学说的比较。

② 迈蒙尼德(1135~1204)是中世纪人,为在先者。斯宾诺莎(1632~1677)生活在近代,是后来者。——译者

③ 柏拉图的观念论的这种形式恰恰是由威克里夫(Wyclif)在他的《三人谈》(Trialogus)的第一卷阐述的。

et Dei … concius, nunquam essedesinit, *Ethica*《伦理学》v. 42,
Schol.）。我们可以询问,这种可能的心智永恒能够多么深远地影
响人的行动。在迈蒙尼德和斯宾诺莎二人的实例中,永恒的**总量**
基于智慧的总量;心智的永恒不是通过任何仪式,不是通过任何特
定的行为路线,不是通过任何信仰,而是唯一地通过拥有智慧才能
实现。想象力、记忆、个性伴随死亡而终止;实物的持久不属于心
智的永恒(v. 23, Schol. 和 34, Schol.）。确实,这与乔答摩一致地
斥责个人性是妄念! 这样的永恒不是对德行的报偿;我们没有得
到至福,因为我们抑制我们的肉欲性,但是我们在今世通过比较高
级的认知实现我们的永恒;正是这种知识、这种至福,使我们控制
我们的激情(v. 42）。的确,斯宾诺莎的至福无非是佛教涅槃
(Nirvāna)的另一个名称而已! 从此以后,斯宾诺莎主义者始终能
够借助报应理论(theory of reward)把什么驱赶到宗教迫害、禁欲
主义或轻蔑理性的宗教虚无主义呢? 他像乔答摩本人一样果敢地
抵制这样的恶,并丢弃我论。[①]

　　若我们转向佛教的第三大妄念即感官快乐,我们发觉这两位
犹太人哲学家作为乔答摩和耶稣(Jesus)的追随者绝不是无限制
地要求自我克制它。按照他们的哲学,人生的伟大鹄的是智慧的
获得,克己必定只是在理智发展路线上成为阻碍的那些事物。未
得到满足的欲望作为障碍是真实的,就像同一欲望转化为生活法
则一样是真实的;为了自我克制这样的欲望,首要的行为准则是提

----

　　① 我可以引用彻底的斯宾诺莎主义的一个特征性的段落:"佛教把实物世界和在
其中生活的有意识的人视为它的终极事实;它认为每一实物都是不断地变化的,尽管
是难以察觉地变化的。没有这个规律不起作用的地方;因此,在通常的意义上,没有天
国或地狱。"Rhys Davids, *Buddhisms*《佛教》),p. 87.

升次要的现象事物超出主要的理智事物。肉体的健康是心智健康的基本条件,人的一生的旅程即寓健康的心智于健康的肉体之中(mens sana in corpore sano),这是人的幸福的必需品(*Ethica*《伦理学》v. 39)。于是,抛弃某些具有生理价值的感官欲望的满足,只不过是用不健康的肉体牵制心智的进步。使这些感官欲望成为人的行为的动机,同样是应受斥责的;唯一的逃避方法在于凭借中庸(via media)。足够清楚的是,迈蒙尼德和斯宾诺莎拒绝禁欲主义的克己:"或许有人会说:由于妒忌、贪欲、野心和类似的激情是坏的,易于把人逐渐出人世,因此我将与他们完全分手,并移动到另一个极端——在此处他可能走得如此遥远,甚至不吃肉、不喝酒、不娶妻、不住美宅、不穿锦衣,而只穿粗麻布衣或粗毛线衣或类似质料的衣服,恰如神的崇拜者牧师所做的那样;这确实是超出常情的做法,以相同的做法行事不是合法的。"(*Yad Hachazakah*《密西拿托拉》①, Bernard, p. 170)一切感官快乐的拱顶石不得不在它的作为医学的疗法中寻找,肉体靠它可以保持良好的健康。②

----

① 《密西拿托拉》(*Mishneh Torah*)亦译《密西拿律法》或《第二律法书》,是犹太教律法书《塔木德》(*The Talmud*)的基本部分。——译者

② 下述段落如此具有这位犹太人立场的特征,以至值得引用:"当人或吃或喝或性交时,他在做这些事情时的意图不应当仅仅是使他自己享受的意图,仅仅是为了味觉的愉快的意图吃或喝,或者仅仅是为了享受的缘故进行性交;他在吃或喝时的意图,而应该仅仅是保持他的肉体和四肢处于良好的健康状态。"(*Yad*《密西拿律法》, B. 173)该立场完全与基督教的禁欲主义对立,当迈蒙尼德在上面谈论"神的崇拜者牧师"时,也许在他的心目中具有这一立场。毫无疑问,当斯宾诺莎写出以下话语时,在他的思想中也具有这一立场:"许多人,由于精神上的极度急躁,或者由于对宗教的错误认知,宁愿生活在禽兽中而不愿生活在人群中。"(Multi, præ nimia scilicet animi impatientia, falsoque religionis studio, inter bruta potius quam inter homines vivere maluerunt.)

斯宾诺莎以恰恰相似的样式告诉我们,只有迷信才能使我们相信,
把悲痛带给我们的东西是善,而给我们带来享受的东西是恶。"所
以,这些辅助身体的各个部分的东西是好的,而且能使它们执行它
们的功能;就人由思想和肉体构成而言,由于快乐本身存在于人的
能力的增长中,或辅助人的能力,因此,那些带来快乐的一切东西
是好的。但是,那些与给予我们快乐的目的无关的东西,它们的行
动的能力不符合我们的利益,最后,由于快乐经常与身体的一部分
而不是其他部分有关;因此,大抵快乐的感觉(除非理性和谨慎出
现),以及由此而产生的欲望,是过度的。"(Cum igtur res illæ sint
bonæ, quæ corporis partes juvant, ut suo officio fungantur, et
Lætitia in eo consistant, quod hominis potentia quatenus Mente
et Corpore constant juvat vel augetur; sunt ergo illa omnia, quæ
Lætitiam afferunt, bona. Attamen, quoniam contro non eum in
finem res agunt, ut nos Lætitia afficiant, nec earum agendi
potentia ex nostra utilitaye temperatur, et denique quoniam
Lætitia plerumque ad unam Corporis partem potissimum
refertur; habent ergo plerumque Lætitiæ affectus (nisi Ratio et
vigilantia adsit), et consequenter Cupiditatis etiem, quæ ex
iisdem generantur, excessum.)(*Ethica*《伦理学》iv., Appendix,
cc. 30, 31)这些引文必定足以表明,这位犹太人的立场与佛教徒
或基督徒的立场多么不同;它接近于希腊人。它在于合理性地满
足作为朝向肉体健康,从而朝向心理健康的必要步骤的感官欲望
(参见 Maimonides, *Yad*《密西拿托拉》, pp. 167~169; Spinnoza,
Ethica《伦理学》iv., 38, 39 和 Appendix, c. 27)。

　　读者可能感到倾向于询问,我们按照什么根据把斯宾诺莎和
迈蒙尼德归类为克己哲学家。如果他们希望他们的追随者摆脱现

象世界的奴役状态,那么他们要求追随者放弃什么? 他们没有教
导人们借以可能接近至福的轮回转生吗? 他们十分肯定地教导
了。他们要求他们的追随者不放弃个人性、仪式主义和肉欲性,但
是却要求他们像放弃关于所有其他问题的模糊观念一样放弃这些
模糊观念。他们教导,通过看作是事物的真正原因的比较高级的
知识,如何使人重生(man is born afresh),从奴隶重生为自由。斯
宾诺莎和迈蒙尼德命名的轮回转生就是这样的——斯宾诺莎把使
人变自由的上帝观念叫作轮回转生,迈蒙尼德把终于与人一起寓
居的圣灵(Holy Spirit)叫作轮回转生(参见论述迈蒙尼德和斯宾
诺莎的论文)。在这里,我们必须使我们自己满足于简要地探究斯
宾诺莎的学说。对待模糊观念,这位哲学家是怎么理解的呢? 对
待"使人变自由的上帝观念",他理解什么? 在他的体系中,我们看
到,上帝等同于事物的实在,不是视为现象的事物,而是视为在理
智的因果关系的无限链条之环节的事物。上帝是寓居于一切存在
中的逻各斯(λόγο ς),而且是一切存在;"自然定律"仅仅是神的理
智的定律的感性表达;世界的描述仅仅是纯粹思想的逻辑中相继
步骤的现象主义解释。于是,斯宾诺莎**设想**,在神中认识到的属性
在质上与在人的心智中认识到的属性相同。① 由此可得,由于上
帝的思维能力和他的因果关系是等同的,因此领会事物对于人的

---

　　①　威克里夫(顺便提一下,他也把神的感知和创造等同)做出相同的假定:"这样,
上帝的认识和他的知识等同于环境,一如被创造者的认识和他的知识等同于环境;还
有你持有的谬误:你认识的许多东西,上帝不能认识。最后,你认识的一切东西,上帝
都能,且以与无限不完美的方式、相反的方式认识。"(Et sic intellectus divinus ac ejus
notitia sunt paris ambitus, sicut intellectus creates et ejus notitia; et sic falsum assumis
quod multa intelligis, quæ Deus non potest intelligere. Imo quamvis omne illud
intelligis, quad Deus potest intelligere et e contra, tamen infinitum imperfectiori modo,
quam Deus potest intelligere.)(*Trialogus*(《三人谈》), Ed. Lechler, p. 70)

心智而言在理论上是**可能的**,因为事物存在于它们的理智的必然
性中。这样的知识被合适地命名为属于上帝的知识或对于在特殊
永恒下的事物的理解;它正在查看现象,因为现象存在于永恒的必
然性中。现在,永恒的客体在个人的某些感觉中产生,而感觉激起
被心智中的欲望跟随的确定情感。这些情感由于"永恒的"原因呈
现给我们自己;关于它们,我们是被动的或承受着;它们是斯宾诺
莎命名为激情的东西。这些激情是在现象世界中人的苦难的原
因,是人的奴役状态由以产生的镣铐(《伦理学》第三部分;定义1,
2;第四部分,2~5)。人借助什么手段使他自己摆脱这些激情的
控制呢? 它们对他是有害的,因为它们由于"永恒的"原因呈现给
他。但是,斯宾诺莎坚决主张,人是自然的一部分,人除了经受他
自己的本性能够理解的变化和这种本性是其适当的原因的变化之
外,人不能经受其他变化(《伦理学》第四部分;4)。换句话说,如
果人仅仅清楚地理解一个事物,那么他就变成它的适当的原因。
人的心智就它(在特殊永恒下)真实地察觉事物而言,它是上帝的
无限理智的一部分;事物与它的永恒原因分离,事物被视为人的
(和神的)理智的必然结果。从今以后,情感不再是激情(第二部
分,11;第一部分,3;等等)。在用清晰的观念代替模糊的观念时,
我们抛弃我们的激情,并通过"上帝观念"即通过我们对在特殊永
恒下的事物的知识,从奴役状态重生(reborn)为人的自由。今后,
我们拥有能力依照理智的秩序以整理或联系肉体的感触
(ordinandi et concatenandi corporis affections secundum ordinem
ad intellectum)(第五部分,10);我们不再盲目地在现象诱因手中
作为工具而受难。于是,我们在这里拥有斯宾诺莎的克己和轮回

转生。像佛教徒通向阿罗汉果一样，它是用知识摧毁无知，用清晰的观念代替混淆的观念。它必定唯一地借助理智的劳动，而不是借助先验的神秘事物达到。它确立作为人的存在的鹄的之智慧的获得，因为人类唯有以此能够使它自己摆脱从属于现象世界的奴役状态。困难在于导向斯宾诺莎的阿罗汉果的路线，不过这位哲学家本人至少用现象主义解释了他的体系，并告诉我们重视表现出多少智慧，假如是外行更好，他表现出单一的欲望（quantum sapiens polliat, potiorque sit ignaro, qui sola libidine agitur）。

从那以后，斯宾诺莎在那个方面不是使克己学说成为他的体系的中心点的伟大哲学家。关于现象世界的古老困难，即对人对奴役状态的古老意识，始终在人的思想中呈现，但是却把对它们的注意力愈来愈多地引向人对心智与现象世界的关系的批判性探究。这对实际行为的任何理论都是必要的初步做法，人凭此可以使自己摆脱现象的主观性。不管怎样，批判学派（the critical school）的奠基者阐明了轮回转生理论，审查该理论是更加有趣的，因为它与爱克哈特的理论具有显著的类似，是从理智的犹太人向神秘的或先验的基督教立场尝试性的复归。在探索康德的再生（Wiedergeburt）的意义之前，标示斯宾诺莎理论或康德理论之间的关联环节不可能是没有益处的，这种环节必须在歌德的诗中寻找。① 歌德像斯宾诺莎那样相信，上帝是在万物中起作用或存在

---

① 关于歌德的哲学，参见 E. Caro（卡罗），*La philosophie de Geothe*（《歌德的哲学》），Paris，1866. 就我的目前的意图来说，特别参见第七章 *Les conceptions sur la destin Goethèe humaine*"关于人的命运的概念"。

的内在原因（Weltseel 世界精神），或者如他表达它的：

　　上帝是什么？他仅仅来自外部的撞击，
　　于万物循环中看到运作在手指！
　　世界在内部运动，这对他是恰当的。
　　自然在我中，而我自己在自然中受到珍惜；
　　事物因此在他之内生活、活动、存在，
　　从来没有丢失他的力量，从来没有丢失他的才智。

　　　　　　　　　　　　　《上帝与世界·序曲》[①]

　　但是，上帝与宇宙的这种等同，像泛神论的一切形式一样，使得人把世界视为他的道德行动的纯粹领域，把人间的痛苦和悲痛视为他自己的真诚意愿（Willensläuterung）的纯粹手段，把感官欲望看作是导致至福的那种克己的纯粹实物变得不可能了。上帝的本性的定律既不再是好，也不再是坏；断定道德原则是世界的基础是不

---

　　① 歌德的诗句原文如下——译者
　　Was wär' ein Gott, der nur von aussen stiesse
　　Im Kreis das All am Finger laufen liesse!
　　Ihm ziemt's, die Welt im Innern zu bewegen,
　　Natur ins ich, sich in Natur zu hegen,
　　So dass, was in ihm lebt und webt und ist,
　　Nie seine Kraft, nie seinen Geist vermisst.

　　　　　　　　　　　　　　　Gott und Welt　Proœmion

可能的。① 接着，人们是如何看待那些交替使他振奋和消沉的感觉印象呢？他会像佛陀和爱克哈特教导的那样，力图抛弃所有的感官存在吗？歌德回答，绝不会；人的真正的自由不在于禁欲主义，而在于**合理性地**享受世间一切物品。生活不是泪水的溪谷；人不会嫌恶合理性的享受，不会飞奔到荒原，因为他不能实现他的一切梦想（*Prometheus*《普罗米修斯》，v. 6）；有幸福的、欢乐的存在的足够余地：

> 接着要信赖你的感觉，
> 它让你看到的不是乖谬，
> 只要你的头脑保持醒悟。
> 用清新的眼神欣然察看，
> 灵活而安全地漫步，
> 通过肥美的草地、丰饶而才华横溢的世界。

---

①　因为大自然麻木不仁：
　　太阳照耀好人和坏人，
　　而月亮和星星闪闪发光，
　　为到是罪人和大善人。

　　　　　　　　　　　　　　　　　　　　　　《福音》

　　(Denn unfühlend
　　Ist die Natur：
　　Es leuchtet die Sonne
　　Über Bös' und Gute，
　　Und dem Verbrecher
　　Glänzen，wie dem Besten，
　　Der Mond und die Sterne.

　　　　　　　　　　　　　　　　　　　Das Göttliche）

　　　享用适度的满足和赐福，

　　　在理性处处在场的地方，

　　　生活才幸福十足。

　　　于是过去是坚忍忠诚，

　　　未来在前面生机充盈，

　　　而瞬间便成为永恒。

　　　　　　　　　　《上帝与世界·遗言》①

　　对于真正的希腊精神，歌德实际上也正在采取与迈蒙尼德和斯宾
诺莎相同的观点；肉欲性不是十足的妄念。但是，现象世界对人并
非总是仁慈的，他享受它并非总是可能的：有痛苦，有悲伤（grief），
有死亡。在享受的时刻，人被抛入苦难的深渊底部；在感觉世界的
快乐之中，当它的巨大力量扭曲和压服人时，他将如何保持他的自

---

　　① 歌德的诗句原文如下——译者

Den Sinnen hast du dann zu trauen,

Kein Falsches lassen sie dich schauen,

Wenn dein Verstand dich wach erhält.

Mit frischem Blick bemerke freudig

Und wandle sicher wie geschmeidig

Durch Auen reich begabter Welt.

Genieße mäßig Füll' und Segen,

Vernunft sei überall zugegen,

Wo Leben sich des Lebens freut.

Dann ist Vergangenheit beständig,

Das Künftige voraus lebendig,

Der Augenblick ist Ewigkeit.

　　　　　　　　　　　　　　Gott und Welt Vermächtnis

由呢?① 这样的人如何能够使他自己摆脱隶属于现象的奴役状态
呢? 在这里,歌德采纳斯宾诺莎的克己学说:自然以及人与自然的
关系的清楚观念,将使他在外部环境的风暴中岿然不动。只有让
人认清统治一切存在物的永恒必然性——

> 我们所有人,
>
> 必须按照永恒的伟大律则,
>
> 完成我们生存的循环。
>
> 　　　　　　　　　　　《福音》②

并且,让他排除幼稚的悲伤,以至世界不是"它应当是的那样"。让
他仅仅看看在特殊永恒下的事物,让他仅仅愿意认清包括人类本
身在内的一切现象,无非是在永恒表面上的稍纵即逝的变化吧。
"当对事物的永恒本性的这种比较深刻的洞察本身牢固地在我们
的理性中建立起来时,那些使无思想的和平庸的人陷入绝望的偶

---

　　① 施莱尔马赫(Schleiermacher)恰当地表达:"人类并不知道他是在时间中的这
一个特定的存在,不知道向下的流变来自于光明的东西,这些变化突出了趋向毁灭的
畏惧中的乐趣。"(Der Mensch kenne nichts als sein Dasein in die Zeit, und desse
gleitenden Wandel hinab von der sonnigfen höhe des Genusses in die Furchtbare Nacht
Vernichtung.)(*Monologen*《独白录》,i. , *Betrachtung*"思考")
　　② 歌德的诗句原文如下。——译者
Nach ewigen, ehrnen,
Grossen Gesetzen
Müssen wir alle
Unseres Daseyns
Kreise vollenden.

Das Göttliche

然事件是什么呢？宇宙秩序的必然的细节，在那里死亡为生命提供营养；在那里永远充满变化的定律为更新一切而消灭一切。"①
生长的每一步都是衰败的一个阶段。

> 为了完成被创造者，
> 为了让被创造者自身不要趋向凝固状态，
> 从事永远有活力的活动。
> ……
> 应当采取行动完成自身的活动，
> 先让自身成形，后让发生变更；
> 片刻静止仅仅是表面状态。
> 所有事物遵循永恒规律自始至终；
> 因为一切必然蜕变为虚无，
> 倘若它要在存在中持之以恒。

> 《上帝与世界·个体与全体》②

---

① Caro, p. 192.
② 歌德的诗句原文如下。——译者
Und umzuschaffen das Geschaffne,
Damit sich's nicht zum Starren waffne,
Wirkt ewiges, lebend'ges Tun.
……
Es soll sich regen, schaffend handeln,
Erst sich gestalten, dann verwandeln;
Nur scheinbar steht's Momente still.
Das Ew'ge regt sich fort in allen;
Denn alles muss in Nichts zerfallen,
Wenn es im Sein beharren will.

Gott und Welt Eins und Alles

在事物的永恒本性的这种知识中,必定可以发觉,使人超越世俗悲痛的心智满足于使他摆脱现象的奴役。[1] 甚至像斯宾诺莎演绎那些实现事物和它们本身的永恒本质的心智的永恒一样,歌德也如此设想那些借助眼光的明晰趋近精神完美的人的不朽。在这里,在 19 世纪的歌德身上,我们一方面发现对佛教普遍的消解和对合成定律的最强烈的认可;另一方面发现对斯宾诺莎学说——关于事物在它们的永恒面相的知识是通向心智平和的真正途径,而这种平和同样构成印度人和犹太人的阿罗汉果——的最充分的接受。当康德忙于重构先验的基督教体系时,正在此时对东方理智学说的这种阐明是何等奇怪! 不过,在某种意义上,歌德与其说接近斯宾诺莎,毋宁说接近康德;的确,他的信念与其说倾向于先验的观念论(transcendental idealism),毋宁说倾向于科学的自然主义(scientific naturalism),但是迄今在这里他的理性没有推进他,他发觉争取赢得信仰的权利是不必要的。他是诗人,没有发觉他的合理性的泛神论和基督教教条半神秘主义的通用意义之间的不一致。正是在此处,康德的立场在逻辑上比歌德的立场更强烈,他的理性和基督教启示的调和(reconciliation)具有比较令人满意的

---

[1] 施莱尔马赫再次恰当地表达这一思想。他提到现象对绝对卑微的个人的压倒性的影响,接着提及"比较高级的知识"的影响:"我无法把握我在世界之外的心灵之力吗? 我没有将事物的永恒形式永恒地送达我的内部吗? 我认识到,它并非仅仅是我内心明亮的镜子。"(Erfass' ich nicht mit meiner Sinne Kraft die Aussenwelt? Trag' ich nicht die ewigen Formen der Dinge ewig in mir? Und erkenn' ich sie nicht nur als den hellen Spiegel meines Innern.)(*Trialogus*(《三人谈》), i)

特征,因为他没有借助泛神论的前提预先否定先验神秘的可能性。①

现在,我们必须转向康德的基督教 Wiedergeburt(再生)理论。他在与迈斯特·爱克哈特相同的路线上继续行进,把现象世界或像它在人的心智的感官感知中显现的世界与实在世界即所谓的物自体(Dinge an sich)分开。他没有像神秘主义者那样把物自体与上帝的理智(或意志)等同。他把它等同于自由或自我决定的意志的范围。让我们尽力把握他通过什么过程达到这个结论。人是感觉世界的现象之一,就这一点而论服从他的经验定律的因果性。他感到推动他依照某种样式行动的感性原因的影响;他的Wollen(意欲)始终是由他未控制的物理原因产生的。另一方面,人在自身之内不是通过感官感知,而是通过单纯的统觉(by mere apperception,durch blosse Apperception)意识到某种自我决定的能力,在他身上存在某种具有"可理解的"特征的东西。他在实践生活中发觉,某些命令(imperatives)**似乎**支配他的行动以及感觉的原因。存在 Sollen(应当)以及 Wollen。按照康德的看法,Sollen 表达在现象世界任何地方都不存在的必然性。"无论有多少自然的根据,有多少感性的刺激推动我去实现**意欲**,它们都无法形成**应当**的命令,而是仅仅造就一种远非必要的意欲,它在任何时候都是有条件的。相反,对于这种意欲,理性所宣布的应当的命令则以克制和目的,甚至以禁止和评判来与之对抗。"(Es mögen

---

① "调和"是"批判"(critical)哲学的一个值得注意的事实。可以正确地把它命名为"先验的经院哲学"(transcendental scholasticism),倘若该名称没有暗示与托马斯·阿奎那(Thomas Aquinas)的深刻、逻辑一致和纯真做不适宜的对照的话。

noch so viel Naturgründe sein，die mich zum *Wollen* antreiben，

noch so viel sinnliche Anreize，so können sie nicht as *Sollen*

hervorbringen，sondern nur ein noch lange nicht notwendiges，

sondern jederzeit bedingtes Wollen，dem dagegen das Sollen，das

die Vernunft ausspricht，Maass und Zeil，ja Verbot und Ansehen

entgegen setzt.)[①]这种 Sollen 的存在不是由理性产生的，它是基

于人的共同意识的事实。在这里，康德和歌德处于完美的一致：

　　　　现在立即让你转向你自己，

　　　　你在那里找到中心，

　　　　高贵的人不会怀疑那个中心。

　　　　那里没有一个规则会被丢光，

　　　　因为独立的良知，

　　　　是你的道德生活的太阳。

　　　　　　　　　《上帝与世界·遗言》[②]

①　*Kritik d. r. Vernunft*《纯粹理性批判》. Elementarlehre(先验要素论)II.，Th.
ii.，Abth. ii.，Buch 2，Hauptst. 9，Abschn. iii.，*Möglichkeit der Causalität durch Freiheit*"自由因果性的可能性"。

②　**歌德的诗句原文如下。——译者**
Sofort nun wende dich nach innen，
Das Zentrum findest du da drinnen，
Woran kein Edler zweifeln mag.
Wirst keine Regel da vermissen，
Denn das selbständige Gewissen
Ist Sonne deinem Sittentag.

　　　　　　　　　　　　　Gott und Welt　Vermächtnis

　　康德没有试图质疑，这种 Sollen 是否不可能是天生的
Wollen、遗传的性向、过去的种族经验的结果；这是人的模式种
（type）借以保持它在生存斗争中的地位的，因而它可以在它的所
有成员身上留下印记的条件之一。独立于直接的现象，他假定它
的存在不是由于感觉的原因。从这种 Sollen 的存在、这种绝对的
Sittengesetz（道德律）出发，康德演绎自由的可能性；Sollen 意味
着 Können（可以、能够）。换言之，因果性概念随之携带定律概
念；经验的因果性意味着自然定律；这种可理解的因果性也意味着
不可改变的定律；但是，为了自由意志不可能是异想天开的
（chimerical，ein Unding），就必须把它看作像定律对于它本身那
样是自我决定的。"但是，意志在一切行为中对自己而言都是一个
法则这个命题，仅仅表示如下原则：除了能把自身也当成一个普遍
法则的准则之外，不要按照任何其他的准则去行动，而这正是定言
命令的公式和道德的原则；**因此，自由意志和服从道德法则的意志
是一回事**。"（Der Satz aber：der Wille ist allen Handlungen sich
selbst ein Gesetz， bezeichnet nur das Princip， nach keiner
anderen Maxime zu handeln， als die sich selbst auch als ein
allgemeines Gesetz zum Gegenstande haben kann， Dies ist aber
gerade die Formel des kategorischen Imperativs und das Princip
der Sittlichkeit； *also ist ein freier Wille und ein Wille unter
sittlichen Gesetzen einerlei*.）[①]可以看到，康德把自由观念等同于

---

　　① *Grundlegung zur Metaphysik der Sitten*（《道德的形而上学基础》），Abschnitt
iii. *Der Begriff der Freiheit*（"自由概念"）（Hartenstein，iv. pp. 294，295）.

道德律(moral law)的范围;意志只有就它服从根本的道德法则而言才是自由的,它服从它不是由于任何现象的欲望,而仅仅因为它是根本的法则。[1] 相应地,我们发觉与道德世界等同的可理解的因果性的世界;但是,自由寓居于其中的自我决定的意志不能在时间和空间中存在;它不能是现象的,因为若它是现象的,它就必须从属于经验的因果性。我们被迫把它与物自体等同起来。"因此,如果人们还要拯救自由,那么就只剩下一条道路,即把一物就其在时间中能被界定的存在,因而也就是把依循自然必然性法则的因果性仅仅赋予现象,而把自由赋予作为物自体本身的同一个存在者。"(Folglich, wenn man sie (die Freiheit) noch retten will, so bleibt kein Weg übrig, als das Dasein eines Dinges, sofern es in der Zeit bestimmbar ist, folglich auch die Causalität nach dem Gesetze der Naturnotwendigkeit blos der Erscheinungen, die Freiheit aber ebendemselben Wesen, als Dinge an sich selbst, beizulegen.)[2] 于是,康德把物自体与作为意志的世界或道德律的范围等同的过程的**轮廓**就是这样的。

我们接下来探讨,使人借以能够漠视现象世界的痛苦和悲痛

---

① 这个根本的法则是众所周知的康德对基督教的下述说法的扩展:"己之所欲,施之于人。"(Do unto other as you would that they should do to you.)就是:"要只按照你同时能够愿意它成为一个普遍法则的那个准则去行动。"(Handle nurnach derjenigen Maxime, durch die du zugleich wollen kannst, dass sie ein allgemeines Gesetz verde.) (ibid. Abschn. ii. 特别参见段落 *Die Autonomie*"自律"和 Die *heteronomie des Willens*"他律")

② *Kritik d. p. Vernunft.* (《实践理性批判》) Th. i. , B. 1, Hauptst. iii. (Hartenstein, v. p. 100).

的 Wiedergeburt(再生)过程是什么。在这里,我们关心的是"批判的经院哲学"(critical scholasticism)的一部分,即康德对基督教学说的演绎。在意志的意向(the disposition of the will)中,而且唯有在意志的意向中,必定能够找到我们基于其上定义善和恶的基础。善的意向是把道德的基本原则看作是它的**唯一的**动机的意向,单一的定律已经将自身吸收为充分的动力(das gesetz allein zur hinreichenden Triebfeder in sich aufgenommen hat);恶的意向是整个拒绝这种动机的意向,或者此外还受到其他人影响的意向。[①] 于是,从恶到善的迁移表示意向的整个改变;它正是品质(character)的根基的改变;但是,恶的意向从来不能主观促成除恶之外的任何东西。因此(按照康德的观点),不可能存在改进的过程,不可能通过逐渐的**改造**(reform)从善迁移到恶。"它恰恰是希望如何让一个在自然情况下的坏人自己使自己变成好人,这超出了我们所有的概念,因为一棵糟糕的树木怎么可能结出好的果子呢?"(Wie es nun möglich sei, dass ein natürlicher Weise böser Mensch sich selbst zum guten Menschen mache, das übersteigt alle unsere Begriffe, denn wie kann ein böser Baum gute Fürchte bringen?)[②]但是,恰如存在"应当"(ought)变为善一样,因而必定存在一种方法。相应地,这样的方法必定是先验的——完全超越人的领悟。从善的意向到恶的意向的改变被命名为 Wiedergeburt

---

① *Religion innerh. d. Grenzen d. blossen Vernunft*(《纯粹理性界限内的宗教》),i. Stiick 2. *Von dem Hang zum Bösen* "论人的本性中趋恶的倾向"(Hartenstein, vi. p. 123, et seq.)。

② 出处同上,普通注释,p. 139。

（再生）。① 人意识到，它不可能独力地做出改变；对他来说，改变是难以领悟的。它需要某种超感觉的帮助，某种完成它的神秘性。这种神秘性必定是上帝的作用。道德律告诉他，他**必须**，因此也**能够**变成善的；但是，若没有上帝的帮助，神秘的过程是不可能的；它取决于神的恩赐的作用。② 在这里，存在纯粹的理性能够进入宗教事态的限度。Wiedergeburt 是意向的先验的改变；就这一点而论，它不在现象的东西中发生，而在可领悟的东西中发生。它不是短暂的行动过程，而是可领悟的品质的行动过程。人的道德的改变和（按照康德的观点）基督教的赎罪（redemption）学说，依赖这个可领悟的世界（物自体）的存在。③

如果我们假定 Wiedergeburt 发生了，那么问题接着出现：赎罪如何能够作为它的必然结果接踵而至呢？ Wiedergeburt 仅仅影响意向的改变，它决不祛除旧恶引起的罪过。这种罪过只能运用相应的惩罚来抵偿；这样的事情对于神的正义（divine justice）概念是绝对必要的。在这种为道德的恶而惩罚的形式中，它的抵偿的首要条件就是承认，它是应该受罚的。因此，只要意向不改变，便不能存在这样的惩罚。抵偿的惩罚必须在 Wiedergeburt 之

---

① 出处同上，普通注释，p. 141。

② "无论每一个人的力量有多少，他必然想要成为一个更好的人；……（然后他会希望）不是在他自己的能力范围内，而是通过高度互补的合作来实现这一点。"（Jeder, so viel als in seinen Kräften ist, thun müsse um ein beserer Mensch zu warden；…（er kann dann hoffen, dass,）was nicht in seinem Vermögen ist, werde durch höhere Mitwirkung ergänzt werden.）（出处同上，普通注释，p. 146）

③ 关于在康德对待宗教中的这个在某种程度上模糊之点，参见 Kuno Fischer, *Seschichte d. n. Philosophie*（《哲学史》），Bd. iv. p. 419, et seq., 2 Ausg。

后 发 生。^① 新 人（new man）必 须 把 他 自 己 作 为 赎 罪 物（propitiation）奉献给旧人（old man）。"从堕落的信念中走出，进入善的信念（'在旧人身上死去，将肉体钉在十字架上'），这本身已经是牺牲了，已经继承了人生的一长串苦难。新人是在上帝之子中的信念，即纯粹是为了善良意愿而承担起这些苦难的；但是，这些苦难作为惩罚，本来应该属于另一方，即属于旧人（因为旧人在道德上是另一方）。"（Der Ausgang aus der verderbten Gesiinnung in die gute ist als（'das Absterben am alten Menschen, Kreuzigung des Fleisches'）an sich scuon Aufopferung und Antresung eier langen reihe von Übeln des Lebens，die der nene Mensch in der Gesinnung des Sohnes Gottes，nämlich blos um des Guten willen übernimmt；die aber doch eigentlich einem andern，nämlich dem alten（denn dieser ist moralisch ein andere），als *Strafe* gebührten.）简言之，在 Wiedergeburt 之后，被认清是应受惩罚的生活的一切痛苦和恶、人的一切现象的主观性，都可以高兴地忍受。因为新生的（new-born）人在其中找到道德的神圣性（blessedness）。对他来说，它们应受惩罚的持久意识是他对善的意向的力量和坚持不懈的证据；他之所以高兴地忍受它们，是因为他把他对最终饶恕他的罪恶的希望都基于它们。如此，康德借助在神秘的 Wiedergeburt 中自我克制恶的意向，设想人达到这样一种状况：他能够由此把他的现象的奴役状态甚至视

---

　　① *Religion innerh. d. Grenzen d. blossen Vernunft*（《纯粹理性界限内的宗教》），ii. Stiick 1, Absch. c.（Hartenstein, vi. p. 166, et seq.）.

为道德的神圣性的原因。①

此刻,我们未能批评康德的这种异想天开的体系,该体系假定作为手段而产生的整个现象世界,人凭靠这种手段可以纯化他的意志——宇宙存在的目标就是产生道德上完美的人性。在这里,注意一下它与先前考虑的克己学说的关系就足够了。在它的一般路线上,它与已经考虑过的那些基督教类型一致;神圣性的状态即阿罗汉果不是通过理智达到的,而是通过超感觉的或神秘的过程达到的。不管怎样,在康德未假定神圣性状态甚至是通过先验的知识形式得到的这一点上,他与爱克哈特有差别。带来平和的,不是关于事物——尽管事物存在于上帝的心智中——的真实本性的"比较高级的知识",而是心甘情愿地服从公认的道德过失引起的惩罚。如果我们转向斯宾诺莎的纯粹理智的立场,那么我们发觉康德正好处在对立的思想极。对斯宾诺莎来说,仅仅博学就能够获得神圣性;而对康德而言,只有道德能够获得神圣性。后一位哲学家也没有用任何手段假定道德性是智慧一个纯粹的组成部分;

---

① 下面的陈述对于康德的强烈的拟人化立场十分富有启发性:"把世界上一切灾祸都普遍看成是对所犯下的不端行为的惩罚……这也许非常接近人的理性,人的理性倾向于把大自然的进程与道德法则联系起来,而且它由此很自然地得出这些想法,即在我们能够要求从人生的灾祸中被解放出来,或者通过更多的福利来得到补偿之前,就应该试图成为更好的人。"(Alle Übel in der Welt im Allgemeinen als Strafen für legangene Übertretungen anzusehen... liegt vermutlich der menschlichen Vernunft sehr nahe, welche geneigt ist, den Lauf der Natur an die Gesetze der Moralität anzuknüpfen, und die daraus den Gedanken sehr natürlich hervorbringt, dasswir zuvor bessere Menschen zu werden suchen sollen, ehe wir verlangen können, von den Übeln des Lebens befreit zu werden, oder sic durch überwiegendes Wohn zu vergüten.)(ibid. , footnote, p. 168)

它基于对无知者以及博学者来说是共同的普遍道德统觉。理解力、判断、知识,都不倾向于产生"善的意志",都不是必要的:"为了要知道人不得不做的是什么,为了要成为真诚的和善良的,这甚至恰恰需要成为明智的和规矩的。"(um zu wissen, was man zu thun habe, um ehrlich und gut, ja sogar um weise und tugendhaft zu sein.)①能够充分想象比在这两个哲学体系之间存在的还要大的鸿沟吗?一个体系即托勒密(Ptolemy)体系,使整个宇宙围绕人的道德本性旋转;另一个体系即哥白尼(Copernicus)体系,甚至不容许那种本性是它自己的无意义体系的太阳。只是一旦当二者认为上帝的自由不在于非决定论,而在于绝对的自发性时,它们似乎片刻靠近。不过,即使在此处,康德注重内部的道德必然性,而斯宾诺莎注重上帝行动的内部的理智必然性。② 不需要把佛教哲学与批判哲学加以比较。处在对立的思想极的乔答摩和康德相距如此遥远,以至于他们甚至不是在同一行星上思考!

　　跟随康德,在结束本文时,我们必须对各种各样的克己学说中的一些做出简要的评论,这些学说是以把人从他的现象的奴役状态解救出来为目的而提出的。迄今,我们使自己满足于尽力把它们清楚地摆在读者面前,听任读者作为标尺去评价它们的逻辑连贯性。无论如何,撇开这一点,关于它们的实践价值,还有一个比

---

　　① 参见 *Grundlegung zur Metaphysik der Sitten*(《道德的形而上学基础》), *Erster Abschnitt*("第一章")(Hartenstein, vi. p. 241),它特地处理这一点。

　　② *Religion innerhlb der Grenzen der blossen Vernunft*《纯粹理性界限内的宗教》,i. Stück 1. 普通注释(Hartenstein, vi. p. 144, footnote)。参见 Spinoza, *Ethica*《伦理学》,i. 17, and Defn. 7。

较难解的疑问。在多大程度上,佛教徒、基督徒和斯宾诺莎主义者不为感觉世界的悲痛、痛苦尤其是激情所动? 佛教的僧侣、基督教的禁欲主义者和虔诚派教徒、阿姆斯特丹(Amsterdam)的磨镜片者①的生活充分证明,人能够使他们自己或多或少地不在乎外界感觉的风暴。② 可是,理论的任何方面的结果,或者宁可说对某些个人来说特殊的激情状态是这样的吗? 再者,我们难道不可以质疑,克己者是否从生活得到最大的欢乐? 由生存方式的酒杯深深陶醉的他,不可能找到比回报较大痛苦更大的欢乐吗? 不仅如此,我们难道不可以与赫德(Herder)一起询问,人是否拥有任何"权利"使他自己进入这种神圣的不在乎,这种不在乎是否不必破坏对他的同胞的那种只能出自相同激情的同情,它是否不"剥夺世界最

---

　　① 阿姆斯特丹的磨镜片者指的是斯宾诺莎。这位荷兰理性主义哲学家和无神论者由于思想和行为与正统学说和传统宗教规范格格不入,二十四岁时被逐出犹太教会堂,搬出犹太人居住区。从此他以磨镜片谋生,同时进行哲学思考。——译者

　　② 几乎没有必要与这些论者争辩:他们总是否认人使他自己摆脱外界感觉的强烈影响的**可能性**。它是共同经验的问题。"人类曾经遗忘了自己:每当有更高的思想在呼唤他时,或者每当他在追求同一性时,人类就丢失了他的感性力量的时间尺度。肉体上令人不适的痛苦已经能够被唯一有活力的理念所压制,在那时该理念曾在心灵中进行着统治。有感情的人,尤其是拥有在所有事物中最活跃最纯粹的感情的人,将把握上帝之爱,不会重视生死,并且在各种理念的深渊中自身就感受到了在天国的体验。"(Der Mensch vergisst sich selbst: er verliert das Maass der Zeit seiner sinnlichen Käfte, wenn ihn ein hoher Gedanke aufruft, und or denselben verfolgt. Die scheusslichsten Qualen des Körpers haben durch eine einzige lebendige Idee unterdrückt werden können, die damals in der Seele herrschte. Menschen die von einem Affekt, insonderheit von dem lebhaftesten reinsten Affekt unter allen, der Liebe gottes, ergriffen wurden, haben Leben und Tod nicht geachtet und sich in diesen Abgründe aller Ideen wie im Himmel gefühlt.) (Heler(黑勒尔), *Phlosophie der Geschichte der Menschheit*《人类发展的哲学》,i. , Buch v. , Absch. iv)

美丽的现象之———处在他的自然的和道德的宏伟而高贵中的
人"?① 我们现在不能着手对哲学疑问做任何分析;我们仅仅提及
那些没有绝对抛弃感官快乐的哲学家——这至少给出部分解答,
并将通过简要地探究术语"现象的奴役状态"推断我们的伦理,这
也许会作为批判可能自以为逻辑连贯的、任何未来的克己学说的
基础而服务。

现象以多种多样的方式能够持续奴役个体的人。我们借助
"现象的奴役状态"理解的一切是,现象直接地或间接地在人身上
产生他明显不能控制的某些结果。只要这些结果倾向维持他的存
在或有利于他的成长,他便发觉它们是幸福的原因,而不认为它们
是奴役状态。(在正常状态中,没有一个人反对受太阳的光和热支
配。)可是,当这些结果倾向消灭存在或抑制人的成长时,于是它们
变成痛苦的来源,立即认为它们限制人的自由。(太阳的热可以强
烈得使人中暑。)除了作为痛苦和快乐的直接的来源起作用外,现
象或即时地或通过连续的重复能够在人身上产生某些欲望、性向
和成见。这些东西不是任何直接的痛苦和快乐的来源,但是它们
变成用来鉴定未来的感觉是产生快乐或引起痛苦的标准。对于第
一种类型的现象的奴役状态,即对于有利于人的成长的那种类型,
只有极端的、当然是不合理性的禁欲主义者才能够奋力反对。在
神学家看来,这些产生快乐的现象的广度是"来自设计的论据";对

---

① 如果阿罗汉果的任何形式变成公共的,那么在实际生活中就不再会遇到哈姆
莱特(Hamlet)们和浮士德(Faust)们,他们给生活增添了如此之多的丰富性和深度。
在一些方面,虔诚的和顺从的人是终有一死的人中最无趣味的。创造近代文学乃至近
代文明的,正是永不宁静的和反叛的人,是新教教徒和怀疑者(不信教者)。

进化论者来说,是使人类和他们的环境在其发展进程中自然地适应的广度的证据。不管怎样,直接的、产生痛苦的感觉,是那些特别使人确信他的受现象世界支配的绝对主观性的感觉。神学家在把人视为宇宙的中心时,在超感觉的东西中找到痛苦的根本原因——它是通向具有先验效应的真诚的意愿(Willensläuterung)的手段;进化论者认为,它只不过是标志现在的人的模式种使它自己适应它的环境的限度。在这里,进化论者能够比神学家带来较少的安慰,因为后者教导个人,他正在承受带有意图的痛苦,也就是带有期待未来快乐的痛苦。克己哲学家也能够提供任何疗法吗?引起痛苦的感觉与感官欲望不一样;不存在能够直接抛弃它的可能性。如果我们转向我们考察过的大多数思想家的理论,我们发觉它们断言,实在的自然的知识和引起痛苦的感觉的原因——认清人与他身处其中的宇宙之真实关系的比较广泛的洞察——会使他不在乎他的私人的不舒适,从而使他摆脱现象的奴役状态。这实际上等同于爱克哈特、斯宾诺莎和歌德的观点。理智不再对它辨认是绝对必然性的东西恼怒。对于平庸的心智而言,看来情况可能是,地震依然会是毁灭性的现象,尽管它的原因是可以估计的,尽管认清这种灾难是宇宙发展中的绝对必然的步骤;再者,因为正确了解了牙痛的起因和病理,牙痛怎么少一些痛苦,这的确也不是清楚的。不过,能够有个小疑问:心理条件对忍受痛苦的方式具有巨大的影响。不仅心理激励常常治愈疾病,而且对于我们的意图来说尤其值得注意的是,痛苦的意识消失了。在那里,认出信仰和迷信是影响的因素,恐怕不能相信知识也可以拥有它的价值吗?至少不止一位世界上的伟大思想家的见解是这样的,为此该问题是值得科学心理学家探究的。

如果我们转向我们已经提及的最后一个现象影响的类型,即导致欲望和性向生成的类型——借以产生个人快乐和痛苦的标准,那么我们发觉我们自己处在弃绝社会的人的特殊范围内。在这里,似乎完全可能,性向和欲望的自我克制可以减少痛苦,从而减轻现象的奴役状态实际的和敌对的一面。为了断定克己如何是可能的,我们必须简要地审查一下这样的性向和欲望的起源。这些倾向起因于或者心智或者肉体的特殊"心向"(set)。在术语"心向"之下,我们涉及诸如种族发展、社会环境或物理环境——个人在其下基本上是纯粹主观的——影响的结果。就心智达到它自己的任何结论,并用这些结论指导肉体或它自己而论——就它采用有理由的生活或信念系统而论,不能称它是主观的。在这里,不存在关于现象的奴役状态的问题。我们不得不考虑的东西是,在个人身上形成倾向的现象世界的趋势。为简洁起见,我们将心理的心向命名为性向,把肉体的心向命名为欲望。首先,关于欲望:通常它是种族过去发展的成果。在这种程度上,它几乎超越抛弃它的个人的能力。他的肉体和欲望是共同成长的成果——欲望是生理的需要。不可能抛弃睡觉的欲望,或吃饭的欲望,或进行性交的欲望。另一方面,这些"种族的"欲望在某种程度可以是各种各样的,可以减少或增多。这种欲望的变化能够作为"心理习惯"变成快乐或痛苦的标准。在这里,弃绝社会的人的范围处于变化之中。对他来说,他应该培育的、他应该压制的变化方向的问题变得十分重要。对这个问题的回答,只能通过探究特定欲望的本性断定,它变成心理学和生理学知识的事务;对欲望原因的清晰洞察会指出,哪一种满足形式在生理上是有用的,哪一种满足形式在生理上是有害的。通过**基于知识的克己**,使人摆脱现象的奴役状态。必须把术语"有害的"理解为不仅涉及对个人的直接损害,而且也涉及由于对他的同胞产生伤害而对他来说是间接的损害。的确,可以根据探究发觉,鉴于人的模式种在生存斗争中通过社会性的发展是持续生存的,以至对其他人是有害的变化一般地被他把直接的伤害带给不同的个人的事实制止了。

最后,让我们转向性向。在这里探索的领域是如此广阔,以至必须足够注意该论题的一两个方面。性向对人种的生活和思想施加巨大的影响;它处在这样的可能性的边界之内:个人实际上进入易于接受他的祖先习惯的信念和思维模式。但是,无论如何,在他达到能够为他自己探究的岁数之前好久,习惯的思想方法和信念在他的心智已经积习成性、根深蒂固;他的心智收到持久的心向。青年时期的环境和早期在他的本性上的训练嫁接了社会的和宗教的成见,致使人不停止查问它们是否具有任何合理性的基础,它们变成了性向,他像对待他的天生的肉体欲望那样对待它们。作为这样的性向的例子,我们可以提一下心灵不朽的信念和好支配人的、人格化的上帝的信念——简言之佛教的个人性和仪式主义这两个妄念。这些性向导致神学家断言由于其存在的普遍性的信念之真理性;它们导致人类学家探索,人在相似的发展力量的影响下是否总是能够达到相同的心理概念;它们导致进化论者提出,这些性向中的某些东西可能在生存斗争中易于保存拥有它们的群体。例如,以某种随机的方式进化形成不朽概念的部族,也许在战斗中比它毗邻的部族更加无所畏惧,从而很可能更加占优势;或者,另一方面,对人格化的上帝的存在达到强烈的信念,从而具有共同崇拜中心和统一行动符号的第二个部族,由此相对于其他具有较少确定的宗教或根本没有宗教的群体,可以处在有利的地位。这样一来,我们看到,具有成见的部族可能容易幸免于变化。①具有并非绝对合理性基础的性向或成见可能具有社会价值,并易于在生存斗争中保存个人或由个人组成的群体。在这里,我们难道没有瞥见,几乎普遍的性向如何可以在我们无法给它以合理性基础的情况下存在吗?我们也许能够追溯它的历史成长,我们可以看到它如何生根,它以哪种模式发展;但是,我们能够断定的最大可能性是,它的起源或持久性是由于它在生存斗争中给予人种的帮助。对于这样的性向和在作为一个整体的人类心智内最终导致的成见或信念为真的东西,同样适用于人类社会较小阶层的习惯信念。这样的信念可能具有并非绝对合理性的基础,可能实际上证明是假的,但是从长远看,种族、部族、社会终究把它们强加于它的成员的全体或大多数——这些人不接受正在被毁坏、驱逐或排斥的信念。更深刻的知识、更明晰的洞察可以向个人表明,许多信念仅仅是由于种族的性向;它们在理智上是虚假的,产生个人的痛苦和苦难。**他**可以走得非常远,以至于为他自己抛弃一切佛教的妄念,但是这样的克己能够变成普遍的法则吗?人类的未抛弃的阶层最终不可能幸存下去吗?种族将总是把它的作为持久因素的性向强加于它的众多成员吗?为种族幸存起见,个人不可以被迫相信在理

---

①　在我自己的心智中几乎毫无疑问,犹太人种族的幸存大半由于两个非理性的信念:一个是他们部族的神特别灵验,另一个是割礼(circumcision)的价值。

智上是荒谬的东西吗？我们能够通过学习使我们自己摆脱性向，但是我们不可以通过消除它的某些持久性因素而对抗种族的利益吗？像在早期基督教时代，人类再次会把理智视为不利于它的福利。与救世军运动同类的运动把社会带到危机时期，此时正是它的存在危若累卵，人类愿跟随路德（Luther）一起相信理智是魔鬼的首位娼妓（archwhore）。此中存在最深刻的和最重大的克己问题，克己哲学家无非轻微地触及了问题之一。这是我们近代的悲观主义和乐观主义的秘密——它们被卷入对所有阶级而言的持久理智进步的不可能性或可能性。给出这个问题的答案，将决定把价值寄托在那些尝试扩大人类知识范围的人的理智活动和智慧的生活，还是寄托在他们的愚蠢的生活。人的心智由于经过诸多世纪流逝，易于使它本身摆脱非理性的信念，并在事物与它们的环境的真实关系中把握事物吗？它借助把它的感觉简化为可以领悟的序列，越来越成功地丢弃现象的奴役状态吗？人的性向倾向于采取更牢固的理智基础吗，或者不管一切事物的真理或谬误，个人对为种族保存有贡献的一切事物必须总是要做出牺牲吗？继续存在的信念愈来愈接近还是未接近合理性的洞察？人摆脱"现象的奴役状态"的自由，必定大半取决于对这些问题给出的回答。就我们自己的种族而论，我们不愿长时间等待这些答案。在不远的将来，在赫然耸现的伟大社会变革或宗教变革中，理智辞令还是市场辞令将引导我们的人民？

5　市场的热情和研究的热情①

"谁将宽恕你们这些坏基督徒?"我回答:"研究和知识。"。——在康拉德·穆特(Conrad Muth)致彼得·埃贝巴赫(Peter Eberbach)的信中,约 1510 年

在人的特性中有两种类型,这些类型必定使它们本身甚至在那些最不严格遵守我们周围的生活阶段的人身上留下印记。正是不仅仅在观察现在的过程中,而且也在研究过去的过程中,我们发觉同样的两种类型各自以它自己特有的样式影响人类思想的成长和人类社会的形式。所谓"研究过去",我并不意味阅读通俗历史著作,而是意味选取民族生活中的一百年或更适当地选取五十年,透彻地研究那个时期。我们中的每一个人都能够做这样的研究,尽管它可能要求闲暇时间,不是数周闲暇时间,而是多年闲暇时间。它意味着理解,不仅理解那个民族在那些岁月的政治,不仅理解那个民族的思想家撰写的论著,不仅理解有教养的阶层如何思想和生活,除此之外,而且要理解人民大众如何斗争,什么激起他们的感情或鼓动他们付诸行动。在这后一方面,往往从民歌和宽

---

① 这篇讲演是 1885 年 11 月 29 在南城会社发表的,此后作为题献给真正的"研究人"亨利·布拉德肖(Henry Bradshaw)的小册子印行。

面纸获悉的可能比从整个一场对外战役获悉的还要多。任何一个像我建议的那样做出一些这样研究的人,将不仅认清这两种对立的人的特性的类型,而且能够更正确地判断它们在人的发展中扮演的角色。在未断定这些类型之一是彻底有害的,只有另一种类型具有真正的社会价值的情况下,我们依然可以探索,一个是否并不比另一个更多地为人类服务,我们是否不应当审理和压制一个而培育另一个。在审查人类历史的较长时期时,如果我们发现,在比较发达的现存社会中第一种类型正在倾向于在第二种面前退远,那么会显著地有助于我们达到关于它们的相对社会价值的判断。

今天上午,我把想要摆在你们面前的两种类型命名为"市场人"(Man of the Market-Place)和"研究人"(Man of the Study)。让我尽力向你们说明,我把什么意义附加于这些名称。

在人类社会的早期形式中,或者通过老年人和青年人之间的直接接触,或者可能通过某种遗传原理,对社会行为的某些路线的推动从一代传到另一代。社会稳定性依赖于这些推动,它们在种族生存斗争中进化。从外部观点看,它们形成社会那个阶段的社会习惯和流行道德(morality)。没有它们,社会就会衰微,处于那种原始状态的人也不理解它们何时出现或如何出现。由于一方面这被视为对种族而言必不可少,另一方面这在人的理智或人的能力中似乎没有来源,因此我们若是在与超人相联系的文明的这些早期形式中发现道德或习惯,那么不必为此感到大惊小怪。为了给予道德以尽可能强有力的约束力——因为种族生存依赖这种道德的约束力,便把它与超感觉的东西联系起来,它变成宗教崇拜的一部分。不道德(immorality)变成**罪恶**,它的唯一合理性的意义是某种反社会的东西；它在每个个人与超自然的关系中起作用。也不难理解，这样的迷信怎么可能在种族保存中是有价值的因素。按照科学的或历史的根据，在说明道德如何最终变成具有超自然的价值时不存在无论什么困难，在说明对超自然的道德约束力为什么会如此广为流传时也没有困难。你们可能倾向于反对：但是，每一个讲理的人认为不道德是反社会的东西的另一个术语！这可能是完全真实的，但是在每个安息日（Sabbath day）的旅程中并没有必须碰见讲理的人；我发觉我与之接触的大量的人依旧谈论道德和不道德、善和恶，仿佛它们具有绝对的或抽象的价值，仿佛它们是与社会的或反社会的东西同义的。当像康德这样伟大的近代思想家能够拟定这一荒谬的命题，即世界是为人可以有一个合乎道德的（moral）行动的领域而存在时，当我们从这片土地上的成千上万次发言中、从讲台和报刊中听到要求正义和道德、要求人的权利、要求神的报应的模糊呐喊时，于是我们逐渐意识到，在每个个人内部意识某处隐藏的道德或正义的绝对规范中，存在的妄念传播得多么广泛。在不是作为启示，而是作为道德体系的基督教审判中，我们往往倾向于给予它以过高的赞扬，而忘记近代欧洲把生命是为道德创造的、并非道德是为生命创造的迷信归因于耶稣基督的教导——该教导在拉丁教父中达到它的合法成果。我断言，生命是为比单纯的道德更为广泛的意图存在的；道德仅仅是使社会生活成为可能的条件。我是合乎道德的，并非因为我的生活目标是这样的，而是因为只有如此，我才能满足早期教育和遗传本能铭刻在我身上的社会冲动。冲动的满足引起快乐，而生命中的快乐是在它的丰富多彩的可能性的充分程度上理解它和操控它的必要条件之一。

于是,如果我们同意道德是社会的东西,而不道德是反社会的东西,既没有绝对的价值,也没有超自然的价值,那么将会导致我们询问其如何影响社会福利的任何行动路线;这种社会福利不仅是可以使行动对准的那些人的福利,而且是他是它的源泉的人的福利,因为二者同样属于社会。要判断行动是合乎道德的还是不合乎道德的,我们必须探究它的效果——不仅是对**他人**的效果,而且也是对**自我**的效果。现在,如果我们必须处理的事情全都简单得像凶杀和兽性的肉欲性,那么在判断它们对他人或对自我的效果时,即决定它们的反社会特征时,就不会有什么困难。但是,在人类生活中我们的大多数行为,分析起来则要困难得多,它对他人和对自我的联系要复杂得多。此外,行动常常需要即时决定。当一个人迅速地决定他的行动路线时,我们说他是一个有**个性**的人;当他的决定后来证明是普遍正确时,我们认为他有洞察或智慧。我们把他视为聪明人,努力仿效他或向他学习。我们如此谈论的并如此密切地与个性关联的洞察或智慧,是培养的结果、心理修行的结果,或者在该词的广泛意义上可称其为**教育**。它不仅是人的经验,而且更多的是关于支配人类社会的规律的知识,是关于像在历史中表现出来的某些行动进程的结果的知识,甚至是关于支配人的自然定律——不管是力学定律还是生理学定律——的知识,因为人是自然的一部分;正是这一切构成教育。另外,这种知识、这种教育,单独还不足以形成我们所称谓的聪明人;从科学或历史学到的每一个真理,必须变成人的存在(existence)的一部分;理论的真理必须形成它的真正实存(being)的这样的一部分,以至它几乎无意识地影响每一个实际行动；每日比较琐细的所作所为都必须与从历史研究或科学研究中演绎出来的那些普遍定律一致，我甚至愿意说受那些普遍定律支配。此时只有此时，人的行动才变成确凿的、和谐的，在意图上确定的；此时我们认清，我们必须论及有个性的人，必须论及其道德是迷信之外的某种东西的人——道德是他的思维实存的一个有机组成部分。如果人生理论是值得研究的，那么就让它的提出者给出证据，证明它塑造了他的个性，它是他自己的行动的主要动力。没有哲学体系的价值的比较真实的试金石。审查伟大的德国形而上学家康德、黑格尔、叔本华的生活，你们将发觉他们是任性的、急躁的，甚至在行动上胆小怕事。审查斯宾诺莎的一生，你们会首先理解他的哲学；它是他的实存的一个要素。

将近三年前在这个讲台讲演时，我把自由思想不仅描述为动摇教条主义，而且描述为一心一意地献身于追求真理。在一个人得到称呼他自己为自由思想者的权利之前，也许需要深刻的思考、坚忍的研究，甚至整个一生的劳作。在紧接着的讨论中，我的一些听众强烈反对像这样没有为道德、为感情活动留下地盘的体系。我当时深受反对的冲击，因为情况向我表明，把我的道德概念与我的一些听众的道德概念隔开的鸿沟是什么。在我看来，实际的道德那时是，现在依然是在人的行动中社会激情的满足。但是，这种满足必须以什么样式发生呢？在关于人的行为的那些原理的基础上发生，而那些原理是我们通过来自历史和来自科学的**研究**演绎出来的。正如我那时说无知的和未受教育的人不能是自由思想者一样，我现在也这样说无知的和未受教育的人是不合乎道德的。

正如我那时说自由思想是我们只能接近的理想一样，我现在也这样说道德是我们只能趋近的人类行动的理想——这一理想随着我们的实证知识的每一进展而扩展。鉴于真正的自由思想者必须拥有他的时代的最高级的知识，因而他会拥有关于人类发展规律所认识的一切。他唯有他才能在与那些规律的一致中履行他的社会本能。他只有他才能在实际上是合乎道德的。道德不是盲目地追随社会冲动，而是基于个性的行动习惯，是必须变成我们实存的一个有机组成部分的那种关于真理的知识塑造的习惯。

让我向你们举一两个例子，表明我所谓的道德与知识的关系意指什么。强制种痘的疑问是只能通过对普遍规律和特殊统计资料的探究回答的疑问，它并非总是容易接近的，或者在接近时并非总是容易理解的；可是，尽管这样，疑问还是被硬拖到议员竞选的讲坛，变成"人的权利""个人自由"和那些在市场上多产的其他含糊的一般原则的疑问。另一个好例子是性道德的例子；在这里，最困难的疑问出现了，这与我们现代社会生活的几乎每一个阶段密切相关。这些疑问极其难以回答；它们不仅包含广泛的比较史研究，而且频频包含最复杂的生物学问题的广泛研究；常常包括仅仅处在幼年时期的科学迄今还未解决的问题。我们应该以最谨慎、最公正和最认真的心智探讨这样的疑问，因为正是它们的本性倾向于激起我们的偏见，把我们的智力法则撇开，从而歪曲我们的判断。但是，我们在实际生活中发觉什么呢？人们把这些疑问带到市场；使它们变成这样的论题：一方面诉诸超自然的东西或某种绝对的道德规范，另一方面诉诸强烈的感情——这些十足无教养的感情是我们强大的社会冲动的自然结局。在我们能够期望冷静地诉诸科学的结果和人类历史的事实的地方,我们面临神、绝对正义、人的合乎道德的权利和其他预计激起强烈情感的术语,尽管它们成功地遮蔽我们的无知豁开的空白。

作为最后一个例子,让我指出对我们时代来说正在变得十分重要的问题——伟大的社会变革、经济重组,这正在强加于我们。我们之中没有一个人准确地知道,什么正在到来;我们仅仅意识到广泛的骚动情感、不满意我们目前的社会组织,这一切本身不是在一两个小人群表现出来,而是在遍及所有的社会阶层表现出来。在英国的社会主义运动几乎不会有什么意义,倘若不得不通过现存的社会主义社会或它们的新闻喉舌权衡它的重要性的话。正是因为我们在遍及所有的阶级中发现社会正义的旧概念和社会行动的旧原理的式微,所以日益不信任曾经接受的经济规律——质疑我们的社会体系的真正根基的倾向;正由于这些表现,我们才能谈论摆在我们面前的重大社会问题。这个问题是一个民族能够努力完成的最艰难的问题之一;它是要求民族的一切精力和所有理智的问题;它伴随着最高的可能性和最可怖的危险。人类社会不能在一年内改变,也几乎不能在一百年内改变;它是像具有大相径庭类型的肉体生命的有机体一样复杂的有机体;正如你们能够消灭生命一样,你们能够毁灭那个有机体,但是在没有数代人甚至数世纪的耐心劳动情况下,你们不能重新塑造它。那种劳动必须用知识指引,用支配人类社会兴衰的规律的知识,用在人类中作为气质、冲动和激情显现的那些有形影响的知识指引。一个人、一群人或一代人都不能改造人类社会;在将来衡量时,将会发现他们的影响惊人的无足轻重。如果它们是强大的市场人,他们可以产生德国宗教改革或法国大革命；但是，当不是外部的而是内部的历史学家在运动之前和之后着手探究社会那个阶段时，他们能发现什么呢？大量的人的痛苦，大量的破坏。可是，人的创造呢？少极了；新形式也许各处都有，但是在它们之下旧奴隶使旧轮子转动；人类在旧枷锁下辛苦工作；人的自私自利、人的苦难、人的无知的相同循环——处处一如从前那样被相同的人的美妙、相同的人的伟大碰到。

正因为研究人认出，即便广阔的洞察能使他为社会变革所做的一切也是多么小，所以他谴责市场人——这种人不仅认为他理解社会问题的关系，而且甚至发现了它的解决办法。研究人确信，**实际上**变革人类社会需要世世代代的教育方面的劳作。人类进步像大自然一样从不飞跃；这最充分地肯定，所有定律是从人的发展的研究中推导出来的。如果这一点可以在某种程度上用模糊的短语"社会成长是通过进化而不是通过革命发生的"阐明的话，那么市场人几乎同时宣称，他的革命是进化，接着或者歌唱光荣的颂歌、盲目诉诸暴力，或者告诉你们他能扛起步枪，或者用氨爆炸药使我们目前的社会变得不可能存在——他完全熟悉这种炸药的性能。可怜的同胞！但愿他同样熟悉人的本性的特性！

我放在你们面前的例子充分表明，道德在多大程度上不是感情的问题，而是知识和研究的问题。在最近教会会议的演说中，一位神学家、市场人宣称，他认为伦理问题处在理智的范围以外；那是我不断碰到的最不合乎道德的陈述之一。① 当有可能把这样的

---

① 在前一自然段的那位无政府主义者坠入深渊时，这一自然段的神学家到达主教职位。

观点的持有者提升到巨大的社会影响和教育影响的地位时,它使得人几乎对自己的国家及其人民感到绝望!

我知道,你们会感到,**无知不能是合乎道德的**,这是一个非常确实的说法。它与在其中培养我们自己的,在我们多代祖先身上留下印记的所有的基督教的道德概念如此针锋相对。基督徒的道德是一个情感问题,是对神的先验显灵揭示的规范的服从。千百个呼吁每周从这个国家的布道坛发出,敦促人类步入合乎道德的生活路线,这些呼吁诉诸激情而不是诉诸理性。在我们的词语的意义上,它们是由市场人完成的,而不是由研究人完成的。正如马克·帕蒂森(Mark Pattison)指出的,基督教运动完全是在受过教育的思想的范围之外形成的。与近代自由思想不同,它不是知识的结果,而是它的时代的文化。由于它忽视伟大的希腊哲学体系,它复归盲目的感情,甚至复归野蛮状态。基督教和理性的这种对立在2世纪可能由于德尔图良而达到顶点。这位早期基督教著作家写道:"哲学家和基督徒有什么共同之处?希腊的门徒与天国的信徒有什么共同之处?雅典(Athens)和耶路撒冷(Jerusalem)、教会和柏拉图学园、异教徒和基督徒有什么共同之处?对我们而言不再有好奇心,由于基督已经降临;也没有任何进一步探究的理由,因为我们拥有福音。……圣子耶稣基督死了;它是非常可信的,因为它是荒谬的;在埋葬时,他起身了;它是确凿的,因为它是不可能的。"

尽管有一个历史时期,基督教站在理智进步的前驱之列,但是我们还是必须认为,她在整体上也许不自然地显出对人的理性的猜疑。她偏爱市场方法胜过研究方法;在每一条街道的角落,都可以挑起摇唇鼓舌者、无知和演说家的争吵；学者、思想者需要终生制作，他在制作时还会再是基督徒吗？若是且只要是，他就发觉基督教徒是具有他自己的时代的最高级知识的人。

我尽力强调基督教与理智的这种关系，因为我们的流行道德本质上是基督教道德——本质上是盲目的情感的事情，因此下述情况出现了：我们发觉像陈述"无知不能是合乎道德的"这样冷酷无情的说法。自由思想者由于把超自然的东西放在一边，在真理的追求，在规律确的探究中发觉宗教是十分充分的，他确实不会满足于接受陈旧的基督教道德概念吗？在这一点排除他的理性，而诉诸情感作为真理的检验吗？让他记住，其他以他们的方式与那耶稣一样伟大或比耶稣更伟大——若我们用理智能力衡量则更伟大——的导师教导什么。对乔摩佛陀来说，知识是较高级的生活的关键；健全的生活是自我修养的结果。迈蒙（Maimom）之子摩西这位犹太人哲学家的首领告诉我们，恶是意志薄弱的心灵的效果。意志薄弱的心灵产生，心灵医生。阿威罗伊这位中世纪最伟大的自由思想者断言，知识是完美生活的唯一钥匙，而基督教艺术却在把撒旦之口（Jaws of Satan）咬碎的犹大（Judas）描绘他。斯宾诺莎更是众所周知，他教导一切恶出自混乱的观念，出自无知。正如德尔图良概陈词，如果哲学家是异端徒的鼻祖和先知，那么我们自由思想者确实应该专注于他们教导的东西！但是，我还能够给你们更惊人的例子：研究人如何把道德奠定在知识的基础上。我提及那一小群实际工作者，16世纪早期的人文主义者。像伊拉斯（Erasmus）、塞巴斯蒂安·布兰特（Sebastian Brant）和康拉德·穆特这样的人，立足于教育、知识，唯独是稳妥的那种进步——因为这种进步基于理性——为德国人的实际改良而工作。这些人个个都于无知，把不合乎道德的人等同于白痴。一方面由于修道士的担心，另一方面由于路德的信徒的滥用，他们受到询问："谁将宽恕你们这些坏基督徒？"他们回答："研究和知识。"有启发性的是，倘若我们有时间，请看一看这研究人的劳动如何被市场人激起的大众激情一扫而光。只要说一说路德把作恶描述为不服从超自然的规范，把罪恶描述为大众对那稣基督的信仰，把理性描述为"首位娼妓"和"魔鬼的新娘"就足够了。由于诉诸大众的无知和盲目的感情，他把基督教的道德概念重新强加于半个欧洲，我们今天的自由思想者再次从无知者而言是不可能的。

至少就我眼下讲演的意图而言，如果你们赞同我的看法，即理想的合乎道德的本性是用研究和知识塑造的个性——不仅是具有智的实存真名其妙地缠绕在一起的思维模式，那么我们可以继续前进并询问：如何能够接近这个理想？在它背后强力推动的动机是什么？它如何能影响我们的实际行动？

如何能够接近这个理想？ 如果不道德是由于无知的不道德，那么这个疑问就不难回答。对自由思想者来说，合乎道德的生活就是宗教的生活，它是一种成长——知识的成长。正如自由思想者的宗教是对真理的追求，他的唯一的指导是理性一样，他的道德也在于把那种真理应用于生活的实践方面。自由思想者的道德是他的宗教本性的一部分，正像基督徒的道德是他的宗教本性的一部分一样。一位基督徒不止一次地对我说："我不否认，你们当今的自由思想者是合乎道德的。在基督教信仰中培养你们，它的道德还是影响你们的生活。不管怎样，对于从未感到那种影响的你们的孩子和孩子的孩子来说，情况将会如何呢？"①我回答："从未感到那种影响？否！但是，这种影响在更大的程度上是人的某种东西的影响，某种不是信念的事情而是知识的事情的东西，某种能够比超自然的规范无限稳固地指导他们生活的东西。出自人类的道德、社会冲动的理性指导，是比建立在激情地诉诸教条信仰基础上的道德稳定十倍。"当基督徒来到我跟前空谈他的道德时，市场人的热情控制着我，我感到像哈姆莱特奚落雷欧提斯（Laertes）对奥菲利娅（Ophelia）的爱：

> 嘿，我愿意为这个题目与他决斗，
> 直到我的眼皮不再眨动。
> ……
> 哼，让我瞧瞧你会干些什么事：
> 你会哭吗？你会打架吗？你会绝食吗？
> 你会撕破你自己的身体吗？
> 你会喝一大缸醋吗？你会吃一条鳄鱼吗？
> 我都做得到。
> 你是到这儿来哭泣的吗？

---

①　尽管这个著名的论据是确凿的，但是它可以证明，在基督之前不存在道德，或者在不开化的民族中不存在道德，而不管多么原始的民众在没有社会规范、某一种类的道德的情况下也不能继续存在。

你跳下她的坟墓里,是要当面羞辱我吗?

你跟她活埋在一起,我也会跟她活埋在一起;

要是你还要夸说什么高山大岭,

那么让他们把几百万亩的泥土堆在我们身上,

直到把我们的地面堆得高到可以被"烈天火"烧焦,

让巍峨的奥萨山相形之下变得像一个瘤那么大吧!

嘿,你会吹,我就不会吹吗?①

　　说我们自由思想者没有道德规范,或者只有过时信仰的残余,这是无知的诽谤;这些从基督教教育中得到的成见像笠贝一样依附于我们的理智人的岩石。我们**具有**道德,那些拥有它的人断言,它处在基督教的天命之上,就像基督徒处在希伯来人之上一样。无论如何,像希伯来人那样,它是定律的事情,而立法者是理性。理性是唯一的立法者,能够借助这位立法者让 19 世纪的理智力量井然有序和有条不紊。使作为一个整体的社会趋近自由思想者的道德理想的唯一实际方法是教育它,教导它运用它的理性指导种族本能和社会冲动。请理解我所谓的教育目的意指的东西。我不是意指纯粹的科学事实和历史事实的知识,而是意指这些事实与定律的协调,这些定律造成如此之多的思维模式,以至它们成为被接受的人类行动准则。**有学问的人**在该词的意义上不可能是**受过教育的**,从而频频是不道德的。我们从惯常称谓的教育往往只不

---

①　这里采用朱生豪先生的译文。参见《莎士比亚全集》(九),朱生豪译,北京:人民文学出版社,1978 年第 1 版,第 128~129 页。——译者

过是达到它的手段。如果你们希望你们的普通百姓是合乎道德的、具有社会稳定性的话,你们就必须不仅给他们教育的手段,而且给他们追求那种手段达到目的的闲暇。让我们以更为直接的形式提出这一陈述。社会为其稳定依赖个人的道德。个人道德是与他的教育同样重要的。因此,教育他的成员是社会的首要功能。

当我说,为了改善社会的道德,你们必须改善它的教育时,在你们之中的一些人看来,这完全可能是陈词滥调。可是,我们想要成为道德改革者的人带往实践中的这个原则是多么深远?他们使他们自己献身于缓慢而踏实地教育他们同胞的毕生任务了吗?或者,他们闯入市场,宣告上帝命令人做这事或做那事,这个或那个行动路线是有德行的、是正义的、是合乎道德的,而不曾为定义他们的词语苦恼吗?有多少道德改革者从事过那种科学和历史研究,获得了能够使他们自己成为合乎道德的那种社会规律和物理定律的知识,更不必说指导他们的同胞?在许多复杂的社会生活问题方面,我们自由思想者只能说,我们正在向着光明奋斗,我们正在尽力获取将引导我们解决它们的知识。然而,市场人多么经常地在我们身边仓促宣告他认为什么是明显的真理,匆遽诉诸无知群氓的盲目激情,急忙在他们身后卷起大众能量的洪流,以致我们可能多年辛勤植入的那些理智生活和合理性行动的胚芽在狂潮中消失殆尽!在洪流平静下来之后,当人的生活重返——正如历史不可避免地向我们表明的那样——它的旧渠道时,研究人返回可能被舍弃的、属于他们过去劳动的东西,并重新开始他们无止境的教育过程。但是,一些人会感到沮丧并丧失一切信仰,但是许多人知道,把他们吸引到其中的工作需要数世纪缓慢的进化——不是想要完成,因为人的知识没有终点,真理的发现没有终点,而是非常想要显现在工作的结果中。研究人没有欲望留下作为观念提出者的名声;他满足于享受生活的充实,满足于度过宗教的生活,因为这样的生活是合理性的和合乎道德的,之所以合理性是因为它是在与他的时代的最高级的知识一致的情况下过活的,之所以合乎道德是因为把它对准社会的目的、教育的意图、真理的发现和传播。

很容易看到,为教育和自我修养花时间的人,如何可以力求达到自由思想者的道德标准。但是,辛劳者、在纯粹机械的劳动的艰难循环中度日的人怎么样呢? 我只能答复,只要这样的人没有时间发展他的理智本性,他就不能在我的词语的意义上是合乎道德的。他可能本能地遵循某一行动路线,这按照通常的理由不可能是直接反社会的,但是在复杂的生活问题上他像常常走入正道一样地往往走入歧途。在我们目前的社会中,大量不能合乎道德地行动的人是时代最严重的问题之一;它指示我们的社会形式的不稳定性。它把鼓动大众激情的力量听任市场人摆布,而难以忍受夸大这种激情的危险。教育现在是阶级的特权,这是我们的社会主义朋友能够采用最强有力的论据,倘若他们知道如何正确地使用它的话;但是,这不是他们能够用来诉诸大众的盲目情感的论据。如果一切社会改革仅仅是——像我确信的那样它仅仅是——增长的道德的结果,如果道德是教育和知识的事情,那么所有的社会改革只能一步一步地进展,伴随着缓慢的、常常几乎无法察觉的公众教育过程。对于所有希望享受生活充实的人来说,社会行动的所有领域正是在这里! 在这里,自由思想者的使命同时是宗教的和合乎道德的。也许不是在市场的意义上,而至少是在研究的意义上,他的道德是社会主义,他的宗教崇拜是对真理的追求,这种追求在获得真理时指引他的合乎道德的行动、他的社会的行动。更多的有学识的人愿意这样受教育,以至赏识社会行动的这种新规范!我们需要对公众的教育,不是工人在先前制造九个坏螺旋的地方制造十个好螺旋的教育,而是每一个社会成员能够是合乎道德的行动即社会的行动的教育。科学人总是断言,如果英国工匠要在与德国和美国对手的生存竞争中幸存下去,那么就需要对他进行专门教育。几乎无法想象关于专门教育的更可怜的托词。自由思想者要求对工人进行专门教育,是因为我们相信,它能够使他用一系列理智行动代替机械的惯例;我们相信,当他在手工艺中习惯于理智的行动而不是经验的行动时,他将不再满足于社会行动的不合理的规范;他将开始探索和探究——他的道德也会变成思想和知识的事情,不再是信仰和习惯的事情。这实际上是通向社会改革的伟大步骤,在社会稳定性方面的巨大进展。对旧派别的自由思想者来说,他们自负地认为他们的唯一使命是消灭基督教;新派的我们则呐喊:"去研究基督教;了解它作为一种纯粹的人类建制在 1900 年代做了什么以及忘记做什么,只有此时你们在消灭中才会**创造**——创造那种在未来唯一能够起重大作用的宗教。"对于旧派的社会主义者来说,他们认为革命的鼓动、纸上的社会重建规划和诉诸阶级激情的示威,是唯一可行的行动模式;新派的我们则呐喊:"走出去,教育、创造其基础将是知识的新道德,社会主义就会到来,尽管它是以我们没有一个人设想过的形态来到。它可能需要数世纪的劳动,但是它是一种行动方法,这种行动方法在每一步都给我们以坚实的立足点。为后代建设的人信赖理性的坚实基础。"

于是,在对我们能够用来接近道德理想的方法的第一个疑问的答案中,回答就这么多。

我们的第二个疑问是:**这种道德背后的原动力是什么**?该疑问导致我达到把标题给予这篇讲演的要点,并把毋庸置疑的困难呈现给撇开所有诉诸作为行动原动力的感情的那些人。能够使市场人实现他的方案的能量,可以用他能够在他的同胞中激起的**热情**的量来衡量。通过诉诸激情创造激情,并把它引导到确定的鹄的,本质上是市场人的方法。他不是尝试通过人的理性推动他们,但是他力求影响他们的情感,刺激他们的激情,并在这样做时激发他们的热情为他热心的事业。党派激情、迷信、宗教仇恨、民族偏见、阶级情感、个人欲望或种族冲突的每一个方面,都被市场人为实现他的意图必然用来引发刺激。研究人能够在哪里找到原动力,找到与此一样的热情呢?他的冷静的诉诸理性,他的缓慢的教育过程,如何能够不断产生为达到伟大目标的热情呢?不存在能够与市场的热情相比较的研究的热情吗?这是我们不得不回答的疑问。在这里,如此之多的人在自由思想者的信仰中、在基于知识的那种道德中感到存在着空白。在对真理的追求中什么东西唤起热情,多么大的社会英雄行为能够建立在人的生活规律的研究之上呢?

我不知道你们之中的任何人是否不断听见基督教牧师的布道,但是对我来说,它们是形成娱乐和教诲的常见来源。它们提供对人的特性、人的无知和人的努力的洞察,像这样的东西几乎无法

在别处显露出来。几年前一位神学家在剑桥大学布讲时,他使用了如下话语:

　　"可是,热情是什么,正如该词意味的,仅仅是习惯上被激励的($\dot{\varepsilon}v\theta\varepsilon o\varsigma$)人的状态,是上帝的某种能力具有的状态?"

　　这个句子是有趣的,不仅作为与这位传道士的个性有关而有趣——他能够用哲学诡辩把在自由思想者中间的热情的可能性消除,而且作为明确标志把市场的热情与研究的热情分开的鸿沟而有趣。实际上,也许鸿沟如此巨大,以至我们不应当用同一名称称呼两种东西;可是,若只是为了对照的缘故,这样做是方便的。

　　正如我们的神学家表达的,市场的热情是拥有(或确切地讲想象他拥有)某种超人能力的人的状态。它不是合理性的激励状态,宁可说是疯狂状态,是宗教的、社会的或政治的狂热入迷。它是可以激起无知者的激动的状态——一方面通过占据他们的想象力的混乱观念激起,或者另一方面通过浮夸矫饰地诉诸他们的偏见和它们的激情激起。市场的热情在今天如此风行,以至我们要找样本俯拾即是。它在我们的政治和社会生活中猖獗横行。我们把我们国家的命运交托管理的政治家本质上是市场人;这种人通过诉诸阶级的偏见和激昂的无知,赢得他们目前的地位。讨论一个议案,在考虑它的社会价值时,在议院不是从党派的立场讲话,而是试图理性辩论,这样的政治家迄今几乎无影无踪。现今的首相通过表露他对"不信教者和异教徒的浪潮"的恐惧,在他的国人的一个阶层中间激起热情,他告诉我们这种浪潮正在横扫大地;前任首相通过利用他的闲暇捍卫他称为创世的"宏伟过程"——这在《创世纪》第一章有所描述,在他的国人的另一个阶层中间激起热情。

当一位作者谈论"光的分离和采集,随着光在黑暗中行进,依然留下把它从中分离的混沌的质量"时,我们认出他对近代科学关于光的概念是多么绝望的无知。我们需要尽量多的理智权利,要求他必须批判他描述为近代思想的言之无物的和自吹自擂的理论的那种东西。我们呐喊:"在你们进入市场和谈论之前,请理解,请到学校去学习。"格拉德斯通先生在《19 世纪》最近发表的一篇文章中再次写道:"我们未听见《圣经》的权威根据它把人的眼睛和耳朵、手、臂和足,甚至把人的感情分配给万能的主而受到指责。"眼下,这些恰恰是自由思想者现在用来反对《圣经》,许多伟大的哲学家过去用来反对《圣经》的最强有力的论据。斯宾诺莎说:"归属于上帝的理解力、意志和理智与我们人的官能不可能有共同之处,正像天宫大犬座与我们在地上称为狗的吠叫动物不可能有共同之处一样。"格拉德斯通先生对过去和现在一样无知吗? 你们之中那些希望研究市场的热情的人,应该读一读他的文章,值得注意的是最后两页,在那里他攻击科学的进化学说,就像堂吉诃德(Don Quixote)攻击风车一样。语言是华丽的,修辞是卓绝的,只是在那里彻底缺乏逻辑思维或学者的探究精神。如果我们的政治领导人做这样的陈述,我们对他们会说什么呢? 他们在理智上是劣等人吗,或者他们在理智上是不诚实的人吗? 让我们满足于把他们描述为市场人吧。

　　像我描述过的这样的热情——剑桥神学家意义上的热情——对于研究人来说是不可能有的,因为它基于成见而不是基于理性。如果这就是热情意指的一切,那么理想的自由思想者必须没有它。但是,没有什么东西能够占据它的位置吗? 没有什么东西能够称

之为研究的热情吗？我认为存在研究的热情，尽管它的力量在于
冷静而不在于狂热入迷，在于坚持而不在于任性；作为一种行动的
原动力，它不容易使它向那些没有体验过它的人显现。

我们所说的热情出自对知识的欲望。你们不能否认这种欲望
的存在，它在许多实例中达到绝对的激情。人在真理的追求中牺
牲一切，甚至牺牲他们的生命。促动他们全体的精神不是野心：许
多人既不寻求又未见到任何名望。承认知识在生存斗争中起重大
作用，那就不难理解追求真理如何在人类的部分成员中变成激情。
没有围绕社会界和物理界领会它的规律的一切生活，必然是麻木
不仁的、令人痛苦的；它的行动范围也是有限的，不能充分享受存
在。增加的知识随之带来增强的活动力；生活变成理智的整体，发
现在外部的每一个物理定律都是在内部具有心理过程的定律；物
质和精神之间区分的粗糙概念随之消失。格拉德斯通先生充满怨
恨谈起的、作为把世界转变为庞大的机械装置的科学过程，被理解
成这样一个过程：世界以此变成理智的，你们若愿意的话也可以说
变成精神的。物理定律和社会定律像任何心理过程一样，变成理
智的事实。通过研究获得的真理变成人的理智本性的一部分，他
不可能在行动中与它矛盾，就像他不可能消灭他自己身体的一部
分一样。研究人要是一旦认为突破社会定律——他通过历史研究
发现了社会定律的真理，他就认为行动与物理定律相反；二者都同
样会破坏他的理智本性的一部分。正是行动的这种连续性，这种
对于合理性的定律的一贯服从，给予研究人以**个性**，把他的道德从
情感的根据提高到理性的根据。当社会的和物理的真理知识变成
人的理智本性的一部分时，所出现的持之以恒，就是我命名的研究

的热情。我相信,正是这种研究的热情,必然处在所有的实际社会
行动背后。市场的热情可能暂时看来移山倒海,但是这只是表面
现象。反作用来到了,当狂潮消退之后,我们发现宗教的、社会的
或政治的狂热者实际上完成的任务何其之少! 泡沫依旧存在——
名称、机构、形式,但是真正的社会利益十分经常的是数学家称为
负量的东西。对装甲舰来说,长期的、几乎不可察觉的海浪也许比
使它断裂的暴风雨更危险。同样地,几乎不可察觉的研究的热情
比所有市场的强大雄辩能达到更多的东西。正是对这一原理的信
仰,使我们为自由思想的理想而奋斗,使我们宣布理性或知识是合
乎道德的行动的唯一因素;不仅如此,还使我们相信,如果在未来
的社会风暴中把未来委托给研究的热情而不是市场的热情的指
导,那么未来必定能为我们的公众带来社会新生。

如果我使我的意思让你们些微清楚的话,那么尝试回答我的
第三个疑问也许差不多是徒然的:这些学说对我们的实际行为有
什么结果? 请在我们中间培养持之以恒的研究的热情;请尽力用
每一种手段以我们的力量帮助教育还没有同类理智发展手段的其
他人;请坚持合乎道德的问题不会在习惯道德或个人偏见的基础
上解决,而只有通过彻底探究物理定律和社会定律才能解决;请在
我们的能力的范围内抑制那些市场人,因为他们使我们的政治生
活变成无知的登峰造极的典型,而不是变成显示民族智慧的领域;
请回忆神灵启示和盲目意志、先知和殉道者,这不是我们这个 19
世纪所需要的,它们属于过去;如果任何人高喊他发现了伟大的真
理,请不要听信任何带有感情色彩的呼号,而要求他的信仰的合理
性基础,不管他的名字多么伟大,也不管他的权威多么受到敬重;
在我们发现任何主张存在的合理性基础之前,请拒绝相信它,尽管

它是许多人坚守的;简言之,请把不是基于坚实的理性基础的所有事物,都看作属于神圣不可侵犯的怀疑权利;请把一切纯粹的信念视为妄念,把未知的东西不看作是留给教条的领域,而看作是要解决的问题;——如此行动和这样思考,确实是任凭自由思想的学说影响我们的实际行为吗?这必定把市场转变为研究。而且,如果他的生活仅仅在为这些理想而奋斗中度过,那么在漫长的学习如何生活的任务中,我们至少不可能把罗伯特·布朗宁(Robert Browning)给一位旧人文主义者——他在他满意他对知识的渴望之前就夭折了——的下述诗句作为墓志铭置于我们自由思想者的身上:

> 他没有夸大心智,
>
> 他没有说清楚,它正好意谓何义?
>
> ……
>
> 那个矮个子寻找干小事,
>
> 见小事、做小事;
>
> 这个高个子追求做大事,
>
> 在他了解它之前却不幸早死。①

————————————

① 罗伯特·布朗宁(1812~1889)是英国诗人、剧作家,维多利亚时期代表诗人之一。主要作品有《戏剧抒情诗》《环与书》《巴拉塞尔士》。此处的诗句原文如下。——译者

Did not he magnify the mind, show clear

　　Just what it all meant?

……

That low man seeks a little thing to do,

　　Sees it and does it;

This high man, with a great thing to pursue,

　　Dies ere he knows it.

二　历史

所有真实的历史在任何地方都首先有一个宗教的意图，并且被宗教的理念用尽。（Alle wahre Geschichte hat überall zuerst einen religiösen Zweck gehabt，und ist von religiösen Ideen ausgegangen.）

——施莱尔马赫

6 迈蒙尼德和斯宾诺莎[①]

沙尔施密特(Schaarschmidt)教授在他为斯宾诺莎的《简论上帝、人及其心灵健康》(*Korte Verhandeling van God* [②])(阿姆斯特丹,1869)等所写的出色的序言中,促使人们注意关于斯宾诺莎在思想进化中的地位通常所采取的有点片面的观点:赋予笛卡儿影响的重要性,给予这位犹太人作者微不足道的价值。他以这样的评论结束他的考虑:"但是,在重大的事情上,他(笛卡儿)的认识与犹太哲学不同,他的确拒绝他们的正统,他保持自己的天性和思想。"(Attamen in gravissimis rebus ab eo (Cartesio) differ et ipsis cum Judæorum philosophia congruit, quorum quidem orthodoxiam repudiavit, ingenium ipsum et mentem retinuit.)(序言 xxiv)该主题是更加重要的,因为甚至像库诺·菲舍尔

---

① 转载自《心:心理学和哲学评论季刊》(*Mind*:*Quarterly Review of Psychology and Philosophy*)31 号。

② 该书的全名是 *Korte verhandeling van god*,*de mensch en deszelfs welstand*,即《简论上帝、人及其心灵健康》。——译者

(Kuno Fischer)(*Gesch. Der neuern Philos.*《新近哲学史》,3rd
ed.,1880)一样的历史学家,还认为斯宾诺莎在哲学发展的链条
上只是笛卡儿之后的一个环节,从而抵制这样一个观点:他与其说
属于基督教哲学,毋宁说属于犹太哲学。斯宾诺莎受到希伯来人
思想十分轻微影响的假设变成传统的假设,在最近的关于斯宾诺
莎的英语著作中,必定可以找到这个假设。波洛克(Pollock)先生
写道,迈蒙尼德对斯宾诺莎的纯粹哲学的影响是比较轻微的。
(p.94)马蒂诺(Martineau)博士有点教条地告诉我们:"不能把重
点放在斯宾诺莎受惠于拉比语(Rabbinic)①哲学的证据上。"(p.
56)这些看法似乎部分地基于迈蒙尼德的《迷途指津》(*More
Nebuchim*)和约埃尔(Joël)的《斯宾诺莎学说的起源》(*Zur Genesis
der Lehre Spinozas*)的浏览,连同 W. R. 索利(W. R. Sorley)先生
在《心》第 19 号发表的"犹太中世纪哲学和斯宾诺莎"也包括在内。
无论波洛克先生还是马蒂诺博士,似乎都不了解迈蒙尼德的《密西
拿托拉》。现在,我希望涉及的,正是这本著作与斯宾诺莎的《伦理
学》的关系。②

---

① Rabbinic 即中世纪的拉比(希伯来)语,系拉比(Rabbi)的写作用语,亦作
Rabbinic Hebrew(拉比希伯来语)。拉比是指经过正规宗教教育,学过《圣经》和塔木德
而担任犹太人社会或犹太教众的精神领袖或宗教导师的人。——译者

② 在论述斯宾诺莎和犹太哲学的论著的主题时,我可以给出下述篇名或书名:
E. Saisset:"Maimonide et Spinoza"(《迈蒙尼德和斯宾诺莎》),Revue des dcux Mondes,
1862;Salomo Rabinus, *Spinoza und Maimonides*(《斯宾诺莎和迈蒙尼德》),Vienna,
1868。

大约在 1190 年前后,迈蒙尼德(1135～1240)完成了他的《迷途指津》,该著作的目的是根据理性说明《圣经》许多模糊的段落和摩西制定的明显非理性的宗教仪式。因此,该书被称为"受困惑者的向导"(Guide of the Perplexed)①,从而意指照亮《圣经》研究的艰难道路。这一点可以很容易猜想,只是其次它才涉及哲学的伦理。正如我们可以预料的,这样一本书对斯宾诺莎的影响在《神学政治论》(*Tractatus Theologico-Politicus*)中是最明显不过的。无论如何,在大约十年前撰写的《密西拿托拉》或"强大之手"(Mighty Hand)对斯宾诺莎的《伦理学》的研究者具有更大的重要性。它的作者起初把它叫作"二重法"(Twofold Law),即成文法和习惯法——《圣经》(Bible)和塔木德(Tlmud),并在十四个标题或卷次中考虑了一些最重要的神学或伦理学问题。1832 年,赫尔曼·黑德维希·贝尔纳德(Herman Hedwig Bernard)把《密西拿托拉》的一部分翻译出来,在剑桥以书名《在迈蒙尼德的〈密西拿托拉〉精选品中阐明的犹太人教义和伦理的主要原则》(*The Main Principles of the Creed and Ethics of the Jews Exhibited in selections from the Yad Hachazakah of maimonides*)出版。在下述关于斯宾诺莎和迈蒙尼德之间的相似性的评论中,我打算利

---

① 《迷途指津》的英语书名一般为 *the Guide for the Perplexed*。——译者

用这本书。① 我愿省略对于斯宾诺莎的《伦理学》没有直接联系的所有内容,尽管它可能在其他方面是有趣的,并尽力考虑到时代和迈蒙尼德用来写作的神学-哲学语言的客观情况。我们宁可看重斯宾诺莎以其阅读《密西拿托拉》的精神,也不愿看重以其创作《密西拿托拉》本身的精神。

---

① 可以提一下《密西拿托拉》的第一卷的另外两个译本,二者由波兰的拉比埃利亚斯·索洛韦埃齐克(Elias Soloweyczik)"编辑"。译为德语的第一个译本(Königsberg, 1846)删节第一卷的最后一编或第五编:包括"忏悔的戒律"。译为英语的第二个译本(Nicholson, 1863)名义上包括全部五编,但是实际上删节它们的许多最有趣的章之下的部分(例如 Part Ⅲ, cc. v. ~vii. 论学者与他的老师的关系,论对哲人的尊敬)。由于许多段落删节或倒错,这个英文版也失去它的许多科学价值,在那里编者以十分虚伪的谦逊以为迈蒙尼德对近代读者来说太坦率了。这样的话语位于扉页:"几位博学的作者从希伯来语翻译为英语。"这些"博学的作者"的首领是贝尔纳德,在没有明显表示感谢的情况下他被无节制地使用。剩余部分看来是从德语翻译的,而不是从希伯来语直接翻译的。对这个英文版的增补是《密西拿托拉》第十四卷第五章的译文,即"关于国王及其战争法"。无论导致这个所谓的英译本的原因可能是什么,必须注意的是,索洛韦埃齐克的德译本是没有受这些错误损害的、对迈蒙尼德的研究者具有显著价值的独立作品。

在着手比较迈蒙尼德或斯宾诺莎的理智关系之前,我可以提及斯宾诺莎的生活方法与迈蒙尼德的哲人应该如何谋生的理论之间的密切关联。在我看来,它好像是斯宾诺莎在光具座上生活的基调——他拒绝教授职位。迈蒙尼德写道:"让你的固定职业是律法(the Law(译者:the Law 等于 Law of Moses 摩西律法))的研究"(即神的智慧),"让你的世间追求具有次要的考虑。"在陈述一切事务——它以此提供生活的必需品——仅仅是达到研究的手段之后,他继续写道:"任何决意心无旁骛、全神贯注于律法研究,不参与任何工作或职业,却靠赈济生活的人,都玷污奉献给上帝的神圣名声,并且是对律法的肆意侮辱。研究必须具有与它结合的勤奋劳动,否则它就是卑劣的,产生罪恶,并导致人损害他的邻人。""⋯⋯靠自己的双手工作而生活是基本的德行,它是往昔虔诚者的伟大特性之一,甚至于人用它在今世和来世获得一切尊敬和福气。"(依照索洛韦埃齐克,Part Ⅲ, chap. Iii, 5~11)为什么斯宾诺莎的生活与所有其他近代哲学家的生活形成如此反差呢?因为他的生活至少具有东方的特征,即使没有他的哲学!

让我们首先考虑迈蒙尼德的上帝（God）概念。这包含在"与律法基础有关系的戒律"中，尤其是包含在贝尔纳德题名为"论上帝（the Deity）和天使"（p. 71）与"论上帝之爱和侍奉他的真实途径"（p. 314）两章中，这两章大致对应于斯宾诺莎《伦理学》的第一部分和第五部分。首先，迈蒙尼德横扫一切来自上帝（the Godhead）的一切人的属性和特性。上帝既无肉体，也无骨架，亦无任何种类的**限度**（limit）；他没有一种偶然的质地："既无合成，亦无分解；既无处所，亦无尺度；既无上升，亦无下降；既无右，亦无左；既无前，亦无后；既无坐，亦无站；他既不在时间中存在，因此他应该没有开始或终结，或者没有岁数；他也不经受变化，由于在他那里没有能够促使他变化的东西。"（B. 78）除此之外，上帝是**一体的**（one），但是这种统一性（unity）不是**个体的**肉体或物质的物体的统一性，"而是这样的一体：在宇宙中没有其他统一性与他的统一性相似"（B. 73）。在《圣经》中上帝具有外貌或外形（form），这只是由于"预言的幻象的出现"；然而，上帝按照他自己的形象（image）造人的断言仅仅涉及人的心灵或理智的成分。它没有涉及**存在形式**（shape）或生活方式，而涉及构成心灵之"质"（quality）的那种知识（B. 106）。"智慧的台柱"是熟悉这个第一神存在着，熟悉"他使所有其他人出现，使一切事物存在，天、地以及处在它们之间的无论什么只有通过他的存在的真理才存在，因此若我们不得不设想他不存在了，那么其他事物也不会存在。"（B. 71）斯宾诺莎在《伦理学》第一部分的附录中告诉我们他寻求证明的命题，其中有这些命题：上帝必然存在；"神是唯一的；……神是万物的自由因，以及神在什么方式下是万物的自由因；万物都在神之内，都依

靠神，因而没有神就既不能存在，也不能被理解。"（quod sit
unicus；……quod sit omnium rerum causa libera，et quomodo；
quod Omnia in Deo sint，et ab ipso ita pendeant，ut sine ipso nec
esse nec concipi possint.）这些话语也许几乎作为迈蒙尼德的译文
处在这里。也请比较第一部分的命题 14 和推论与命题 15。

　　斯宾诺莎在第一部分的命题 13 证明，上帝是不可分的（B.
73）；在第一部分的命题 19，或者更确切地讲在《笛卡儿哲学原理》
（*Principia Cartessi*）的命题 19，他证明上帝是没有限度的；在第
一部分的命题 20 推理 2，他证明上帝是不能变化的；在第一部分
的命题 15 的附释，上帝具有肉体或外形的概念被命名为"幼稚的
幻想"；然而，正是在《伦理学》的开始，断定上帝无限的和永恒的本
性。除此而外，迈蒙尼德的并未公开表白的泛神论的上帝概念，还
是极其反人格的和广为流布的。当我们转向人的特性的否定时，
重合就更加惊人了。迈蒙尼德告诉我们，就上帝而言，"既无死亡，
亦无像活体的生命一样的生命；既无愚蠢，亦无像哲人智慧一样的
智慧；既无眠，亦无醒；既无怒，亦无笑；**既无欢乐，亦无悲痛**；既不
像人一样缄默无语，亦不像人一样滔滔不绝。"（B. 79）请把斯宾诺
莎的下述断言与这比较一下：上帝的理智与人的理智不同（第一部
分的命题 17 的附释），"上帝没有激情，不受任何**欢乐或悲痛**的感
情的影响"——"他既不爱任何人，亦不恨任何人"（第五部分命题
17 和推论）。

　　尽管迈蒙尼德和斯宾诺莎二者剥去了上帝一切可以想象的人
的特性，但是他们依然认为，人的心智获得某些即使不完善的属于
上帝的知识，并使这样的知识变为生活的最高的善是可能的。如

果他们的上帝概念不终止是人格化的上帝的概念,而宁可相当于承认遍布所有现象的,那么在这一事态中就可能有某种自相矛盾的危险;而这种理智的原因或定律对他们而言是最高的智慧(the Highest Wisdom),是了解变成人的生活目标的东西,由于它表明在质料的接续底下有理智的序列或心理的必然性。人与上帝的这种理智关系,形成迈蒙尼德和斯宾诺莎二者伦理学中的十分重要的特征;事实上,正是这种神秘的、黄金般的气质,贯穿在大量的希伯来思想中。①

　　在开始讨论迈蒙尼德的上帝与人的关系的概念之前,同样可以预先假定他对**理智**是如何理解的。拉比语的作者把术语**质**(quality)(或**特性** property)与术语**质料**(matter)相对照(B. Note, p. 82);在对照这些术语时,前者最频繁地且在《密西拿托拉》中不变地意味着理智或思想;因此,在斯宾诺莎的语言中,我们可以十分恰当地称它们是思想和广延(extension)。如果我们不顾及天使——迈蒙尼德与其说基于哲学根据,毋宁说基于教义的和神学的根据把异常的地位归属于天使,那么我们发觉,宇宙中的所有事物都由质料和质(即广延和思想)组成,尽管它们在不同的程度上拥有这些属性。这些程度形成一切分类和个体性的基础(B. 82～

────────────

　　① 塔木德的未来世界图景——在那里"正直的人被他们的荣誉称号首肯,报应以上帝赐恩宝座上面的荣光(the Shechinah)为乐的他们"——是这样解释的:他们的荣誉称号表示理智或智慧,而"以上帝赐恩宝座上面的荣光为乐"则意味着,他们比在邪恶的和卑鄙的人那里知道更多的关于上帝的真理。达到作为自给自足的生活目的的智慧,是塔木德及其注释者最崇高和最受强调的训诫之一。在我们的纪元开端,对纯粹形式的知识的强烈反对,导致基督教的奠基者及其早期的追随者有点片面的生活观,该生活观忽略了这个十分重要的真理。

84）。现在,我们达到可以说形成斯宾诺莎《伦理学》的真正基础的命题:"你从来不能看见无质的质料,也从来不能看见无质料的质,抽象地分解现有的躯体(body)并了解它由质料和质构成,正是对人的唯一理解。"(B.105)质料和质或广延和思想的这种共存,像在斯宾诺莎的实例中那样贯彻到一切存在物。甚至"所有的行星和天体都是具有心灵、心智和理解力的存在。"(B.97)在《伦理学》第二部分的命题13的附释中评论思想和广延在人身上的联合时,斯宾诺莎继续写道:"因为我们前此所证明的,乃是共同于一切事物的说法,其适用于人并不较适用于其他个体事物为多,因为一切个体事物都是有心灵的,不过有着程度的差异罢了。"(nam ea, quæ hucusque ostendimus, admodum communia sunt, nec magis ad homones quam *ad reliqua Individua pertinant*, quæ omnia, *quamvis diversis gradibus*, animata tamen sunt.)平行性更加引人注目,因为正是在这个附释中,所提出的分类基于在那里两种属性被呈现在个体中的**程度**。马蒂诺博士在这一段的注释(p.109)中,就焦尔达诺·布鲁诺(Giordano Bruno)和斯宾诺莎之间的表面的相似评论说:"布鲁诺使事物有生命,以便让它们发挥作用;斯宾诺莎使事物有生命,以便把它们带进**理智**的范围。"立即会看到,斯宾诺莎在这一点怎么与迈蒙尼德重合:迈蒙尼德希望说明,一切事物在它们各自不同的程度上如何了解造物主的智慧并赞美他。按照后一位哲学家的观点,每一个理智都能够以其地位了解上帝;可是,没有一个人像他了解他自己那样了解上帝。由此可得,人属于上帝的知识的量度是他的理智。关于这种理智,迈蒙尼德在说它是那种"在人的心灵中找到的比较卓越的知识"时,把它等同于人的"质",即他的思想属性;实际上,人的这种"质"对他来说等同于心灵本身(B.105)。必定很明显,这一切与斯宾诺莎的通神学概念有联系;不过,它无非是通向一个更为重要的重合的步骤,该重合在于这个原理:**属于上帝的知识总是在同等程度上与对上帝的爱结合在一起**。这就是斯宾诺莎所谓的"对上帝的理智的爱"(Amor Dei intellectualis)。迈蒙尼德写道:理解上帝的作品即是"理智人爱上帝的通道"(B.82)。更进一步,"无论如何,人能够爱上帝(Holy One),上帝能够受到赞美! 这只有借助他属于上帝的知识;因此,他的爱将与他的知识成比例:若后者微不足道,则前者也微不足道;但是,若后者非同寻常,则前者也非同寻常。因此,人应当通过使他自己致力于那些科学和学说,即打算献出他的造物主的观念,就像在人的理智能力内构想的那样的观念之科学和学说,唯一地和全部地献身于获取知识和理解力。"(B.321)在迈蒙尼德看来,这种对上帝的理智的爱是最崇高的善;未来的世人的乐园,将在于关于上帝赐恩宝座上面的荣光(the Shechinah)的真理之知识;世间的最大幸福是,有时间和机会学习智慧(即属于上帝的知识),而且当弥赛亚①到来时,就会达到这种最大的尘世和平,因为他的政府将给出所需要的机会(B.308,311等)。进而,这种对上帝的理智的爱的强度,这种对智慧的追求的强度,常常受到强调;必须使人的整个心灵全神贯注于它:"除非使他不断地和及时地全神贯注于上述事情,除非他放弃除了这种爱以外的世界上的一切东西,否则无法使它在人心牢牢扎根。"(B.320)立即可以看

---

　①　弥赛亚(Messiah)是犹太人期望中的复国救主。——译者

到,这多么密切地接近斯宾诺莎的下述话语:"据此我们可以明白了解我们的得救、幸福或自由何在了,即在于对上帝之持续的永恒的爱。"(Ex his clare intelligimus, qua in re nostra salus, seu Beatitudo, seu Libertas consistit; nempe in constanti et æterno erga Deum Amore.)(第五部分的命题 36 的附释),以及"对神的爱乃是我们依据理性的命令所追求的至善。"(Hic erga Deum Amor summum bonum est, quod ex dictamine Rationis appetere possumus.)(第五部分的命题 20)斯宾诺莎的"第三类理智活动"即他的属于上帝的知识,与所有世俗的激情、所有现世的奋斗和肉欲联系在一起;它用清晰的观念代替模糊的观念,它在永恒的方面之下观看事物,也就是在它们与上帝的关系中观看事物。事实上,在斯宾诺莎的体系中,存在着强烈的"克己"或"轮回转生"概念,人凭借该概念变成**自由的**,此后便"受到圣灵(Spirit of Christ)即**受到上帝的理念**——唯有它才能使人自由"(第四部分的命题 68 的附释)的引导。这种轮回转生或克己的概念在佛教的"涅槃(Nirvana)"和迈斯特·爱克哈特的"永生(Ewige Geburt)"中有十分独特的类似物。不过,它在迈蒙尼德的通神学里特别强烈。对读者的心智来说,第一次回想起,拉比语的作者用比喻把对上帝的最崇高的真理的沉思叫作"在公园散步";我继续引用《密西拿托拉》:

"充满这样德行的、他的肉体体质也处在完美状态的人,在他进入公园并为那些伟大的和广泛的事情狂喜时,如果他具有正确的知识从而理解和领会它们,如果他继续保持他自己处于神圣之境,**如果他背离在暂时事物的黑暗中漫步的人的一般方式**,如果他继续担心他自己并培养他的心智,为的是**一点也不应该思考任何**

不经久的事物或任何时机及其谋略,而应该具有它的不断地依靠崇高的和系于座天使(the Throne)①的思想,以便领会那些神圣的和纯粹的智力的人格化(intelligences)并深思上帝的智慧,……而且,如果借助这些手段他逐渐理解上帝的卓越,**那么圣灵就立即寓居于他身上;**虽然如此,当圣灵停留在他身上时,他的心灵还是与那些称之为伊希姆(Ishim)的天使的阶层相处,从而把他变成另一个人。"(B.112)

请把这个自然段的概念与它们的塔木德语言分开,它们几乎包含斯宾诺莎的精密思想——从模糊的观念过渡到清晰的观念,作为结果达到属于上帝的知识。迈蒙尼德的断言即人本身知觉他得到这种较高级的知识,完全与斯宾诺莎的下述命题平行:具有真实观念的人意识到他具有真实的观念,并且不能怀疑它的真理性(第二部分的命题43)。在中世纪犹太哲学与基督教神学之间的平行当然是显而易见的,也许是由于二者具有共同来源的事实,尽管佛教的类比没有显示人的本性中更加广泛的基础。

在上帝与人的关系方面,我愿再引用一点,在其中迈蒙尼德和斯宾诺莎遵循相同的思想常规。就前者而言,"依恋上帝赐恩宝座上面的荣光"即力求上帝,等同于追求智慧。智慧的获得本身就是最崇高的福气,它同样也是作为真正的人生历程的目标;渴望智慧并非为超出它本身的目的,即并非为私人的好处或出于害怕恶的缘故,尤其不是由于恐惧未来的惩罚或希望未来的报偿,而仅仅是在它自身并为它自己,因为它是真理,因为它是智慧。只有"未开

---

① 座天使是九级天使中的第三级。——译者

化的人"才出于害怕而有德行。(B.112)斯宾诺莎用有点不同的话语表达相同的思想:他告诉我们,有德行的人由于害怕不理性地行动。完美的状态不是对德行的报偿或德行的目标,而是等同于德行本身。完美的状态是在其中存在清楚的知识和随之发生的对上帝的理智的爱;这本身即是目的,而非手段。(第四部分的命题63 和第五部分的命题 42 等)

　　现在,我们可以行进到这样一个主题,该主题在两位哲学家的实例中受到严重困难的困扰,就是上帝的知识和对他自己的爱。我们看到,在两个体系中,属于上帝的知识总是被相应的对上帝的爱伴随;因此,我们应该期望找到上帝的被对他自己的爱伴随的关于他自己的知识。不管怎样,就上帝的对他自己的理智的爱而言,这个推断似乎只是由斯宾诺莎引出;另一方面,迈蒙尼德尤其忙于上帝的关于他自己的知识。一开始,我们被告知:**因为上帝知道他自己,所以他知道一切事物**。这个断言与另一个断言密切相关:一切现存的事物,从第一等级的智力(intelligences)到可能在地球中心发觉的最微小的昆虫,都靠上帝的真理的力量而存在。(B.87)关于迈蒙尼德的上帝作为理智的原因或定律的观念,先前所做的评论也许将有助于阐明这些命题的意义。在物质现象的接续背后,存在逻辑上一个跟随另一个的观念的接续。这种思想-逻辑是心智能够在其中与现象协调的唯一**形式**,因为它本身是思维的实体(entity),从而从属于思想的逻辑。这样一来,具有它自己内在必然性的逻辑的"纯粹思想",是一切现象的原因和一切现象的理智的原因。可以恰当地把使这种"纯粹思想"与上帝等同的那个体系,叫作理智的泛神论(intellectual pantheism)或泛神论的观念论

(pantheistic idealism)。很明显,在这样的泛神论的观念论中,如何能够容易地产生命题:上帝在知道他自己时也知道一切事物,所有事物都靠上帝的真理的力量存在。像下述这样的段落也变得充满十分深刻的真理:"上帝……察知他自己的真理,恰如它实际所是的那样知道它。而且,他不知道像我们了解的、**与他自己截然不同的知识**;因为我们和我们的知识不是一体的(one);但是……在每一个可能的方面和每一个统一性的模式上,**他的知识和他的生命是一体的**。……你由此可以说,**他同时是知者、被知者和知识本身**。……因此,他没有知觉创造物,不像我们所知的那样借助创造物知道它们;但是,他借助他自己知道它们;以至凭借他知道他自己,他知道一切事物;因为一切事物都通过他被它的存在支持。"(B. 87)这样的概念在斯宾诺莎的心智中结出什么果实,每一个《伦理学》研究者能够立即辨认出来。

让我们把这些概念与它们的斯宾诺莎主义的等价物加以比较。"一切事物都靠上帝的真理的力量而存在",对应于这本《伦理学》第一部分的命题 15:"一切存在的东西,都存在于神之内,没有神就不能有任何东西存在,也不能有任何东西被认识。"(Quicquid est, in Deo est, et nihil sine Deo esse neque concipi potest.)

"上帝在知道他自己时也知道一切事物。"我没有意识到在《伦理学》中的任何段落以截然不同的方式陈述这句话,它还是直接从斯宾诺莎的基本原理得出,隐含在第一部分的命题 25 的附释和推论以及别处(第二部分的命题 3 等)。当然,在上帝的对他自己**无限的理智的爱**(第五部分的命题 35)中也包含它。

"上帝不知道与他自己截然不同的知识","他的知识和他的生

命是一体的"，"他是知者、被知者和知识本身"，"他的知觉不同于
创造物的知觉"。请比较斯宾诺莎的下述陈述。"如果理智属于上
帝的本性，则它的理智从本性上决不像我们的理智一样，像众人所
臆想那样后于所理解的事物而产生，或者与所理解的事物同时产
生，因为就因果关系而言，上帝是在万物之先的。反之，万物的真
理与万物的形式的本质之所以是那样，乃是因为它客观地像那样
存在于上帝的理智中。所以上帝的理智，就它被理解为构成上帝
的本质时，其实就是万物的原因：万物的本质以及万物的存在的原
因。"(Si intellectus ad divinam naturam pertinet, non poterit, uti
noster intellectus, posterior (ut plerisque placet), vel simul
naturâ esse cum rebus intellectis, quandoquidem Deus omnibus
rebus prior est causalitate; sed contra veritas et formalis rerum
essentia ideo talis est, quia talis in Dei intellectu existit
objective. Quare Dei intellectus, quatenus Dei essentiam
constituere concipitur, est re vera causa rerum, tam earum
essentiæ quam earum existentiæ.)(第一部分的命题 17 的附释)
下面的评论跟随这些话语：这是那些"认为知识、意志与上帝的力
量是等同的"的人的见解——这也许与迈蒙尼德有关。"一切能作
为无限理智的对象的事物都必定推得出来。(omnia quæ sub
intellectum infinitum cadere possunt necessario sequi debent.)"
(第一部分的命题 16)"上帝认识自己是出于神性之必然，所以按
照同样的必然性，上帝在无限多的方式下产生无限多的事物。再
则，在第一部分的命题 34 里，我们曾经指出，上帝的力量不是别
的，只是上帝的主动的本质。"(sicuti ex necessitate divinæ naturæ

sequitur，ut Deus seipsum intelligat，eadem etiam necessitate
sequitur，ut Deus infinita infinitis modis agat. Deinde，i，34，
ostendimus Dei potentiam nihil esse，præterquam Dei actuosam
essentiam.）（第二部分的命题 3 的附释）这样的表达充分地表明，
上帝的知识即他的"理智（intellectum）"和他的行动即他的活动，
是一体的和相同的。"如果理智与意志属于上帝的永恒本质，则对
于这两种属性，显然应与一般人所了解的理智与意志完全不同。"
（Nam intellectus et voluntas，qui Dei essentiam constituerent，a
nostro intellectu et voluntate toto cælo differre deberent.）（第一
部分的命题 17 的附释）这充分地标明神的理智与人的理智之间的
差别。简而言之，虽然在《伦理学》的某些形式断言中这种观点有
点模糊，可是我还是要大胆提出，斯宾诺莎体系的唯一首尾一贯的
解释可以用下述语句概括：上帝的理智是**一切**；他的思想是事物的
存在；是实在的事物必定存在于上帝的思想中；正是理智本身是存
在；它不能理解像创造物-理智（creature-intellect）之类的事物，因
为**它与它们是一体的**。① 这等同于迈蒙尼德的命题：上帝是"知
者、被知者和知识本身"。

　　作为从神学到人类学的一个步骤，我们可以比较一下两位哲
学家关于心灵不朽的观点。我们看到，迈蒙尼德把心灵等同于人
的"质"即思想属性。这种不是由物质元素组成的质不能随物质分
解；它不是维持生命、维持肉体的必不可少的东西，但是它出自上
帝（无限的理智）。这种质不随肉体消灭，而是继续了解和领会那

---

　　① 也可以参见库诺·菲舍尔的斯宾诺莎的实物（substance）与因果性的等同性。

些截然不同于一切物质的智力（即它不再具有物质事物的知识，因此必定失去它的先前个体的一切痕迹），而它却永远持续（B. 106）。对于《伦理学》第五部分的命题 23 和附释，几乎不能否认与这种不朽的观点的某种粗略的相似；但是，在这种不朽是否被所有人在同样的程度上分享的问题上，可以发现更为密切的联系。由上可见，就迈蒙尼德而言，对这个问题必须做出肯定的回答，但是当我们开始审查他的来生概念时，我们发觉情况绝非如此。对他来说，善行和智慧、邪恶和无知是同义词。[①] 他把从最高的智力直到最微小的昆虫的一切生物，按照它们的智慧，在它们身上"质"的程度加以分类。抛弃所有充斥的激情并接纳圣灵的哲人，甚至用特定的天使级别即"人天使（the man-angel）"分类。另一方面，蠢人、恶人可能不拥有"质"，因此不能不朽。聪明人的心灵的来世是纯粹**理智的来世**；它在于斯宾诺莎用"第三类理智活动"描述为知觉事物的那种狂喜状态：它处于比在邪恶和卑鄙的人那里可能知觉的还要多的属于上帝的真理；它是已经增加的上帝赐恩宝座上面的荣光的知识；或者用斯宾诺莎的话来说，是更完美的"对上帝的理智的爱"。（B. 296）另一方面，对恶人的报应是，他的心灵被从他的生命割除；**它是在破坏之后毫无存在的那种破坏**；"等候坏人的惩罚就在于此，在于他们达不到那种生命，仅仅在于他们被割除并死去。"（B. 294）简言之，地狱（Hell）和炼狱（Tophet）[②]是一切生命的破坏和终结；对坏人来说，不存在不朽。我将仅仅与这个十分显著

----

① 可以从《密西拿托拉》引用许多段落证明这一点。善和恶的有点相似，尽管不完全等同的差异出现在《迷途指津》（b. i. , c. 1），在此处认为它们分别与真和假同义。

② Tophet 除有地狱、炼狱的意思外，还是古希伯来人祭祀举行人祭的神坑——托非特（Tophet）。——译者

的附释的一部分进行比较,斯宾诺莎以此结束《伦理学》:"因为愚人在种种情况下单纯为外因所激动,从来没有享受过真正的心灵的满足,他生活下去,似乎并不知道他自己,不知上帝,亦不知物。当他一停止被动时,他**也就停止存在了**。反之,凡是一个可以真正认作哲人的人,他的灵魂是不受激动的,而且依某种永恒的必然性能自知其自身,能知上帝,也能知物,他**决不会停止存在**,而且永远享受着真正的心灵的满足。"(Ignarus enim, præterquam quod a causis externis multis modis agitator, nec unquam vera animi acquiescentia potitur, vivit præterea sui et Dei et rerum quasi inscius, et simul ac pati desinit, *simul etiam esse desinit*. Cum contra sapiens, quatenus ut talis consideratur, vix animo movetur, sed sui et Dei et rerum æterna quadam necessitate conscius, *nunquam esse desinit*, sed semper vera animi acquiescentia potitur.)显而易见,斯宾诺莎在哲人身上辨认出某种无知者不能分享的不朽形式;一个终止,而另一个永远不会终止存在。①

---

①　《伦理学》最后的话语与《迷途指津》最后的一章的一个段落有十分密切的联系,这是一个奇特的事实;在这个段落中告诉我们,给予不朽的,只是属于上帝的知识。心灵只能达到像它拥有属于上帝的知识即智慧那样程度的不朽。在他们的智力凝视下知觉事物是每一个人的伟大目的,它给他以真正的完美,并使他的心灵不朽。与此惊人对应的是《简论上帝、人及其心灵健康》(*Korte Verhandeling van God*)第二部分第23章等。我们被告知,心灵只能就它与肉体或上帝的结合而言继续存在。(1)当它仅仅与肉体结合时,它必定随肉体死亡。(2)就它与不可改变的对象结合而言,它本身必定是不可改变的。也就是说,就它与上帝结合而言,它不能死亡。这种"与上帝的结合"是斯宾诺莎后来叫作"属于上帝的知识"的东西。约埃尔(*Zur Genesis der Lehre Sininozas*《斯宾诺莎学说的起源》)注意到这一重合。

　　当我们转向迈蒙尼德的人的特性的学说时,他对斯宾诺莎的影响变得不怎么明显了。一方面,这也许是斯宾诺莎著作的最为慎重考虑的、已经完善的部分;另一方面,迈蒙尼德的有点粗糙的"与支配情绪相关的戒律"是一堆不系统的道德格言、评注和对塔木德的解释;仅仅添加到其中的某些部分尚可在翻译时利用。无论如何,我们可以找到几个接触点,甚至是重复的接触点。

　　按照斯宾诺莎的观点,生命的伟大目标——无非是心灵宁静的乐园——源于上帝的知识。理智越完善,上帝的知识越巨大。于是,有理性的人的伟大目的是,把所有其他冲动对准他可以真正理解他自己和他的环境的目标,也就是了解上帝。(第四部分的附录的第四节)因此,必须使一切事物、一切激情从属于这一目标——智慧的获得。把这个概念贯彻到底,斯宾诺莎证明,必须如此看待或鼓励一切外部对象、一切自然特性,以便可以把肉体维持在适合履行它的功能的状态,因为用这种手段心智将能够最佳地形成许多事物的概念。(第四部分的附录的 7 节,连同第四部分的38 或 39 在内)为此理由,笑声和诙谐是适度的善;吃和喝,等等也是这样;音乐和娱乐就它们服务于这个目标而言全都是善;"我们所感到的快乐愈大,则我们所达到的圆满性亦愈大,换言之,吾人必然地参与精神性中亦愈多。"(quo majori, Lætitia afficimur, eo ad majorem perfectionem transimus, hoc est eo nos magis de *natura divina participare* necesse est.)(第四部分的命题 45)不仅如此,如果爱不是唯一地出自外界的东西,而是具有"心灵自由(libertas animi)"作为其理由,那么甚至结婚也是与理性协调的。

（第四部分的附录的 20 节）简言之,就所谓的天生的激情倾向于肉体健康,从而倾向于生命的伟大目标,也就是使对上帝的理解或了解变得完美而言,斯宾诺莎使这种激情成为合理性的。我们可以从迈蒙尼德那里搜集有点类似的观念。我已经指出,在后者的哲学术语中,"是聪明的""以上帝赐恩宝座上面的荣光为乐"或"侍奉上帝(the Lord)"是同义的。记住这一点,下面的一段话是十分富有启发性的:"按照法则生活的他,如果他的鹄的仅仅是维持他的肉体和他的整个肢体的鹄的,或者把生子而做他的工作和为必需品不得不去苦干作为鹄的,那么他的鹄的不是正确的道路;但是,他的鹄的应当是以维持他的肉体完整和强壮为鹄的,以便他的心灵可以胜任了解上帝。……在他饥饿或患病时,或者在他的肢体的任何一部分正在遭受病痛的折磨,要他通过研究科学变成理智的或获得智慧,那是不可能的。……因而,沿着这条道路走过他的全部活动时期的他,甚至在他贸易时,甚或在他性交时,也会继续侍奉上帝;因为他在这一切中的意图是获得对他来说是必需的东西,以便他的心智可以完美地侍奉上帝。"(B.174)在别处,迈蒙尼德告诉我们,人应该指挥他的一切所作所为——经商、吃、喝、娶媳妇,为的是他的肉体可以处于完美的健康状态,从而使他的心智能够把他的精力指向属于上帝的知识。(B.172)

可以注意到其他重合之点。斯宾诺莎把所有的恶归因于混乱的观念,归因于无知。迈蒙尼德陈述,恶的欲望出自**孱弱**的心灵(在这里必须记住,心灵是人的"质",是他的思想属性)。"现在,对那些具有孱弱的心灵的人来说,在这里有什么疗法呢? **他们应该求助哲人**,哲人是心灵医生。"(B.159)在此处,把恶与作为其原因

的无知密切关联起来。[①] 哲人的特征是,他避免所有对立的极端,
并采取在人的一切意向中找到的中间步骤;合理性的人计算这种
意向(即他的特性或感情),并"以中间路线"把相同的东西指向"他
可以在他的肉体结构中保持完美的和谐的目的"。(B. 152)在斯
宾诺莎的"一个起于理性的欲望,决不会过度。"(Cupiditas quæ ex
ratione oritur, excessum habere nequit.)(第四部分的命题 61)
中,存在这样的回声。迈蒙尼德认为傲慢和谦卑是极端;哲人将遵
循它们之间的中间路线。(B. 154)斯宾诺莎告诉我们:"谦卑不是
一种德性,换言之,谦卑不是起于理性。"(Humilitas virtus non
est, sive ex Ratione non oritur.)(第四部分的命题 53)我们在《密
西拿托拉》中读到,当一个人处在居民都是邪恶的(即无知的)国度
时,"他应当完全独自洁身自好"。(B. 176)在《伦理学》中有:"一
个生活在无知的人群中的自由人,将尽可能努力避免他们的恩
惠。"(Homo liber, qui inter ignaros vivit, eorum, quantum
potest beneficia declinare studet.)(第四部分的命题 70)按照斯
宾诺莎的观点,所有憎恨的感情,例如复仇,只能出自混乱的观念,
对于留心事物的真实原因的合理性的人来说,它们并不存在。迈

---

①　然而,议论先于所谓宗教改革的道德改革者的基调怎么是这样一个概念,即邪
恶的人和蠢人是同一个人,也许是有价值的。在木版画(参见 1494 年的 *Narrenschiff*
《愚人船》和最近发现的用刻字印刷版所印的、约 1470 年的书)中,在文字(参见塞巴斯
蒂安·布兰特(Sebastian Brand)、盖勒·冯·凯泽贝格(Geiler von Kaiserberg)和托马
斯·默纳(Thomas Murner))中,它永远是数不清的功课。稀奇古怪的是,这种优先于
旧刑罚理论在较高理智的基础上重建道德,不断地——从所罗门(Solomon)到斯宾诺
莎——在希伯来哲学中找到这样的强有力的支持。(译者:所罗门是古以色列国王大
卫之子,以智慧著称。Brand 疑似 Brant 之误。)

蒙尼德就复仇写道,它露出恶的心智,"因为在**理智的**人看来,一切世俗的利害关系无非是徒劳的和无用的事情,像这样一类事情不足以唤起复仇。"斯宾诺莎把激情命名为模糊的观念(第三部分最后的自然段),就心智具有模糊的或不适当的观念而言,它的行动的力量或**存在的**力量减小了。足以令人好奇的是,迈蒙尼德在谈到愤怒激情时说:"不能说易怒的人生活过得满意(to live)①。"(B. 164)

分别列举的这些重合不可能具有许多分量,可是联合起来理解,我认为它们表明,斯宾诺莎甚至在他的人的特性的学说中也不是没有受到迈蒙尼德影响,尽管是在比他的通神学较小的程度上受到影响。

注意一个分歧之点,就是关于不能解决的自由意志问题,也许不是无趣的。斯宾诺莎把人的自由意志划归为对必然性的理智辨认,从而划归为对必然性的自由归顺。另一方面,迈蒙尼德大相径庭地告诉我们,"自由意志是授予每一个人的";不存在命定(predestination);每一个人能够选择,他将是好人还是坏人,是聪明人还是傻子。(B. 263)关于上帝的预知(pre-knowledge)问题,以及这是否不必是命定,迈蒙尼德写道:"汝等知道,关于这个问题的讨论,在其中范围比地球还要长久,比大海还要宽广。"然而,他暗示,它的解决必定可以在这样的事实中找到:上帝的知识并非与它自己截然不同,他和他的知识本是一体的("知者、被知者和知识本身是等同的")。迈蒙尼德谨慎地补充说,人要彻底地把握关于上帝的知识的本性之真理,是不可能的;而且,在把握上帝的预知

---

① to live 在宗教上还有"获得永生"的意思。——译者

时，他还断定："可是，迄今众所周知，没有达到为任何疑问留下余地的程度，以至人的行动都处在他自己的能力之内，而且上帝啊，他是在天国享福的！既未诱惑他，也未颁布他应该如此这般做的法令。"（B. 270）也许，普通的、平凡的、终有一死的人，会发觉迈蒙尼德对问题的回避像斯宾诺莎尝试解决一样是有用的！

在上面的评论中，我仅仅考虑了《密西拿托拉》，因为迄今注意力似乎完全指向《迷途指津》（参见 Joël，Sorley 及其他人）。在中间的十年期间，迈蒙尼德稍微改变了他的观点，这并非是不可能的。听到有人认为《迷途指津》比《密西拿托拉》更"正统"，我不会觉得惊奇。尽管有许多塔木德的冗词赘语和《圣经》的注释，尽管有许多错误和不一致，后者仍然包含真正宏大的哲学体系的胚芽，甚至完全能够强有力地影响斯宾诺莎的心智。这样的读者在拒绝注释时，同时认清在纯粹通神学中的真理成分（参见 Joël，*Zur Genesis*《斯宾诺莎学说的起源》，第 9 页），这是两位哲学家在其中最密切接近之点。其次，我把我自己全部局限于《密西拿托拉》对《伦理学》的影响。能够找到与《简论上帝、人及其心灵健康》较大的一致，尽管斯宾诺莎的《圣经》批评观点（尤其是像在《神学政治论》发展的他的先知和预示概念）无疑地大大归功于《密西拿托拉》。但是，我希望表明，对迈蒙尼德的学习甚至可以在斯宾诺莎的最完美的哲学讲解中查出。难得不探讨那些断言斯宾诺莎受到希伯来思想影响的人，仿佛他们曾经经常指控斯宾诺莎犯有罪过。可是，没有一部伟大的作品像雅典娜（Athena）出自宙斯（Zeus）的头颅一样，始终出自它的创造者的头颅；它缓慢地在他那里发展，受到影响和塑造它的造型者本身个性的一切影响和塑造。不过，如果我们具有足够的知识和洞察力,那么就可以把每一个观念追溯到它由以发展的胚芽。在辨认形成斯宾诺莎的思想方法的许多其他起作用的影响时,允许给他熟悉的犹太人前辈留下某一适当的位置,才是唯一科学的。批判的比较必须表明,那种影响有多大。我们自然期望,在任何犹太哲学家个人和斯宾诺莎之间找到显著的分歧;索利先生仔细指出这些分歧,但是它们只是不充分地证明,斯宾诺莎没有受到希伯来思想的极大影响。我的目的是对斯宾诺莎与犹太哲学家的关系的传统观点提出质疑,即为了完全抛弃它而充分了解它。我不得不认为,尽管斯宾诺莎的形式和语言是中世纪经院哲学和笛卡儿哲学的混合物,可是它们表达的观念在它们的起源上很少不是希伯来的。他是被他的同一教派的人驱逐的,但是这不能使他丧失他的人民的心理生而就有的权利——那些深刻的道德的和通神学的真理在思想史上把犹太人提升到仅次于希腊人的地位。

希伯来哲学似乎具有或多或少唯一的、与其他民族的历史和发展无关的历史和发展;在许多世纪的进程中,它曾经能够产生一位大思想家;这位不为他自己的民族的狭隘界限满意的思想家,为更自由、更广泛的行动领域而奋斗,并把天主教的语言和更广阔的心理水准嫁接在他的希伯来观念上。他变成世界先知,但却被他自己的人排斥。这样一个拥有真理的人是斯宾诺莎;另一个人也许是摩西,即迈蒙尼德,即便是在较小的程度上。①

---

　　① 当《迷途指津》变得众所周知时,众多犹太人阶层把他的作者看作是最坏的异端——"用人的理性的肮脏的混合玷污犹太教《圣经》信仰"的异端!

7 神秘主义者迈斯特·爱克哈特[①]

> 这就是爱克哈特大师，
>
> 上帝对他从不隐瞒。
>
> (Diz ist Meister Eckehart
>
> Dem Got nie niht verbarc.)
>
> ——《古文牍》(*Old Scribe*)

中世纪哲学的研究者必定经常受到未曾料到的思想阶段出现的冲击，甚至在基督教的作者中，这完全与他们通常在其中进行研究的经院神学的框架不一致。在表明如何可以把这些怪癖中的许多归因于首要的罪人阿威罗伊的影响、魅力时，M. 雷南(M. Renan)做出卓越的服务。无论如何，那里有阿威罗伊影响的一个领域，M. 雷南只是提及他的影响，而没有着手任何延伸的讨论；这是14 世纪神秘主义极其有趣的目标，但无疑是朦胧的目标。在下面的论文中，我打算向英国读者介绍迈斯特·爱克哈特这位神秘主

---

① 转载自《心：心理学和哲学评论季刊》(*Mind：Quarterly Review of Psychology and Philosophy*)，xi 卷 31 号。

义者①的哲学体系(或者宁可说通神学体系)的微不足道的梗概,
他可以作为该学派的主要阐述者被接受。有两点能够特别把近代
哲学研究者吸引到爱克哈特身上:其一在于他的观念可能(而绝不
是不可能)对康德施加的影响,其二在于与斯宾诺莎的特殊精神
(spiritual)关系。这无论如何也不是由于直接的接触,而必须在
共同的精神世系中寻找。这也不是在过去用任何手段难以找到的
环节。在阿威罗伊和迈蒙尼德论著中的观念的平行性导致一些作
者草率地断定,后者采纳了前者的观念。真实的关系是在相同的
阿拉伯学校里面的相似教育。一方面迈蒙尼德是斯宾诺莎的精神
前驱;另一方面,阿威罗伊是一位大师,14世纪德国神秘主义从他
那里引出它的最惊人的观念。在这个世纪,阿威罗伊主义在两个
最主要的欧洲大学——巴黎大学和牛津大学——是统治的哲学体
系。正是阿威罗伊主义教导的结果,产生了该时代的两个最独特
的思想家。在不知道阿威罗伊主义观念的情况下,牛津教授约翰·
威克里夫(John Wycliffe)在他的《三人谈》(Trialogus)中发展的
神学-哲学体系是难以理解的。爱克哈特这位久负盛名的巴黎讲
师的神秘主义把它的首要的特征归功于同样的源泉。在1317年,
当时斯特拉斯堡(Strasburg)的主教谴责爱克哈特的学说;在1327

---

① 德国人具有论述迈斯特·爱克哈特的杰出著作,它出自拉松(Lasson)教授的
手笔;但是,就这篇文章的意图而言,我仅仅使用了爱克哈特自己的论著,它们在普法
伊费尔(Pfeiffer)的《德国的神秘主义者》(Deutsche Mystiker)第二卷。我的结果常常如
此不同于拉松教授的结果,原则上是由于他的强烈的黑格尔立场;同时,我必须感谢他
的恩义,我把这种恩义不像归功于他的亲自教导的魅力那样多地归功于他的著作。由
于拉松教授在于贝韦格(Ueberweg)的《哲学史》(History of Philosophy)中的文字,英
国读者会找到关于爱克哈特的一个简短的记述。

年,科隆的大主教和教法庭审判官继续谴责,爱克哈特宣布放弃他的观点;在 1329 年,即爱克哈特逝世之后一年,教皇诏书引证这位大师的二十八个论点,并把它们作为异端邪说加以拒斥。这把什么平行提供给反对威克里夫的僧侣统治的义项,以致在他死后的康斯坦茨教会会议的谴责中达到高峰! 不过,当时两人深受首要的罪人阿威罗伊——后来的基督教艺术作品必须把阿威罗伊与犹大和穆罕默德(Mahomet)并排放置在地狱的最暗处——的观念的影响,这在某种程度上是更自然的吗?①

威克里夫和爱克哈特每一个都在基督教经院哲学的装束下,以他们个人的样式表述阿威罗伊的观念;在与这些思想家的奇妙对照中,我们在斯宾诺莎那里发觉对待理性主义(rationalism)的相像观念,然而理性主义仍然没有完全使它本身摆脱希伯来通神学的观念论影响。也许,对照像在人的思想的整个发展史中能够

———————————

① 爱克哈特和威克里夫之间的进一步的环节也许不得不在伪丢尼修(pseudo-Dionysius)中寻找,伪丢尼修包括他的注释者的判决书副本的开头部分(Grossetête)。爱克哈特熟悉"林肯地区主教(Lincolniensis)"(《德国的神秘主义者》,ii,363),威克里夫认为这位主教尤其是他自己的先驱。

(译者:伪丢尼修,活动时期约 500 年。他大概是一个叙利亚修士的假名,此人写了一系列希腊文论文和书信,以期将新柏拉图主义哲学和基督教神学与神秘主义的经验结合起来。历史研究还不能确定这些作品的作者。其作品主要包括《论圣明》《论神秘的神学》《论上天的等级》和《论教会的等级》等论文以及十封书信。它们的教义内容形成一套完整的神学,从三位一体说、天使世界说到基督道成肉身、救赎乃至末世论,为一切存在物做出象征性的和神秘的解释。林肯地区主教(Lincolniensis 似乎是 Bishop of Lincoln)也许指称罗伯特·格罗斯泰斯特(Robert Grosseteste,约 1175～1253)。他是英国哲学家,自然科学家,天主教主教。研究范围广泛,并把古希腊亚里士多德的著作翻译为拉丁文,并加以批注,但其本身思想属柏拉图及方济学派,谋求对自然的和神圣的事物做出合理的解释。其著作有《论物体的动与光》《论心灵》《论人的自由》《论真理》《神学问题》等。)

彻底找到的那样的对照,是有趣的和有教育意义的对照。

在着手讨论爱克哈特的观念之前,回想一下那些我们将要原则上涉及的阿威罗伊主义的特征,同时通过引用 14 世纪匿名作者值得注意的论文证明阿威罗伊思想与德国神秘主义之间的直接关联,并不是不适当的。亚里士多德在他的《论心灵》(De Anima, III, 1)中,区分人身上理性的双重形式——主动的(active)理性和被动的(passive)理性;第一种理性是与肉体分开的,是永恒的和无激情的;第二种理性随肉体开始和终结,并共同具有它的一切多样化的状态。不幸的是,亚里士多德在任何地方也没有清楚说明,他就这两种理性的关系有什么理解;正如策勒(Zeller)注意到的(Die Philos. der Griechen《希腊人的哲学》, ii, Abth., 2 Theil, p.572),不可能用任何连贯的理论把他的各种各样的陈述协调起来。阿弗罗狄西亚的亚历山大(Alexander of Aphrodisias)不是在人的心灵中,而是在上帝的精神(spirit)中通过寻求主动的理性,尽力构造这样的连贯理论。这个观点甚至被阿拉伯评注者热切地采纳,虽然也许亚里士多德就他自己的陈述不会给出这种解释;而且,亚里士多德做出的比较有意义的区分随着阿威罗伊变成源于他的观念的一切的基础。

虽然亚历山大把积极的理性或理智——这把鬼怪(images, φαντάσματα)带到被动的理智面前——与上帝的精神等同,而阿威罗伊则把它看作是源于最后的天国的智力(intelligence)。可是,他与亚历山大一起认为,不可能把人的理智或被动的理智本身与纯粹主动的理智联合起来。通过长期学习、深入思考和对物质快乐的自我克制,这种联合(union)才能发生,才能获得这种完美性或神圣性（blessedness）。这个在于扩展人的知识的过程是哲学家的**宗教**。人只有通过上帝作品的知识才能获得属于上帝本身的、关于他的全部本质的知识，而人能够向上帝献祭什么比他的作品的知识更有价值的崇拜对象呢？①

但是，为了彻底辨认什么源于爱克哈特，我们必须稍微仔细一些审查阿威罗伊的观点。

阿威罗伊认为，借助理解力（inteligibilia）知觉的事物与肉体的（material）理智（被动的理性）所处的关系，就像被感觉知觉的事物与感觉的官能所处的关系一样。这种官能是纯粹接受的，纯粹的接受性也属于肉体的理智。它的本性仅仅是潜在的（in potentia）——它是理智的知觉的能力。在这一点，阿威罗伊引入与亚里士多德不一致的陈述，并把模糊性带进它的理论；他认为，鉴于这种被动的理性只是潜在地存在，它既不能产生，也不能消亡。亚历山大的肉体的理智是可以消亡的观点，被描述为十足的虚假。② 可以引入该陈述，以平息阿拉伯神学家的顾忌，这些顾忌会被看来好像是要消灭个体不朽性的任何东西激起。在爱克哈特身上，相像的不一致复发。阿威罗伊陈述亚历山大的三个前提，以证明随着时间的推移，肉体通过脱离肉体的理智获得完美是可能的。按照这些前提（它们基于上面提到的理智官能与感觉官能的类比），我们应当断定，人类的某个部分实际上能够沉思脱离肉体

---

① 参见 *Drei Abhandlungen über die Conjunction des separaten Intellects mit dem Menschen von Averroes*（《阿威罗伊关于脱离肉体的理智与人联合的三篇论文》），Herausgegeben von T. Hercz，Berlin，1869。

② 出处同上，p. 23。

的理智,这些人就是借助纯理论的科学使他们自己完美的人。因而,精神的完美是通过知识达到的,它永远也不会再次失去。然而,它往往只是在死亡时刻来到,因为它与身体的(肉体的)完美对立。

脱离肉体的理智(主动的理智)行使两种主动性。一个主动性因为是脱离肉体的,所以它在于自我沉思或自我感知。这种自我感知是所有脱离肉体的理智的模式,因为它是脱离肉体的理智中的独特的理智,以至理智的和可以理解的是绝对一体的。第二种主动性是理解力(inteligibilia)的知觉,而理解力处在肉体的理智中,也就是肉体的理智从可能性向现实性转化。因此,主动的理智本身依附于人,同时是他的**形式**(form),而人借助它变成主动的,即他思考。这些陈述几乎不能说摆脱模糊性,但是它们受到爱克哈特的值得考虑的解释:他把主动的理性与上帝等同,并用他的两个主动性说明宇宙生命。他的一个主动性是自我沉思,思考在其中是创造或行动;另一个主动性是人的沉思,这是"圣子的乘座(bearing of the Son)"。

至于什么把脱离肉体的理智和个体的理智的完备联合贯彻到底,现在疑问出现了。对于不再依然存在任何转化为现实的理解力(inteligibilia in potentia)的潜在的理解力(inteligibilia in actu)的人而言,会发生什么呢? 此时,这样的个体的理智在相像的特征上变为脱离肉体的理智;它的本性变成纯粹的主动性;它的自我意识是像脱离肉体的理智的自我意识,存在在其中等同于它的意图——不中断的主动性。阿威罗伊认为这个陈述是最重要的,以至于能够针对理智做出。

　　虽然爱克哈特本人没有直接提到阿威罗伊,但是他的学派的一个人撰写的值得注意的论文毫不犹豫地引用这位作为权威的阿拉伯评注者。① 包含在这篇论文中的观点的简短梗概,将有助于更清楚地把前面的阿威罗伊理论的陈述与我们关于爱克哈特通神学的概要联系起来。

　　这位作者引用迈斯特·爱克哈特,其大意是:当两个事物联合在一起时,一个必须承受,另一个必须作用。为此,理解力必须承受"上帝的塑造(uberformvnge Gotz)"。由于上帝的存在是他的主动性,这种联合的神圣性只能由人的依然处在纯粹被动的、接受的状态的理解力引起。只有摆脱他自己的所有牵动的精神,才能够经受上帝的"合理性的牵动"(daz vernunftige werch Gotz)。作者在把心灵描述为上帝精神的闪光后宣称,这种闪光与上帝的联合是可能的,联合的过程是"上帝忏悔他自己,上帝热爱他自己,上帝运用他自己"——措辞在爱克哈特一方是独特的,在斯宾诺莎一方是有启发性的。在这些通神学的考虑之后,论文转移到该主题的较为心理学的方面。存在两类理性:主动的理性和潜在的理性(ein wurchende vernunft 和 ein moglich vernunft)。后者在精神影响肉体的时刻为精神拥有。如果潜在的理性仅能使它自己从属于主动的理性,那么人就会在今世像在永生中一样是神圣的(blessed),因为"人的神圣性在于他认清他自己在主动的理性形

----

　　① *Philosophischer Tractat von der wirklichen und möglichen Vernunft aus dem vierzehnten Jahrhundert.*《关于 14 世纪现实理性和可能理性的哲学论文》这篇论文由 B. J. 多岑(B. J. Docen)在他的《德国文学史杂记》(*Miscellaneen zur Geschichte der teutschen Literatur*,München,1809,vol i. p. 138)中书面发表。

式下的存在"。也就是说,它在于在它与宇宙理性的关联中和在宇宙理性的起源中沉思个体的本质。对于潜在的理性来说,理解这隐含的一切东西的完备能力是不可能的。潜在的理性仅仅具有接受主动的理性塑造的能力。

有某些存在物(beings),它们的存在(existence)是它们的主动性,它们的主动性是它们的理解力。换句话说,存在(to be)、行动(to act)和思考(to think)是一体的,就它们而言是相同的过程——(它们的本质(wesen)、行动(wurken)和理解力(verstan)是一体的)。这些存在物被称为智力的人格化(intelligence),且比天使高贵;它们合理性地(vernunftichlich)和不停地从上帝流向上帝,即尚未被创造的实体(substance)。它们仿佛属于上帝的思想流(这同时是主动的创造),从而不是像天使一样的实体。这样的智力的人格化是主动的理性。(Docen,pp. 146,147)这种特殊的智力的人格化不是实体,而它的存在是它的主动性,以此为证据,把阿威罗伊在《论心灵》iii 中的评论作为权威引用。潜在的理性充满幻象(images)(bilde),这些幻觉对它而言是外在性(externality)和暂存性(temporality)。一借助上帝的恩典使潜在的理性摆脱这些幻觉,它就受到主动的理性的排挤或塑造。鉴于潜在的理性仅仅像它们似乎存在一样的意义上看待事物,主动的理性达到事物的起源,并把它们视为它们处在实在之中,即处在上帝之中。但是,我们的作者再次受到流行的神学概念的妨碍,尽管他把它们编织到它自己到理论中;他询问:如果主动的理性永远是现存的,准备把它与潜在的理性联合,那么当它一旦摆脱幻觉,它不必在地狱中也是现存的吗?答案必然地必须是肯定的;但是,地狱实际上不是俗人(vulgar)(grobe lvte)相信它的东西——磨难；地狱的极度痛苦在于遭受者对他自己的理性的无意识(irre aigen vernunft)；也就是说，他不能沉思他自己，尽管他显露给主动的理性，或者尽管他在上帝的心智中存在。这种精神的痛苦是所有痛苦中最大的痛苦。因而，地狱等同于缺乏较高级的洞察力。最后，我们可以注意，论文的作者似乎不能确定，在潜在的理性与一切肉体的事情分开之前，它是否能够永远达到与最大的理性的完美联合。

　　虽然阿威罗伊的观念在这本著作中受到扭曲，但是我们不能怀疑，它是那些正在影响它的作者的观念。把阿威罗伊主义与基督教神学协调起来的更加完备的尝试，是在爱克哈特的体系中发现的，我们现在进入这个体系。许多困难和晦涩不明会出现，但是它们无疑将从关于阿威罗伊与中世纪神秘主义的关系这一简要审查中得到某种阐明。

　　如果我们首先注意迈斯特·爱克哈特的理智立场的几个主导特征，那么我们将会更加有效地深入他的体系。贯穿他的论著，可以察觉两种奇怪地不同的通神学潮流——就大部分而言，就他在其中充满的那些不一致而言，这两种潮流完全缺乏和谐且没有做出解释。一方面，他的心理偏爱朝向泛神论的观念论；另一方面，他的内心使他变成传播福音的人，使他的教育成为学校的基督教教育。他几乎用斯宾诺莎的词语谈论上帝，并用康德语言描述现象世界；他的可理解的存在(esse intelligibile)的理论等同于威克里夫的理论，但是他至少以早期基督教的形式陈述克己学说和人的知识无益的学说。德国神秘主义者中间的最深刻的思想家是最不可理解的,为此必须感到惊异吗?他是一个焦点,许多中世纪哲学体系和近代哲学体系的始终分叉的光线就是由这个焦点传播开来的。

就我们的意图来说,首先有必要获得爱克哈特假定在现象世界和上帝之间存在的关系的某种概念。按照我们的哲学家的观点,主动的理性(diu wirkende vernunft)从外部客体(ûzewendikeit)接受印象,并把它们置于被动的理性(diu lîdende vernunft)面前。这些印象或知觉虽然被主动的理智呈现出来,却是在空间和时间中条理化的,具有"此处和现在(hie unde nû)"。在通常的意义上,人关于客体的知识唯一地借助这些印象(bilde)得到,他只是在时间和空间中知觉事物。(Pfeiffer, *Deutsche Mystiker*《德国的神秘主义者》,ii. 17,19,143 等)上帝的知识具有与人的知识完全不同的特征。虽然主动的理性必须把它们的知觉在时间和空间中分开,但是上帝与这些知识框架无关地理解一切事物。上帝的心智不像人的心智那样从一个客体到另一个客体,人的心智只能使它自己集中一个客体,同时排除所有其他客体。上帝的心智在一瞬间和一个地点把握所有事物(alle mitenander in eime blicke und in eime punte.——出处同上,20,比较 14,15)。简而言之,用康德的语言说,虽然人的理智只能达到感觉世界,但是上帝却忙于物自体(Dinge an sich)。当然,对于人的理性来说,这种较高级的知识是绝对不可理解的。"任一个大师以它自己的理性和理解力不断教导的,或者直到临终之日始终教导的所有真理,将一点也不说

明这种知识和它的本性。"(出处同上,10)物自体形成人的理解力
的限度。[1] 但是,正如康德使实践理性超越这个限度一样,迈斯特·
爱克哈特也如此容许这种较高级知识的启示或灌输;他把这个过
程命名为永生(eternal birth)(diu êwige gebûrt)。终止在时间和
空间形式下观看事物的心灵如此把握它们,仿佛它们存在于上帝
的心智,仿佛在其中发现终极的真理,发现在现象世界无法达到的
实在。(出处同上,12)因而,作为实在的世界,就是它在上帝的知
觉中存在的世界;然而,由于上帝的意志及其产物是绝对等同的
(在 正 在 塑 造 的 和 已 经 塑 造 的 东 西——entgiezunge und
entgozzenheit——之间没有差别),我们达到作为实在的世界是作
为意志的世界的结果。从而,爱克哈特和康德二人发现有必要超
越"人的理解力的限度";二人都在作为意志的世界中发现实在。[2]
这位批判哲学家渴望在超感觉的东西中发现道德的绝对基础,从
而通过先验的因果性把现象和物自体联系起来,这以某种方式在
深渊上架设桥梁。这位渴望把上帝的观念从感觉存在的矛盾中唤
起的 14 世纪的神秘主义者,把上帝置于完全超越通常的人的理性
的领域之处。为了使上帝再次复归为人,他假定先验的知识;为了
表明上帝甚至是现象的东西的终极原因,他被迫以异常的方式解
释主要的基督教教条。如果我们稍微清楚一些审查爱克哈特就

---

    ① 比较 *Kritik der reinen Vernunft*(《纯粹理性批判》),Elementarlehre(先验要
素论)ii. , Th. , Abth. , 2 Buch, 3 Hauptst.

    ② 这个通常与该粗暴哲学家(Grober Philosoph)有关联的原理,在《实践理性批
判》(*Kritik der praktischen Vernunft*) i. Theil, 1 B. , 3 Hauptst 中清楚地表达出来。
可是,对康德和爱克哈特来说,意志在特性上是十分不同的。

上帝及其与物自体（在先的幻象（vorgêndiu bilde）或"原型
（prototypes）"，也许我们可以这样翻译该表达）的关系形成的概
念，那么我们会更清晰地看到这种解释的意义。

　物自体（things-in-themselves）是像在上帝的知觉中摆脱空间
或时间而存在的事物。（D. M. ii. 325 等）因而，爱克哈特的原型
（prototypes）（在先的幻象（vorgêndez bild））对应于威克里夫的可
理解的存在（esse intelligibile），威克里夫以相同的方式使上帝概
念与他的原因等同（一切可理解的存在都在上帝之中（Omne quod
habet esse intelligibile, est in Deo），上帝恰恰像他是原因一样可
理解（Deus est æque intellectivus, ut est causativus）等，
Trialogus（《三人谈》），ed. Lechler, pp. 46～48）。[1] 这种在上帝中
的形式显然完全独立于创造物存在（creature-existance），而且由
于它不受时间或空间限制，不能说它被创造，或者实际上不能说它
开始存在或脱离存在。形式**处在**"永恒的此刻（etwrnal now）（daz
êwige nû）"。对于理解力强的人来说，摹写世界暂时的创造是蠢
行；摩西仅仅利用这样的摹写救助无知者。上帝在"始终现存的此
刻（in eime gegenwürtigen nû）"创造一切事物。（D. M. ii. 266 和
267）[2]于是，达到较高级知识的心灵在"永恒的此刻"把握事物，或

---

　① 这绝对等同于斯宾诺莎的《伦理学》第一部分的命题16"一切能作为无限理智
的对象的事物都必定推得出来。"（Omnia quæ sub intellectum infinitum cadere possunt,
necessario sequi debent.）比较命题17的附释。

　② 比较威克里夫的"全体的存在：曾经，或者将来，现在（Omne quod fuit vel erit,
est）"，这基于下述概念：在可理解的存在背后（secundum esse intelligibile）的事物永远
处在上帝的无时间和空间约束的认知之中。（Trialogus（《三人谈》），ed. Lechler, p.
53）

者正如我们可以表达的,在永恒的形式下(sub specie æternitatis)
把握事物。因此,我们能够更清楚地领会爱克哈特的泛神论的观
念论。通过把一切实在置于超感觉,通过把那种超感觉的实在等
同于上帝,他回避泛神论的物质论的许多矛盾。上帝是所有事物
的实体(出处同上,163),但是鉴于事物的实在不在空间或时间中
存在,因而关于在现象中如何能够存在不可改变的东西,就不会有
什么疑问(出处同上,389)。由于所有事物是它们正在归功于上帝
本性的特质的东西,由此可得,虽然个体是上帝的作品,但是它还
是上帝本性的实质要素,对一切存在物的上帝而言可以把它看作
是富有成效的。(出处同上,581)于是,获得较高级知识的心灵按
照它的实在性把它自己视为上帝本性的要素;它得到关于它自己
的尚未被创造的形式(或在先的幻象(vorgêndez bild))的清晰知
觉,这种形式实际上是它的生命;它变得与上帝一体。从今以后,
个体的意志等同于上帝的意志,圣灵(Holy Ghos)得到他的本体,
或者圣灵出自个体,就像出自上帝一样(dâenphâhet der Heilig
Geist sîn wesen unde sîn werk unde sîn werden von mir als von
Gote. 出处同上,55)。对上帝来说,心灵所处的关系恰恰与基督
所处的关系相同;不仅如此,它达到"实质、本性、实体、智慧、快乐
和上帝拥有的一切"。(出处同上,41,204)"如果我达到这种神圣
性,在我之中和在上帝之中(在可理解的存在背后?(secundum
esse intelligibile?))的一切事物也是这样,在我所在之处上帝也同
在。"(出处同上,32)由此可得,心灵的"比较高级的知识"和上帝的

知识是一体的。① 几乎没有必要评论,爱克哈特把这个"比较高级的知识"的状态定义为神圣性。这样一来,斯宾诺莎和爱克哈特把他们的至福(beatitude)建立在属于上帝的知识的基础上,只不过含义多少不同罢了！爱克哈特的知识是沉浸在宗教感情里的心灵的一种先验本能;斯宾诺莎的知识是对事物本质的适当认知的结果——它是纯粹理智的(非先验的)过程。对这种相似性的惊人推断结果可以在两位哲学家关于上帝之爱的学说中找到。斯宾诺莎写道(《伦理学》第五部分的命题 36 和推论),心智对上帝的爱(love of mind towards God),就是上帝借以爱它自己的爱的一部

---

① 可以最富有启发性地把整个这句话与斯宾诺莎的《伦理学》第五部分命题 22 加以比较:但是在上帝内必然有一个观念从永恒的形式下表示这个人的肉体或那个人的肉体的本质。(In Deo tamen datur necessario idea (爱克哈特的在先的幻象 (vorgêndez bild)),quæ hujus et illius corporis humani essentiam(爱克哈特的外在事物 (ûzewendiges ding)) sub æternitatis specie exprimit.)

命题 23:人的心灵不能完全随之消灭而消灭,但是它的某种永恒的东西仍然留存着。(Mens humana non potest cum corpore absolute destrui;sed ejus aliquid remanet, quod æternum est(在先的幻象(vorgêndez bild)以永恒的此刻(êwige nû)存在着).)

命题 29:心灵在永恒的形式下所理解的一切事物,它之所以能理解它们,并不是因为它把握了肉体的现在的实际存在,而是因为它是在永恒的形式下把握肉体的本质。(Quicquid mens sub specie æternitatis intelligit, id ex eo, non intelligit, quod corporis præsentem actualem existentiam concipit;sed ex eo, quod corporis essentiam concipit sub specie æternitatis.)(心灵的"比较高级的知识"涉及在先的幻象(vorgêndez bild), 而不涉及现象世界。)

命题 30:我们的心灵只要能在永恒的形式下认识它自身和它的肉体,就必然具有对于上帝的知识,并且知道它是在上帝之内,通过上帝而被认识。(Mens nostra quatenus se et corpus sub æternitatis specie cognoscit eatenus Dei cognitionem necessario habet scitque se in Deo esse et per Deum concipi.)——(一个完全与爱克哈特一致的命题。)

此后,很难否定这两位哲学家之间在某处有联系！

分，反过来，上帝在他爱他自己的程度上爱人类。迈斯特·爱克哈特说，上帝对人的爱是他以其爱他自己的爱的一部分（*D. M.* ii.，145～146，180）。

在两个实例中，上帝的自我之爱（self-love）是理智的——它出自对他自己的完美的沉思。① 爱克哈特也许甚至比斯宾诺莎更加强烈地努力使上帝摆脱拟人的质。他的被置于物自体（Dinge an sich）的上帝没有广延，但是这绝非使他满意——上帝必须不具有人的属性；他不是可爱的，因为那是感觉的质——他必须是被爱的，因为他不是可爱的。他也不拥有任何像人们在现象世界谈论的精神能力，与人的意志、记忆或理智毫无相同的东西；在这种意义上，他不是精神。他不是人的理解力能够接近的东西。能够就他断言的唯一的一个属性和能够唯一地就他断言的一个属性，即是统一性（unity）。要不然，可以把他称为属于无的无和无中的存在（nothing of nothing and existing in nothing）。唯有在他之中，才能够说原型或未被创造的形式（在先的幻象（vorgêndiu bilde））存在，但是这种东西超越人的理解力，只能通过比较高级的先验知识达到。"于是，我将如何爱上帝呢？ 汝等将像他所是的那样爱他，他非神、非精神、非人、非形式；另外，像他是绝对纯粹的、明澈的一体那样爱他。（Wie sol ich in denne minnen? Dû salt in minnen als er ist, ein nihtgot, ein nihtgeist, ein nihtpersône, ein nihtbild：mêr als er ein lûter pûr klar ein ist, etc. 出处同上，

----

① 威克里夫的《三人谈》第 56 页；了解和爱他自己（Cognoscit et amat se ipsum）。威克里夫关于上帝的理智作为实在的范围、上帝认知作为可能的存在的检验的整个理论，与爱克哈特的理论具有强烈的类似性。

320；比较 319，500，506 等)"进入这种不可思议的无,心灵找到它的正在处于下沉中的最高级的至福。这必须如何完成呢? 现象世界是什么,如何能够移居到实在世界呢? 为这种无比的快乐付出的代价是什么? 这些疑问是现在在我们面前出现的,爱克哈特在他的克己理论中尽力解决的问题。

十分重要的是,首先要注意这位哲学家如何从实在演绎现象——从原型(在先的幻象(diu vorgêndiu bilde))如何演绎外在性(ûzewendikeit)。这种明显的不可能性的解决,在基督教神秘性的独一无二的解释——"世界变为一体"——中找到了;进入现象的存在物的上帝中的观念是上帝的逻各斯(λόγος)的化身。上帝的自我反省,他关于在他之中的观念的"言说(speaking)",产生现象世界。上帝的言说是什么呢? 上帝(the Father)以纯粹的认知看待他自己,窥见他自己的本质的纯粹一体性。他在其中察觉一切创造物的形式(即在先的幻象(diu vorgêndiu bilde)),接着他言说他自己。世界是纯粹的(自我)认知,那就是圣子。上帝言说即是上帝"分娩"(giving "birth")。上帝心智中的实在世界是"非本性的自然(non-natured nature)(diu ungenâtûrte nâtûre)";通过上帝的自我反省由此产生的感觉世界是"本性的自然(natured nature)(diu genâtûrte nâtûre)"。[①] 在前者我们仅仅发现上帝,在后者我们首次认出圣子(D. M. ii., 591, 537, 250)。当然,这个"言说话语"或分娩圣子的过程不是暂时的,而是处于永恒的此刻;

---

① 这些用语与斯宾诺莎的能动的自然(natura naturans)和被动的自然(natura naturata)密切一致。比较《伦理学》第一部分的命题 29 的附释。

不过,我们更多地让爱克哈特言说他自己:"必然地,上帝必须经管他的所有作品。上帝永远在一个永恒的此刻工作。他的工作是分娩他的圣子;他在每时每刻生育他。从这种诞生出发,一切事物继续行进,上帝在其间具有这样的快乐,以致他消耗他的一切力量分娩(daz er alle sîne maht in ir verzert)。上帝由他自己生育他自己而转为他自己;诞生越完善,生育越多。我说:上帝不论何时总是一体的,他超越他自己获得对无的认知。可是,上帝在获得对他自己的认知时,必须获得对所有创造物的认知。上帝生育他自己即他的圣子;以他的身份,他言说一切事物。"(出处同上,254)爱克哈特在把上帝的自我反省等同于圣子的诞生和实在的"现象化"时,他使得协调这种在永恒的此刻(êwige nû)的神圣过程与基督教的历史事实变得极其困难。当我们回忆,爱克哈特把个体的心灵借以从现象进入比较高级的或神圣的(divine)知识的相反过程也命名为"上帝生育圣子"时,困难还要进一步增加。可是,困难减轻了,尽管不是借助把两个过程联合起来消除的。可以把心灵与反射阳光到太阳的镜子加以比较。在上帝的自我反省中,实在被"现象化"(正像光线从太阳照到镜子);但是,处于他的比较高级的知识的心灵再次返回上帝,现象被实在化(犹如光线反射回太阳)。整个过程是神圣的过程——"上帝凭借他自己生育他自己而成为他自己"(出处同上,180～181)。从逻辑上讲,该过程应该随每一个有意识的个体发生,因为一切个体都具有相同的现象的存在。然而,为了至少拯救道德的方面,即使不是基督教的历史的方面,爱克哈特仅仅促使某些心灵获得比较高级的知识;圣子只是在某些被指定拯救的个体出生。因而,爱克哈特的现象学

（phinomenology）在他的实践神学上粉碎了；它无非是旧真理——
泛神论的一切形式（观念论的或物质论的）都与绝对道德是世界的
基本原理的断言不一致——的重提。泛神论者必须大胆地宣布，
道德性是人性的创造，而不是人性即任何道德因果性的结果。①

现在，让我们观察一下，心灵必须怎样从现象世界过渡到实在
世界。只要主动的理性继续把外部客体呈现给心灵，心灵就不可
能把握那些在永恒的形式下（sub æternitatis specie）的客体。在
这种事情上，只能在时间和空间中感知事物的人的理解力是无用
的，而且它甚至是有害的；心灵必须到达绝对的无知和暗处（ein
dunsternüsse und ein unwizzen，D. M. ii. 26）。爱克哈特对创造
物理智的轻视与德尔图良的轻视几乎不相上下，与乔答摩、迈蒙尼
德和斯宾诺莎用来使它成为通过克己到达至福的指路明灯的样式
形成鲜明的对照。通向永生（éwige gebûrt）的第一步是创造物感
知（creature-perception）和创造物理性（creature-reason）的全面自
我克制。关于现象世界，心灵必须通过绝对无意识的时期；必须把
它的一切力量集中于一个对象，即集中于对超感觉的上帝——“无
的无”——的神秘沉思；如果心灵寻求真实的联合，那么它就不能
和**不必**形成关于这一点的任何观念。（出处同上，13～15）不是借
助理智的发展，而是借助十足的被动性，借助对上帝的先验作用的
等待，心灵才能够达到比较高级的知识，通向永生。这种虚无主
义，这种无知，不是缺点，而是至善至美；它是心智能够朝向它与上

---

①　世界是为人类的道德完善创造的，这是与康德和阿威罗伊相同的教条（*Drei
Abhandlungen*《阿威罗伊关于脱离肉体的理智与人联合的三篇论文》，p. 63）。斯宾诺
莎和迈蒙尼德明智地拒绝接受它。

帝的联合迈出的唯一一步。(出处同上,16)就心灵处在其中而言,心灵必须把它自己与现象世界分开,抛弃一切感觉作用,甚至终止在旧形式下思考。于是,当把心灵的全部力量从它们的作品和概念(von allen irn werken und bilden)撤回时,当丢弃一切创造物的感情时,上帝将言说他的话语,圣子将在心灵中出生。(出处同上,6～9)这种对一切感觉的存在(一切创造物的外在性(alle ûzewendikeit der creaturen))的克己,是通向轮回转生(rebirth)(永生(éwige gebûrt))的绝对必要的前奏。(出处同上,14)必须把记忆、理解力、意志、感觉扔在一边;心灵必须使它自己摆脱此处和此刻、摆脱物质和多样性(lîplichkeit unde manicvalikeit)。在精神贫乏、一无所有、一无所欲、一无所知,甚至抛弃一切表面的宗教善行和仪式的情况下,心灵期待上帝的到来。(出处同上,24～25,143,296,309,280)于是,当达到经由先验的过程把比较高级的知识传递给心灵的时刻,心灵凭靠与上帝的联合获得它的自由。从今以后,上帝代替主动的理性,是被动的理性从中引出它的概念的源泉。心灵不再受无知和时间的限制;它超越了这些限制,已经把握到彼岸的实在。心灵处处看到上帝,正像长久凝视太阳的人在他把他的一瞥转向无论什么方向看见太阳一样。(出处同上,19,28～29)伴随轮回转生(rebirth)(永生)的至福是这样的。"他们是神圣的(holy)和十分神圣的,因为他们从而超越时间和地点、形式和内容(matter)而被置于永恒的此刻,不为肉体和痛苦、财富和贫穷所动。"(出处同上,75)这位德国神秘主义者的这种感情的涅槃(Nirvāna)是奇怪的,尽管它是心理学家并非不了解的宗教现象。正像爱克哈特称呼的,这种隔绝(seclusion)(Abgeschiedenheit,

出处同上，486～487)被宣称与乔答摩和斯宾诺莎的理智的至福具有相同的结果。心灵重返它在进入现象世界之前所处的状态；它认出它自己是在上帝那里的观念，甩掉所有的创造物属性(crêatûrlichkeit)，而存留在创造物属性中的东西就是爱克哈特就地狱理解的东西；它看到在永恒的形式下(sub specie æternitatis)的一切事物。与人隔绝，摆脱一切外部对象，摆脱所有机缘、困惑、烦恼，它仅仅看到实在。对于一切感觉的内容，它漠不关心。"它是病态的吗？它像乐意健康一样乐意变态；它像乐意病态一样乐意健康。教友会死吗？以上帝的名义。眼睛失去效能了吗？以上帝的名义。"它完全顺从上帝的意志，对天国或地狱秉持绝对的冷淡主义，倘若它们仅仅作为那个意志的结果来到的话。(出处同上，59～60，203等)这是对上帝的皈依状态，在其中快乐的事情给予愉悦，痛苦的事情却不能带来悲哀。它完全能够推进基督教的禁欲主义——基督徒对感觉世界的自我克制。[①]

把爱克哈特的现象学和实践神学之间的自相矛盾搁置起来，让我们尽力查看他的克己理论的精确意义。通过某种先验的过程不可能获得"比较高级的知识"；这种比较高级的知识是由与上帝的联合构成的，个体心灵靠它能够认清上帝的意志，从而无条件地服从上帝的意志。上帝的意志和上帝的概念是等价的。他的概念是原型(在先的幻象(vorgêndiu bilde))或实在。因此，我们完全可以解释爱克哈特神秘的比较高级的知识，它涉及在现象背后存

[①]　迈斯特·爱克哈特甚至走得如此之远，以至断言应当接受痛苦，不仅应当心甘情愿地接受，而且应当非常渴望地接受！(*D. M.* ii.，599)

在的实在的知识,因而涉及个体意志服从那种实在的定律。这样的理论具有某种程度的逻辑连贯性,它惊人地类似于斯宾诺莎的从对上帝的比较高级的认知中产生的至福学说。然而,斯宾诺莎的认知导致在现世的欢乐和平和,而爱克哈特的成果仅仅导致纯粹的冷淡主义。当我们审查用来假定获得认知的方法时,对照更加引人注目。斯宾诺莎的方法仅仅是通过自我克制模糊的观念,通过丢弃盲目的激情,通过辛勤的理智过程达到的。另一方面,爱克哈特宣称,一切关于实在的知识只是通过上帝意志的先验行动获取的;行动本身必须在感情的迷睡状态时发生,心智在那里尽力使它自己摆脱外部印象,漠视人的一切官能的作用。与人类的隔绝,对所有感觉愉悦的自我克制,拒绝人的所有知识和人的所有探究真理的手段,是迷睡状态,从而是永生(eternal birth)(éwige gebûrt)的准备工作。从心理学上讲,能够存在小小的疑问:像这种迷睡状态一样的过度激动的感情对肉体健康不会是有益的。[①]当然,神秘主义者可能对此答复说,在宗教福利的事务中,健康只是次要的考虑。比对健康的危险之恶还要大的恶是社会的危险,这种危险可能起因于无知的狂热者,他们以为他们自己通过神灵感应获得了"比较高级的知识"。**他们**了解绝对真理,并按照上帝的意志正在行动。在世界史上,不止一次从这样的人中发出呐喊,

---

①　那种巨大的刺激可以产生几乎毋庸置疑的迷睡状态。神秘主义者似乎至少获得了这样心醉神迷的时期。比较《凯瑟琳修女谈迈斯特·爱克哈特博士》(*Swester Katrei Meister Ekehartes Tohter*, *D. M.* ii., 599)的稀奇古怪的传说。许多例子也出现在陶勒的生平(Life of Tauler)中。(译者:Swester Katrei 是迈斯特·爱克哈特在斯特拉斯堡的养女,该书是 14 世纪德国的神秘主义著作。陶勒(约 1300～1361)是基督教多明我会修士,与爱克哈特同为莱茵地区的神秘主义神学家。)

人类的一切知识都是徒劳的,相信他们的话的民众销毁了理智武器,暂时制止了人类的进步。当我们一旦抛弃理性而诉诸感情时,我们对我们自己的或其他人的断言的真理性有什么检验呢?借用神学语言来讲,谁会确信把上帝而非魔鬼重新带入心灵呢?爱克哈特的学说也许对于受过教育的、被要求放弃他们的知识的人来说是无害的,但是它在无知者的手中却变成最危险的武器。在唯有通过辛苦劳作才能赢得真理的地方,它容许个体的意识拥有激发灵感的洞察;唯有个体的感情告诉他,他是否具有"比较高级的知识",是否在个体反复无常的变化之外不再存在真理的标准。尽管爱克哈特的现象学部分是杰出的,尽管他的语言在阐述他的实践神学的目标时常常是强有力的,但是在整体之上悬浮着可能狂热的奇异压抑气氛,这种气氛告诫思想家不要信赖任何这样的基督教变体,①不要信赖任何这样的对阿威罗伊观念的滥用。

---

① 关于在强烈的感情刺激影响下"轮回转生"的极端形式的结果,比较德林格:《教会和教派》(Döllinger, *Kirche und Kirchen*, 333, 340 等):"整个理智的和道德的声望破产了"。

8 在德国的人文主义[①]

神圣的苏格拉底,请为我们祈祷!(Sancte Socrates,ora pro nobis!)

长期以来,公认位于宗教改革之前的四十年是紧张的智力活跃时期,同样也是有意识的和无意识的抗议的时代。每一个人都发出抗议,为他们自己要求思想自由和行动自由。确实,这些抗议中的多数具有盲目的、笨拙的特征,但是对已经确立的形式的反叛还是真实的。在生活的每一个阶段,都存在个人反抗旧宗教社会体系及其过时的建制。旧的教学方法,旧的神学哲学,旧的传奇式历史,旧的巫术自然科学——这些东西以及其他无数的事情,不得不突然全都匆忙地脱轨;它们曾经是如此之多的对学术(learning)自由、探究自由和思想自由的限制,而这些自由则形成个人主义(individualism)新精神力求接近的目标,尽管是无意识地力求接近。

中世纪的理论和教育体系完全隶属于宗教的目的。一切知识形式最终必须导向伟大的学问(learning)之母——神学。只要教会是进步的主体,只要她的神学不是明确固定的、她的教条也不是

---

① 转载自《威斯敏斯特评论》(*Westminster Review*)1883 年 4 月 1 日。

彻底成形的,只要修道士和牧师是社区里受到最好教育的人和像名副其实的民众导师这样的人——这样的体系就会如此长久地多产好处。在一个时期,哲学作为神学的婢女完全顺从神学;而后者本身正在发展,不存在绝对地妨碍哲学自己成长的障碍。哲学作为神学的婢女,通常被称为经院哲学(Scholasticism)。经院哲学家(Schoolmen)的基本原则是,哲学必须服从神学的控制,在二者之间可能变化的所有要点上都服从。几乎不能过高估计早期经院哲学对基督教文化的增进;希腊哲学被采纳,在未来多代人中间保持下来,毋庸置疑的是,在诉诸和推广天主教神学时并非没有它的影响。像约翰·司各脱(John Scotus)、安塞姆(Anselm)和阿伯拉尔(Abelard)这样的人物,都代表他们时代的杰出思想;真正的哲学和真正的宗教是同一的断言,在历史上并不是如此非常乖谬的,即使按真正的宗教理解中世纪的基督教之时。鉴于教会的神学由于一连串的异教和对严厉规定的教条随之出现的需要,而获得愈来愈具体的和固定的形式,就不得不采用更加极端的措施,以便使哲学与神学吻合。必须稍微强有力修改亚里士多德的教导,为的是它能够给予教会学说以支持。在后来的经院哲学家当中,例如在所谓的"万能的基督教神学家"大阿尔伯特(Albert the Great)、所谓的"天使般的基督教神学家"托马斯·阿奎那(Thomas Aquinas)、所谓的"精妙绝伦的基督教神学家"邓斯·司各脱(Duns Scotus)、所谓的"战无不胜的基督教神学家"奥康的威廉(William of Occan)当中,仍然存在大量的名副其实的思想(现今被悲哀地忽略了!)。这些人也许都做了可能调和自然教与天启教(natural and revealed riligion),保持理性与信仰之间和平的一切事情。由于它们,经院哲学已使它自己精疲力竭。哲学在摆脱神学约束之前,她不能前进一步。

　　随着人的一般知识的发展,他提出的思想体系——他的哲学——也必须发展;但是,在这个实例中,他的哲学在停滞的神学中窒息。正如卡莱尔愿意表达它的那样,人类正在成长得穿不下它的年幼时期的衣服了。可是,教会还是不想放弃她的神学——在她的眼中,那是固定的和永恒的真理。因此,这些昔日的思想家的名字,这些万能的、天使般的、精妙绝伦的、战无不胜的基督教神学家的名字,被有学问的修道士四处炫耀,被作为镇压任何新真理火花的工具使用,这些新真理完全与成形的神学格格不入。"你不相信天使般的基督教神学家吗?你说精妙绝伦的基督教神学家错了吗?你怀疑战无不胜的基督教神学家的无可争辩性吗?你是异教徒——这应该用火刑惩罚赎罪!"简而言之,虽然神学家本人可能为他们的各个博学的和圣洁的早期基督教神学家的功过争吵,但是每一个群体都授予他们特别喜爱的更大重要性和权威性的地位,甚至远远大于他们倾向于允许福音书的作者居留的地位。很容易注意到,在这样的体系下,学问的整体必定落入僵死的形式主义;没有为个人的思想留下余地;一切聪明才智都被消耗在撰著关于各个大经院哲学家的注释上。仅仅对于彼得朗巴德(Peter the Lombard)判决的小书,就撰写了不计其数的注释形式的对开本——足够相当大规模的图书馆的藏书。一切理智能力都被浪费在注解和评论上;一切思想自由都被压碎在这种经院哲学的奴役之下。对天使般的基督教神学家稍微发表一点意见,或者嘲笑一下彼得朗巴德的判决,都是比亵渎神明还要糟糕的罪行。人的理智在反叛这样的体系中高涨——人类成熟得反对这种奴隶身份，宣布这种僵死的形式主义不再应该遮蔽光明，这有什么好奇怪的呢？随着这种新精神成长得越来越强大，变得愈来愈意识到它的力量，它增强了对修道士的陈旧学问的不容忍，甚至破口辱骂，大肆奚落它的支持者是"晦涩人"，嘲弄它本身好容易才撇开的幼稚的娘娘腔，这有什么好奇怪的呢？这种摇撼旧奴役和把德国分裂成两个敌对阵营的新精神，就是所谓的**人文主义**（Humanism）；它的追随者就是所谓的**人文主义者**（Humanists），或者由于他们精通古典语言也被称为**诗人**（poets）。他们的对立面是修道士或经院哲学教师、"晦涩人"（obscure men）或"诡辩法和不规范的语言文字（barbarism）的传播者①"。

人文主义精神的起源就是这样的；它的外部的和历史的根源通常与土耳其人在 1453 年占领君士坦丁堡联系在一起，由此使大量的希腊人散布在南欧，尤其是意大利。这些人努力通过教授他们的语言谋生，这就产生了数量可观的希腊研究者。希腊人的语言及其光辉灿烂的异教文学，对于束缚在旧形式思想下的人的心灵来说是新颖的生活。人的理智重新开始呼吸，深长地吸入这种新鲜空气。它在希腊文学中找到中世纪经院哲学不再呈现的真理和自由。它发现某种它自己值得研究的东西；研究的目的不是无聊的神学——不仅如此，研究最终可能与神学针锋相对，因为这将导致《圣经》批评的新体系和《圣经》注释的新体系，而这些新体

---

① Barbarism 的意思有：语言、文体等的不规范，不规范的语言或文字；野蛮状态，原始落后状态；愚昧粗鲁，野蛮行为。——译者

系会拒绝使它们自己服从天主教的教条。修道士没有辨认出人文主义的这种特征。他们成员中的多数无知者呐喊:"他是诗人,讲希腊语,因此他是坏基督徒。"人文主义者反击说:"修道士是母牛生育的怪物。"

　　不管怎样,那些愿意追踪德国人文主义外部成长的人必须转向意大利。坎普滕的托马斯的门生和德国人文主义之父鲁道夫·阿格里科拉(Rudolf Agricola)在意大利花费七年时光,研究古典语言。伊拉斯谟写道:"在秋季,若可能的话,我将访问意大利,获取我的博士学位;我会看望您,在您那里有我的希望——任命我就任有俸神职。我正在把我的整个心智贡献给希腊语研究;而且,只要我挣到钱,我将首先买希腊语书籍,然后买衣服。"

　　罗伊希林(Reuchlin)这位后来的德国人文主义的伟大斗士从两个流亡者那里学习希腊语,一个流亡者在巴塞尔(Basel),另一个流亡者在巴黎。他写道:"于是,把希腊语添加到拉丁语,希腊语的知识对于精细的教育是绝对必要的。由此把我们反过来导向亚里士多德的哲学——当理解该哲学的语言时,实际上才能首次把握它。以这种方式,我们如此赢得所有这样的人的心智,他们还没有完全浸透愚蠢的旧学说,渴望更纯粹的知识,以至他们向我们流动,并丢弃书院的微不足道的琐事。然而,枯萎的旧诡辩派被激怒了;他们说,我们教导的东西绝不是天主教的纯粹性,禁止用背弃教会的希腊人的学问训练任何人。"

　　这样的看法充分标志着人文主义和希腊语的研究之间的关联。它们也表明,新文化最终必定步入与旧经院哲学的公开对立。这些人文主义者在古典文学中发现不能使其服从天主教神学的真理。在文化史中,犹太教和古希腊人文主义(Heiienism)首次作为冲突的真理会暂时分离。人们将首次朦胧地意识到,他们也许像受惠于犹太人那么多地受惠于希腊人。他们必定与伊拉斯谟一起感觉到,许多圣徒不在目录册中,从而禁不住随他呐喊:"神圣的苏格拉底,请为我们祈祷!"他们愿意毫不犹豫地相信,贺拉斯(Horace)和维吉尔(Virgil)的心灵不在死后进入天堂的灵魂之列。

伊拉斯谟写道:"无论什么是虔诚的,无论什么有助于良好的生活方式,都不应当称其是渎神的。实际上必须把第一个席位给予《圣经》权威;但是,不管怎样,我有时发觉某些事情被古人,不仅如此甚至被异教徒,不仅如此甚至被诗人本身,如此简朴地、如此虔诚地、如此非凡地言说或撰写,以至于我不能不使我自己相信,当他们撰写它们时,他们受到神圣的激励,也许基督的精神使它自己扩散得比我们想象的还要远;而且,存在比我们在我们的目录册中所拥有的还要多的圣徒。为了在教友中间自由地忏悔,在没有亲吻书籍、在没有崇拜那个神圣的心灵的情况下,我不能阅读西塞罗(Cicero)论老年、论友谊、他的祈祷或他的图斯库卢姆问题(Tusculan Questions)①。可是,当我阅读论述政治学、经济学和

---

① 译者在此提供一点背景资料。图斯库卢姆(Tusculum)是拉丁姆意大利人的古城,在罗马东南 15 英里处,公元前 1 世纪到 4 世纪为疗养胜地。公元前 1 世纪时,罗马作家西塞罗在此地有一处别墅,他在这里完成《图斯库卢姆谈话录》(*Tusculanae Disputationes*)。书中有:"因他人的不幸而痛苦的人,也同样会因他人的财富而痛苦。"西塞罗问道:"为什么怜悯竟胜于给人以可能的帮助呢? 或者,没有怜悯我们就无法慷慨助人了吗?"换句话说,人类是否应该如此低下,以至于除非受到眼见他人受苦时所感到的自身痛苦的刺激和逼迫,否则就无力像人那样去行动? ——译者

伦理学的我们的近代作者时,情况正好相反,老天啊! 与这些书籍相比,他们是多么使人扫兴呀! 不仅如此,他们怎么好像对他们给他们自己写了些什么麻木不仁! 因此,我宁可失去司各脱外加二十个像他这样的人(想象出来的二十个精妙绝伦的基督教神学家!),也不失去一个西塞罗或普卢塔克(Plutarch)。并非我统统反对他们中的无论哪一个;而是因为通过阅读这一个人,我发觉我自己变得更健全了,反之却因另一个人引起反感,我不知道多么冷漠地趋向男子气概,可是却最激烈地倾向于吹毛求疵和争论不休。"

没有什么话语比人文主义者的这些言语描绘得更充分了。

尽管古典学问的复苏逐渐满足对新颖的思想领域的欲求,但是必须注意的是,如果这种复苏起初没有受到教会的鼓励,如果这种复苏的头一批促进者不是她的教条和她的形式的坚定支持者,那么它恐怕是不可能的。神学家没有立即意识到他们面临的危险,他们对卷入个人探究的这种新精神一无所知。他们没有察觉,阿格里科拉或温普费林(Wimpfeling)的最终结局会是一个克罗图斯·鲁比亚努斯(Crotus Rubianus)或一个乌尔里希·冯·胡滕(Ulrich von Hutten)。只有经验教导他们,"路德孵化的蛋是伊拉斯谟下的";人文主义的一切形式和反罗马(Rome)教皇统治的所有类型,都好像是一个巨大的反叛、一个伟大的声言的阶段——这是个人主义诞生的必然结局。无论如何,人文主义者与教会的关系给我们提供了一个基础,我们据此可以把整个运动分为相继的派别。首先,我们有所谓的**旧人文主义者**(Older Humanists)。这些人致力于古典学术的复兴和新教育体系,但是他们依然是教会的忠诚支持者,从不容许他们的文化群落导致他们超越天主教教义的限度。其次，还存在一个人文主义者派别，我愿称其为**理性人文主义者**（Rational Humanists）。他们强烈反对旧经院哲学；他们抗议教会在外面滥用职权；他们采纳基督教及其教义的理性主义观点；但是，他们或者不支持路德，或者干脆抛弃他，因为他们意识到他的运动会导致一切真正文化的破坏。这些人在 16 世纪的所有改革者中间是最有意识为思想自由而艰苦奋斗的人。他们中的大多数还承认他们是天主教教会成员；他们或正确或错误地坚持认为，有可能从内部改革那个建制并修正它的教义，以便它们能够包容人的思想的自然发展。理性人文主义者的领导人是罗伊希林和伊拉斯谟。他们的党派及其真正的文化工作是遭遇宗教改革的暴风雨而翻船失事的。最后，我们有所谓的**青年人文主义者**（Younger Humanists）。一个具有巨大才干却学问较少的人团体，它们准备"反抗"一切事物。他们之中许多人的桀骜不驯的天才憎恨任何强制形式，他们对自由的酷爱频繁地堕落为放荡不羁。他们中的一些人由于火热的激情而自戕；另一些人随时代变成理性人文主义者或路德的支持者。统辖这种青年人文主义者的精神的是乌尔里希·冯·胡滕。

为了比较清楚地追踪这三个派别的联系，简要地提一下他们的几个成员可能是恰当的。关于旧人文主义者，首先必须注意坎普滕的托马斯的三个门生，也就是鲁道夫·阿格里科拉、鲁道夫·冯·兰根（Rudolf von Langen）和后来的代芬特尔神学院院长（Rector of the Deventer School）亚历山大·黑吉乌斯（Alexander Hegius）；可以并非不恰当地把这些人称为德国人文主义之父（Fathers of German Humanism）。我们可以把下述人物的名字添加到他们之中:"德国导师"温普费林,人们说他变革了南部德国的神学院;阿博特·特里特海姆(Abbot Tritheim),他帮助建立了第一个德国学术社团——莱茵河文学会(the Rhennish Society of Literature),他的教会作家传记词典依然是十分有用的工具书。这些人个个都为学术的复兴殚精竭虑,不仅致力于古典语言的事务,而且致力于一切知识分支。紧张的理智活动的那几年大半是由于他们,该活动先于宗教改革,促使乌尔里希·冯·胡滕惊呼:"世纪啊!文学啊!生活是快乐的,然而生活不是休息。研究欣欣向荣,理智使自身奋发有为。愚昧粗鲁啊,汝却作茧自缚,或使汝的心智放逐!"不过,虽然旧人文主义者强调新学问的重要性,且为其传播尽心竭力,但是他们并不认为人类文化是他们研究的目的,而是宗教生活的手段。他们一点也没有看见在古典文学中与天主教教会的教义的任何对立。黑吉乌斯写道:"一切伴随虔诚丧失而获得的学问都是有害的。"他们一群人中的另一个穆尔梅利乌斯(Murmellius)说:"研究的最终目的必定不是别的,而是上帝的知识和荣耀。"鲁道夫·阿格里科拉以同样的精神介绍旧的哲学和文学的研究:"人们必须不要使它自己满足于古典作家的研究,因为古典作家或者对生活的真正目的一无所知,或者懵懵懂懂地猜测它,犹如雾里看花一样,以致与其说他们信服它,还不如说他们大声宣告它。"因此,人们必须更强烈地求助于神圣的《圣经》——它驱散黑暗,并保护一点不受蒙骗和不犯错误;我们必须按照他们的学说指导我们的生活。"可以把古典作家的研究应用于对《圣经》的恰当理解。"温普费林告诉我们,阿格里科拉的真正伟大在于这一点:"一切文学和学问仅仅作为助手为他服务,即帮助他涤荡一切可能的激情,并借助信仰和祈祷基于上帝是设计师的伟大建筑物而工作。"当我们注意到,黑吉乌斯所谓的"虔诚"意味着对天主教信仰的天真相信,温普费林所谓的"上帝是设计师的伟大建筑物"意味着天主教教会时,当我们注意到这些事情时,我们可以确信,旧人文主义者远非丢掉经院哲学的奴役。对他们来说,新学问从属于旧神学;他们力图旧瓶装新酒。也许可以通过把他们命名为**经院人文主义者**(Scholastic Humanists),来表达他们的立场的不一致。

这些经院人文主义者的最著名的一位是约翰·埃克(Johann Eck)博士,此人是路德的著名的、大量被滥用的反对者,他学富五车,几乎使他的经院哲学变成一幅讽刺画。新教教徒告诉我们,这个人在宗教原理方面是自视过高的、雄心勃勃的和不能令人满意的:按照多比涅(D'Aubigné)的观点,他的生活的唯一目的是"造成轰动一时的事件"。另一方面,天主教徒告诉我们,他是才干非凡的人,具有罕见的心智新颖性和灵活性,以及对天主教信仰的真理的内心深沉的信服。这个人路德称其为"魔鬼的喉舌",卡尔斯塔特(Carlstadt)称其为"傻瓜之父",但是在他的墓碑上却书写着"学说伟大,理智伟大,他在基督的部队中勇敢地战斗",他的大学多年保持他的书桌、他的披肩布和方帽,作为备受尊敬的大师的有价值的遗物,我们如何判断这个人呢? 如果存在任何使我们倾向于怀疑新教教徒断言的东西,那么党派吹捧坟墓中的他就是陋习。路德写道,不虔诚的人死于四种可怖的疾病,胡言乱语的发疯包括在它们之中;而优雅的梅兰希顿(Melanchthon)不屑于用下述墓志铭嘲笑这位十足的对手:

地下葬着埃克的腐尸，

他贪吃，贪饮，还说了很多坏话。

（Multa vorans et multa bibens, mala plurima
dicens,

Eccius hac posuit putre cadaver humo.）

让我们至少公正地对待来自奥托博伊恩（Ottobeuern）的农民
儿子，就像对来自艾斯莱本（Eisleben）的农民儿子是公正的一样。
在埃克的论著中，照例存在语言的节制与探索的深度，路德从中可
以汲取教训。他在为狭隘的教义辩护时使用了他的所有学问和不
少才干，这可能引起对任何职业神学家的猛攻——肯定可能引起
对路德的猛攻。他没有意识到教会的滥用；但是，他相信从内部改
革；尤其是，他认为她的教义和她的滥用是要求保持独特的问题，
对一个的尊重不包含对另一个的认可。我们当然不同情这个支持
旧神学奴役的人，但是我们至少可以允许他诚实地行动，为他的真
实信念而斗争。在青年时期，这个人是德国思想的领导者布兰特、
罗伊希林和温普费林的朋友；他在成年时期的早期有助于使因戈
尔施塔特（Ingoldstadt）大学"人性化"，他通过研究生活把他自己
从农民阶层提升到天主教神学家的最前面的位置，为此他至少值
得我们尊敬，尽管他把他的才干运用于几乎无望的事业。如果我
们在他身上找到某种因他自己的才干而骄傲——这在今天能够为
他赢得"自命不凡的人"的头衔，那么当我们读到下述他本人给予
我们关于他自己的教育的叙述时，其原因显而易见：

"在我学会了基本原理后,向我说明了卡托(Cato)连同保罗·尼阿菲斯(Paul Niavis)的拉丁习语、伊索(Æsop)寓言、阿雷廷(Aretin)的喜剧、阿尔达(Alda?)的挽歌格律诗和塞涅卡(Seneca)的德行论;接着,还有加斯帕里努斯(Gasparinus)、格尔松的约瑟芬努斯(Josephinus of Gerson)的信札,圣哲罗姆(St. Jerome)的《圣经》序言;波伊提乌(Boethius)论行为准则,塞涅卡致吕西里阿(Lucilium)的信,泰伦提乌斯(Terence)的全集,维吉尔所著史诗(Æneid)的头六卷和波伊提乌的论哲学抚慰。在伊西多尔(Isidore)论辩证法的五篇专题论文中,也使我受到训练。午后,我的叔叔和我一起阅读《旧约全书》的法律卷和历史卷、四部福音书和《使徒行传》(the Acts of the Apostles);我也阅读论四件最后之事①的著作,论心灵的著作,奥古斯丁(Augustine)对隐士的讲演的一部分,安科那的奥古斯丁(Augustine of Ancona)论教会的权力、法律研究引言、带有注解的罗马教皇教令第三卷的四章。我背下了巴勒莫(Panormitanus)按照字母表顺序排列的法律原则。除此之外,我在书院还学习了维吉尔、狄奥杜鲁斯(Theodulus)的牧歌和伊西多尔的六篇论文。我的叔叔的助理牧师向我说明了福音书,西塞罗论友谊的作品,圣巴西勒(St. Basil)的文学研究引论和荷马(Homer)的特洛伊战争。我主动阅读了伦巴第(Lombardy)通史,信仰堡垒的大部分,许多其他经院哲学书籍和德语书籍,尽

---

① 四件最后之事(four last things)指死亡、审判、天国和地狱。——译者

管在那时文学研究还不繁荣兴旺。"①

完成了这一切，埃克在**十二岁**时进入海德堡（Heidelberg）大学，在他**十五岁**时成为蒂宾根（Tübingen）大学的文学硕士。这样的教育必定必然地具有自命不凡创造的趋向。可以十分有益地把这种经历与数年后梅兰希顿的经历和我们自己时代约翰·斯图亚特·密尔（John Stuart Mill）的经历加以比较。

那些对探究埃克孩子气的学习、研究历程感到烦恼的人会立即看到，他为什么要把经院哲学和人文主义结合起来。他的工作充分地证明，他是经院哲学家，他使他的所有文化教养从属于神学；他是人文主义者，下面的引文可以作为证据；乌尔里希·冯·胡滕的言论并不是不足道的："我赞扬我们身在其中的世纪，在我们事先提出不规范的文字退出之后，青年人以最佳的方式受到训练；在遍及德国各地，必定可以找到出色的拉丁语和希腊语讲演者。艺术精品的多少修补者现在兴旺发达起来，他们从古代作者那里清除多余的和不需要的东西，从而使一切更杰出、更纯正、更吸引人；他们是使过去的伟大作者显露生机的人，是重新解释古希腊语和希伯来语的人。的确，我们可以认为我们自己是幸运的，因为我们生活在这样的世纪！"

向我们显示出有启发性形象的旧人文主义者另外的典型，是阿博特（Abbot）·特里特海姆和鲁道夫·阿格里科拉。这位值得敬重的男修道院院长（abbot）似乎具有万能的天赋，在不计其数的

---

① 《塞涅卡的奇迹》（*Seneca de Virtutibus*）和《卡托》（*Cato*）是众所周知的中世纪外典的（apocryphal）经典著作。（译者：外典指不列入正典《圣经》的典籍，亦称"旁经"或"圣经外传"。）

论题上,他与欧洲的饱学之士一致,从来也不厌倦收集每一类信息。由于精通希伯来语和希腊语,他没有忽视修习刚刚闯入生活的自然科学,他不是以奴性的方式修习它。关于占星术,比他名声大的人都沦为它的牺牲品(梅兰希顿相信,星星是使路德经常烦恼的根源),但是他充耳不闻。他说:"星星并未控制我们。""精神是自由的,不隶属于星星,它既不受它们影响,也不跟随它们运动。"在他的斯蓬海姆(Sponheim)图书馆,有价值的图书和手稿的收集令学术界钦佩不已。来自欧洲各个地区的访问者、博士、文学硕士,不仅如此,连国君、贵族,都来此学习、研究,这位亲切和蔼的男修道院院长甚至数个月免费提供食宿。在他周围,在会长达尔贝格(Dalberg)的指导下,也聚集了莱茵河文学会的卓越成员康拉德·策尔特斯(Conrad Celtes)、罗伊希林、温普费林、察修斯(Zasius)、波伊廷格(Peutinger)和皮克海默(Pirkheimer),后二人分别是奥格斯堡(Augsburg)和纽伦堡(Nürnberg)市民的代表。这些人在一个讨论俱乐部中相遇聚首,相互批评所有知识领域的论著和理论。不过,在特里特海姆看来,教会的权威在一切方面都是决定性的,最高级的研究是神学。足够奇怪的是,他教导神学本身必须更多地忙于神圣的《圣经》;他没有看到,在这样做时,他正在怎样提出《圣经》和天主教神学是否处于完美一致的疑问——他正在如何以他的疑问为路德铺设道路:"我不会相信人类的建制、人类的传统,除非你能够用《圣经》证明它。"对特里特海姆来说,天主教教会和《圣经》并不是相互确认的,他未告诉我们,唯有教会必须就疑惑之点解释《圣经》;敢于拒绝她的解释的他,否定基督的福音。这位值得敬重的男修道院院长十分清楚地远离异议;他无法看见,他培育的研究的最终结局,将必定使每一个人为他自己而**思考**,使每一个人变成拥有他自己的信仰的牧师、基督徒和主教。简而言之,他没有意识到即将来临的思想自由。

鲁道夫·阿格里科拉被他的同时期的人称为第二个维吉尔,他是这样一个人:他对德国人文主义的贡献与彼特拉克(Petrarca)对意大利人文主义的贡献相媲美,是整个运动最温和的人物之一;在他的祖国传播文化是他的人生的目的;他不仅使有教养的人,而且使人民大众都可以感受古典精神的影响。应该以德文译本和加有德文脚注的方式把大量的经典著作带到公众面前。[①] 他认清培育民间语言的需要,因为只有通过它才能使民众参与新获得的知识领域。虽然后来的许多人文主义者难得能够讲他们本民族的语言,但是阿格里科拉还是抽空创作德语歌曲,并喜爱用他的齐特琴伴奏演唱它们。对德国历史和古代风俗习惯研究的推动归功于他,这一研究凭借温普费林和布兰特的指导才能产生了丰硕的成果。也许如此,下述事实可能间接地归因于他:布兰特用本土语言撰写了那个时期最伟大的德语文学作品《愚人船》(*Ship of Fools*)。这样的人必然足以作为旧人文主义者的典型。

他们的热情迅速传遍德国;处处涌现出新的智力活动中心;所有阶层和所有职业的人正在开始思考,要求每一件事情的**为什么**。在从 1456 年起的五十年内,新大学在格赖夫斯瓦尔德(Greifswald)、巴塞尔、弗赖堡(Freiburg)、因戈尔施塔特、特里尔(Trier)、蒂宾

---

① 在 1500 年之后不久,以德文译本出现的修希底德(Thucydides)、荷马、李维(Livy)、奥维德(Ovid)等,用丰富的木版画加以装饰。

根、美因茨(Mainz)、维滕贝格(Wittenberg)和奥得河畔法兰克福
(Frankfur t-on-the-Oder)出现了,与此同时给予旧大学的发展以
巨大的推动。这种精神并非仅仅到达大学,帝国的城镇也变成新
文化传播的中心。虽然在纽伦堡的皮克海默是一位理性人文主义
者,但是他还是与旧类型的人友好交流,在他周围聚集着一群无比
卓越的人:当时最伟大的天文学家雷吉奥蒙塔努斯
(Regiomontanus)、历史学家和古文物研究者哈特曼·舍德尔
(Hartmann Schedel)以及许多次要的科学人和文学人;这些人在
他们的工作中受到一个值得注意的艺术家群体的帮助:沃尔格穆
特(Wolgemuth)及其艺徒为舍德尔的伟大历史著作配置了木版
画,丢勒(Dürer)为雷吉奥蒙塔努斯雕刻了天象图。在所有方面,
都有真正的理智活动。自纽伦堡,与整个人文主义世界有不断的
信件交换;尤其合意的是皮克海默的姐姐、女隐修院院长夏里塔斯
(Charitas)与她弟弟的圈子中的伟大人物的通信。这个人文主义
修女似乎是一位能力卓尔不群的妇女,几乎证明康拉德·策尔特
斯的过度称赞是有正当理由的。她的传记向我们展示最为非凡的
图像:在宗教改革的日子里,在残忍迫害降临到她的修道院的情况
下,她表现出女子特有的勇气和锲而不舍。在艺术和技术建造的
所有分支——不仅如此,甚至在纯粹的人文主义方面,纽伦堡在德
国的城镇或大学中都首屈一指。类似的活动在奥格斯堡围绕特别
致力于德国古文物研究的康拉德·波伊廷格得以发展,即使不是
十分如此著名;他编辑了古代德国的历史学家,并以他的《在宴会
上谈论德国古代的奇事》(*Sermones convivales de mirandis*
Germaniæ antiquitatibus)引起对民族的过去的兴趣。对波伊廷

格的历史精神的持久见证,是纽伦堡和奥格斯堡的人文主义者的庇护人凯泽·马克西米连(Kaiser Maximilian)的纪念馆,该馆建在因斯布鲁克(Innssbruck)的方济各会(Franciscan)教堂。

这几点评论与其说必定充分表明旧人文主义者遍及德国造成的生动写照,还不如说造成的极端心理活动。然而,我们必须记住,这些人是坚定的天主教徒,这种运动完全处在教会的掌控之中。大学(也许唯有爱尔福特(Erfurt)大学例外)在她的支配下,只容许新思想处在它不与旧神学冲突的范围内。一切知识就它有益于信仰而言都可以追求,但是倘若它宣告新真理而超越过去数世纪已经成形的旧信念,那么它必定立即受到镇压。这尤其是旧人文主义者的斯特拉斯堡书院领导人的观点,即是温普费林(参见后面的 pp. 185~192)、民间传道士盖勒·冯·凯泽贝格(Geiler von Kaiserberg)和《愚人船》的作者塞巴斯蒂安·布兰特的观点。由于他们呼吁的听众是这样的,他们呐喊:“请不要受引诱祛除信仰,即使关于它出现争论,但是请相信神圣的教会教导的唯一单纯。请不要让你的理性干预它不能领悟的事物。请回家治疗你自己的罪孽,你的懒惰、酗酒、奢侈,对跳舞、衣服和赌博的喜爱;可是,当你做完那种并非琐碎的事情时,那么请挺身而出,为信仰的单一性和纯洁性而斗争;请挺身而出,为捍卫神圣罗马帝国而斗争。请为教会和神圣罗马帝国皇帝而战斗!使包罗万象的神圣罗马帝国皇帝、使包罗万象的教会再次回复他们昔日的辉煌!如果可能话,请用一切手段研究,但总是要记住,你的研究的目的是理解神圣的《圣经》、拒绝异端邪说;在这一切中,你将需要天主教信仰的无错误的法则。”这样的布道同时向我们表明,对这些人来说,旧的宗教概念和社会概念依然是生活中的充分指导;他们依旧相信罗马教皇和神圣罗马帝国皇帝,把文化系到神学的围裙带上。他们还以为复活旧建制是可能的。他们没有意识到他们自己开始推动的运动的重要性。对人的理性正要反对信念的一切旧形式的异议、反叛,他们一无所知;他们没有看到,宗教像所有思想一样,是成长和发展的事物,昨天的基督教并不比他的祖父的衣服适合他那样更适合今日的人;他们自己正在传播的文化最终必定与神学对立,因为神学不再与思想的进步保持和平。为此理由,我们把他们命名为经院人文主义者(Scholastic Humanists),这不是出于任何轻视,因为他们做了有益的和必要的工作,但是由于他们依然处于旧奴役之中,从而没有领会新文化和旧形式宗教之间的正在到来的斗争。

旧人文主义者和理性人文主义者之间区别的标志正在这里——后者倾向于接受旧神学的监护。理性主义者说:"我们将要为我们自己思考这些事情。我们不打算使我们的研究服从任何陈旧的形式主义。"结果,在思考这些事情之后,他们对旧建制不再具有任何非常强烈的尊敬。在他们看来,他们完全甩掉了旧的心理枷锁,但是这并不意味着他们提议摧毁天主教教会。不!他们认为,有可能修改它的框架以适合新的事态。对于不能思考的民众,他们没有宣讲:"这些旧形式是胡说八道;请摆脱它们,消灭它们的支持者。"这类工作交给了维滕贝格大学。理性人文主义者只是说:"我们的首要职责是传播文化,教育民众,告诉他们我们已经发现的真理;此时,才是足以使大量的公共意见影响天主教教会的时机。在目前,我们坚持的一切是教学的权利,清除各种各样无知的权利,乃至清除修道士和牧师的无知的权利。'晦涩人'不会使我们缄默,但是我们不把他们叫作用暴力消灭的'魔鬼的小崽子'。我们将要教育他们,我们打算教育民众更充分地理解某种东西;我们的劳动不是一天的劳动,而是多年的劳动。可是。一些滥用是如此明显,如此严重地在每一点打击民族生活,以至我们一定要立即消除它们。请马上留心,我们必定会误用豁免、兼任的圣职、买卖圣职,错误施用教会的世俗权力。"理性人文主义者的教导就是这样的,当然从积极宣传到完全不信天主教教义因人而异。关于整个派别的两位领导人罗伊希林和伊拉斯谟,现在不需要说任何话了。我们已经提到皮克海默和策尔特斯的名字。不过,最著名的理性人文主义者之一康拉德·穆特一般较少为人所知,可以把他视为该类别的典型。像他的时代如此之多第一流人物一样,穆特在荷兰(Holland)代芬特尔的黑吉于斯(Hegius at Deventer)门下受教育,后来在意大利完成他的研究。最后,他返回哥达(Gotha),在那里他被引荐给一个地位低微的牧师,并且一生致力于研究。受他的私人影响和他的个性魅力的吸引,一群青年人聚集在这位亲切的教士周围,他们的名字不久在整个德国如雷贯耳。的确可以把他称作"青年人文主义的导师"。火热的青年人从哥达教会后边的教士房间散布开来,他们打算颠覆一切事物,反对一切形式的行为准则。在这里可以找到:埃奥巴恩·黑塞(Eoban Hesse),他尝试了最多的事情,但是仅仅表明忠于诗歌;克罗图斯·鲁比亚努斯,那部流芳百世的讽刺杂咏《晦涩人书简》(*Epistolæ Obscurorum Virorum*)的遗赠者;尤斯图斯·约纳斯

(Justus Jonas)，马丁·路德(Martin Luther)后来的秘书；斯帕拉廷(Spalatin)，后来最可敬的改革者；最后但却是最伟大的，我们可以提到乌尔里希·冯·胡滕，热情洋溢的革命预言家。在这位旧教士周围聚集的这一小群人被他的雄辩的谈论点燃，在没有用他的学问缓和的情况下采纳了他的激进的理性主义概念。从这个中心发出人文主义反对经院哲学战斗的命令；在人文主义斗士罗伊希林与晦涩的争辩中，作为对他的帮助，辛辣的讽刺杂咏从那里和盘托出；青年人文主义的狂热鼓吹者从那里散布到德国各个大学，号召学生反抗所谓的"不规范的语言文字"与神学家和修道士的教师的"晦涩"。就在手边的爱尔福特大学为有益的事业不久获胜，海德堡大学和维滕贝格大学紧随其后；在每一个地方，当"诗人"开始就古典著作讲演时，他的讲演厅被学生挤得水泄不通，而神学家却不得不面对空空荡荡的长凳讲述精妙绝伦的和战无不胜的早期基督教神学家的著作。冷嘲热讽的对话、拉丁语警句、街头嘲弄甚至虐待折磨，都以铺天盖地的狂潮冲击旧教师。始终为某种新事物准备好的、朦胧地意识到旧事物枯燥无趣的青年人抓住这种新文化，而没有领会它的意义，或者没有看穿它的比较宁静的乐趣。学生们不再渴望成为学士或硕士，而是向往成为"诗人"，即用为贺拉斯和尤维纳利斯(Juvenal)的才智准备好的羽毛管笔技艺娴熟地创作拉丁语诗句的人。这些"古罗马人的步兵队"藐视带有作为愚昧粗鲁的德国人味道的一切事物，甚至连他们的名字也瞧不起，致使施奈德(Schneider)变成萨托里乌斯(Sartorius)，柯尼希斯贝格尔(Königsberger)变成雷吉奥蒙塔努斯(Regiomontanus)，瓦赫

尔（Wacher）变成维吉利乌斯（Vigilius）。① 随着这个青年派别人
文主义的堕落，同时伊拉斯谟、罗伊希林和穆特以怀疑的眼光看待
路德的宣传，青年人文主义者成群结队地举起抗议和反叛的新旗
帜，这样做导致文化失去光彩，毁灭了德国学术的复兴。它是未来
的预示：在 1510 年，作为爱尔福特学生反对经院哲学的骚乱的结
局，暴民摧毁了大学建筑物、学院和大学金库，最糟糕的是，破坏了
拥有全部古老文献和证书凭照的漂亮图书馆！仅仅是党派的偏
执，引起天主教历史学家把这些祸患归咎于伊拉斯谟和穆特的教
唆；它们是伴随个人主义诞生的那种抗议和反叛精神的结局。理
性人文主义者在为思想自由工作时，尽可能储存他们的力量，力求
通过逐渐的进化能够达到那种自由；更狂热的宗教派别引发了革
命。与引自这位哥达的教士写给他的朋友的信札的几段引文相
比，没有什么东西能够更强烈地显示理性人文主义者的精神了。

　　他写给斯帕拉廷："我不愿把出自神圣的《圣经》之谜摆在你们
面前，可是想把一个通过非宗教的研究可以解决的公开疑问摆在
你们面前。假如基督是生活道路、真理和生命，那么在他诞生之前
如此之多世纪人们做什么呢？ 他们在无知的漆黑笼罩下迷路了
吗，或者他们分享了灵魂得救和真理吗？ 我以我自己关于该问题
的观点将会对你有所帮助。基督的宗教并未以他变成人开始，而

----

　　① 　往往极其难以想象，一些诗人如何得到他们的古典的名字。例如，普通的多恩
斯海姆的约翰・耶格尔（Johann Jäger of Dornsheim）变成克罗图斯・鲁比亚努斯
（Crotus Rubianus），特奥多里希（Theodorici）变成策拉蒂努斯（Ceratinus）！ 也许，最灵
巧的改名是爱尔福特的印刷商克纳普（Knapp）的改名，他给他自己命名 Cn. 阿皮乌斯
（Cn. Appius）。（译者：阿皮乌斯是罗马人的名字。）

是一直存在着,甚至从基督最初诞生时就存在。此后,真正的基督是什么,特有的上帝之子是什么——如果不存在这种情况,正如圣保罗(St. Paul)所说,上帝的智慧是什么?不仅在叙利亚的狭窄角落的犹太人,而且甚至希腊人、意大利人和德国人,都拥有那一切,尽管他们具有不同的宗教习惯。""照亮心灵的上帝的命令有两个首要原则:爱上帝就像爱你自己一样,爱你的邻人就像爱你自己一样。这个法则(law)把天国给予我们;它是自然法(law of Nature):它不像摩西石碑在石头上劈开,不像罗马人那样在黄铜上雕刻,没有书写在羊皮纸或纸张上,而是最高级的教师在我们的内心塑造的。享有虔诚的心智和难忘的、神圣的圣餐的人做某种神授的事情,由于真正的基督肉体是和平和统一性,不存在比相互之爱更神圣的圣体(host)。"

在给乌尔班(Urban)①的信中,他写道:

"谁是我们的救赎者?正义、和平和欢乐,这些是从上天降临的基督。如果上帝的食物必须服从神圣的圣训,如果最高级的圣训是爱上帝和我们的邻人,请如此考虑,我的乌尔班,如果那些食物恰当地享有耶稣基督的食物,那么谁吞下圣洁的圣饼,而且还在违反基督徒之爱的圣餐面包和酒时扰乱和平和散布不和。真实的基督是心灵和精神,而心灵和精神既不能用手触摸,也无法看见。苏格拉底对青年人说:'请讲,我看见汝。'现在,请注意,我的乌尔班,我们只是借助我们的话语揭示寓居于我们身上的精神和上帝。

---

① 更有名的不是乌尔班努斯·雷吉乌斯(Urbanus Rhegius),而是歌达圈子里的一个十分有趣的名人海因里希·乌尔班努斯(Heinrich Urbanus)。

因此,倘若我们精神地、哲学化地或以基督的方式生活,从而服从理性而不是顺从欲望,那么唯有我们分享极乐之地。"

在这封信中,穆特甚至昌言,当伊斯兰教徒说,真正的基督徒没有在十字架上被钉死时,他们同样不是错误的。另一次,他致信乌尔班:

"新衣服、新礼仪被采纳,仿佛上帝能够因衣服或盛装而增光一样。在《古兰经》我们获悉:'不论他是犹太人、基督徒还是穆斯林,为侍奉永恒的上帝并有道德地生活的人,都赢得上帝的恩赐或拯救。'因此,上帝因正直的生活路线而高兴,并非因新衣服而高兴;由于对上帝唯一真正的崇拜在于不作恶。他是宗教的,因为他是正直的;他是虔诚的,因为他拥有纯粹的内心。其余一切皆为过眼云烟。"

我们还再次读到:

"只存在一个神(god)和一个女神(goddess),但是却有许多形式和许多名字——朱庇特(Jupter)、太阳神(Sol)、阿波罗(Apollo)、摩西、基督、卢娜或月神(Luna)、刻瑞斯(Ceres)、普罗塞耳皮娜(Proserpine)、大地女神(Tellus)、玛利亚(Mary)。但是,不传播那个才是谨慎的。我们必须像古希腊埃莱夫西斯城(Eleusinian)的秘密那样默不作声地埋葬它。在宗教问题上,我们必须使用寓言和谜语的掩饰物。你的确由于朱庇特即最好的和最大的神的恩赐默不作声地蔑视所有小神。若我说朱庇特,则我意指基督和真正的上帝。关于这些太重大的问题,到目前为止足矣。"

穆特需要谨慎;"不信神的画家"甚至由于远小于此的缘故被

新教教徒流放！把表白信奉的声明丢在一边,忽略为教会效力,对斋戒感到好笑的人,甚至在爱尔福特的邻近地区都有理由成为十分谨小慎微的。另一封有趣的信件几乎是像冒险一样:

"唯有傻瓜在斋戒中寻求他们的灵魂得救。我疲劳不堪,昏昏沉沉。那是由于愚蠢的食物,更不用说比较严重的事情了。他们是蠢驴,确实是蠢驴,因为他们不吃他们平常的膳食,不以甘蓝和咸鱼为食。"穆特致信彼得·埃贝巴赫:"当贝内迪克特(Benedict)告诉我你的母亲的哀伤,因为你如此难得去教堂时,内心感到好笑的我不会禁食,不会与平常的习惯相反去吃鸡蛋。我以下述样式宽恕这个前所未闻的和毛骨悚然的罪过:彼得明智地不去教堂,因为该建筑可能坍塌,或者雕像可能坠落;许多危险总是近在咫尺。但是,他为此理由嫌恶斋戒,因为他知道,对他的绝食的和变得憔悴的父亲而言会发生什么事情。如果他吃饭,正像他先前习惯所做的那样,那么他就不会憔悴。鉴于我的听众不断地皱眉头并询问:'谁将赦免你们这些坏基督徒?'我回答说:**研究和知识。**"

还有最后的引文:

"在理性指导之处,我们不需要基督教神学家。书院是语法学家活动的地盘;神学家在那里没有用处。现今,神学家蠢驴占据整个书院,没有开始终结胡说八道。在一所大学,有一个诡辩家、两个数学家、三个神学家、四个法学家、五个医学人、六个演说家、七个希伯来语学者、八个希腊语学者、九个历史比较语言学家和十个正直的哲学家作为全部学术团体的主席和领导者,这就足够了。"

这些选段也许可以传达赋予青年人文主义以情调的人的某种概念。由于他嘲笑斋戒、教徒崇拜和向外的宗教,我们乍一想可能假定,他大概支持路德。但是,像伊拉斯谟一样,他看到"改革者"的运动会破坏真正的思想自由,他表面上还是留在天主教教会之内。路德到沃尔姆斯(Worms)的旅行紧随所谓的"牧师骚乱",路德的暴民捣毁了哥达大教堂教士的房子。从这时起,穆特的环境变得越来越糟糕;几年后,他为一点点必要的面包和金钱求助于选帝侯①弗里德里希(Friedrich),然而帮助并未到来。可是,与辛酸的贫困做了短暂的斗争,他说了一句话"汝将要了结了",便在农民造反的骚动——这是宗教改革的第一个结果——中平静地死去。他终于找到"幸福的平静"(Beata tranquillitas),他曾经自负地把它刻写在他在哥达的大门上。在暴民抗议的喧嚣声和竞争的神学号角的刺耳声中,他的死亡在被漠视的文化死亡中是非常典型的。

尽管这位几乎被遗忘的哥达教士曾经是校长,但是他绝不是青年人文主义之父。足够奇怪的是,它的精神具有比 15 世纪的文艺复兴远为悠久的历史。青年人文主义是流浪学者(strolling scholars)的直接后裔,流浪学者从 12 世纪起就持续在生活和著述中反抗传统礼仪社会的习惯,尤其是在普遍的和天主教的等级制度中的那些习惯。这些流浪学者是形成"拉丁步兵队"的人力资源。青年人文主义保持了他们的习俗、桀骜不驯的生活方法,后来在它与修道士和罗马天主教教会的斗争中还采用了他们的讽刺杂咏和诗歌。现在,以任何篇幅考虑欧洲历史的这个最有趣的现象,是不可能的。几点评论也许有助于表明它与青年人文主义的关系。在英国、法国、意大利和德国的国内,我们都找到 13 世纪的流

---

① 选帝侯(Elector)是德国有权选举神圣罗马帝国皇帝的诸侯。——译者

浪学者;他们在一起结社,像放纵派吟游书生(Goliards)会社和
"漂泊队伍"(Ordo Vagorum)。他们从遍及欧洲的一个书院漫游
到另一个书院。拉丁语是他们的共同语言,饮酒和赋诗的能力是
进入这个阶层的唯一资格。起初,所有人都是教区执事,后来他们
变得较少排他,从各个阶层吸收①他们的成员。他们过着放荡不
羁、不计后果的生活,公开反抗一切形式的社会秩序。修道士、长
须人、好嫉妒的丈夫,是他们的讽刺杂咏特别喜欢讥讽的对象;合
意的小酒馆、快活的交际和长着醉人眼睛的姑娘,是他们的偶像。
他们对教会的憎恶是强烈的;不过,对她的教义憎恶不像对她的牧
师的贪婪和愚蠢憎恶那么多。他们大量撰写一行接一行的辛辣讽
刺杂咏,以反对罗马天主教教会和教皇的世俗权力;在威克里夫之
前一个世纪,他们就进入这个领域,而且为传播他的主张做了许多
事情:在整个 15 世纪都可以找到他们的足迹,路德表明了解他们
的诗歌。他们反对罗马天主教教会的为数众多的文字,是宗教改
革前三个多世纪在黑暗角落斗争的抗议和个人主义的奇特纪念
品。关于他们的一些诗作,那里有真正诗篇的名副其实的竞赛,这
使它们成为中世纪运用拉丁语的最有价值的文学产品之一。想一
想,在人文主义之前好长时间,流浪学者也有他们的"诗人"和"首
席诗人"。教会会议和教会法院的权力机构徒劳地颁布反对他们
的教令:不应该把上帝之爱给予他们,应该把他们从弥撒中排除出
去,应该关押和惩罚他们。虽然如此,他们依然十分活跃,继续创

---

① 此处原文是 recruit,疑似动词 recruit(使入伍、招募、吸收新成员、恢复)之
误。——译者

作讽刺教会的作品,随意胡乱躺卧在公共长凳上,在小酒馆醉饮,向自治市自由民的姑娘示爱。在人文主义时代之前很久,他们就诵读他们的贺拉斯和尤维纳利斯,用古典精神充实他们自己。他们在饮酒诗歌中通过模仿嘲弄教会的歌曲。他们通过模仿嘲弄《圣经》的话语:"在那些日子,一个灵魂有许许多多的表演者,没有穿古希腊或古罗马的长达膝盖的短袖束腰外衣。"或者还有"在春天,酒鬼正在相互说,让我们全部投向小酒馆。"或者"我们可以赚钱,可是不得不发生什么呢? 教皇回答:它写在我教导你们的法规中——用你的全部内心和你的整个心灵爱金银和财富,就像爱你自己一样;请这样做事和生活吧。"

在像威克里夫、胡斯(Hus)和路德这样的流浪学者看来,天主教教会的头目是伪基督或敌基督(Antichrist)的门徒。他们的爱情和饮酒诗歌与他们的讽刺教会的作品相比更令人愉悦;前者中的一些非常优美,后者的幽默无可争辩。[①] 不缺少天才,沉酣在小酒馆、加入流浪者序列、以在地球表面漫游和抗议一切形式既定的秩序为乐,这才是天才。青年人文主义者继承的东西就是这样的;他们是再次步入卓著的流浪学者。没有人能够欣赏《晦涩人书简》的精神,或者理解该书的起源,倘若他没有阅读流浪学者的讽刺杂咏的话;一个是另一个的自然结果。像乌尔里希·冯·胡滕和赫尔曼·冯·德姆·布舍(Hermann von dem Busche)这样的人,实际上是新名义下的流浪学者。他们引领永不宁静的、无拘无束的

---

① 自从写了上面这些文字以后,J. A. 西蒙兹(J. A. Symonds)先生在《酒、女人和歌词》(*Wine*, *Women and Song*, 1884)中把这些歌词中的一些翻译为英语诗句。

生活,时而在大学礼堂倾听,时而服役当兵,甚或一整天假扮拦路强盗玩耍。就他们的难以丢弃的生活来说具有魅力;亦有天才的印记,尽管它过分经常地浸透在酒中或被公开搞臭。在近代,如果诗人天资的伟大使对社会习惯的违背在不止一个场合相形见绌,那么我们不可能发觉,宽恕乌尔里希·冯·胡滕次要的过错是困难的,因为他拥有更广泛的和更热情的天才。于是,青年人文主义的精神就是这样的——是用讽刺杂咏、妙语行使意志力,甚至用暴力消灭旧经院神学的人的精神;他们总是处在抗议、造反的第一列。他们愿意参与路德,他们愿意参与冯·西金根(von Sickingen);他们渴望毁坏和颠覆,不过与理性人文主义者不同,他们没有能力重建。这样的派别获得对大学的控制的结果必定会怎么样,那是非常明显的。旧学问倒塌了,并随之带来新文化。人文主义的目标和新教的开端就是这样的——乌尔里希·冯·胡滕和马丁·路德的会合点。全副精力、全部理智活力被转向神学的渠道。伊拉斯谟或穆特所理解的较高级意义上的文化消失了。

爱尔福特神学院院长在1523年写道:"一切学问研究都被打翻在地,学术杰出受到轻蔑,所有训练从学生中烟消云散。"埃奥巴恩·黑塞甚至悲叹:"我们沉沦得如此之深,以致对我们来说,只剩下对我们以前能力的记忆;再次恢复新生的希望永远破灭了。我们的大学荒废凄凉,我们受到鄙视。"

梅兰希顿以同样忧郁的语气就维滕贝格的事态写道:"我看见,你们感到相同的痛苦,就像我在我们研究的式微上感到的痛苦一样,这些研究如此之近地首次昂起它们的头颅,可是现在却开始走下坡路。"梅兰希顿宣称,由于被狭隘的、无文化的精神包围,维滕贝格成为没有意气相投的心灵的荒漠。

不仅十足的放纵和混乱在学生中处于支配地位,而且他们的数目在所有大学急剧地减少。在宗教改革(1522年)之前十四年,在莱比锡(Leipzig)录取了六千学生,在接着的十四年,录取的学生不到那个数字的三分之一。在巴塞尔,在1524年后,我们被告知,大学躺倒在那里,仿佛被致死和被埋葬一样,教师的椅子和学生的长凳同样空空如也。在海德堡,在1528年,教师比学生还要多。在弗赖堡,著名的法学家察修斯不得不使他自己满足于六个听讲的学生,而且这些学生还是法国人! 维也纳大学仅有几十个人经常出入,一些院系完全大门紧闭,而先前它总计有七千学生。到处都是相同的抱怨——没有学生或无用的学生。旧经院体系被摧毁了,但是必须代替它的古典作家研究同样也消失了;竞争的号角正在遍及全部书院回荡,它们的噪音正在使正直人士变得沉默寡言。路德恢复了欧洲神学的洪峰,人们不再能够且不再愿意为希腊或罗马的哲人感到高兴。当伊拉斯谟宣称,"无论路德主义在哪里统治,学术就在哪里毁灭"时,我们充分理解他意味着什么。

关于雅各布·温普费林的短文[①]

在对一位改革者使他自己消除弊端的事态没有某种概念的情况下,是不可能正确评价他的工作的。因此,我将简要地描绘一下

---

① 这篇短文是为参加在1882年所做的关于中世纪德国的系列讲演的学生重印的。

在 1500 年之前存在的教科书的类型。我们已经看到,书院的首要目的是教拉丁语,而教拉丁语主要是为了神学的目标。在 12 世纪,普遍接受的拉丁语语法是多纳图斯(Donatus)的语法;13 世纪伊始,出自普里西安(Priscian)的法则被变为亚历山大·德·维拉·德伊(Alexander de Villa Dei)所做的六韵部组成的诗行。这两部书是有点悲惨的产物;还不可能用它们学习一些拉丁语,因为它们在诸多世纪依然是标准的书院语法。此刻,当经院哲学失去它的早期活力,退化为人的思想的纯粹累赘时,它不仅产生了每一行当的大"博士"(doctor)的很多对开本,而且这些不幸的教科书即多纳图斯和亚历山大甚至被无条件地埋葬在注释和评注的大山之下。这在接近 15 世纪末时特别流行。时运不济的学习者(scholars)不仅被迫要记住他们的多纳图斯,而且被迫要记住把他嵌入其中的全部注释! 现今,几乎无法想象这些注释是绝对的胡说八道和愚蠢透顶。儿童必须记住它们的荒谬怪诞,以至于像路德所说的:"青少年可能把二十年到三十年时间耗费在多纳图斯和亚历山大之上,可是依然一无所学。"例如,冠以标题"按照神圣的基督教神学家(Holy Doctor)(托马斯·阿奎那)的方式对多纳图斯的阐释,带有某些新颖的和漂亮的批注,1492"的某一注释,针对多纳图斯就他的题目"多纳图斯关于八种词类的对话"意味着什么,便以十个相当长的段落开始。这样一来,据说**多纳图斯**的措辞表明,多纳图斯是语法的**原因**;可是接着,可怜的书院青少年必须区分,作为语法的原因的多纳图斯是正在运动的动力因,还是已经运动的动力因,或是质料因,或是第二因,或是第一动力因和终极动力因;也即是就该书的创作及其最终的目标和接近的目标考虑,上帝和多纳图斯之间的关系。相似的无意义的洪流伴随每一个语法词汇；对于亚历山大更是弄得一团糟。关于第一个写作语法的人的本性，就撰写了数个冗长的段落，在其中看来好像是，第一个语法学家必须是具有形而上学知识的自然哲学家。所提供的理由是："在语法发明之前，不存在语法，因此第一个语法科学的发明者不是语法学家。这就是说，就本性而言，第一个语法科学的发明者具有不完美的语法；他借助研究和劳作，通过他的记忆或经验的感觉，完善了这一点。如果青少年真要从这样的教育方法学习任何东西，那就是用词语诡辩、争辩和游戏，多么奇怪呀！"书院和大学二者导致相同的结果；争论和辩论是天天的通例。在这些辩论中，重大的目标是用词汇圈套捕获你的对手——甚至使用双关语或类似的短语使他与他自己矛盾。争辩是大学教育的重大目标；当众争辩总是在授予一切学衔之前进行。这样的方法把它的名誉给予剑桥的数学优等毕业生；这样的当众争论的方法、神学的争辩，形成宗教改革的标志性特征。天主教和新教都举行辩论。路德、埃克、梅兰希顿、卡尔斯塔特、默纳公开就他们各自信仰的各种教义**争辩**。争辩常常变得如此火热，以至在索邦神学院（Sorbonne）在参加的派别之间安装木障碍，以防止他们诉诸肢体争论。写书为的是在"争辩"中帮助学生，例如：《不争议的技艺》（*The incontestable Art*），《教导就一切可知的事物如何满不在乎地争论》（*Teaching how to dispute indifferently concerning all thing knowable*）（1490 年）。让我们审查一下来自这后一本书的某一不争议的案例。两个争论者被称为反对者和回答者。

假定回答者愿提议为任何一个告诉他真相的人干杯，而不为另一个人干杯。反对者对回答者说："你不愿对我提议干杯。"问题是,回答者应当提议为反对者干杯,还是不应当提议为反对者干杯? 若他提议,则反对者说了假话——在这种情况下他不应当提议。若他不提议,则反对者讲了真相,回答者应当提议。

设想彼得总是奔跑,直到他遇见某一说谎的人为止;保罗先遇见彼得,并且说:"彼得,你没有奔跑。"问题是,保罗说了真话还是说了假话?

假定柏拉图说:"若索尔特斯(Sortes)诅咒我,则他被诅咒。"索尔特斯说:"若柏拉图不诅咒我,则他被诅咒。"问题是,柏拉图诅咒索尔特斯,还是没有诅咒索尔特斯?

书院教的诡辩就是这样的,在那方面大学在 15 世纪使人高兴。[①] 抨击这种教育方法的第一个人是劳伦丘斯·瓦拉(Laurentius Valla);可是,按照他的路线工作,为德国的教育改革做出最多贡献的人是雅各布·温普费林;伊拉斯谟对他们的劳作进行最后的润饰。温普费林砍掉了有关多纳图斯和亚历山大的注释,并为书院青少年撰写了实用的读本和语法。他写道:"在生命如此短暂之时,讲授这样的不必要的东西是发疯。"现在,我以为我们能够领会,当温普费林在他的划时代的著作《青春时期》(*Adolescentia*)中以下述一章起始时,确实不是寻常的:"给青少年的导师——他们教导他们有用的内容"。远非寻常,它是德国教育改革者的声言。

---

① 我的向导是察恩克(Zarncke),参见他的《愚人船》(*Narrenschiff*)的版本第346 页。

在这一章,他表示青少年的校长或教员不要把大量时间和许多学习专门用于朦胧的和困难的问题——这是不必要的,而宁可关心值得认识的易懂的东西:不关心滥用理智的东西,例如难以捉摸的辩证法难题,带有大前提和小前提的三段论。双亲和友人希望儿童如此受教育,以至他们的学习可以导致他们心灵的拯救、对上帝的尊敬和对公益事业的自豪。青年人的机灵的心智必定被引起注意德行、诚实、对上帝的敬畏、对死亡和报应的记忆,而不是逻辑的诡秘。请不要用冥思、徒劳的意见、词语的诡辩,用逻辑属、种和其他全称命题拖累他们娇嫩的年华。之所以教这些十足的全称命题,仿佛基督教是从它们之中成长起来的,仿佛对上帝的崇拜、我们的敬畏、心灵的热忱在全称命题中具有它们的基础——仿佛一切技艺和科学的知识是由它们涌流出来的!"正像肉体和心灵的使用、王国和一切侯国的治理、所有国土的幸福标准、公益的扩展、国家的保卫、牧师的杰出、圣职的荣誉、天主教教会的改革、罗马教廷等级制度的安全、美德的力量、不道德行为的消灭、和平的荣耀、战争的避免、基督教巨头的和睦、基督教活力的维护、土耳其人和我们宗教的敌人的击退、人生的目标、甚至世界的整个机构都会破灭一样,尽管它不依赖全称命题,不在于全称命题,不围绕全称命题转来转去!"

温普费林反对教育中的经院哲学的声言就是这样的。

让我们考虑他的教育理论。他的教育理论的箴言中的许多看来不可能是新的;但是,它们对于 15 世纪而言却是新的;而且现今,我们的公共书院没有几个学习它们的优点。

必须把年幼的儿童交付训练,因为他们此时最容易受影响。

双亲和教师总是明白,儿童接受能力的本性是什么;必须衡量和审查儿童的心智,以便弄清它最适合什么学习。在今天,过分经常地忽略针对儿童个性的各种教育的方法;不论儿童特殊的爱好可能是什么,都把它作为完全一样的原料看待,使原料统统通过相同的教育机器;其结果往往是极其不幸的。接着,温普费林告诉我们,高贵的出身和地位的儿童尤其要受教育,以便他们可以为其他人做出良好的榜样。(他正在特别思考他自己时代的强盗贵族(robber nobility)①的儿童;但是,该议论仍然适用。)一定不要听任他们游手好闲,一定不要让他们粗鲁地和狂暴地寻欢作乐——在这里正如在其他地方一样,他尤其极度反对那些把他们的时间耗费在打猎上的人——而必须使他们致力于他们在其中可以战胜他们自己的不良气质的那些学习。这些贵族为什么会鄙视一切心智的劳作和训练呢?相反地,他们应当学习古人的习惯、他们自己国土的习俗和历史,为的是他们在国内和在战争中可以明智地行动。

于是,我们被告知各种迹象,借助于这些迹象可以在儿童身上察觉天资的存在。这些迹象是:(1)天资通过称赞激励学习;(2)它在对荣誉的希望中力求达到最高的事物;(3)它促进工作和避免懒惰;(4)它害怕斥责和挨打,或确切地讲它把它们视为耻辱,其本意是凭靠申斥使儿童羞愧,凭靠鞭笞使儿童更好地成长;(5)它对教师爱且对教育不恨;最后(6)它自由地表示服从或不固执。

----

① 强盗贵族(robber baron,robber nobility)是英国中世纪对路过自己领地的旅客进行抢劫、敲诈的贵族。——译者

　　由于青年人是轻易会受到犯罪影响的年龄,除非借助长者的榜样和权威有效制止,否则便急剧地从坏滑落得更坏,因此温普费林把青年人性情的六个好品质和坏品质的一览表给予我们,并提出激励一组而抑制另一组的方法。例如,六个好品质是:宽宏大量,快乐,勇敢高尚,直率和善即不易生疑心,充满同情心,高度的羞耻感。六个坏品质是:喜爱感官享受,犹豫不决,极度相信一切事物,执拗顽固,说谎,缺乏节制。

　　立即可以看见,温普费林如何认为教育的要旨不是拉丁语知识,而是道德的谆谆教诲,或者正像他本人表达的,教育的要旨是教善行和道德。他本质上属于宗教人文主义者的斯特拉斯堡学派,他希望通过较少强调教义和力求新的和纯粹的道德改革宗教。塞巴斯蒂安·布兰特在他的《愚人船》中,盖勒·冯·凯泽贝格在他的布道中,温普费林在他的教学工作中,其目标就是这样的。这使得《青春时期》的下述一段话特别显得富有特色;它可以代表整个学派的宣言:"以健全的道德教育青少年,对于基督教和教会改革而言具有最大的重要性。通过复归天主教教会早期的纯粹道德改革它,应该从青年人开始,因为教会**变丑是由道德的邪恶和无价值的教育起始的**。"奇怪的是,在1500年发觉,敏锐的天主教徒认出教会**变丑**及其原因;教徒也看到,教会的真正改革只能通过名副其实的教育过程完成! 十七年后,倘若路德领悟这个真理就好啦!

　　温普费林的四种矫正手段并未显示许多独创性,可是它们证明,甚至在这里他也思考过和分类过。它们如下:公众参与聆听神圣的命令,就天主教信仰私下交谈,在言语失败之处的身体矫正和对天主教信仰来说独特的身体矫正即忏悔。

古老的经院体系使拉丁语成为以神学为目的的教育的主要课程。温普费林在给予道德以第一地位时,引入超越神学的一些东西:"以健全的道德对青年人的教育高度有益于公民的福利和政治团体。"这种明显的老生常谈是对准旧经院教育的十足的改进的攻城槌。

温普费林所谓的**青年人定律**也许对文化史比对教学法史更有价值;但是,它们对后者并非没有好处。它们如下:(1)敬畏和崇敬上帝。(2)不诅咒发誓。(3)光宗耀祖。(4)尊敬老人,追求他们的友谊和交往。(5)尊重圣品人(在这里特别要促使青年人注意放荡不羁的文化人的状态,由于他们不服从这个定律)。(6)不说人的坏话,尤其是有威信的人(恶行与其说应受辱骂,毋宁说值得怜悯——温普费林特别提及罗马主教,并引用圣保罗抵制"被授予圣职的权力"——正是这一文句,路德后来利用它作为在反抗罗马教皇统治时无保留服从名家的论据)。(7)逃离坏社会。(8)也逃脱觊觎。(9)谨慎地反对健谈。(10)显出谦逊,尤其是在服装的事情上。学生的服装必定常常是非常不合礼仪的,在这里需要受到斥责。在该书的其他地方,温普费林使服装得体成为宗教的特点;应当穿长达膝盖的短袖束腰紧身外衣。其他形式的服装起因于虔诚和信仰的完全缺失,或者至少起因于使伤风败俗的女人喜欢的欲望。不合礼仪的服装是不合标准的道德的标志;服装和圣灵所赐的口才一样属于灵魂和精神(inner man)。多年后,梅兰希顿在给维滕贝格的学生就服装发表演说时,还唠唠叨叨地宣讲同样的主题。[①] (11)避免无所事事,追求诚实的工作;在这里,作为一个这

---

① 1480～1580 年是服装堕落的百年。

样的工作的例子,引用了著名的达尔贝格;在其他事务之中,他常做的事情是研究"方言"。给予德国的语言和历史研究首次推动的,正是出自他的斯特拉斯堡圈子。(12)要节俭。(13)关于青年人对待他们自己和他人,有三种美德是特别必需的,即他们应该严格警惕他们自己;他们应该给他人做好榜样;最后,他们应该受到所有人真诚的、基督教形式的爱,尤其是受到好人的爱。(14)在儿童中就增加美德的方法和习惯的效验而论,我们拥有法则。在这里,要旨是对它的一切活动表达赞同。我们必须使我们自己习惯于被儿童的悲伤和儿童的快乐而感动,以便儿童从生命的开始甚至直到生命的终结,可以恨他们应该恨的东西,爱他们值得爱的东西。就像当我们希望小孩是建筑师时,我们对他建设玩具房子流露欢乐之情,必须这样利用游戏在儿童身上造成良好的习惯,并加以巩固。"我们应当在一切事情上努力,甚至在游戏上努力,从而我们可以把儿童的爱好和欲望转向我们希望他们获得知识的那些事情。"在 15 世纪,这一箴言本身是划时代的,可是就在今天几乎不再把它作为教育的指导原则普遍接受了。(15)反对奢侈,特别反对儿童过度吃喝。(16)普遍反对纨绔子弟行为,但是特别反对头发鬈曲。我们被告知,它冒犯上帝,伤害大脑,损害头颅,产生"木虱子(silva pediculorum)",使面孔变形,最终使面容变丑陋,它显示青年人爱他的头发胜过爱他的头颅,培育他的鬈发胜过培育他的智力;引用一位正直的和勇敢的骑士迪特尔(Diether)的说法,其大意是:不准许鬈曲者进入天国,因为伟大的和最健全的上帝不会认为他值得进入圣徒的天国,而不满意上帝赋予他的形象、他的面孔、他的鬈曲的人,不为给他自己创造这些虚假的事物而羞愧——这是对神圣赠品的鄙视和嫌恶,这种人是渴望稀奇古怪事物的人。在最后审判日,公正的最高审判者上帝将不能足够严厉地谴责鬈曲者:"我们没有塑造这种人;我们没有赋予他这些特征;这些不是我们提供给他的天然头发!"(17)青年人要避免一切心智不安,各个种类的激烈情感,巨大的憎恨、欲望、愤怒。应该教导儿童在大事和小事上同样抑制它。(18)生活是由他人的榜样矫正的;不过,儿童不必讨论,为此允许他人做什么。(19)研究的目标:这就是学习最佳的生活方式(optima ratio vivendi),在于在今生真正履行社会生活和公民生活的责任,在于为来世做好准备。(20)最后,必须愿意服从矫正。使青年人趋向的恶习的一览表如下,它未呈现非常大的独创性或优点。可以注意到,在年龄大或地位高的人在场时儿童遵守的五件事:"当你站在你的主人面前时,你必须遵守五件事——合拢双手,把双脚放在一起,使头保持竖直,不到处凝视,在没有吩咐的情况下不随便说话。"

该书其余部分的许多地方也充满引文、谚语或朋友和赞赏者的来信;这些材料扩展到这样广阔的范围,诸如贺拉斯、塞内加、哲罗姆、格尔松、彼特拉克、所罗门、埃涅阿斯·西尔维乌斯(Æneas Sylvius)、赫尔曼·冯·德姆·布舍、塞巴斯蒂安·布兰特、惯于对人的愚蠢讽刺的朴实的说教者和斯特拉斯堡的民间传道者盖勒·冯·凯泽贝格。后者的来信是这个好说教的新学派中特别有特色的来信。他哀叹,这个时代没有产生几个像哲罗姆和奥古斯丁一样的诗人①,却产生了大量的奥维德和卡图卢斯(Catullus)。盖勒

---

① 人文主义者把柏拉图命名为"诗人"。

在他自己的国家发现神学家的兵团,而没有发现几个爱好神学的人(theophils)。它是一个具有深刻的、诚挚的、道德的意图的,但是也具有一点狭隘的权力的人的信件。他厌倦正在窒息宗教的经院哲学;但是,他的唯一的取舍是把宗教化归为道德的教导。温普费林促使在组合的海德堡大学面前朗读盖勒的这封信;朗读导致教授和学生开始着手撰写关于各种善和恶的讽刺短诗,在温普费林的书中插入了这些讽刺短诗。显而易见,大量与教育很少相关的填塞文字就这样插入了。也许,具有诸多特别兴趣的独一无二的其他内容是温普费林自己的某些简短的格言,包括关于儿童的行为准则。在该书后来的版本中,首次插进这些内容。我把它们之中一些似乎对民俗史具有比较普遍价值的内容用简单易懂的语言表达出来:爱上帝;尊敬你的双亲;黎明即起;以圣父、圣子和圣灵的名义画十字;穿上你的标识性服装;洗净和揩干你的双手;漱口,水不是太冷,因为太冷的水伤害牙齿;梳理头发,特别是用象牙梳子梳理(如果你有象牙梳子的话);用硬而粗的衣服擦头的后部;跪下祈祷基督教导他的门徒;重复报喜天使加百列(Gabriel)对圣母玛利亚(Virgin Mary)表达的致意;对你自己的守护神重复相同的致意,或者说这个押韵对句:"按照上天的恩典是我的守护神的天使,请拯救、保护和指导我,我是被送交你托管的人。"[1]在祈祷

---

　　[1]　这个守护神的概念在 15 世纪和 16 世纪是十分流行的,具有许多诗意的美。在盖勒·冯·凯泽贝格的《临终的人如何行动》(*How to Act with a dying man*)中,以特别提到"好天使,我的守护神"祈祷天使。好天使和坏天使在整个一生伴随人,一个援助人,另一个诱惑人。在古老的法律书的木版画中,在囚犯的任一侧都可以看到他们;在众所周知的木印版书《死的艺术》(*Art of dying*)中,他们站在临终的人的旁边。在 15 世纪,现在是微妙幻想的东西曾经是信仰的事项。

后,使你自己准备学习,因为"敬畏上帝乃智慧之始";若有时间,在去学校之前仔细查看你的下一课;超乎寻常地关心你的主;不要因询问他或询问另一个比你聪明的人而害臊;频繁地练习拉丁语口才;爱把你在十字架上救赎的基督;不要说:"老天作证(by God),的的确确('pon my soul),我发誓(on my oath),我担保(i'my faith)";在礼拜日或圣日朗读所指定的关于耶稣基督的《圣经》选读;在敲门时不要剧烈地摇动门扇或门铃,以免被认为是疯子或傻子;当心马和水;从来不携带没有蜡扦的蜡烛;为领路携带蜡烛时,请先走一步,尽管杰出人物跟随你;不要把你的手放在你的髋部;不要查看别人的信件、钱包或桌子;被传唤进餐时,不要迟到,使你自己满意你的东道主指定的座位,不要随身带狗;遇见你的上级,通过他的左侧,使他的右侧空开,不要改换这个侧面;在吃饭的那些人中间传递杯子,不要把它递给他们的手,而要把它放在桌子上;未受邀请不要进入公子王孙的厨房(我以为这意味着,不要去你未被邀请的地方,或者你将为此受到处罚;它可能与中世纪德国的谚语有关;"在宫廷,每七年在厨房工作的童仆都要受到折磨");不要把你已经咬过的面包放在盘子里;宁可把酒倒进别人的肚子,也不要倒进你自己的肚子;在他们指定的合适之处放置你的东西;避免味道刺激的食物;不要用餐刀接触牙齿;在吃蛋糕、蜂蜜等等之后洗脸;把钱借给朋友的人失去朋友和钱;贵族的血液做不出好香肠——我们愿以这个神秘费解的谚语离开温普费林的简短格言。

关于温普费林的其他教育著作,我可以提及:《伊西多诺伊斯》(*Isidoneus*, 1497),该书严厉批评当时通用的教学方法;《日耳曼民族的国家》(*Germania*，1501)，该书描述已经改善的高级中学，并就男孩和女孩的教育一般地做出提示；最后是《精选的核心内容》(*Elegantiarum Medulla*，1490)。后面这本书是供孩子的拉丁语读物和练习本，当时在教科书中引起革命。在扉页上，有坐在大雕花椅中的男校长的木版画；在他的右手是鞭打用的桦条束；在他的下方，在矮凳子上，坐着三个弟子——紧靠左端的一个被推断显然出自课本。

也许，我已经举出温普费林的教育理论的些微概述将充分表明，他为德国教育做出了杰出的工作。[①] 可以说，他使德国学校人性化了；能够把他的《青春时期》合适地命名为第一部伟大的德国教育著作——恐怕是第一部伟大的近代教育著作。他的同代人公正地称颂他为"德国的教导者""德国教学法之父"。

他的真正价值几乎还未被认识，部分由于他是天主教徒，从而被新教历史学家忽略了；部分由于他的著作极其缺乏，其中几部甚至在图书馆也缺少，即使是像不列颠博物馆这样的图书馆。

现在，我必须使我自己满足于简要陈述温普费林教育工作的数量。至少，德国应该全部再版他的教学法著作，以感谢它的教导者。

说明：读者可以在下述著作中找到德国人文主义研究的出色资料。

J. Janssen, *Geschichte des deutschen Volkes*, vol. i. pp. 54～134; vol. ii. pp. 1～128.（强烈的天主教倾向）

---

① 在二十年内，他的教学法著作售出三万册。

K. Hagen, *Deutschlands literarische und religiöse Verhältnisse im Reformationszeitalter*.（强烈的新教倾向）

L. geiger, *Johann Reuchlin*.（没有倾向）

Th. Wiedemann, *Dr. Johann Eck*.（天主教倾向）

D. F. Strauss, *Ulrich von Hutten*.（轻微的新教倾向）

F. W. Kampschulte, *Die Universität Erfurt*.（没有倾向）

C. Krause, *Der Briefwechsel des Mutiaus Rufus*.

B. Schwarz, *Jacob Wimfpfeling*, *der Altater des deutschen Schulwesens*.

9　马丁・路德[①]

理性是魔鬼的最高级的妓女。（Vernunft ist des Teufels Höchste Hure.）

　　在刚刚过去的一年，关于路德谈得如此之多、写得如此之多，以至我们可以料想，给大多数人——对他们来说直接的历史研究是不可能的——提供了充分的资料，可以就这个人和他在其中是主要行动者的运动达到真实的判断。也许，关于宗教改革撰写的书籍比任何其他历史时期都要多。可是，自从理性从传说的迷雾中浮现以来，这样的一大堆神话从未增长得使对事实的一切真正审查黯然失色。不仅这种神话在流传的路德生平中是占优势的成分，而且在对学者的考虑提出更大要求权利的著作中也可以不断地追查到它的影响。这种神话的起源和成长也许不难说明；特定的宗教阶段的支持者不变地授予它的创始人以传奇式的完美——把在他的世纪人类的一切伟大成就，甚至把更遥远时期的人类的一切伟大成就，往往都归功于他；而把人类的所有错误，时代的所有罪恶，都强加于他的反对者。对于每一个分裂出来的教派而言，它的创立者都变成人类的大救星，他的对手都变成阴险恶毒的一

────────────────

　　① 转载自《威斯敏斯特评论》(*Westminster Review*)1884 年 1 月号。

代人。因此,便出现这样的情况:为数众多本意良好的人认为路德几乎是第二个圣保罗,认为教皇几乎是毋庸置疑的伪基督。不可能逃脱二难推理:正统的基督教必须认为路德或者是直接受上帝启示的,要不就是魔鬼之子。不能够存在路德主义和天主教的和解;若一个的教导是真的,则另一个的信条是假的。"过渡时期"在今天不会比它在 1548 年更一帆风顺。也许,这可能暗示,矛盾必须在罗马教皇的文件本身中寻找;可是,正统的基督教徒很可能几乎没有获得入场券,这便会剥夺一切对神的感召提出要求权利的那些文件。为了前后连贯,它必须采纳一个观点或另一个观点;在这样做时,路德立即在他看来或者是神的代言人,或者是异教徒——长期被遗忘的真理的发现者或基督教导的背教者。只要在基督教自身留存些许教义,就存在基督教世界本身不会分裂为两个敌对教派——路德的赞赏者和蔑视者——的小机遇。当我们考虑这种根本的区分和众所周知的神学敌意的强度时,那就毫不奇怪,神话能够幸存下去,并且甚至持续地遮蔽宗教改革历史的最突出的事实。学者再三表明,路德的《圣经》既不是第一个译本,它也不是无法计量地优于它的先前的译本;在宗教改革之前好久,用本国语写的赞美诗和布道是普遍的;路德的方法完全与人文主义精神对立;德国的宗教改革绝不是伟大的民间运动——可是,在杂志和报纸涌现的一百周年纪念文章的洪流中,这些事实以及其他不计其数的事实持久地发生矛盾。首次捏造抹黑敌对者名声、在 16世纪用污言秽语谩骂的传单或小册子中找到相称贮藏所的神话,依旧被新闻从业者和伪历史学家作为宗教改革的事实贩卖给公众。我们被告知,宽容是德国宗教改革的领袖的纲领的一部分,可是这个陈述却是一个绝对与一切批判性探究对立的陈述；我们被告知，路德的粗鲁和狂热在他的时代只是有代表性的，可是却没有稍微探索一下这个时代最伟大的思想家们是否实际上是粗鲁的和狂热的；我们被告知，宗教改革把不宽容的弊病一扫而光，可是我们在搜寻 16 世纪伊始和中期牧师和俗人的道德状况和社会状况的任何科学对照时却一无所获；我们被告知，宗教改革促进了文学和学术，可是我们却发现对 16 世纪德国的理智崩溃的绝对无知；最后，我们被告知，一方面今日的思想把它的自由归功于路德，而另一方面神学家坚持路德绝不是近代理性主义之父。在这里，对于绝大多数受本能指导而不是受研究指导的人来说，神学家无疑是正确的。理性主义的整个历史与路德主义对立，就像那样多地与天主教对立。理性主义者永远不应该忘记，思想本身在 1500 年的巴塞尔和爱尔福特比它在这个世纪中期之前的欧洲任何地方，能够更为自由地表达。理智不是从路德主义的信条，而是从神学家之间统一的需要，为它自己赢得无条件的自由。针对断定我们 19 世纪的全部文化都是路德及其追随者的结果的新教教徒，理性主义者必须回答："是的，不过这不是由于他们的教导，而是由于使他们变得无能为力压制的争吵。"正是教派的偏见，迄今遮掩了宗教改革的历史，并导致一位卓越的德国批评家如此结束他的关于该主题的文学评论：

"历史领域必须彻底清除所有这样的神学倾向，无论它们来自右的倾向或左的倾向或中间的倾向。真实的宗教改革历史，必须根本地和完全地拒绝一切神学的和教会的派别考虑和无论什么特征的教派目的。路德的历史仅仅对于使他自己满足于撰写历史的,毫无保留地鄙视为任何神学概念做宣传的人来说,才是可能的。"①

　　本文的目标既不是撰写路德的历史,也不是努力驱散一切遮蔽我们的宗教改革观点的神话。它将完全避免就任何特定教条的真或假,或者就在理智进步或道德进步——为了达到断定是最为合乎神的启示的信条的阶段应当做出这些进步——中牺牲的程度做神学的讨论。本文将把它自己专门局限于路德的教导对德国人的社会状况和理智状况的影响。它将尽力提出问题:激烈的变革能够造成无论什么样的进步吗,或者它不必总是缓慢教育的进化的结果吗?它将询问,作为肉体的人是否能够永远通过强烈地诉诸他们的激情得以提高,或者一切进展是否不依赖于渐进的理智发展。

　　让我们尽可能简洁、尽可能清楚地努力描述,将近 15 世纪终结时在天主教教会中的事态的境况。必须永远不要忘记,遍及中世纪,教会绝不是仅仅关涉人的本性的精神要素的建制,而且它还是整个中世纪社会体制的基础和中世纪理智生活的整体的基调。所有的社会联合体,无论是劳工联合体、商贸联合体还是好伙伴联合体——贸易会所、商业行会和交际联谊会,都是教会系统的一部分。因此,把比较高级的精神方面给予最为日常的商业和娱乐事务。正是教会,形成人与人之间、阶层和阶层之间、民族和民族之间的链环。对我们来说,教会产生所有人之间情感的协调、中世纪

---

　　①　Maurenbrecher, *Studien und Skizzen zur Geschichte der Reformationszeit*
《宗教改革史的研究和概略》》,p. 237,1874.

的世界主义,在个人主义和特别明显的民族主义盛行的现时很难想象这种情况。只要教会是强有力的,只要它能够制定受尊敬的法律,它将站在雇工和雇主之间、农民和领主之间主持公道,阻止压迫。在德国,在 15 世纪后一半,在宗教法规和罗马法之间引起的斗争,并不是教会和国家之间为最高权力、野心勃勃的神职人员和贪婪的世俗统治者之间的纯粹争夺。它包含更重要的问题:农民应该是自由民还是农奴。罗马法是为奴隶国家制定的;宗教法即形式上的基督教《圣经·新约》中的《罗马法》,在精神实质上还是基督教的,极大地与德国人的基督教化的民间法一致。"接受罗马法"的支持者是德国贵族,因为它大大增加了他们的权力和重要性;每一个贵族在它自己统治的边界内都变成小罗马皇帝。接受罗马法的反对者首要的是起主导作用的天主教传道士和神学家。在两部法律的争议中,温普费林认出"最多产的未来革命之母"。

那位阿博特·特里特海姆写道:"在异教徒中间,受奴役状态感觉安适,大部分人沦为畜生般的劳役,哎,这是千真万确的! 在基督教世界之光能够驱散异教的黑暗、不信神和暴虐之前,它必定长时间照耀着。但是,诉诸异教的法律体系的基督徒希望引进新的受奴役状态,奢望尘世的强权——由于他们拥有权势,以致他们也具有一切法权,能够把争议和自由随意分配给他们的臣服者——我们对这些基督徒应该说什么才好呢! 确实,这是一个骇人听闻的信条! 它的应用已经在许多地方引起造反和暴乱,在最近的将来异乎寻常的种族灭绝战争可能爆发,除非使它终止,除非再次恢复旧的基督教民间法、旧的自由以及农民和其他劳动者的司法安全。"

那种自由从来没有恢复;尽管教皇忠告、天主教牧师和众多人抗议,罗马法在整个德国还是被"接受了"。所有对压制群众感兴趣的人成为罗马法引进和传播的热切工作者。由于天主教会失去权力,进展越来越急剧,直到它在宗教改革中变得大获全胜,在路德关于贵族的神圣权利和隐含顺从责任的信条中达到顶点。[①] 于是,特里特海姆的预示实现了,"异乎寻常的种族灭绝战争"即农民造反爆发了。关于接受罗马法,在这里只能注意到另外一点;罗马皇帝是异教的首脑;新法学家对德国的小诸侯说:"你们也有权利在你们自己的土地上成为教皇!"这样的教导并没有长期结果实。

这几点评论可能足以表明,除了纯粹的和简单的宗教教导,天主教会是中世纪社会的基础。对于已经确立的社会生活而言,任何摧毁天主教会的激烈尝试多半是危险的——它可能导致权势成功地凌驾于一切形式的权利之上。完全撇开教条的考虑不谈,德国宗教改革的结果就是这样的;它完成了自由农民向农奴的退化:它部分地通过诋毁行会是"罗马天主教的建制",部分地通过消除妨碍它们变成利己的商贸垄断的旧教会的影响、旧道德的约束,摧毁了不计其数的行会,或者使它们沦落为它们以前的自身的影子;尤其是,通过突然削弱旧宗教信仰,它差不多导致了可以被描述为德国社会分裂的结果:在 16 世纪中期和下半叶,德国人的道德败坏和生活放荡几乎是难以形容的。在一切真正的理智活动和艺术活动几乎全部消失中,他们才发觉它们的相似之处。这样的状况并不是夸张的描述,马克·帕蒂森恰当的将其命名为"路德偏执行

---

① 路德烧毁了宗教法的副本连同教皇诏书,这是一个有意义的事实。

为的狭隘影响"。读者不必猜想,我们使我们自己对 16 世纪在天主教会中日益增长的虐待全然视而不见;我们充分地认出它们;但是,作为回报我们要询问:路德的教会产生了更纯粹和更开明的牧师吗;它为人们增添了道德的和社会的福利吗;它站在最前面支持文学和艺术吗;它更宽容、更慈善吗,不仅如此,它甚至比它尝试代替的基督教更为基督教吗? 简而言之,它革除恶大于它摧毁善吗? 对于这些问题,我们一个也无法给出肯定的答案。天主教会十分急迫地需要改革,但是它需要的改革是伊拉斯谟的改革,而不是路德的改革。由于伊拉斯谟的努力并未因维滕贝格起初热情诉诸大众的无知、接着热情诉诸贵族的贪婪而遭受挫折,因而我们相信,天主教会可以随着人类的理智发展而发展,可以变成道德进步和心理陶冶以及逐渐滑入遗忘的教义的普适工具,以至我们现在能够正在享用全体教会的赐福,能够正在拥抱成为我们时代的最佳理智的一切。教会在 1500 年是否可以容纳一个伊拉斯谟、一个罗伊希林和一个穆特呢? 要知道,他们也许会说,在我们的时代,不可能把赫胥黎和马修·阿诺德(Matthew Arnold)计入它的成员之中。路德通过坚持教义的细目,把欧洲拖进神学论战的洪流,并迫使教会进入信条具体化的过程——它现在从来也没有能够从这个过程恢复过来。当这位最伟大的德国诗人宣布,路德阻碍欧洲文明以数世纪计时,掠过他的心智的恐怕就是这件事情。

不管怎样,让我们更为仔细地审查一下罗马教会在 16 世纪伊始的状况。如此特别催促改革的特定缺点是什么? 我们首先可能注意到修道士和牧师的无知。完全真实的是,典型的修道士决不意指《晦涩人书简》给我们描写的那种愚蠢和兽性的组合。存在保持旧文人学士精神的某种东西的隐修院和不是绝对可鄙的书院；还存在男女两性的女隐修院，在那里诚挚的旧宗教精神远远没有死亡，只是通过最剧烈的"改革"方法才把女隐修院解散了。不管怎样，教会不再代表时代首要的文化、最深刻的思想。她不再是她在早先世纪里的理智巨人——某种精神懒散对她产生越来越大的影响，同时财富和权力使她的心理活动麻木不仁。她落后于她的时代流通的知识，对它的方法缺少赞同。

第二个几乎更为严重，但却与前者有紧密联系的缺点，是教会超越世俗的成员的道德崩溃。牧师、隐修士和修女丧失了对他们誓约的意义的意识，精神感召纯粹变成不费力获取生计的手段。让我们充分领会在这一点能够说的最为糟糕的情况。许多女隐修院一点儿也不比小酒馆好；间或，女隐修院濒于某种更为令人厌恶的境地。在1508年的雷根斯堡（Regensburg）管理人的授圣职仪式中，我们获悉牧师夜晚泡在大众小酒馆，喝得酩酊大醉，掷骰子打牌，与他们的邻人吵架，甚至用刀子或其他武器打斗；我们也被告知，这些小酒馆牧师的服装是奢华的和不成体统的。伊拉斯谟面对他所处时代许多修道士和牧师的状况忠实地作证，他以他的身份之一说："我了解一些修道士如此迷信，以致他们以为他们自己是魔鬼之口，倘若碰巧他们没有穿用于宗教仪式的礼服的话；可是，他们根本不害怕魔鬼的魔爪，尽管他们正在打赌、诽谤、醉酒和恶意地行动。"不过，伊拉斯谟并没有不分青红皂白地辱骂牧师和修道士；他指出二者之中的虔诚的和值得尊敬的榜样，甚至当路德正在倾吐他反对隐修院生活的最强烈的诅咒时，也能够容许我们相信，无疑存在这样的比新教辩论者人数多得多的榜样。要解散萨克森(Saxony)和其他地方的女隐修院,侮辱、威胁和贿赂往往是无能为力的。改革教会巡视者频频发现消极的抵制,这只能是深挚的宗教信仰的结果,在近代调查研究者看来,这把一切不宽容和偏执的负载施加在改革派的肩膀上。在这方面,值得注意的是侮辱和小规模暴虐的体制,思想崇高的阿贝斯·夏里塔斯·皮克海默(Abbess Charitas Pirkheimer)和她的女隐修院不得不忍受从粗鲁的和狂热的奥西安德尔(Osiander)①那里来的这种体制。她就这些事件所写的日记是关于路德改革方法尚存的最有趣的记录之一。② 可是,她的经历绝不是独一无二的;我们还有其他类似种类的记录,表明路德的下述指控多么无事实根据:在女隐修院没有日常的《圣经》读经台,在一千个修女中难得有一个人高兴地去参加神圣的宗教仪式,或者更糟糕,除非在强制之下难得有一个人穿她的修道会的套裙。无论如何,基于路德的权威,像这样的断言从一个作家到另一个作家流传下来,直到在近代历史书籍中作为事实引用它们为止。16 世纪早期修道院的生活需要大量改革,这是无可争辩的;但是,有十足的理由可以怀疑:任何真正的好事都要通过绝对禁止修道会成员穿他们的与众不同的服装,通过向热衷追逐名利的人行贿而留下他们的女隐修院,通过强迫其余的人聆听路德的传教士以最粗鲁的方式辱骂天主教信仰和苦行生活,最

---

　　① 安德烈斯·奥西安德尔(Andress Osiander,1498～1552)是德意志基督教神学家。1520 年接受神职。曾经与他人合作在自由市纽伦堡严格按照路德的教义推行宗教改革。——译者

　　② Charitas Pirkheimer, *Denkwürdigkeiten aus dem Reformationszeitalter*(《改革时代的回忆录》),Bamberg Hist. Verein,Bd. Iv. Edited by Höfler,1852.

后通过尽可能及时地划拨女隐修院的收入来实现。考虑到那些专用于教育和慈善用途的收入份额多么少，戈贝特（Gobbett）对宗教改革的指责——它是掠夺穷人的遗产——并非没有根据。仅仅用信仰拯救灵魂的信条也许能够最大限度地符合圣保罗的教导，但是完全可以肯定，善行有助于人的信念不仅使宗教改革前的德国省却国家救济贫民的体制，而且也使她的教会因高贵的基督教艺术作品生色。路德的被误解的信条——如果读者乐于这样称呼它的话——对于上帝之爱是直接破坏性的，宗教改革运动的领袖们的耶利米哀歌（lamentations）①是无止境的，以致人们不再像他们在天主教的黑暗时代所做的那样捐助了。

　　教会为之吃苦头的第三个大弊病在于等级制度的追名逐利的目的。教会不仅变成精神的权威，而且变成强大的社会权威乃至政治权威。教会的贵族拥有与俗人统治者相等的权力，或者比俗人统治者的权力还要大，他们需要贵族的税收以支撑他们的奢华堂皇。天主教会的法庭的需求要多得多，供给这些需求的财富一点也不计算，只要罗马教廷以为德国人可接受就行。法国和西班牙的国家统一，使这些国家能够成功地抵御教皇的勒索，与教会首脑制定还算公平的临时解决办法（modus vivendi）。但是，国家统一正是在德国所需要的事情。她的贵族渴望自我扩张，却没有持久统一的把握，而唯有持久统一才能够向教皇口述谈判条款；他们个个都始终信服行贿。德国贵族的这种分裂，使得仿效法国的样式解决问题是不可能的。在相继的德国国会（Reichstage）中一次

---

　　①　耶利米哀歌是《圣经·旧约》中的一章。——译者

又一次表达了同样的不满,但是好像从来没有做出真正的自助尝试。钱财通常比观念具有大得多的影响,因此出现这样的情况:起初众多的人把路德作为他们的反对罗马教廷苛捐杂税的斗士欢迎;他们绝没有领悟,他的事业会最终动摇他们的社会生活的根基。1518 年,在当时的天主教德国呈递给凯泽·马克西米连的公文中,十分清楚地表达了德国国民对教皇的不满。① 被悦耳地描绘为"神圣之父、他的孩子的热爱者、可信赖的和英明的精神指导者"的教皇受到告诫,要留意德国的申诉,不然就可能起来反抗基督的牧师,甚至像波希米亚人(Bohemia)那样背弃罗马教会。申诉是没完没了的,大主教和主教从他们的全体教徒那里索取骇人的款项,以便向教皇交纳白羊毛披肩带(pallium)——他对他们的委任批准的标志;可以用来主持公正、根除盗贼和反对异教徒战争的源自德国田地、矿山和通行费的所得,全部归属罗马天主教会。所谓的"高等妓女",也就是教皇的侍臣与他的红衣主教、秘书和行政人员,在德国担任最好的圣职,拥有他们中的许多人从未察看的土地。虔诚的奠基者的金钱被贪得无厌的意大利人抓住不放,本来应该将这些钱财不仅用于教堂和隐修院的维修,而且用于医院、学校、穷人、寡妇和孤儿。这些人和其他无知的牧师不断增加俸金,而德国提供足量有学问的和诚挚的牧师却无法找到合适的职位。恳求天主教托钵休会的修士即纯粹的教皇代理人,就需要被稳固地约束在界限之内。如果马克西米连只要愿意补救这些申诉

---

① *Gravamina Germanicœ Nationis cum remediis et avisamentis ad Cœsaream majestatem*(《带有德国国民向凯泽陛下提出补救办法和建议的申诉》),1518.

和其他许多传教士的诚实申诉,他就会被欢呼拥立为德国的解放者、她的自由的修补者和他的国家的真正创始人! 可以注意到,这些申诉一点也不在教义方面,它们恰恰是国家统一能够使法国和西班牙克服的困难。

　　另一方面,这充分显示,这些非法获取的税收进入其手中的人的特征。他们是主保圣人(patrons),文学和艺术的热情庇护人(patrons);他们对教义决不苛求,宁可把教会视为社会管理的工具而不是宗教管理的工具。就他们的宗教和艺术之间关系的概念而言,本内努托·切利尼(Benvenuto Cellini)的逸事特别有特点。尽管切利尼刚刚犯下只能够叫作谋杀的罪行,可是新教皇保罗召唤他,立即起草了赦免状。在场的侍臣之一察觉到,在祷告的第一天赦免这样的犯法行为简直是不明智的。但是,保罗突然转向他说:"你像我一样不理解此事。请熟记,像本内努托这样的在他们的艺术方面是独一无二的人,是不负法律责任的。"于是,保罗签署了赦免状,切利尼受到最高的特殊照顾。① 切利尼的自传向我们描绘 16 世纪教皇的非教化的形象,然而我们却把他们仅仅作为精神的权威看待。记录教皇在关键的权力上开玩笑是非同寻常的,正是在这个时候路德正在为德国北部地区打造教义的铁箍。不过,这些是构成圣彼得教皇的教皇,是拉斐尔·安杰洛和迈克尔·安杰洛(Raphael and Michael Angelo)的主保圣人,他们的宗教的特点基本上在那些艺术家的作品中反映出来。他们对于教会改革的需要不是不敏感;罗马拉特兰大教堂公会议(Lateran Council)

---

　　① *Vita di Benvenuto Cellini*(《本内努托·切利尼的生平》),Colonia,p. 99.

充分表明,阻碍改革的与其说是教皇的意志,还不如说是修道士的无知和牧师的贪婪。可是,他们宁可按照伊拉斯谟的精神通过教育和培养寻求改善,而不是仿照路德的样式通过全面破坏寻求改善。作为一个准则,他们甚至对过火行为都是宽容的,新教的唯一进展是迫使罗马教廷(Roman See)再次进入偏执的行动路线,以致再次强调教义的微妙方面。

　　不管教皇对意大利来说是什么,这样的教皇在德国是精神贵族。美因茨的红衣主教阿尔布雷希特(Albrecht)是他的时代最有教养的人之一,路德曾经教导他适应包括该隐(Cain)和押沙龙(Absalom)①在内的那类人。在乌尔里希的远亲弗罗温·冯·胡滕(Frowin von Hutten)的指导下,可以把他的宫廷描述为德国艺术和文学的中心。在这里,像罗伊希林、乌尔里希·冯·胡滕②、伊拉斯谟、格奥尔格·扎比努斯(Georg Sabinus)、丢勒、居内瓦尔德(Günewald)和克拉纳赫(Cranach)这样的人遇到支持和同情。阿尔布雷希特大概既不是非常道德的神职人员,也不是深挚笃信宗教的神职人员。在这里,有居内瓦尔德画的圣伊拉斯谟和那位玛格达莱尼(Magdalene)的画像,它们是这个红衣主教的肖像和——正如猜想到的——美因茨一个叫作吕丁格(Rüdinger)的人的美丽女儿的肖像。并不是在这么多年之前,在哈雷(Halle)的某些狭隘的教派狂热分子希望拥有克拉纳赫的从市场教会(Market-

---

　　① 该隐是《圣经》中亚当(Adam)之长子,曾杀害他的弟弟阿贝尔(Abel)。押沙龙是《圣经》中的人物,大卫王的宠儿,后因反叛其父被杀。——译者
　　② 胡滕论阿尔布雷希特的《颂词》(*Panegyricus*)可以在《作品》(*Opera*, Ed. Böcking, iii., p. 353)中找到。

Church)移走的整座圣餐台,因为他们以为,他们在面对圣母玛利亚辨认出同一女士的肖像。现在在罗浮宫(Louvre)的这张餐桌散发除宗教精神以外的任何气味,它是"不信神的画家"汉斯·泽巴尔德·贝哈姆(Hans Sebald Beham)为阿尔布雷希特制作的。在意大利和德国两国的教会领导人,是我们现今应该称为"解放了的"人;他们是具有高雅艺术和一切形式的人文主义教养的热烈的鼓动者。他们不会同情这样的运动:重新引进教义的精细;全面钳制人文主义的传播;在奥格斯堡①、不伦瑞克(Braunschweig)、汉堡(Hamburg)、法兰克福(Frankfur)、巴塞尔、苏黎世(Zürich)和北部、南部的每一个地方,焚烧和用重锤砸坏最贵重的艺术品;或者像在武尔岑(Wurzen)那样,按照路德的主保圣人、"慷慨无私的"约翰·弗里德里希(Johann Friedrich)的直接命令,把艺术品砍光剁碎,"只要它们不是用黄金镶嵌的,或者没有表现严肃主题(ernstliche Historien,严肃的历史),其余的储存在教堂的地下室里"——对此必然感到惊讶吗? 这些都是在评价宗教改革时影响今日有教养的心智的事情,无论对过去还是现在打破传统信仰的狂热者来说,不管它们曾经似乎是或者似乎是无关紧要的甚或无可非议的。

这样一来,姑且承认在教会的特殊阶层中存在严重的弊病,于是我们可以询问,那个时代较为富有思想的天主教徒是否没有辨认出那些弊病;本来改革可以避免道德的、理智的和艺术的生活解

---

① 奥格斯堡的主教写道:"我们始终既没有向圣徒祈祷,也没有崇拜他们的形象。由于这些纪念物和画像的年代和艺术价值的缘故,至少可以保护它们免遭破坏。"

体,而这种生活则继续剧烈破坏中世纪教会体系,可是没有尝试改革吗?我们回答,已经认清这样的状况并做出这样的尝试——在比路德广泛得多的基础上建构的改革是能够相信的;可以把这种改革尝试依照它的热情支持者恰当地命名为伊拉斯谟宗教改革。当我们如此频繁地被告知,除了所有的神学问题外,我们把我们的近代的理智自由归功于路德时,此时路德和伊拉斯谟的立场的比较就具有特殊的重要性。伊拉斯谟的计划被路德运动的暴力行为毁坏了。我们必须探索,我们的近代思想是否不是逐渐转向伊拉斯谟的原则,继续一个接一个地拒绝路德的每一个教义和每一个概念的结果。比尔德(Beard)先生在他的希伯特(Hibbert)讲演中,以极大的真实性评论,过去的宗教改革已经是路德的宗教改革,而未来的宗教改革将是伊拉斯谟的宗教改革;我们敢于冒昧地提醒比尔德先生的仅仅是,对路德来说,伊拉斯谟的宗教改革已经既是过去的宗教改革,又是未来的宗教改革。不可能把历史的进程颠倒过来,但是指出人类的失败并不是无意义的;对我们在未来的行动而言,它们形成一切重要的教训。为了治愈两个很大的弊病——牧师和修道士的无知和不道德,人文主义派别采取的手段是什么?可以简要地把它描述为:通过给教会灌输人文主义热情,通过使天主教与新近赢得的学术成就及其进步的文化等同,复活宗教精神。传教士的无知只能被渐进的教育过程战胜,而不能通过把修道士和牧师驱赶到顽固的对立面战胜,但是能够通过教导他们根据其真正的价值重视较高的理智追求战胜。这尤其需要在书院和大学的教学中进行改革,特别需要在它们的全体神学教员中进行改革。现在,当我们回溯在所谓的宗教改革之前四十年时,我们为教育进步的参与者在那个时期完成的改良惊讶不已。必须立即陈述,伊拉斯谟的宗教改革是合理性的而不是激情的,它诉诸人的理性而不是诉诸人的情感。基于这个根据,明确表示人文主义的道德家大力强调罪恶和愚蠢等同,是很有趣的。正是愚蠢、呆笨、无知,才是不道德和犯罪的原因,而非魔鬼的活动,亦非任何关于生来就有的恶的冲动之神学概念是不道德和犯罪的原因。一旦使人变明智,他们就会停止作恶。这是塞巴斯蒂安·布兰特的《愚人船》(1494年)、温普费林的教学法努力的基调,而尤其是伊拉斯谟的《愚蠢赞》(*Praise of Folly*)的基调。像伟大的民间传道士盖勒·冯·凯泽贝格一样,这些人没有丢弃宗教,但是他们重视它的伦理方面优先于教义方面。他们足以充分地看见教会中的陋习,但是他们没有因此迫切需要破坏它;他们以最辛辣的讽刺作品揭露无知和愚蠢。如果我们打开盖勒(Geiler)论布兰特《愚人船》的布道,并留心他如何把它的嘲讽转换为最深挚的宗教感情,那么我们确信,最高尚的道德意图是这些讽刺产品的起因。他们不是为了读者消遣而写,而是为了教给他最有分量的道德真理。在这些人身上存在强烈的诚挚和认真,他们浸透改革教会、纯洁和提升牧师和俗人这样一个观念,他们的方法的主旨是教育。与比较高尚的道德概念结合起来的人文主义文化,将使旧的教会建制恢复生机。盖勒、温普费林和布兰特的精神,基本上是伊拉斯谟精神。他也讥讽无知和愚蠢;他也宣讲实际的基督教。他告诉我们,撰写《基督教职位手册》(*Enchiridion Militis Christiani*)是"仅仅作为反对使宗教依赖仪式和教规几乎超过依赖犹太人身体行为的习俗(Judaic),而不可思议地忽略了与真正的虔敬有关系的一切"。可是,正是在这部著作中,伊拉斯谟认识到整个人的善的接受能力,并表达他对理性指导的信念。生命的整个范围必然是耶稣基督,但是耶稣基督不是空洞的名字,他是上帝之爱、简单性、忍耐、纯粹性——简而言之,耶稣基督教导的无论什么。耶稣基督谈论的不是食物或饮料,而是彼此相爱。虽然伊拉斯谟拒绝纯粹形式的善行,可是他还是把人的拯救寄托在实践基督教的美德上;他绝对没有接受路德的仅仅凭靠信仰赦免的教义。该书充满实际的虔诚;没有神学教条的痕迹,也没有关于赎罪和原罪的晦涩理论。不管怎样,它毫不犹豫地抨击迷信、教会的共同弊病、修道士的无知和愚蠢。"成为基督徒,必定不是作为宗教仪式被涂油或被施洗礼,也不是必须参加弥撒;而是要在人的内心深处占有耶稣基督,并在一生中显示他的精神。"伊拉斯谟的宗教的基调就是这样的,对今日的最优秀的心智来说,它恰好等同于基督教意味的东西。

这些人文主义道德家的建议是,通过教育教会改革她。他们相信,人的比较理智的一面是发展的,他必然是自私自利的和兽性的可能性很小。他们确信人的理性。路德以多么全然不同的样式看待人的行动的护卫者呀!按照路德的观点,在信仰不预先存在的情况下,理性是完全无用的东西;它在精神的事情上是盲目的,不能指出生活的道路。"它本质上是最危险的事物,尤其是当它接触关于心灵和上帝的事情时。"路德在理性中看到"信仰的首要敌人",因为它导致人相信通过善行使灵魂得救;不仅如此,他更进一步断言,无论谁信赖他的理性,都必然拒绝基督教的教义。在另一段,它把自然的理性描绘为"头号妓女和魔鬼的新娘,她只能嘲笑和亵渎上帝所说和所做的一切"。在其他地方,路德宣称,理性只能在耶稣基督中认出导师和圣人,但是无法辨认活生生的上帝之子;为了这个缘故,他倾吐他对它的愤怒。"理性或人的智慧和魔鬼能够对异常令人满意的事物提出质疑,以致人可能相信它是智慧,可是它却不是智慧。""自世界开端以来,理性就为魔鬼拥有,它滋生无信仰。"对于人的理性,路德的这种特别的厌恶甚至在他的《圣经》译文中也表达出来,他在几段话中引入理性一词,此处在原始文本中没有提到相似的东西,值得注意的是在歌罗西书(Colossians)第二章第四节,在那里他用"理性的言说(vernünftige Reden)"代替"引诱的言说"。① 于是,我们将立即看到,在断言路德不是近代宗教改革之父时,神学家是正确的。他认为理性是魔鬼的主要工具,除非神秘的赎罪过程、除非先验的达到完美的信仰在它的应用之先。显而易见,这样的前提条件摧毁了唯一的根据,而理性只有基于这个根据才能够作为对整个人类来说是共同的真理的基础看待。没有什么东西比对人的理智的这种轻蔑更显著地表明路德和伊拉斯谟之间的差异了;它准确地体现了他们为教会改革提出的方法的差异。

让我们考虑,在伊拉斯谟教派的人文主义者和路德信徒之间的这种根本差别,在他们的教导中如何表达。我们已经注意到,人文主义的道德家在把罪恶与愚蠢等同时,迈出多么巨大的一步;它同时提出理性的方法即教育,借以可以减少罪恶。然而,路德信徒断言,人文主义者归咎于愚蠢的东西是魔鬼的直接行动;不是通过

_____

① 　参见 2Cor. x. 5;Eph. ii. 3;Col. i. 21 等等。

教育,而唯有通过饭前或饭后神圣的感恩祷告,才能使人抵挡罪恶。这使对人格化的魔鬼及其助手的短暂支配成为永恒,即便不是重建。在《愚蠢赞》和《愚人船》中被归咎于愚蠢和无知的这些人的错误,是分布到个人身上的魔鬼的路德教义之结果。路德的修道士撰写了关于高利贷魔鬼、贪婪魔鬼、骄傲魔鬼、酗酒魔鬼、诅咒魔鬼、赌博魔鬼、巫术魔鬼的书,不仅如此,甚至还撰写了关于使妻子脾气变坏和引诱人不合时宜地随意支配丈夫的魔鬼的书。① 路德信徒认为,撒旦碰到他们特别活跃,因为他们是他的绝对法则的唯一妨碍。这不是邪恶的纯粹比喻的描写,而是对一群活跃的人格化魔鬼的信念,这些魔鬼在地面上游走,能够对人类造成肉体上的以及精神上的伤害。不仅仅脱离布道坛讲授的人,乃至天主教牧师和俗人都会被魔鬼缠住。路德竭力鼓吹:"每一个到奥格斯堡国会来的德国主教,随身带去的魔鬼比狗携带的跳蚤还要多。"不过,我们了解不止一个例子,在那里火刑柱或杀戮是这种想象的反新教教徒(anti-Protestants)和魔鬼之间交际的结果。甚至在路德的教理问答手册中教导儿童说,魔鬼不仅导致争吵、凶杀、造反和战争,而且由于他的煽动,风暴和冰雹、庄稼和家畜的毁灭、空气的毒害来临了。"一句话,使他恼怒的是,任何人都能够享有一小片来自上帝的圣餐饼;如果他按照他的权利拥有它,那么就不会把一

---

　　① 在 16 世纪的第二半,出现了众多这样标题的著作:*Geytz- und Wucherteufel*,*Hoffteuffel*,*Sauffteuffel*,*Hurenteuffel*,*Eheteuffel*,*Fluchteuffel*,*Spielteuffel*,*Hausteuffel*,*Hosenteuffel*(贪婪的魔鬼与放高利贷的魔鬼,傲慢的魔鬼,酗酒的魔鬼,通奸的魔鬼,婚姻的魔鬼,诅咒的魔鬼,赌博的魔鬼,房子里的魔鬼,象征男性虚荣的魔鬼)等。

片叶子留在田野,把一点东西留在屋子,甚至不会给人的生命留一个小时。"路德的论著和餐桌漫谈大量提及活跃的人格化的魔鬼。瓦尔特堡(Wartburg)的榛子传说和墨水罐传说众所周知;但是,他的朋友和他如何迫使魔鬼逃跑的许多其他逸事,却从他的著作的近代版本中被删除了。关于他的恶魔教义,没有含糊之处。他告诉我们,撒旦为了骚扰人,用丑陋的怪孩子和小淘气偷换真正的儿童。"由于魔法是可耻的背叛,在其中人丢弃使他奉献的对象上帝,而为上帝的仇敌魔鬼尽力,因此唯一合情合理的是,应该用身体和生命痛击它。""为了伤害旅行者,在森林、水域、荒原和潮湿的沼泽地有许多魔鬼。一些魔鬼也处在黑云密布的阴云里;他们引起风暴、冰雹和雷电,毒害空气。当这种情况发生时,哲学家和基督教神学家说,它是自然状态或星象! 基督教神学家认为,疾病仅仅是由自然的原因产生,并试图用医术治疗它们,但是他们恰恰忘记,魔鬼是引起这些疾病的自然原因。我相信,我患病不是自然的原因,而是扈从撒旦用魔法在我身上实践他的无赖行为。无论如何,上帝从这样的邪恶中营救他的挑选者。"再者,在 1538 年,有许多关于女巫的谈论:女巫从母鸡窝偷鸡蛋,从奶牛场挤牛奶并用黄油烹调。路德说:"没有一个人会向这样的人表示宽恕;我本人愿烧死他们,甚至如《圣经》所写的,牧师已经开始用石头砸死罪犯。"我们被告知,这一切只不过是路德时代流行的迷信而已。① 我们承认,这样的信念是十分普遍的,但是我们同时必须指出,人文主

---

① 奥西安德否认幽灵的存在,可是路德评论说,奥西安德总是有怪念头。他本人**熟悉**,人受魔鬼控制,幽灵在人睡觉时惊吓他们。

义者即使也许不是非常自由的,但是他们在这一点明显比路德解放得多。布兰特反对"愚人"是很强烈的,那些愚人相信对买卖、建筑、战争、结婚等有好处的黄道吉日。各种各样的算命蠢行不计其数:相信鸟叫,相信做梦,相信在月夜寻找东西,相信与邪恶的奸计有关的一切。在人们中间传播这样的资料的印刷工常常该受责备。在对话体作品《驱除邪魔》(*Exorcism*)中,伊拉斯谟更为清楚地说出他的见解,在它的说理言语中"侦察江湖骗子的诡计,他们通过编造鬼怪、恶魔和幽灵的故事以及神的声音,欺骗轻信的和单纯的人"。也许通过引用下述讽刺作品,可以最佳地表明伊拉斯谟的正统反对者的愚钝,他们利用这些作品证明他相信巫术。在弗赖堡,他曾经受到跳蚤的折磨,跳蚤太小了,不可能捉住它们;它们叮咬他的脖子,布满他的衣服,当他坚持写作时甚至钻满他的鞋子。他通常以严肃的口吻告诉他的朋友,这些东西不是跳蚤,而是邪恶的精灵。他补充说:"这实际上不是玩笑,而是占卜;因为数天前烧死了一个女人,她交际时携带了邪恶的精灵,并在其他罪行中供认,把几大袋子的跳蚤投掷到弗赖堡。"在另一场合,伊拉斯谟十分庄重地讲述,在席尔塔希(Schiltach)镇,恶魔如何把一个妇人带到天空,又把她放在烟筒顶端,接着给她一只长颈瓶,她按照他的命令打翻瓶子,霎时城镇化为灰烬。当时,添加下述挖苦的评论:"不管关于它的所有报告是否真实,我不会冒险断定,但是城镇被焚毁了,妇人在供认后被处死了,这的确是真实的。"[1]我们没有断

---

① 值得注意的是机灵的、老练的汉斯·萨克斯(Hans Sachs),他总是把女巫和魔鬼带到活动舞台,还加以评说:

　　"魔鬼女士,魔鬼骑士,
　　只是梦想精灵和幻想精灵;
　　加入秘密团体超过信仰。"

言,人文主义者摆脱了迷信,但是他们的理性主义倾向显著地与它对立。路德复活活跃的人格化魔鬼把迷信的洪流带回欧洲北部。在 16 世纪和 17 世纪,在任何地方女巫都没有像在新教国家如此盛行,在任何地方柴捆和拷打都没有像在新教国家如此常见。涉及女巫迷信的增长和盛行的比较统计,不是我们眼下的目的。我们分辨像《女巫之锤》(*Witch-Hammer*)这样的书中的祸根,不过我们注意到,正是人文主义者而不是路德信徒,与这样的犯罪行为的无知做斗争。在这里,引用一位卓越的新教文学批评家关于不伦瑞克这个新教国家的话语,必定就足够了:

"宗教狂热是由于引入新教教义复苏的,并通过教会的代理人保持充分的活力。这个教区不仅必须感谢反犹太人法律日益增长的严厉,而且必须感谢在毫不尊重人格的情况下进行的女巫审讯的不可思议的数量。魔鬼看来是特别活跃的,在那里以其最大的纯粹性布道福音,与它的争夺比任何时候都更为必要。……杜克·海因里希·尤利乌斯(Duke Heinrich Julius)作为一位法学家简单地考察了这件事情,他把他自己局限于拷打引起什么后果。……在他管辖期间,往往一天要烧死十个或十二个女巫,以致在沃尔芬比特尔(Wolfenbüttel)附近、在莱兴霍尔茨(Lechenholz)面前执行的地方,火刑柱像小树林一样竖立。"①

与巫术密切相关的是异教;一般地可以发觉,迷信或不宽容是由相同的原因滋生的。在 16 世纪,女巫或异教同样作为着魔处

---

① Tittmann, *Die Schauspiele des Herzogs Heinrich Julius*(《海因里希·尤利乌斯公爵的奇观》),Einleitung, S. xxvii.

置。因此,伊拉斯谟在他的《愚蠢赞》中告诉我们,"一位无可非议的和钻牛角尖的神学家"如何针对异教从摩西律法——"你不会容忍女巫活着"——推导相同的律法,由于"每一个巫师(maleficus)或女巫必定该杀,但是异教徒是巫师,因此异教徒该杀,等等。"即使在现今,对于那些愿意了解宽容意味着什么的人来说,没有什么东西比学习伊拉斯谟的著作更有益了。他的立场的主旨[①]包含在《愚蠢赞》的神学辩论的少量精彩讽刺中。"为什么应该认为,通过杀戮和柴捆压制异教徒比通过宽容和冷静地说理纠正他们更恰当呢?"伊拉斯谟留给人们印象的宽容精神是这样的,我们可以补充说,当路德当运动毁坏他的劳动成果时,铭刻在天主教会的印记是这样的。青年人文主义者在《信仰的堡垒》(*Fortalitium Fidei*)之上倾泻的轻蔑也是值得注意的。这本归属于阿方索·德斯皮纳(Aphonsus de Spina)的著名著作,可以作为中世纪的偏执和无知的堡垒看待。它的第一卷论述基督教信仰之美,第二卷论述异教之罪,第三卷和第四卷是反对犹太人和穆斯林的长篇激烈演说,而最后一卷涉及恶魔和巫术。在《晦涩人的信札》(*Letters of the Obscure Men*)中,一点也不过分强烈地把整本书描述为充满谬误的书,没有价值;而且除了白痴和疯子,没有人选择该书(mendosus liber,et non valet; et quod nemo allegat istum librum

---

①　在致红衣主教卡姆佩季奥(Campeggio)的信中简明地表达出来:"确实没有一个人被关进监狱,但是与折磨肉体的人相比,正是医生更多地用他的心智做事。的确,我没有把一个人投入监牢,它对心灵的影响超过肉体。"(Neminem quidem conjeci in vincula, sed plus efficit qui medetur animo quam qui corpus affligit.) Monumenta Reformationis Lutheranœ(《路德宗教改革纪念文集》),p. 306.

nisi stultus et fatuus)。① 可是,它的巫术理论被新教教派接受了,
它的关于犹太人的语言只能够从路德的著作提供相似的话语!

　　我们现在回答一个十分重要的问题:路德及其门徒关于宽容
的观点是什么? 我们已经说过,按照路德的见解,所有不舍弃他们
的教会的天主教徒都是魔鬼的孩子。现在,就这一点而论,他们不
应该受到上帝之爱,必须祛除那些仅仅愿意布道"纯粹福音"的教
区。如果把他们作为异教徒看待并烧死,那么直接的结果是与德
国天主教独立邦的战争——在路德生涯的较早岁月,后者即较强
大者在战争中可能会获胜,从而扑灭新教。因此,在宗教改革的早
期,惯常是做法是,流放天主教徒,而身体虚弱的再洗礼教徒则被
监禁和处死。当新教牢固地建立起来时,于是便毫不犹豫地把天
主教徒送上火刑柱或斩首的垫头木。在宽容问题上,在两个神学
派别之间无论哪一个都没有选择的余地;新教教徒或天主教徒一
样不宽容,一样反对伊拉斯谟精神。把宽容归功于宗教改革的领
袖,只是对历史事实的无知。早在 1527 年萨克森教会的圣母往见
日,偏执行为突然发作。我们在法律要点说明中读到,不仅不遵守
所规定的教学和礼仪的法典、丧失其职守的牧师,甚而对他们的神
圣之物的观点或一般而言对他们的信仰产生任何怀疑的俗人,都
必定就相同的事情遭到讯问,并受到教训;然后,如果他们不在给
定的时间改正他们的路线,那么他们必须出售他们的财产,背井离
国。那位选帝侯评论说:"尽管对任何一个人强制规定他相信什么

---

　　① *Fortalitium Fidei*(《信仰的堡垒》)不是完整的标题,但是我的早期的版本没
有标题页。因此,本书是在《晦涩人的信札》(*Epistolæ Obscurorum Virorum*),I. Epist.
xxii. ; II. Epist. Xiii 中被援引的。

或怀有什么不是我们的意向,但是为了不可能存在暴乱或者其他动乱,在我们的土地上我们不会容许任何教派或分裂。"在任何一个德意志新教国家所找到的宽容的最温和的形式就是这样的,对于某种更为严肃的事情而言情况立即变化了。但是,这不是对该名称的纯粹讽刺吗?这种"宽容"形式受到路德的值得注意的教义的支持。在农民战争之前,当路德为坚持他自己的意见而斗争时,他教导说,不能用暴力压制异教,火刑无法烧死它,大水无法淹死它。可是,路德一看见在他周围涌现的、要求相同基本权利的其他宗派的成员,他就宣布,作为反对独立邦的**造反者**,他们应该受到惩罚,甚至应该流放和处死。于是,这就成为路德的学说:独立邦是宗教的首脑,一切宗派成员是反对独立邦的造反者。路德不变地把他的反对者与谋杀罪和造反者联系起来。那些为他们的原始宗教仪式秘密接触的宗派成员"不仅有虚伪的教义,而且也为谋杀和暴乱而接触,因为这样的人受魔鬼支配。……必须通过最严厉的惩处制止这样的无赖,以便每一个臣民可以躲开这样的非法秘密集会,正像所有臣民有义务去做的那样,除非他们希望自己犯谋杀罪和暴乱罪。"①后来以英国的宗教改革的领袖闻名的马丁·巴策(Martin Butzer),更进一步推进路德的这种教义。如果严格地处罚窃贼、强盗和谋杀者,那么有多少虚伪宗教的追随者应当被更加严厉地处置,由于宗教走上邪路比所有身体的不端行为的罪行要无限严重。政府有权利用火刑和杀戮消灭虚伪宗教的追随者,

---

①   *Von den Schleichern und Winckelpredigern*(《来自施莱歇与温克尔的传道士》),1532.应该注意,此时再洗礼教徒没有任何政治图谋。

当然也有权利扼死图谋的观点和孩子,恰如上帝在《旧约全书》中命令的那样。此后发现,另一个路德信徒梅兰希顿称许烧死塞尔维特(Servetus),并把加尔文(Calvin)的那种骇人听闻的行为称为"所有后代的神圣的和值得纪念的榜样",这难道出人意料吗?在路德的著作中有几个段落,能够被引证反对处死异教徒;但是,对那些不相信独立邦信经(creed)的人的驱逐,是他建立的那种独立邦教会体系的本质特征。那些厌烦探究教会巡视者关于年轻的新教独立邦的报告的人,会对那种流放体制的广度和伴随的苦难有某种想法,而组织流放体制并不是巡视者的责任的微不足道的部分。早期宗教改革的领袖的彼此上帝之爱也不比对他们的反对者的宽容更独特;观点的最轻微的分歧足以充分引起憎恨和伤害。路德把巴策称为"喋喋不休的代言人和他的论著的冲洗壶",而茨温利(Zwingli)、奥科兰帕迪乌斯(Oecolampadius)和施文克菲尔特(Schwenkfeld)则是"近亲交配的、彻里彻外的、彻头彻尾的、被魔鬼占有的、渎神的心肠和厚颜无耻的说谎人"。弗拉希乌斯(Flacius)把梅兰希顿叫作"天主教会的地狱的商标。……他和他的一切追随者无非是撒旦的仆人:自耶稣基督派出使徒传布福音以来,在教会中还没有这样危险的人物。"卡尔斯塔特因为在圣事方面意见不同,而被他先前的维滕贝格同僚称为"只希望流血和暴乱的谋杀者"。更加无知、更加凶暴、更加不宽容的是路德对犹太人的审判。我们必须搜索阿方索·德斯皮纳和背教者普费弗科恩(Pfefferkorn)的论著寻找平行性。最近,最使人开心的偏执者赫尔·霍夫普雷迪格尔·施特克尔(Herr Hofprediger Stöcker)重

新发表路德的话语,作为煽动进一步反犹太人的骚乱。一开始,路德告诉我们,他将给予我们他的真正的忠告:

"第一,用大火袭击犹太人的教堂和书院,把无法焚烧的东西用泥土掩埋,从此以后人们永远在那里不可能看见枯枝和石块。……第二,以同样的方式拆除和毁坏他们的住房,因为他们在住房继续只做他们在书院做的事情。让他们像吉卜赛人一样使自己满足于棚屋或马厩,他们也许知道,在我们的土地上他们不是主人。……第三,从他们那里夺走他们所有的祈祷书和《塔木德经》,因为在这些书中教导偶像崇拜、谎言、诅咒和亵渎。……第四,以处死作为惩罚,禁止他们的拉比(Rabbis)讲授。……第五,完全拒绝犹太人在大道上安全通行,因为他们在国家没有权利做事,他们既不是主人、官员,也不是生意人等;他们应当待在家里。……第六,禁止他们放高利贷。他们拥有的一切都是偷窃的,因此必须从他们那里夺回全部东西,用来津贴改变信仰者。"

这些陈述就是路德认为犹太人应该受到的处置的提议,他告诉我们,只要他拥有贵族的权力,他会认真执行这一切的;不仅如此,他使自己激起比这还要强烈的得多的激情:不应当允许这些"厚颜无耻的、谎话连篇的魔鬼"赞扬或祈求上帝,因为"他们的赞扬、感恩祷告、祈祷和讲授都是亵渎神明和盲目崇拜"。对由犹太人做出的任何崇拜行为的处罚应该是丧失生命。不仅要从他们那里夺走他们所有的书籍,甚至要夺走《圣经》连同它的最后一页。不仅要烧毁他们的犹太教堂,而且"让他像他能够做的那样用松脂和硫火猛烈袭击他们;不管任何一个人是否真的能够投掷地狱之火,结果上帝能够看到我们的诚挚,整个世界能够看见这样的榜样。"①

面对这样的教导,我们必须郑重地抗议那种无知,即把路德称作宽容的,或者把我们今日的文化的起源归因于他。我们既拒绝承认他是先知,也拒绝承认他是伟大的道德教导者。我们能够用无限激烈的反对天主教的言论充满记录②,但是我们选择犹太人作为一个中性的派别——路德不对其进行生与死的战斗。能够很容易想象这样对人民教导的结果,作为一个例子,我们已经提到在不伦瑞克反对犹太人的法律日益严厉。而且,与人文主义者罗伊希林相对照,"晦涩人"采取的态度多么奇怪呀;要知道,人文主义者罗伊希林是这样一个人:他的论著显示出对犹太文学同情的研究③,他保护希伯来书籍而反对普费弗科恩毁坏它们的极端借口使整个天主教修会多明我会的愤怒落在他身上,是理智进步派别与无知和偏执派别之间那场著名战斗的原因。比尔德先生在他的希伯特讲演中写道:

---

① *Von den Juden und ihren Lügen*(《论犹太人及其谎言》),1543. Sœmmtl. Werke,Bd. xxxii.

② 例如:"如果我们用绞刑惩处盗贼,用刀剑惩处强盗,用火刑惩处异教徒,那么我们应该用每一种武器在多大程度上攻击这些永劫(perdition)的长老、这些红衣主教、这些牧首、这些无止境地腐蚀上帝的教会的古罗马所多玛(Roma Sodom)的全部污秽;我们应该在多大程度上用他们的鲜血洗涤我们的双手?"*Opera Latina*《拉丁文作品》,v. a.,Frankfurt,ii. 107. 也许,最糟糕的事情是教会用路德的文本制作的粗鄙的木版印版,这些印版太令人作呕了,以致或者不能复制,或者不能展览。(译者:所多玛是一座古城,因为居民罪孽深重而被上帝焚毁,事见《圣经·旧约》的《创世纪》。)

③ *De verbo mirifico*(《非凡的话语》),1494;*De arte cabalistica*(《玄妙的艺术》),1517.

"路德运用信仰的武器杀死理性,唯恐理性偶尔会诱使信仰走向毁灭。但是,假如路德勇敢地使自己处在他的时代更宏大、更自由的思想的前头,而不是利用他的天才的一切力量、他的权威的全部分量镇压它,那么谁能够告诉,关于宗教改革和欧洲理智生活的后继发展的结果可能是什么?"(p. 170)

关于路德,始终没有说出比较真实的话语,可是这个同一作者却责备我们,因为我们对这个人——他压制了我们相信有助于大多数人趋向人类进步的所有那些影响——没有表达感激之情!也许不需要补充说,真实的路德,一个没有文化和没有理智洞察力的人,从来也不可能处在"他的时代更宏大、更自由的思想的前头"。

在我们考虑宗教改革的后果之前,我们必须简要地涉及一两个与理智发展有关的要点。在人文主义者的影响下,在 16 世纪开端,德国在艺术和文学方面达到空前的活跃。[①] 那些没有参观慕尼黑(München)和奥格斯堡美术馆的美术品,或者没有游览乌尔姆(Ulm)大教堂的人,无法形成那个时代艺术完美的些微想法。不计其数的艺术珍品在 16 世纪的反对崇拜圣像的大动荡中毁灭了,但是依然足以表明惊人的活跃,而这种活跃却被带入这样一个唐突的结局。一方面,宗教艺术几乎停滞了,画家和雕塑家占有的巨大资源消失了;另一方面,在如此长久蹂躏德国的宗教战争中,财富却在它那里发现更卑鄙的需求。霍尔拜因(Holbein)无法在他的祖国找到生计[②];克拉纳赫和其他人被降格把他们的天才用

---

①　参见前面的论德国人文主义的文章。
②　请注意这个意味深长的句子:"上帝诅咒他画的一切。"沃尔特曼(Wotmann)的《霍尔拜因》(*Holbein*),p. 356。

在最粗劣的和最令人反感的漫画上；丢勒悲叹："在我们的国家和时代，不少绘画艺术大受鄙视，并断定它只为偶像崇拜服务。"路德本人在他针对反对崇拜偶像者的布道中，仅仅谴责把艺术作品从教堂撤走的方式，而没有谴责撤走本身。他说："应该反复灌输的是，画像是什么东西，把它们拿出来不是为上帝服务；如果这样做，画像便会自行消失。"但是，其他人甚至远非像这个人一样宽容，他们呐喊："画像放在地狱中或放在最淫秽之处比放在上帝的住所要好一万倍。"而且，我们听见教会收到暴风雨般的攻击，雕像和画像被踩在脚下。在茨温利影响下的南部地区，在苏黎世、伯尔尼(Bern)、巴塞尔、圣加伦(St. Gallen)和其他城镇的教会的艺术作品，在一些案例中被新教暴民烧掉或熔化，在另一些案例中按照当权者的指令烧掉或熔化。诚实的汉斯·萨克斯(Hans Sachs)也悲叹艺术的式微，尽管他不承认它的原因："以前艺术兴旺发达，各个角落都充满博学的人、技艺娴熟的工作者和艺术家以及绰绰有余的书籍。现在，艺术家受到忽视和鄙视，他们没有几个门生，这些人被视为梦想家；世人追求感官享乐和金钱；缪斯(Muses)遗弃了祖国！"另一个新福音的追随者感到更加悲伤："现在，在我们的时代，在整个德国，上帝用他的圣令的特别神圣的仪式导致对所有优秀的和自由的艺术家显著的轻蔑。"恰恰在 19 世纪的现在，某些诚挚的工作者试图再次在民众中唤醒对美的热爱，而正是这种对美的热爱在中世纪的民间教育中给予艺术以强有力的影响。

维滕贝格的文学运动的后果同样是破坏性的。一切思想被导向神学渠道，每一枝笔杆都忙于教义辩论，正是印刷商不愿接受除辩论著作和神学著作之外的任何著作，因为前者找到了最大的或唯一的销路;传单或小册子越狂暴、越诋毁,权威版本或盗印版本的数量越大。甚至戏剧本身也被曲解为教派的意图,涉及教皇和天主教会陋习的众多演出停止上演,而在汉斯·萨克斯及其同代人的关注下,这些演出曾经取得如此引人注目的进展。卓越的道德说教文学和讽刺愚蠢的作品终止了,或者更恰当地讲转换为神学的讽刺文,而按照格维努斯(Gervinus)的看法,民歌和民间剧本随着 16 世纪急剧地衰微了。[①] 偶尔有人陈说,如果德国本土文学在 16 世纪处于低潮,那么它至少产生了一位完全够格的作家——路德。尽管我们承认路德的十分伟大的语言能力,但是我们认为,他是近代德国文学奠基者的老生常谈与其说出自任何仔细的比较,还不如说起因于对先前和当代著述的无知。路德是难得的语言学巨人,但是它只是漫长发展中的一步,我们不打算承认神学辩论始终能够作为纯粹文学相提并论。从他的著作最近版本的缓慢出售也许可以判断,德国人本身并不认为情况如此。如果我们转向文学的较为学者的一面,那么我们找不到一个人代替伊拉斯谟和罗伊希林。新教在一段时间之后产生了埋头苦干的批评家,最终独立的探究者和文人出现了,但是并非为了统统抛弃基督教或者至少抛弃新教而罕见地出现。虽然一些人也许会倾向于引证卡索邦(Casaubon),但是,即使我们不顾卡索邦是加尔文主义者,以及"加尔文主义尽管不宽容,可它还不是如此狭隘,它也不像当代的路德主义如此阻碍对心智的影响"这一事实[②],仍然必须记住,

---

　　[①]　像其所是的那样的衰微可以由奥伊伦施皮格尔(Eulenspiegel)和福斯图斯(Faustus)的比较表明。我们不倾向于对它大加强调。

　　[②]　参见帕蒂松的《伊萨克·卡索邦》(*Isaac Casaubon*),第 73、244、502 页等。

卡索邦不是人文主义者，他没有一点伊拉斯谟精神。他赞成烧死莱格特（Legatt），称许"英国教会不成熟地模仿加尔文的大罪过"；希望挖掘斯特普尔顿（Stapleton）的尸体并加以焚烧，因为死者对教会的权力使用了越轨的措辞。简而言之，他是极端狭隘的人——这个人愿意相信，圣灵直接把与耶稣基督的希伯来话语对应的希腊话语转换为福音书作家的口吻！但是，卡索邦实际上是法国人，而斯卡利杰（Scaliger）用下述言词透彻地表达了德国的状况："正是德国人，你注意，德国人，曾经是正在学习的人和博学的人之母的德国人，现在正在把学问的专业服务转化为抢掠。"

　　教育的主题与文学密切相关而来。不能对人文主义者在这个方向上的工作估计过高。宗教改革的领袖在多大程度上选定它呢？人文主义者对德国大学十分全面的重建是众所周知的，不需要在这里评说。一个接一个大学变成新文化的中心，它们普遍的理智活跃是时代的最令人满意的特征之一。正如我们以前注意到的，教育是人文主义者希望借以改革教会的根本工具，他们的教育努力成果几乎毋庸置疑。雅各布·温普费林①基本上是一位书院改革者。正是他打碎了旧经院体制，宣布语法和辩证法不是扩展青年人心智的唯一手段或最佳手段。他坚持认为，需要反复灌输敬畏和道德，而教育的特殊主题是选择对每一个个体儿童适合的东西。就我们的意图而言，值得注意的是他在《青春时期》中的话语："以良好的道德教育孩子和青年人，对于基督教和教会的改革来说具有最大的意义。把天主教会革新为它的原初的纯洁性应该

---

① 参见上面的关于雅各布·温普费林的短文，pp. 185～192.

由青年人开始,因为它的变丑是由他们的恶行和无价值的教育开始的。"能够比较清楚地表达人文主义的概念吗?**真正的改革**只能由**真正的教育过程**引起。假如路德充分领悟这个发展规律,那么情况会好一些! 术语"德国的教导者"(Precepter of Germany)从温普费林到梅兰希顿的转变,正是神学偏见的最显著的例子之一。确实,梅兰希顿是几个有教养的路德宗的教师之一,他撰写了一些书院教科书,但是十分可疑的是,甚至这些能够幸存下来的著作的扉页是否没有它们的以另外的方式为他自己赢得名声的作者。有多少人曾经直接地研究过梅兰希顿的教育理论和那些这样做的人的教育理论,有多大比例的人不辞劳苦地把他的理论与温普费林的理论加以比较?[①] 梅兰希顿关于"被改造的"书院的组成的观点,在《萨克森教会巡视者的指导》(*Instructions of the Saxon Church Visitors*,1528)中给出。没有一个人不会为他的体系的贫乏的形式主义吃惊;他一点也没有提出超越陈旧的拉丁三科[②]书院(Latin Trivial School),他所出的年代在代芬特尔的弟兄们(Brethren of Deventer)之后,无法计量地迟于温普费林。在这方面,路德大大优于梅兰希顿;他的书册"就组织基督教书院致德国的城镇政务委员会委员"(1524 年)包含许多光辉的思想,它是在他获悉鄙视和害怕人的理性之前写就的。但是,甚至在这篇作品

---

　　① 在 O. 布朗宁先生(O. Browning)最近的《教育理论史》(*History of Educational Theories*)中,可以注意到神学偏见甚至对独立的作者如何起作用,在其中我们连温普费林的名字也找不到!

　　② 三科(trivium,trivia)是中世纪七种学艺中的低级部分,包括语法、修辞、逻辑。高级部分是算术、几何、天文、音乐,称为 quadrivium 或 quadrivia(四科)。——译者

中主要目标是宗派的。路德认识到,对青年人的教育赋予教会以巨大的权力,他并非不乐意努力利用它。他的福音和教会必定是第一个从所提议的教育组织中获益。宗教改革的领袖的最大困难之一是得到具有任何文化或学识的人作为福音传道士;教会巡视者不断复发的两难困境是,他们不能开除不合格的牧师甚或天主教的牧师,因为没有神学家替代那些人。从路德以降,我们不时地听到抱怨:没有一个人愿意**当作一种职业**研究神学,新教大学没有配备必要的福音牧师。作为路德在1524年的尝试,值得称赞的是,他们绝不是指向大量的书院改革。宗教改革的领袖想使人文主义教育成为他们自己的;他们没有抓住他们的机会。布朗宁先生在他的《教育理论史》中十分真实地观察到,假如新教教徒采纳了新的教育方法,那么他们在不到一百年就可能推进近代欧洲的理智。他们不仅没有采纳它,而且因为他们的运动的骚动无限期地钳制了德国学术的复兴。他们的大学和书院一落千丈,阅读他们的自我坦白、他们对过去和现在之间差别的觉悟,令人悲伤不已。

即使实际上没有路德后来的教导,宗教改革的结局也必定把受束缚的和被拘禁的理性交给激情的信仰;一切学问必定从"天赋的圣灵亮光(natural light)"流出。基督徒直接受上帝教导;整个亚里士多德哲学是"魔鬼的创造",一切思索的科学是罪孽和谬误。在斯特拉斯堡,新教教徒宣告,除了希伯来语,没有其他语言或学习研究是必要的;其他人认为,必定不存在除《圣经》之外的无论什么学习研究;尤其是,拉丁语和希腊语是多余的和有害的。修道士从布道坛宣布,必须从学习研究时起告诫无经验的青年人,一切学问都是魔鬼的骗术。的确,梅兰希顿写过,这样的修道士应当把他们的舌头割掉；但是，他们难道不是路德蒙蔽人的理性的说教的自然结果吗？不仅如此，路德本人写道："应该摧毁大学；自从世界开端以来，并没有具有更多的地狱或魔鬼气味的东西突然向地球袭击。……所有世人都认为，大学是能够教导民众的那些人由以涌出的源泉；这是绝望的错误，因为在地球上没有比大学里出现更多的可恶事情了。"这样的话语——有时是短暂的激情的结果——可能受无知支配，并导致民众蔑视教育，这有什么好奇怪的呢？当学问不再是多年学习研究的结果，而是上帝对那些真正的信仰即他们自己的信仰的直接启示时，修鞋匠和补锅匠登上布道坛——过于经常地就步态争吵——并宣告新时代，这有什么好奇怪的呢？无论新的**虔诚的信仰**在哪里出现，在一切认真的学习研究的衰落方面，伊拉斯谟这位文化使徒在他的《耶利米哀歌》中都是辛酸的。在该世纪更晚的时候，爱尔福特的新教希腊语教授德雷瑟(Dresser)写道："没有希望，再也没有拯救学术的前景；在这个老朽的时期，它的完全衰微和崩溃接近了。请注意，一切学术职业怎样被撇到一边，书院怎样空空如也，知识怎样受到鄙视。"当新教教徒迈奥尔(Maior)想起在他年轻时天主教黑暗的旧时代对知识的热情洋溢的渴望、无限制的欲求，并把这种状况与在新教最近点燃的烛火的光线下游手好闲和对学习研究的忽视比较时，他失去所有的希望。从 1550 年到 1600 年，我们有来自新教教徒关于他们的书院彻底衰微和崩溃的没完没了的抱怨。[1] 他们能够发现（即

---

　　① 　德林格(Döllinger)在《宗教改革》(*Die Reformation*)的 i. 420~545 中收集了这种衰微的证据。尽管他的书出于它的教派偏见必须极其谨慎地阅读，但是关于这一点，我自己的调查研究在材料方面与德林格的材料一致。

使路德在维滕贝格也发现了），除了魔鬼的直接干预外，没有他们能够把它归咎的其他原因，因为魔鬼必定对拥有真正福音的人怀有强烈的憎恨！

如此一来，许多看法接着从伊拉斯谟的宗教改革和路德的宗教改革的方法的比较中得出：差异全部在于他们的目的，一个提议渐进的教育变革，另一个进行剧烈的破坏。在我们能够在两个人之间做出判断之前，我们必须尽力回答下述问题：伊拉斯谟有任何成功的机遇吗？其次，姑且承认某种理智进步的牺牲可能是无可非议的，倘若大众日益增加的道德和社会的福利伴随它的话，那么我们还是要询问：宗教改革改善了德国人的道德状况和社会地位吗？

伊拉斯谟有什么成功的机遇？应该记住，人文主义的提议不具有革命的特征，至少不是旧派别的提议，这一点更直接地受到伊拉斯谟的影响。提议包含教育改革，而教育改革从它的真正本性来看是渐进的变化。于是，譬如说，伊拉斯谟在他的尝试中不成功，因为修道士的陋习仍然保持不变，这是完全离题的。探究必须视所做出的进步，视它依然以稳定增加的迅速进展的可能性而定。无论教会还是国家，都不能在一个人的一生中使之接受学校教育；它是长期岁月的劳动。伊拉斯谟希望逐渐改革现存的教育训练，希望它们可以有助于人类理智的发展。路德推倒它们；当时他基于他自己的观念重建它们的尝试绝没有成功。旧人文主义者复活基督教教会的建制到什么程度呢？我们认为，达到比一般设想的大得多的程度。德国的书院和大学几乎毫无例外地经受了转变，考虑到转变的庞大数量和迅捷性，只能把这描绘为魔术般的。从维也纳到斯特拉斯堡，从爱尔福特到巴塞尔，存在无可比拟的活跃，这种活跃没有狭隘的教条主义性质。[1] 我们已经指出，教皇和教会的贵族变得多么解放，他们多么彻头彻尾地赞同伊拉斯谟精神。我们有足够的证据表明，人文主义的影响是使它本身成为不仅在修道院之内被感觉到，而且也在牧师之间被感觉到的开端。大量的道德传道士在人们中间出现了；在像库萨（Cusanus）、海恩林·冯·施泰因（Heynlin von Stein）、特里特海姆、盖勒·冯·凯泽贝格和加布里尔·比尔（Gabriel Biel）这样的人宣称属于自己的时代，几乎不能指责神学本身懈怠。对人们的精神领导者的意识再次被唤醒了；为了遍及德国各个城镇的民众，任命了专门的传道士；在用本地语的布道和教学法著作中，日益增强的强调放在基督教的道德的和实践的方面。印刷业也为宗教观念的普及服务；一个接一个的《圣经》版本提供给大众，大众也热切地购买。本国语的布道选集、宗教默祷、祷告和忏悔书，迅速地相互接踵而来，标志着宗教精神在牧师和俗人中的复兴。接近 15 世纪，在德国教会出现了像约翰·冯·达尔贝格（Johann von Dalberg）这样有教养的和思想崇高的主教的接替。援引一位不偏不倚的作者的话吧：

"我们注意到，主教在巡视他们教区的女隐修院时如何相互完备配合，以便在它们内部达到旧行为准则的重建；我们看见，他们正在创办和扩展教育机构，以促进神学的和神学人文主义（theologico-humanism）的学习研究；我们发觉，为了使他们周围

---

① 在人文主义者引导下德国大学兴起的最富有特色的写照，以及它随着宗教改革的崩溃，在坎普舒尔特（Kampschulte）的《爱尔福特大学》（*Die Universität Erfurt*），1858～1860 中给出。

的牧师振作起来,他们按照教会的教规举行定期的教会会议,颁布指导牧师的详细指令。我们注意到,学术界的主导精神如何与教会的贵族处于最友善和最信任的亲密关系;与他们一生的使命的目标相协调,他们如何在一起以联合的力量劳作和奋斗。"①

　　毫无疑问,伊拉斯谟的改革是可能的改革,并在 1517 年已经做出巨大的进步。教会领导人和思想领导人之间的统一是最显著的特点之一。但是,在牧师教育和民众提高的工作中,普遍的知识进步是不可被遗忘的。多明我会修道士和修道女与人文主义者之间为研究自由的战斗是值得注意的,这一战斗占用了 16 世纪早期的岁月。在这里,我们不能涉及普费弗科恩和罗伊希林的争论,但是我们可以指出两个与它有关的事实。第一个事实是,在罗伊希林的支持者中间,存在宗教改革立即使他们归附最仇恨的敌手的人;伊拉斯谟和胡滕、路德和埃克、梅兰希顿和科克拉乌斯(Cochlœus)、斯帕拉廷和卡尔斯塔特,每个人都宣称他们自己是罗伊希林的信徒。第二个事实对于我们目前的意图来说是极其有趣的,它就是教会领导人的前两个裁决**有利于人文主义者**;只是在路德开始他的反对罗伊希林的战斗之后,罗马天主教会才宣布第三个裁决**反对**罗伊希林。路德的对抗促使教会排斥人文主义,是对伊拉斯谟的宗教改革的致命一击。教会能够另外做什么呢? 路德没有表达他对罗伊希林的赞美吗,在路德的反叛中情况似乎不像全体人文主义者正在鼓动反对教会吗? 在某一时刻,路德作为

---

① Maurenbrecher,*Geschichte der katholischen Reformation*(《天主教改革史》),Bd. i. S. 80;一般地也可参见 S. 60~80.

一位解救者受到所有阶层的人们的欢呼。人文主义者相信,他作为新的学术斗士来到了,这位斗士能够把"晦涩人"的无知和固执一扫而光。皮克海默、乌尔里希·冯·胡滕、克罗图斯·鲁比亚努斯、穆特甚至伊拉斯谟,都在他们反对修道士愚蠢的战斗中欢迎作为新同盟者的路德。像布兰特和温普费林这样的人文主义道德家,焦急地等待他们只打算抨击牧师不道德的结果。城镇居民和德国人普遍地把路德视为开始使他们摆脱教会敲诈,终结"德国民族冤情"的巨人。农民以某种神秘的方式希望,路德能够使他们免除向教会交纳的什一税,解除新近"被接受的"罗马天主教会法日益增长的压迫。贵族和尊贵的人在路德那里迟迟没有认清他们可以用来满足他们的特别贪婪的文书。最后,有一些单纯的、朴实的民众,他们想象路德正准备教导早期基督教的形态、兄弟之爱的普遍盛行、公有主义(communism)和虔诚派(pietism)的某种迄今未实现的统一。这个阶层在农民中间并非罕见;它是一般地被归类为再洗礼教徒的各种派别的源泉,这些教徒一样地由于天主教和新教的迫害而被逼向狂热。那些能够理解路德较早论著的人,必定清楚地领悟他与这些形形色色的群体的关系,以及他满足他们中每一个的努力。沃尔姆斯(Worms)会议标志路德的大众化的极端高度。埃奥巴努斯·黑塞(Eobanus Hesse)、皮克海默、胡滕和其他人文主义者都欢呼他到南方地区旅行。弗朗茨·冯·西金根(Franz von Sickingen)答应他若有需要便给予更多的物质帮助;萨克森的选帝侯是他的保护者;富有的自治市自由民使他进入爱尔福特和沃尔姆斯变成凯旋式的列队行进赞美诗(processions);正是在路德正式接见之后的日子,人们发现以

8000人进军反对他的天主教会敌手的恐吓檄文被钉到教会会议厅的大门上。它以农民起义的呼喊结束："鞋会(Bundschuh)①,鞋会,鞋会!"

在判断宗教改革的价值时,表明我们已经指出的各个派别如何一个接一个地不再是路德的支持者,是具有特殊重要性的。人文主义者逐渐获悉,宗教改革并非有利于学术和文化;它正在摧毁书院,引进一批像他们的旧敌人修道士一样气量窄小的和难以接受的神学家;他们看见在新的教条主义阶层中长存的"晦涩人",把知识踩在脚下的无知和激情。伊拉斯谟收回他一度给予路德的赞同,懊悔他在避免暴力和宣讲道德中没有显示出像在捍卫教义时一样的热忱。尤其是,他注意到不断增长的人们的不道德和真正学术的崩溃。曾经大力反对修道士偏执的罗伊希林,试图从维滕贝格召回他的侄子,由于失败而从侄子那里收回他允诺给予的藏书室的遗产。这位《眼睛游戏》(Augenspiel)的作者在天主教会去世。皮克海默也顺从于那个教会——就是皮克海默,他的论埃克博士的讽刺作品使得他被列入反对路德的教皇诏书。他写道:"我坦白,我起初是一个十足的路德信徒,正如我们的去世不久的阿尔布雷希特(丢勒)一样,由于我们希望能够减少罗马天主教会的欺骗以及修道士和牧师的狡诈。然而,正像人们看到的,事态变得糟糕起来,以致这些福音传道者的无赖使先前的人们显得虚伪。……一开始,我期待某种精神自由,但是现在一切明显地转向肉体

---

① 鞋会是15世纪末和16世纪初德国中部和西南部起义农民的革命组织,以农民皮鞋为标志。农民皮鞋脚踝上缚有皮带。——译者

的快感,以致后来的事物比起初的事物更为糟糕。以同样的精神,克罗图斯·鲁比亚努斯复归天主教信仰,对不断增长的不道德和文化的破坏痛心疾首,而这位人文主义者此前曾经构思为反对修道士而撰写的最辛辣的讽刺作品,并与他选中的同志胡滕一起欢呼宗教改革的爆发。"

他写道:"在反教皇至上主义者控制的大多数地方,为反对旧宗教的声称者,已经颁布了苛刻的法律。没有统统放弃与教皇至上主义者交往的人必须入狱,或者用大量的罚款换取他的自由。对于胆敢进入教皇至上主义的教会,在那里聆听布道或参加弥撒,向牧师忏悔或履行任何教会仪式的人来说,这是多么不幸啊!昨日来自天国的新特许状拥有它的警惕的密探,这些具有百眼巨人阿尔戈斯(Argus)眼睛的密探准备好向法官告发罪犯。……公正的法律啊,眼睛和耳朵对于察觉教会的常规如此完美无缺,但是对于通奸者或亵渎者却无能为力识别,并陷入最深沉的昏睡之中!"

关于鲁比亚努斯的这些话语,难道没有清晰地在我们面前展示人文主义者为什么丢弃路德的原因吗?他们期待"精神自由",期待终止教条,期待新的人生观和更广阔的思想;他们发觉他们自己能够正确对待奥格斯堡宗教团体和福音派新教会规章的可鄙暴虐。

希望在新信条中找到基督教之爱和上帝之爱的千年王国之根据的淳朴民众,其遭遇更加糟糕。他们的虔诚的热情是路德信徒的绊脚石;他们把路德本人的福音带入它的逻辑结局,而且反过来主张信仰自由——路德要求罗马天主教会给予他自己这种自由,但是他实际上却拒绝把这种自由给予其他人。路德意识到,众多人们与其说被吸引到他自己的教义,还不如说被吸引到这个原初的信仰;鉴于梅兰希顿和他不能凭借论证使这些宗派成员信服,起初流放、接着刀剑和火刑柱变成新教逻辑的主要武器。[①] 在像路德 1532 年的小册子《论鬼鬼祟祟的人和各处的传道士》(*Upon Sneaks and Hole-and-Corner Preachers*)这样的书本中,我们十分憎恨已经建立的和享有特权的、防备任何人擅自进入其领地的教会。与再洗礼教徒密切相关的是被压迫的农民;这些农民发现他们早期有点受骗了,并遭到全面挫败。在 1525 年,贵族和尊贵的人的兽性暴虐达到它的顶点,农民突然公开造反。现在在我们面前,我们敞开农民领导人印刷和发行的最初十二条条款。这份奇特的传单讲述其压迫的悲惨经过和造反的不寻常经历。它处处诉诸"神的福音",路德的教导当时就是这样叫的。第六条款要求,有俸禄的牧师和作为教皇代理人的罗马教区主教要讲授和宣讲"福音",应该按照他们的优先取舍权免除公职。在大多数近代读者看来,农民的主张绝不是不合理的。值得注意的是在农民和他们的压迫者之间裁决的仲裁人的任命;紧随最高权力斯泰瑟尔特之后的是萨克森的杜克·弗里德里希(Duke Friedrich),连同马丁·路德、菲利普·梅兰希顿(Philip Melanchthon)和"波梅兰(Pomeran)"(布根哈根(Bugenhagen))。因此,我们拥有农民如何解释路德教导的最完备的证据。从纯粹的历史观点看,绝对不可能否认,路德及其追随者的布道是农民起义的**直接**原因。毋庸置

---

①　路德把早期再洗礼教徒的固执归咎于"魔鬼的影响"。路德、梅兰希顿和其他反对这些淳朴民众的新教教徒,是最狭隘的神学不宽容的偏执之典型。

疑,与农民了解路德的"福音派新教会的自由"的教义相比,农民以粗略的方式把握它,可是它十分肯定地是一个火星,这个火星点燃了由压迫集中和堆积起来的激怒人的干柴。① 诉诸没有文化的群众的人是应该负责任的,不仅应该为他的直接的陈述负责任,而且应该为他的听众误解他引起的结果负责任。路德的处境在爆发的时刻极其困难。在他的论十二条款的第一本书中,他努力扮演仲裁人的角色。他断言,农民对"纯粹福音"的要求是最公正的要求,他毫不犹豫地把爆发归因于贵族、尊贵的人的行为,"对你们来说,特别是瞎眼主教、坏蛋牧师和修道士"的行为。另一方面,他以《圣经》为根据为农奴转为农民辩护。"不应该存在农奴,因为耶稣基督使我们大家成为自由的人。那是什么? 那是正在创造基督教的纯粹众生的自由。亚伯拉罕(Abraham)以及其他牧首和先知也没有农奴? 请听一听圣保罗就仆人教导什么,仆人在他的时代全都是农奴。""因此,这个条款直接与福音和抢劫对立,由于每一个人从他的主那里获得他的肉体,而他的肉体属于他的主。"然而,对路德而言,这种制裁人的身份是不可能的;它多半在两个派别之间会导致福音的瓦解。在经过几周考虑之后,路德决心与贵族共命运。他的小册子《反对行凶和劫掠的农民乌合之众》(*Against the Murderous and Rapacious Rabble of Peasants*,1525)最恐怖地诉诸由耶稣基督的教会的教长曾经颁布的杀戮。它是在所有问题上,同样地在精神的和世俗的事情上,关于一切国家权力的神授制

---

① 这在毛伦布雷歇尔的《天主教改革》(*Die katholische Reformation*),Bd. i. p. 257 非常强烈地表达出来。也可参见 p. 275.

度和无保留服从的责任之教义的第一个宣言,此后它被宗教改革的领袖普遍采纳。①

他在这本书中写道:"上帝和德国皇帝宣布造反者为不法之徒,因而所有能够和宁愿屠杀这样的人的人做得完全正确;对于这样的常见的造反者,每一个人同样是法官和执行者。因此,在这里能够、应该公开地或秘密地打击、屠杀和刺死他们,并且可以认为,没有比造反的人更有害、更讨厌、更穷凶极恶的东西了。……老天爷啊,当这样的幽灵附在农民身上时,正是应该立即把他们像疯狗一样屠杀的时候。"

路德告诉贵族,只要热血还在他们的血管流动,福音就命令他们杀死这样的群氓。那些在这样的进攻中丧生的人在上帝面前是真正的殉教者。卡莱尔把路德在农民战争这件事情上的行为,描述为显示"与痉挛的狂热性截然不同的高尚力量"。清醒的历史学家必定与我们的见解一致:"它是最恐怖地诉诸由耶稣基督的教会的教长曾经颁布的杀戮。"没有什么东西能够原谅它,甚至魏乌斯贝格(Weiusberg)暴行的新闻报道也不能原谅它,尽管它在该书出版之前影响到维滕贝格。它作为一种大众运动,是对路德主义的致命一击;从今以后,宗教改革由世俗权力的社会等级和力量实行,民众是漠不关心的,甚至是抱有敌意的;从此以后,路德为寻求支持依靠贵族的贪婪或城镇政务会委员的巧取豪夺。在 1530 年

---

① 不管怎样,请参见路德的《论世俗的当权者》(Von weltlicher Obrigkeit),1523. 路德宣称,他是第一个陈述一切国家权力的神授起源的人(Werke, Bd. Xxxi. S. 24)。也可参见梅兰希顿的《反对农民的条款》(Wider die Artikel der Bauernschaft),在那里论据基于 Rom. xiii, 1。

前,他不仅失去人文主义者、文化参与者的同情,而且甚至失去大量民众的同情。心胸狭窄的贵族的暴政受到宗教改革领袖的认可,学术在神学教义的恣意毁坏下被碾压得支离破碎。尚待我们思考的是,在这样的影响人们社会状况和道德状况的预兆下,宗教改革如何进行到底。

在 1500 年和 1550 年大众状况之间的比较,远远超过在目前这一类型文章的限度内能够做出的无论什么尝试。它纯粹是一个统计问题,这些统计往往具有最单调的本性。迄今,这个论题完全被新教历史学家忽视了,我们应该把我们关于该主题的大多数信息归功于以明显的派别倾向写作的天主教作者。不过,尽管如此,我们拥有比足以表明在德国人的社会和道德福利中的显著衰竭还要多的证据。一个极其重要的问题是,这在多大程度上是由于宗教改革领袖的直接教导。假如宗教改革仅仅阻碍文化,假如思想自由和理性方法只是在不顾宗教改革的情况下成长壮大——因为神学家没有充分联合起来压制它们,那么宗教改革对人们的社会和道德福利的影响将是一个至关紧要的问题,该问题必然决定我们对于路德和他的运动的判断。比尔德先生认为,值得在他的第四次希伯特讲演的一个简短注释中提到这个决定性的问题。他在那里得出结论:"宗教改革起初并没有与之一起携带道德热情的许多净化力量。"如果比尔德先生唯独正在提及德国人,那么我们被迫补充说,无论"起初"还是"最后",路德的运动都没有随之一起携带任何道德热情的力量。它使它所影响的部分德国人变得道德麻痹;在接着的几乎整个两个世纪,德国人的社会生活以及文学生活是"污浊的、沉闷的和无益的"。在 18 世纪,唯有思想解放,对所有宗教教条的反对作用,才把德国人从她的昏睡状态中唤醒。我们认为,比尔德先生委托给注释的东西是最终必须据以判断宗教改革的根据。我们以前评论过,天主教会是中世纪社会生活的基础;我们注意到罗马人在教会法规和农民向农奴转化上的胜利;我们特别提到行会体系的式微与教会的崩溃多么密切地相关;我们还把路德教义对民间道德的直接影响的一些证据摆在读者面前。在这里,我们愿把我们自己限制在它们之中的两个:一个证据与仅仅通过信仰赎罪有关,另一个证据与婚姻的意义有关。在这两点,我们必须再次重复我们在上面已经给予的告诫,也就是谈论路德的教义被误解并不是对他的充分原谅。他发表它们的形式并非仅仅打算为了学者,他把它们硬塞到无知者的手里,他必须为错误解释的结果承担责任。

路德对唯有通过信仰赦免的信条的强调,把信仰永远等同于宗教改革;他如此异乎寻常地喜爱它,以至以热切到激情把"唯有"一词引入他的基督教《圣经·新约》中的《罗马书》iii. 28 的译文,这一段肯定在因传抄出现讹误最多的手稿中也没有包含该词。仅仅强调或好像强调个人的内在信仰的任何教条,都有可能遭受最危险的误解。它未察觉现今能够被如此普遍作为宗教的主要功能承认的东西,即对正直的、友好的、纯洁的生活的坚持。不是使这种功能成为人为了在现世健全生活的头等关切,而是它使他的时间忙于某种过程,他凭靠这个过程在来世才能获得令人满意的生活。个人退隐,使他满意的是他的信仰将拯救他自己的灵魂,他几乎变得或完全变得对他的邻人的物质福利毫不留心。于是,发现宗派兴起并不奇怪——恰恰在相似的环境下宗派在伊斯兰教徒中间也兴起了,他们把下述理论建立在这个信条的基础上:对信仰者来说,可以允许一切事物(即使最不道德的事物)。当然,路德会拒绝这样的暴行;尽管如此,正直的人的工作成果,或者宁可说被上帝选中的人的工作成果,全都一样地是善,这是他的陈述的逻辑结果;最不重要的行动和最大的自我牺牲,在上帝面前具有相同的价值。显而易见,这样的理论摧毁了道德理想的可能性,而人通过毕生的斗争才能够趋近这个理想。路德说:"上帝不问我们的工作成果是多少和多么大,但是他问我们的信仰多么大?……除非忏悔和信仰,否则汝无法拥有上帝。在一切其他事情上,汝像汝愿做地那样自由地去做,而没有一点良心的危险。"十分确实,如果把真实的信仰定义为总是被良好的工作成果伴随的东西,那么这样的表达是无害的。但是,作为拯救的关键,在处理教义的道德价值时,几乎不能过高估计强调纯粹主观的感情状态而不是强调特定的行动路线的危险。对于大量的未受教育的大众来说,作为赎罪手段,坚持良好的工作成果,坚持纯洁的、宽厚的生活是十分重要的。像下述的教导如何被民众错误解释,难道不容易理解吗?"必须全部拒绝良好的工作成果对于拯救是需要的命题,由于良好的工作成果或对赦免、或对拯救是需要的乃是虚假的和骗人的学说。""不存在上帝本人批准的法令,它仅仅向信仰者要求作为对拯救必要的工作成果。""工作成果一无所做;只认为一件事情是需要的,即聆听上帝的话并相信它,这就足够了,此外别无他物。"民众如何理解这些表达,很快就变得明显了。路德本人写道:"在天主教教义体系下,人们是宽厚的和慷慨的,但是现在在福音下无人再捐助了;眼下每一个人骗取他的兄弟的钱财,每一个人都想把一切供他自己享用。宣讲福音越长,人们陷入傲慢、贪婪和奢侈越深。"多么奇怪的失败坦白隐蔽在这里,尽管路德几乎没有认清失败的原因!宗教改革的领袖不断重复关于上帝之爱绝对衰微这样的诉说;他们既不能获得牧师、教会的支持,也不能获得书院的支持。路德在另一个场合告诉我们,每一个城镇如何按照它的规模一度支持几个女隐修院,而没有就众多牧师和慈善的基础说一句话;但是现在,在新的管理制度下,人们拒绝支持一个城镇的两三个布道者和青年人的指导者,即使费用不由他们自己的资产负担,而是由来自教皇制度规定的工作时间留下来的资产支付。对德国人适用不亚于对英国人适用的事实是,德国人的旧教会资产进入贵族、尊贵的人和城镇政务会委员手中,而几乎没有多少再次用于慈善的或公共的需要。在上帝之爱方面,大多数值得怜悯的人是教会巡视者的《耶利米哀歌》。遍及萨克森的比较低等的圣职不仅拒绝交纳自愿税,而且拒绝交纳法定教会税。在 1525 年,路德写道,除非采取非常紧迫的措施,否则无论布道者还是牧师住所,无论书院还是学者,马上就会荡然无存。在某些乡村,宗教精神已经完全死亡;只有三四个人去教堂,农民在服役期间伴随鼓点行军;在其他事情上,甚至把建筑物本身变成绵羊圈,或者使它成为圣灵降灵节的啤酒的仓库;在进一步的例子中,我们获悉在布道时手握啤酒瓶,或者农民威胁用石头砸死堂区负责牧师。牧师本人被可怖地贬黜了。一个教长与三个妻子生活走一起,另一个教长甚至不知道十诫,第三个教长作为织布工谋生,而在许多实例中两三个堂区牧师匆匆拼凑在一起,以便得到一个传道士的供养。在几个乡村,巡视者宣称,唯一的治疗办法是"行刑人和脚手枷"。农民和牧师二者的道德式微是异乎寻常的;二者都酗酒,二者都性淫乱。只是在一个小村庄,一年就有十五个私生子。一个堂区负责牧师被描述为"还算不错的善良",但是因为他有饮酒的嗜好而没有受到无条件的赞扬。大多数慈善基金会消失了,在很大程度上被贵族阶层侵吞;堂区负责牧师的税收渐渐花光了;由教会提供的牧师住所正在坍塌,人群以开阔的教堂院子和教堂墓地为食。书院尽管在那里继续存在,但是它们处在可怜的状态,而隐修院的教学当然与修道士一起消失了。乡村出售了它们教会的礼拜用品和器皿以偿还村社的债务,或者为相似的用途挪用教会的专款。在由若干农村教区组成的乡区,几乎没有任何一个地方对新管理制度有最微弱的热情痕迹。不过,在一个城镇,我们发现选举了路德宗的理事会;他们花钱收买修女,然后关闭她们的女隐修院;他们用每人三十荷兰盾遣散了十八位修道士,用加倍的荷兰盾金额遣散了院长。女隐修院的神职的委任或动产都被出售或卖掉;橱窗被转让给"百货店(Kaufhaus)";发现无数人想要负责保管修道士留下的大量的奶酪或猪油的库存。正如该事件的历史学家天真地评论的:"人们目睹,在多么短的时间内,倾向于路德观点的城镇政府能够完成庞大的工作量;特别是城镇居民,我们必须感谢他们在促进宗教改革中的贡献。"①1528 年,甚至在路德的鼻子底下,萨克森教会的状况就是这样的。我们绝不是打算把这一切失败都强加在他的双肩;一些失败无疑是教皇时代留下的遗产,另一些失败是农民战争的

---

① 　Burkhardt,*Geschichte der Sæchsischen Kirchen- und Schulvisitationen*(《萨克森的教会和书院巡视的历史》),1879,p. 67,et ante.

结果(即便如此,间接地也是由于宗教改革);不管怎样,依然足以表明,天主教会的毁灭与萨克森社会生活的解体直接有关。我们是否能够让读者确信,所谓的宗教改革没有改善人们的处境,即既没有改善牧师,也没有改善俗人的处境,就我们的意图而言这是可以非常充分地确信的;如果它没有改善,那么它在它的目标上就失败了。按照1528年巡视者的报告,我们在这里描述的东西十分密切地类似于我们从教会巡视获悉的东西,直到三十年战争完全消灭在原因和结果之间判断的可能性。非常真实的是,巡视者偶然碰见的"顽固的罗马天主教徒"的数目变得越来越少,但是鉴于接连巡视的主要功能之一是必须除去他们,这大概用不着为之大惊小怪了。在1539年,我们发觉书院依旧处于悲惨的境地,民众自身根本对教育漠不关心。正像穆萨报告的:这个时代的一般倾向是反对学术性职业,特别反对牧师职业;尤其是,慈善基金不再为贫穷的漫游学者提供了。宗教改革领袖发觉他们自己绝对需要受到最温和教育的人为他们的教会服务。1532年,在第二次巡视中,对于多么不领情的人的旧有抱怨朝向新的信条。到这个时候为止,一律变成绝对的定律。捍卫不同于在印刷的"巡视者指示"中出现的信仰条款的所有人,必定被流放到国外。严厉的规章必然牵制民间日益增长的道德衰退;教会监管人必须调查研究和处罚犯罪活动、诅咒、赌博、酗酒、通奸和"在小酒馆就宗教教义激昂辩论"。我们在牧师的支持方面发觉相同的困难,在教堂和教会资产方面发觉相同的抱怨;一个教堂变成谷仓,另一个教堂的房地产被用来建设小酒馆,如此等等。巡视者为了把人带入教堂而采取的手段是幼稚的;例如,那些不参加宗教洗礼仪式的人不得分享洗礼宴席,必须把不合常规的交往从堂区清除。[1] 我们注意到,第二次和更糟糕的教会暴政开始了。

　　在同一时期,正是在维滕贝格地区,事态还要可悲得多。不给俗人上帝之爱,而给在其最广泛意义上的放纵;许多人与牧师吵架,在漫长的岁月有意避开圣礼。牧师住所变成废墟,家畜时常出入于教堂院子或被驱赶到教堂院子。村民拒绝给予传道士以他应得的权益,或者在一起聚会喝光他们的酒。在斯瓦茨贝格(Schwarzburg)领地,巡视者发现四十六位新教传道士和七位天主教牧师。虽然允许八九个新教教徒结婚,但是他们正在与姘妇生活,他们的五个天主教同道也是这样。不仅这些早期的教会巡视是在路德运动中缺乏"道德热情的力量"的强烈证据,而且它们是我们拥有宗教改革领袖的方法的最佳纪录。把福音派新教会的信仰强加在半独立的公国和主教职位的方式的写照是最奇怪的;他们被迫接受路德主义,而不管他们愿意还是不愿意接受;禁止修道士和修女穿着他们品级的衣服,发给养老金让他们退休,或者准许在全部禁止旧宗教惯例的隐修院等待他们的末日。许多如此发现他们自己被剥夺了禁欲主义生活的唯一有利条件的人,再次返回尘世,或者漫游到天主教国家,从而有助于急剧的世俗化过程。在 1535 年,我们发觉许多相同的事态;巡视者抱怨不信仰宗教的增加,对圣经的轻蔑,很少去教堂,几乎完全制止沟通。于是,我们听说在神圣的宗教仪式时最粗鄙的行为,各种恶习以最显著的程

---

[1]　Burkhardt,p. 140.

度增加,尤其是**婚姻关系令人悲痛的解体**。① 甚至牧师的管理提倡最严重的被上帝摈弃。处处都有精神指导的需要,而这却与旧教会一起完全终止。如此之多的东西,必定足以给予读者在宗教改革影响下萨克森牧师和俗人的想法。毫无疑问,存在社会关系和道德关系的崩溃,那个时代的不止一个新教教徒大胆得足以把它直接归咎于路德的赎罪学说。值得注意的是,原初的基督教徒的教派对这种学说几乎一致拒绝,这在民间急剧地成长壮大。这些教派宣称,耶稣基督与其说赐予纯粹的信仰内容,还不如说赐予生活的模式。它们把通奸、贪婪和醉酒的增加归咎于这种"信仰的胡言乱语"。我们愿意用来自施文克菲尔特论著的一个有特点的、但绝不是唯一的段落结束这个主题:

"我们可以合理地指责路德信徒抛弃作为对拯救不必要的外在内容,因为他们不仅教导唯有信仰(sola fides)使人变得正直和圣洁,而且率尔操觚和已经写就,如此尖锐和苛刻地反对关于信仰的良好工作成果,以致许多人全部丢弃一切良好的工作成果和虔诚,从而残暴的和无宗教信仰的存在方式变得司空见惯。唉,在每一个地方都显而易见,民众不知道怎么对待良好的工作成果才好。否则情况能怎么样,因为这些人从一开始就教导和撰写,良好的工作成果,甚至最好的工作成果是罪孽——不仅如此,甚至教导和撰写,正直的人由于所有良好的工作成果而犯罪!"②

转向我们的第二点即婚姻理论,我们首先留意历史事实,然后

---

① 出处同上,pp. 198～199。

② 路德著作中的许多表述完全有理由证明,一些表述可以设想是施文克菲尔特的表述的夸大。

探索它的原因。不容怀疑的事实是,在 16 世纪的德国,性道德式微,婚姻神圣性崩溃。我们不仅在巡视者报告中找到这方面的不可思议的证据,而且新教教徒和人文主义者二者也见证相同的结果。在一所新教大学,我们听到道德行为是像这样的东西:"酒神巴克斯(Bacchus)与爱和美女神维纳斯(Venus)可以要求他们的追随者。"路德本人正在继续呐喊,反对萨克森本地的道德崩溃,甚至不适当地把它与天主教教义下的事态加以比较。由于厌烦反对这种日益增长的众多无序的战斗,他绝望地惊呼:"几乎可以看见,在伟大的福音之光过后,好像我们德国开始变得受魔鬼控制了。"梅兰希顿把政府的较大困难归因于民间日益增加的不道德。奢侈、不知羞耻和放荡一直在蔓延。布根哈根、奥西安德尔、马德休斯(Mathesius)和其他福音派新教会的传道士证明正派做法的式微;他们把它不是归因于旧宗教法令的崩溃,而是归因于魔鬼异常活跃。团体和教派几乎没有发展是这个时代的独特特征之一,他们不仅教导,而且实践多配偶甚至男女乱交。有必要探索一下,是否能够在宗教改革领袖的教导中找到这些结果的任何根据。最近,有许多关于路德就婚姻布道的讨论,在这里必须针对它们说几句话。这些布道进行的年代是从 1519 年到 1545 年,我们可以一般地确定,相同的婚姻概念贯穿它们之中的每一个;它们包含作为一个新教教徒的路德的观点,本质上与天主教会的教导针锋相对。这些布道中最有特点的布道,是路德作为福音派新教会的教师来自维滕贝格布道坛的布道。它们同样地是向一次觐见布道,其中还谈到时代和性。在这里,我们不想就它们的粗鲁说三道四,而听任那种粗鲁至少对他的同代人的某个阶层是特有的；①我们必须只考虑它们的学说。天主教会总是教导，婚姻是具有神圣意义的事情。我们也许是捍卫这样的概念的真理性的最后之人，但是我们必须引起对下述事实的注意：它强调在性关系中某种超越身体的东西，它赋予性关系以**精神的**方面。对我们来说，婚姻概念作为精神的和身体的结合，似乎是男人和妻子之间一切持久幸福的基本条件。叠加在身体结合之上的理智的结合，恰恰是把人提升到高于畜生性交的东西。那些从纯粹本能的冲动引起的婚姻，众所周知是最少稳定的。我们相信，如果必须维持性关系稳定性的话，那么精神的方面必定不断地保持在视野之中。正是拒绝婚姻作为具有神圣意义概念的那个路德，以他的通常的狂躁闯入对立的和更危险的极端。他全部强调性结合的生理起源。确实，他不仅教导贞节在上帝或人的眼中没有特别的价值，而且也教导它是**不可能的**，并与神的训令截然相反。修道士和修女的誓约是无效的，因为它们不可能遵守所立的誓言。他反复从布道坛宣告，无论男人还是女人，都不能控制性冲动。他告诉小伙子和姑娘，他们无法抑制他们的激情，上帝也没有命令他们这样做。小伙子最迟必须在二十岁结婚，姑娘在十五岁和十八岁之间，"让上帝关心，儿童为何必须受到供养"。路德把这种贞节不可能的革命性学说引入婚姻

---

① 塞巴斯蒂安·布兰特使他面对一切形式的粗鲁。他写道："名叫格罗比安(Grobian)的新圣徒出现了，现在所有人在每一方面用粗鲁的言词和放纵的行为崇拜和尊敬他。"关于这一段，格维努斯写道："在尝试堵住这样的急流时没有重大的事情，这种急流当时就是如此，布兰特有这个目的。"假如这位《愚人船》的作者能够阻止他的时代的趋势，那么我们不可以要求同一个人写出《作为英雄的牧师》(Hero as Prieat)吗？

生活的圣洁,并做出近代读者只能为之战栗的陈述。[①] 路德从维滕贝格布道坛向民众——老人和青年、男人和女人——教导的东西,在遍及德国的新教教会得以重复。把性道德的式微与像路德这样的学说的传播关联起来,难道不必要吗? 我们十分乐意认可,路德原本的目的是扫除在修道院无疑存在的腐化堕落,为此意图需要断言,禁欲主义生活不是特别神圣的生活。路德由于对极端信条的热爱,提出一种必然颠覆道德秩序的学说。他采纳了关于男女关系的最低可信度的观点,一直准备接受身体冲动是神的命令的众多民众,则毫不迟疑地信奉他的理论,并把它推进到最大的灾难性的后果。[②]

　　路德的纯粹身体的婚姻概念导致他达到另一个观点,即我们在认可多配偶时实际上受到辩护的观点。设想路德在这个与黑森(Hesse)的菲利普(Philip)重婚有关的事情上只是表达了他的观点,这是一种司空见惯的看法,但却是非常错误的看法。早在1524 年,路德就宣称,圣经并没有禁止多配偶,但是为了避免丑闻和维护体面,有必要拒绝某些对基督徒而言所容许的事情。"令人满意的是,丈夫本人在他自己的良心中应该确信和肯定,按照圣经这件事是允许的。……我确实必须强调,我们无法阻止任何人娶几个妻子,这也不与《圣经》矛盾。"梅兰希顿更进一步,他劝告我们

---

① 参见本书论德国性关系的文章。
② 在 1518 年,路德还从天主教立场出发撰写东西。他评论,上帝同意赦免不生育的婚姻,并得出结论:"因此,如果任何人注意到了,便很容易遏制肉体的欲望。"(*Hœc si quis* animadverteret, *facillime* concupiscentiam carnis refrenaret.) *De Matrimonio. Conciones, Opera Latina*(《论婚姻关系。布道,拉丁文著作》). Wittenberg,1545,i. fol. xc.

的亨利八世(Henry VIII)不要与他的第一个妻子离婚而娶另一个妻子,因为宗教法没有禁止多配偶。我们绝不是断言,路德或梅兰希顿都没有**公开地**提倡多配偶;但是,他们并未反对它,他们摇摆的结果在他们的追随者中是明显的。卡尔斯塔特不是直率表达赞同多配偶的唯一新教教徒,在明斯特(Münster)惨案中它被采纳并被推进到最为反社会的极端。恰恰是以上面引文的精神,路德和梅兰希顿在1540年就黑森的兰德格拉弗(Landgrave)赞同娶第二个妻子答复他。在他看来,可以同意特殊的教规,倘若重婚是维护他避免更不幸的坏事的唯一手段的话。在摩西律法中准许这样的重婚,在《福音书》中没有禁止它。与此同时,对普通民众来说,因它可以引起的丑闻而容许多配偶,那就不可能是明智的。基于这个理由,应该使第二次婚姻保守绝对秘密。在那里一点也没有提及,第二次婚姻是无效的和徒劳的,或者彻底撕毁迄今已被接受的基督教婚姻理论。[①] 另一些新教神学家,例如布根哈根和巴策,他们认可这种可怜的诡辩;菲利普的宫廷牧师在典礼之后就多配偶的合法性布道! 我们被迫在此事中认出不顾精神关系而全部强调身体关系的婚姻学说。新教对多配偶的赞许并非仅仅起因于特殊的政治必要性;因为我们看到,路德在1524年、梅兰希顿在1531年表达了相似类型的见解。它并非与下述运动不协调:这种

---

① 在这里,受到注意的要点不是这些宗教改革的领袖攻击终身一夫一妻制的婚姻,而是他们使身体的结合成为任何类型婚姻的社会合理的唯一标准。他们没有做出尝试使精神的成分和身体的成分在性结合中保持平衡。实际上,像詹姆斯·欣顿(James Hinton)和其他近代多配偶的鼓吹者,他们都没有勇气当众讲解他们的身体成分信条的最终结局——它依旧是限于小圈子的学说。

运动始终诉诸激情而不是诉诸理智，在每一个转折点牺牲理性而受不服从纪律的感情的支配。由于在此稍微涉及甚至新教神学家也承认是宗教改革危险地段的东西，我们必须结束我们关于那个运动对德国民众的道德状况影响的考虑。正像我们已经努力表明的，那种影响不利于道德进步。

　　我们希望，我们现在摆在读者面前的事实，将使他在与近代文化的关系中必须如何看待路德形成的一些判断。我完全意识到，有可能从他的论著中引证充满真理和虔敬的段落；我们把谴责路德是无赖、肉欲主义者或异教徒的任务留给天主教神学家；我们拒绝讨论他的信条与天主教会的教义相比是否或多或少与基督教《圣经》一致；我们在它们的充分的广度上辨认出教会在 16 世纪呈现的弊病；我们仅仅询问：路德给世人以大大纯化的某种东西吗？在 16 世纪下半叶，在天主教牧师和新教牧师的不道德和偏执之间不存选择的东西，这是事实吗？我们要率直地询问：我们为什么感谢路德？为特定的一组信条吗？在我们看来，信条是完全无关紧要的事情。为我们的思想自由吗？我们回答，思想自由在 1500 年比一百年后更为可能，我们现在的自由正像不是埃克教导的结果一样，也不是路德教导的结果。这只是由于下述事实引起的：路德、埃克和与他们在一起的神学家不可能一致。新教教徒从纽伦堡放逐自由思考的画家，在巴塞尔他们"在大街上（in der Gasse）"烧死康拉德（Conrad），在耶拿（Jena）和别处他们将克劳特（Krauth）、莫勒（Moller）和其他再洗礼教徒处死；他们在日内瓦（Geneva）烧死塞尔维特，在康斯坦茨（Constance）砍掉黑策（Hetzer）的头（据说被控多配偶！）。一句话，如果可能的话，他们的不宽容甚至比他们的天主教兄弟们还要狭隘。我们把我们的自由不是归因于他们的学说,而是归因于他们的软弱无力。正是在对抗新教教徒的反对或至少是路德宗的反对中,宽容成长为我们近代信念的主导因素。再者,任何一个人会询问我们因近代文化而感激路德吗?我们回答,他阻碍了文化的成长;文学、艺术和学术在路德宗教会的影响下都衰败了。不仅如此,如果有人告知我们,我们必须为大众的道德和社会福利而牺牲智力进步,那么我们回答:心甘情愿;但是,德国的宗教改革对民众来说普遍是道德灾难。我们不愿俯伏并崇拜这个人;我们不承认他是英雄,也不主张他是伟大的道德导师。在我们仅仅认为教育的逐渐影响是有效的地方,我们看到改革是通过诉诸激情试图完成的。我们注意到,伊拉斯谟尝试合理性的改革,由于通过激烈的祈求易动感情的无知而遭受挫败。的确,不能重写历史;但是我们把神话与事实分开的理由在于,我们可以汲取历史的真正教训;宗教改革的教训是,民众的一切真实的进步一般只能通过逐渐的教育过程达到。如果诉诸大众的激情,那么会把学术、文化和真正的道德拖入受辱的境地,而狭隘性、不宽容和无知将凯旋而归。正因为我们相信前者是人类进步的真正本质,我们才同情伊拉斯谟,并在他的方法中看到未来的方法。正是基于这个理由,我们为牛津大学——在它的围墙内伊拉斯谟教过学——最近拒绝[1]参加任何颂扬路德是近代历史精神的宣言的举动欢呼。在这一决定中,我们看到的不是英国基督教圣公会高教会派(High Church)压倒低教会派(Low Church)的胜利,而是进步派战胜黑暗派的凯旋。

---

① 这是在 1883 年写的。

10　在明斯特的上帝的王国^①

> 我们最为憎恨的敌人
> 阴险地把我们包围得严严实实，
> 那是大众的无知，
> 爆发的只是精神的战事。
>
> *劳动者-马赛曲*^②

一

　　在 16 世纪头一个四分之一终结之前的几年，在一个阳光灿烂的日子的破晓，无数苦工的漆黑暗夜似乎在德国突然出现。残忍而无知的贵族阶层迫使自由农民变成使人感到屈辱的农奴，此刻贵族的骑士气概堕落为粗俗的放纵，他们的骑士冒险精神发觉在

---

① 转载自《现代评论》(*Modern Review*) 1884 年。
② 该诗句的原文是：
Feind, den wir am tieffsten hassen,
Der uns umlagert schwarz und dicht,
Das ist der Unverstand der Massen,
Den nur des Geistes Schwert durchbricht.
　　　　　Arbeiter-Marseillaise.

交通大道上拦路抢劫是有用的,尽管有点危险。随着旧宗教影响的衰落,日益猖獗的自私自利精神导致德国小诸侯小规模独裁统治的最可憎的信条,他们兴高采烈地欢迎罗马天主教会的法学家,这些法学家在他们的系统内为原始的民间习惯、乡村司法或自由农民的共同权利找不到位置。农民不再能够从森林打柴,赶他的家畜到公共牧场,也不再能够猎杀毁坏他的庄稼的鸟兽。他的谷仓在黑夜被焚烧,甚至他在去弥撒的路上因付不出可怜的勒索赎金而丧命;如果他不向出租人履行法定的或强加的债务,他就会受到最野蛮的惩罚,常常会被处以极刑。另一方面,在城镇对财富发狂似的渴望正在消灭手艺人旧有的独立性;贸易的巨大扩展、商业投机的兴起和古老的行会体系的堕落,正在使他越来越变成富有阶级的工具。长期以来以其精神恐怖控制个人权力斗争的教会,陷入营私舞弊的状态,这引起整个社区的轻蔑。穷人和无依无靠的人在既定的宗教中找到精神慰藉,它能够增强他们忍受自己的物质苦难。中世纪基督教的伟大观念迅速失去它们对人的心智的影响;精神性的东西在民间似乎正在消失,而民众在为物质富足竞争的过程中盲目地乱窜乱撞;通常的结果是,更强壮的臂膀、更强健的头脑捷足先登,而更虚弱的臂膀、更无知的头脑则被迫愈来愈接近他们毫无希望的、难熬的困境。尊贵的人憎恨小诸侯,城镇居民同样讨厌他们二者,而农民则充满仇恨地痛斥一切躲避在石头围墙背后的人。在各个方面,都有社会精神式微、新的物质主义和自私自利的生活概念——在该词最真实的意义上即是无宗教的生活概念——兴起的征兆。自我牺牲显然死亡了,而自我牺牲只能由眼光明锐引起,或者起因于强烈的和炽热的社会意识。每一个人在为尘世富足竞争的过程中匆匆忙忙,教会不再意识到它的使命,不仅如此,简直不为它自己的不纯洁羞愧的教会无法呐喊:"止步! 不要忘记你的邻人!"社区的更贫穷的成员徒劳地在他们周围寻找这种痛苦的原因,他们无助地坐下来窥视黑夜,等待先知! 此时此刻,路德来到了,路德这位农民的儿子,大胆面对懒惰的牧师和专横的贵族,宣讲对人的心灵充满慰藉的新福音、"纯粹的福音"。在民众看来拂晓似乎突然中止,他们幻想合理性的解救者,这样的情景出现有什么奇怪的呢?

在短暂的时期,农民和工匠、各行各业地位低下的苦工,指望路德就像指望神一样。这种"纯粹的福音"宣告,《圣经》是独一无二的权威,它本身是原始的基督教信仰;倘若它没有宣布复归兄弟之爱、彼此的上帝之爱和使徒的生活简朴,那么纯粹的福音能够意味什么呢? 当这些贫穷而无知的民众读到路德和他的同伙神学家抛出在国土上流传开来的火一般的呼吁时,尽管战斗不是为了教义,不是为了字面意义,而是为了人的生活习惯全面变革,他们是多么惊奇呀。他们不需要一组新信条,他们不需要新教皇,他们想要为城市里疲倦的挣扎者提供比较富裕的生活,想要为国土上的苦工提供惬意的住宅。他们想要生活中的新情感的面包,而给他们的却是教条的石块。

由于世代受压迫而精疲力竭的农民自己聚集在一起,采用"纯粹的福音"作为他们的口令;遍及联盟地区,从布道坛应该宣布这个口令,而且只应该宣布这个口令。假如人能够听见这一神圣的言辞,假如贵族一旦听见这一神圣的言辞,那么就不可能存在争论的必要,它的真正的简单性会使所有心智信服。贫穷而简朴的农民啊,"纯粹的福音"对你们而言是足够清楚的,但是它几乎不是使统治人的人接受的东西!无论如何,你们写出了你们的十二条最时髦的要求,并使它们之中的每一条基于诉诸《圣经》和兄弟之爱的辩护。确实是兄弟之爱!如果你们是不服从较高权力的造反者——或者更糟糕,如果你们是不服从上帝的造反者,那么在位当权者(powers that be)由谁来委任呢?梅兰希顿这样告诉你们,路德这样告诉你们。不仅如此,即使在你们的诉求中存在某种法律制裁的阴影,你们还是值得为发怒的在位当权者骇人听闻的罪行受到可怕的审判。即使你们的所有条款处在未使维滕贝格承认的"纯粹的福音"之内,你们还必须等待,坐下来在你们的痛苦中等待,直到"纯粹的福音"能够扩展它本身。新先知必须向你们提供的唯一抚慰是什么呀!①

几乎用不着惊讶,农民变得焦虑烦躁,以致过去的可怕错误始终会提醒它的力量的存在。在各处,被禁锢的激情、对报仇雪耻的盲目而蛮横的冲动打碎了它的脚镣,令人畏惧的血的审判降临在苦工的压迫者的身上。此时,路德大声发出震惊他自己的世纪最强音:"造反者被上帝和德国皇帝宣布为不法之徒,因而所有能够和愿意屠杀这样的人的人做得完全正确;对于这样的常见的造反者,每一个人同样是法官和执行者。因此,他们在这里能够、应该公开地或秘密地惩罚、屠杀和刺死,并且可以认为没有比造反者更有害、更讨厌、更穷凶极恶的人了。"在淳朴而无知的被压迫者的内

---

① Melanchthon, *Wider die Artikel der Bauernschaft*(《反对农民的条款》),1525.

心中,这些话语是"纯粹的福音"的葬礼丧钟。因为以干草叉和锄头为武器的农民几乎处于无助的状态,他们被成千地屠杀,大规模地被残杀——肢解、剥皮、火烧,用一种刑具或全部刑具施刑,当然吓坏了的统治人的人热切地采用能够谋划出来的任何其他挖空心思的折磨。但是,请注意,从那天起,路德也许重新获得教会,但是却把它们建立在贵族意志的基础上;他可能还是先知,但是并不是大众的先知——他是**资产阶级**(bourgeoisie)的先知。

农民造反被镇压,社会松了一口气,它意识到狂暴的急流再次进入狭窄的河床;只要急流在那里停下并以惯常的速度转动社会的磨坊水轮,那么社会就依然毫不留心它冲刷河岸、卷起旋涡、浪涛汹涌。不管怎样,苦工并非如此,对一连串的神学争论、对把教义翻来覆去、对字面意义的宗教感到厌倦的许多其他人并非如此。由于没有彻底地减弱对新精神向导厌倦的几乎沮丧的怜悯,因此没有完全把对新精神向导的渴望变为对生活绝望的愚钝而机械的情感。如果他们甩掉敌基督或伪基督的枷锁,拒绝古罗马的所多玛,他们难道不可以同样抛弃"维滕贝格的牧首"、字面意义的牧师吗? 如果导师都走上邪路,淳朴的人难道不应该为他们自己树立信仰吗;淳朴的人难道不应该建立在某种程度上比《圣经》更好的基础、真正的上帝之言吗? 对民众而言,在这里有一个新的世界、新的光明——这个《圣经》能够是他们的牧师和他们的教会;它的惊人的力量能够照亮在他的工作台的工匠和在他的耕地的农民。在这里有无学问的神学,无教义的信仰。每一个人从一本书获取纯粹的宗教,没有一个人想到那是晦涩难懂的,或者可以用一千种不同的样式解释。《圣经》直接以上帝的声音对人说话;不仅如此,那种声音本身再次对他们就像对从前的忠实信徒一样讲话，这难道不可能吗？就这样，与上帝——在内心安慰痛苦的人和被压迫者的圣灵——奇妙的、神秘的交谈的概念重新出现了。甚至他们的真正痛苦、困境和生活重担都可能是这种奇怪结合的起源——把人送上天空的真正原因。那些持有这个信条的人，怎么能够**仅仅**凭靠信仰相信路德辩护的教义呢？受苦、劳动、自我压抑的生活，是解决他们的最为精神性的情感的关键。随着农民造反的失败，他们放弃了对社会重建或政治重建的一切希望；他们耐心等待将来可能产生的一切；如果世界只是把他们遗弃在贫穷或和平之中，他们也许乐意把他们自己与世界隔开，但是情况不可能这样。

"啊，亲爱的兄弟姐妹们，我们知道教皇是多么虚伪，但是从应该教导我们这一点的人那里，我们听见的无非是争吵和辱骂；整个世界目睹他们如何在相互对抗中分裂。啊，全能的上帝，我们呼吁汝！我以上帝的名义请求想望灵魂得救的人，不要鄙视他的预言，因为时间是十分威严的！每一天我们都听见那些应该教导民众的人说，上帝注定其犯过失的任何人必定犯过失，上帝注定其灵魂得救的任何人必定被拯救。啊，受爱戴的姐妹兄弟们，让我们逃离这个错误！耶稣基督难道没有说过：'艰苦跋涉、负担沉重的汝等全体，请到我这里为止'吗？我们之中的每一个人难道不愿意前往并被拯救吗？我们的导师把我们带到邪路；是我们对他们感到厌恶，离开这种黑暗的时候了。我们不再相信修道院、牧师或罗马教皇统治的一切。我们知道，他们长期把我们带入邪路。我们不认为，冗长的祷告是好的，而迄今祷告就是这样的；如果一个人仅仅说'我的圣父'，请理解它，那就足够了。我们不需要画像和雕像，在神殿受到崇拜的上帝也不应该用人的双手建立；人将寓居于其中的唯一的神殿是它的内心。啊，全世界各个角落的最亲爱的姐妹兄弟们，请帮助我热诚地向上帝祈祷安全地免除这些错误。哎呀，我们在罪孽中生活得多么长久！可是，对被钉死在十字架上的上帝一无所知的、生活在罪孽之中的民众对使徒说什么呢？'亲爱的朋友，我们将做什么呢？'彼得回答他们：'忏悔吧，忏悔吧，让每一个人以耶稣基督的名义在宽恕罪孽中受洗礼！'于是，所有人都走过来，并被欣喜地受洗礼达到三千的数目。我们难道不愿意照样做吗？啊，最亲爱的兄弟姐妹们，耐心地、怀着对上帝敬畏的情感着手学习这本书，由于在我的整个一生中我没有写反对任何人的只言片语——我实话实说，真实就是上帝本身。"[①]

　　这些早期再洗礼教徒的淳朴精神是这样的；不存在一点充满怨恨的痕迹，或者不存在一点流行神学的毁谤语言的痕迹；关于它，存在清楚明白的、几乎令人敬畏的诚挚，这没有携带虚伪的口气。对于这样的人，天主教会较早时期在新的隐修院品级中找到了出口；现在，这是不可能的。"维滕贝格的牧首"还很少能够在他的福音派新教会给他们一个位置。对他们来说，他的仅仅借助信仰的辩护和他的关于人的意志的农奴境遇是难以理解的学说；不仅如此，这种淳朴信仰的急剧传播有统统消灭"纯粹的福音"的危险；所有教派的受压迫者都转向兄弟会。路德曾经唤起的热情流入新的渠道；在这里，有淳朴的虔诚、兄弟之爱、使徒传统的基督

---

　　① *Ein Göttlich und gründtlich offenbarung; von den warhafftigen widerteuffern; mit götlicher warhait angezaigt*（《神圣的和全面的预言；来自真正的再洗礼派教徒：带有更神圣的显示真理》），MDXXVII.

教,而大众却在"纯粹的福音"中徒劳地寻找它们。以《圣经》作为指南,这个新共同体的成员把他们自己与人世的其余部分分开;再施洗礼将是从旧的罪恶世界走向新的爱的世界的通道。它们的宗旨是极度简单的——现世利益和未来的共同体,这那里不会有高利贷或税款。同一共同体的成员不接受公职,不佩带刀剑;耐心是他们独一无二的武器,若有必要,通过从共同体开除的必然结果发生的兄弟般的矫正是独一无二的惩罚。除了洗礼之外,它们的一个仪式是掰面包仪式,这是爱的交流和提醒大家在耶稣基督那里都是兄弟姐妹。这种在头一批再洗礼教徒中间原始基督教的重建,在其简单性上是淳朴的,而且差不多是宏伟而崇高的。

无论如何,福音新教会的领导人对于他们自己教会的安全日益惊恐:路德在其中察觉地狱的直接动因;与魔鬼张开另外十张嘴讲话相比,他没有更快地使一个代理人闭嘴。再洗礼教徒是魔鬼的先知,作为"纯粹的福音"的异教徒是必须受当权者惩罚的反叛者。他在拒绝他们时履行了他的职责,所有不愿听他劝告的人的鲜血必定在他们自己的身上得到报应。[①] 引起痛苦的是,现今注意到,路德为何完全没有把握这一原始信仰的宗教本质。他既没有看到唤起它的需要,也没有看到它的追随者诚挚的真相。假如他具有更宽容、更开阔的心胸,那么德国新教的历史就可能在它的令人生厌的神学争吵的荒漠中,记载具有比较光辉灿烂的篇章。茨温利也开始担心瑞士教会的安全。他的宽容把许多激进分子吸

---

① *Von der Wiedertaufe,an zwei Pfarrherrn*(《来自再洗礼派的两个牧师》),1528. Von den Schleichern und Winkelpredigern(《伪君子和不合格的传道士的信仰》),1532.

引到苏黎世,起初他屈尊与他们争论,像平常一样把决定交给城镇教会会议。真的,是城镇教会会议! 这些忠于信仰的人与这样的机构有什么关系呢? 他们呐喊:"上帝很久以前已经做出判决,它不是以人的权力判决。"于是,茨温利开始谈论异教和根除的需要。他说:"没有一个人有权利离开教会,或者遵循任何与大多数人的主张——共同体的合法代表指定的主张——不同的主张。"因此,再洗礼教徒用绳子束住他们自己的腰部,好像准备去旅行的样子,信步通过苏黎世大街。在市场和开放广场,他们嗫嚅布道,谈论需要更好的生活、公正和兄弟之爱。他们半威胁、半警告地呐喊:"呜呼哀哉,呜呼哀哉苏黎世!"对于这些激情满怀的忠于信仰的人必须做什么呢? 他们不是犯罪,他们不是反叛者! 茨温利提议流放,流放和镇压在瑞士各个角落随之而来。

流放把火星散布到德国南部的所有地方,从斯特拉斯堡到蒂罗尔(Tyrol)。具有这一淳朴信仰的热心倡导者像早期基督教导师一样,走进穷人的家庭。他们以平和的方式讨论,以平易的家常话教导,从而把新的光明、无数的慰藉带给许多萎靡不振的心灵。传道士到达了,宣讲,激起倦怠的精神,施洗礼,举起他的牧杖向前移动。就这样,在几个钟头之内,他在他以前从未看见、永远不可能再来的地点,可以给一个小社区灌输新的信仰。这个小社区选举它自己的首领,他对《圣经》讲授、谴责、施洗礼和掰面包负有单纯的责任。在礼拜天,兄弟和姐妹们会因《圣经》诵读,相互规劝,欢度他们原始形式的圣餐仪式相遇。他们的衣着是简朴的,没有装饰品,他们相互以接吻和"和平与你同在"行礼,而每一个人以此语称呼其他兄弟或姐妹。他们的财富用来帮助需要它的所有成

员,他们禁止赌咒和杀戮。他们之中没有一个人参与诉讼,或者取
得当权的地位,因为所有政府对他们来说都是上帝派遣惩戒他的
子民的权杖;兄弟们应该服从它,以致宁过多也不太少地偿还,耐
心地忍受苦难和迫害,等待耶稣基督的到来。① 这些最初的基督
教徒尽力撇开世俗而生活,回避教会、小酒馆、公民和行会的社会
集会,不仅如此,甚至回避不信宗教者的致意——因为这些人不是
上帝自己的子民吗?须知,上帝自己的子民要举起耶稣基督的十
字架,决定了他们要追随上帝的。的的确确,**唯有**借助信仰辩护!
苦难的生活本身不是他们的辩护吗?由于受到迫害,被剥夺了一
切生存手段,或者像野兽一样被穷追不舍,他们确实在他们的生活
中具有超过全部的话语力量的证据。在这里,存在远远超越路德
的某种东西。在这些对路德会教友大惑不解的再洗礼教徒身边,
存在深度的诚挚信仰,对他们来说,甚至他们迎接殉道者死亡的真
正勇气是魔鬼的职业,或者是源于对他们的迫害者疾恶如仇的固
执! 在斯特拉斯堡,卡皮托(Capito)比路德更清楚地看到真相。
他写道:"我在上帝面前作证,我不能说他们对死亡的轻视出于糊
涂,更确切地说是出于神圣的驱使。没有激情,没有明显显示出来
的激动;不,他们作为耶稣基督名义的圣徒,深思熟虑地、以惊人的
忍耐力迎接死亡。"

　　导致迫害施加影响的材料就是这样的,它是最有教育意义的
历史教训之一,尽管是最可怕的历史教训之一,该教训表明什么迫

---

　　①　参见 Carl Alfred Cornelius,*Geschichte des Münsterischen Aufruhrs*(《明斯特
造反史》)。这是一本出色的书,令人遗憾的是,它依然是不完备的。

害是由它造成的。首要的是,让我们取得某种关于那样的迫害意味着什么的概念;只有在此时,我们才能够真实地判断随之而来的浩劫。人们如此易于受到民间大动乱的蛮横暴行的震撼,以致他们在绝对漫长的岁月里,不能领悟难熬的折磨、难以接受的不公正,这一切最终引起被压抑的激情像灼热的熔岩一样爆发了——清除它面前的习惯道德的所有联结和与社会结合在一起的每一个约束。迫害第一次抵达天主教管区的前头,在那里再洗礼运动被认为是可以处以死刑的犯罪。在蒂罗尔,我们发现在1531年有一千多人被执行;只是在林茨(Linz)一地,在六周内就处死了七十三人。巴伐利亚(Bavaria)的杜克·威廉(Duke William)发布命令:应该把那些宣布放弃主张的人斩首,必须把那些不愿宣布放弃主张的人烧死。士瓦本联盟(Swabian Bund)①组织了士兵帮,以便穷追再洗礼教徒,无须审讯当场杀死那些被捕获的人!只要福音派信徒感到足够强大,他们也参加这种疯狂的追捕。再洗礼教徒在他们自己中间引进不完全的利益共同体;从布道坛宣布,他们的目的是一切财产充公;他们关于世界终结的预示被断定是公开造反;把最阴暗的和最卑鄙的动机归咎于他们。路德宗的传道士把最肮脏的辱骂倾泻在他们身上,怂恿宗教敌意的增长,这种敌意以其惯常的迅捷和一切特有的剧烈突然涌现出来。再洗礼教徒被迅速宣布为政治犯。他们在萨克森被斩首,在苏黎世被淹死。领导人和门徒的鲜血像小河一样在地上流淌:曼茨(Mantz)在苏黎世

---

　　① 士瓦本(Swabia)在德意志西南部地区,中世纪早期是德意志五大部落公国之一。当时,有所谓的"士瓦本联盟",对于改变各个城市之间的角逐形势,具有举足轻重的作用,这些城市分别以皇帝、封臣和权贵为其后台。——译者

被执行；在罗滕贝格（Rottenburg），迈克尔·扎特勒（Michael
Sattler）被用炽热的钳子一块一块地撕裂，然后被烧死；胡布迈尔
（Hubmaier）在他的忠诚的妻子的安慰下，在维也纳被烧死；布劳
罗克（Blaurock）被烧死在蒂罗尔，林克（Rinck）在黑森被终身监
禁，黑策（Hœtzer）在康斯坦茨（Constanz）被斩首。可是，在萨尔
茨堡（Salzburg），暴行的浪潮好像大洪水一样泛滥。在这里，发现
兄弟会在荒无人烟之地遇见，以原始的样式做礼拜，一起分享他们
的私人财产。会员资格的标志是再洗礼。当它的三十个会员被捕
获时，他们的传道士和其他两个人在弗龙霍夫（Fronhof）被活活烧
死，因为绝不可能劝说他们忏悔他们的罪过。虽然告诉一位妇女
和一位"十六岁的聪明伶俐的少女"会伤害她们的生命，但是她们
还是拒绝宣布放弃主张；行刑人把她们拖入供马洗澡的小池塘，在
水下按住她们，直到淹死她们，然后焚烧她们的尸体。另外两个人
在坦白他们的罪过后，立即被斩首和焚烧，其中一人出身高贵，另
一人是香客行囊制作匠。依旧顽固不化的纽扣制作匠和腰带制作
匠在市场被烧死；我们被告知，"他们活了很长时间，真心诚意地哀
求上帝；听到他们叫喊是令人怜悯的。"供认罪过的十个女人和几
个男人被斩首。"在接着的星期三之后，一位城镇文书、一位牧师
和另外三人——他们之中的一位是年轻而英俊的腰带制作匠——
被带领离开城镇到一所房子，他们在此处举行了他们的礼拜仪式；
鉴于他们不可能宣布放弃主张，而大胆地捍卫他们的见解，而且不
害怕牺牲，因此把他们放在屋内，然后放了一把火；他们活了很长
一段时间，可怜地相互喊叫。上帝按照他的意愿帮助他们和我
们。"我们被告知，不满足于消灭这些贫穷的民间人士，甚至连同他

们在城镇聚会的房子因为是纪念物也被焚毁。"还有四十一人躺在监狱，没有一个人知道对他们做何处置。上帝能把此事料理得最好。"①

也许不需要收集这种可怖的血的洗礼的进一步证据了！男人、女人甚至儿童勇敢得竟然要到火刑柱唱赞美诗；正是把共同体联结在一起的黏合剂，似乎愈来愈有力地成长为日益增加的殉道者的名单。使人伤心断肠的是，一贫如洗的、受苦受难的农民和手艺人从监禁他们的屋子向上帝发出的歌声！一些歌曲透露出平静的顺从精神："啊上帝，我必须求助汝反对暴力，在这些罪恶的日子里暴力降临在我身上。因为汝的命令的缘故，我遭受巨大的苦难，我躺在监狱受到死亡的威胁。他们把我捆绑起来带到他们的统治者面前，但是由于汝的仁慈，我准备向汝的神明忏悔。他们讯问我的信仰，我告诉他们，它是耶稣基督的话语。他们讯问谁是我的领导人，我告诉他们，耶稣基督及其教导是我的领导人。我们的真正的救世主，他答应给我们和平。为此我停止绝食；我愿以我的鲜血保证这一点。""第一个唱这首歌曲的人名叫约翰·许茨（Johann Schütz），为了使他的同志坚强起来，他从监狱的单人牢房发出它：让人信赖上帝，不过他的巨大需要让他未提出另外的信仰。他能够献出生命换取死亡。"或者还有："尘世绵亘，把它的虚妄硬塞给我们；它用它的烧死和杀戮恐吓我们。我们像失去其牧羊人的绵羊一样溃散开来；我们在通过森林时迷失方向；我们像捕获物一

---

① *Newe Zeyttung von den widderteuffern und yhrer Sect newlich crwachsen yhm stifft zu Salzburg vnd an andern enden*（《最近在萨尔茨堡修道院以及更多其他地方增长的再洗礼教徒及其教派新报》），MDXXVIII.

样,在洞穴和缝隙中寻找庇护。我们像空中的鸟儿一样被追捕,我们被猎狗穷追不舍直至围捕,如同不会说话的羔羊一样被活捉和监禁。不顾死亡的折磨和悲伤,耶稣基督的新娘赶往婚宴。"其他歌曲再次显露最终将会扭曲的精神,就像蠕虫那样。"啊耶稣基督,汝要沉默多么长的时间?请判断他们的自尊吧,让汝的圣徒的鲜血在汝的御座面前升腾吧。"为教堂会众撰写的沉痛而热切的赞美诗请求上帝帮助,最终请求上帝复仇。[①] 他们的殉道者叙事曲像"勃艮第(Burgundy)的暴君点燃的贝库姆(Beckum)的两个少女"叙事曲一样,在内心增强了被迫害者的信仰,把他们的信念激发到几乎难以望其项背的狂热入迷地步。

我们徒劳地为这种恐怖统治寻找辩护;它的唯一的原因在于无知,不仅如此,更恰当地讲,在于人间强权野蛮的独断专行。他们从来没有为审查这些淳朴民众的真实信念烦恼过;他们认可他们自己的目光短浅的神学家的每一个告发是立足于事实的;他们看到,教导他们相信的东西的急剧传播是政治大阴谋,他们没有终止暴行,没有终止流血,他们自以为暴行可以阻止传播的发展,他们自以为流血能够有助于扑灭行动。正像迫害总是导致的那样,

---

① 参见 *Auss Bundt*, *Etliche schöne christenliche Lieder*(《典范,一些美丽的基督教会歌曲》),1583(重印,1838)和 *Münsterische Geschichten und Legenden*(《明斯特的故事和传说》),1825. 除了别的以外,我们可以注意歌曲的开头:

"在这最后的时刻里,

我们在哪两方面

围绕着错误的争论。"(即路德和教皇)

(In diesen letzten Zeiten,

Wo wir auf beiden Seiten

Mit falschen Schlangenstreiten.)

它在鲁莽的人身上引起可怖的惩罚。驱赶到荒野的再洗礼教徒，
残忍地开始采纳他们的迫害者的更加苛刻的观点。这样的恐怖只
能先于审判之日。它们确实处在《启示录》一书预示的临终之日的
惊骇中。上帝的确愿意前来为他的圣徒的鲜血复仇："请等待你的
耶稣基督，由于他接近将会到达世界尽头的人。""以你的全部情感
和整个心灵欣喜吧，感谢上帝并赞美他，因为上帝向我们展现了兄
弟情谊，此时此刻他将惩罚那些迫害你和把你遣散的人。那些用
刀剑杀害人的人，自身将被用刀剑杀死；那些绞死忠实信徒的人，
自身将被绞死；那些判处别人是假虔诚的人，将会遭遇同样的判
决。根据上帝令人敬畏的愤怒，他们也将毫不宽恕地被如此判
处。"让弟兄们筹备渡过红海，准备离开法老的土地。上帝正在建
造新的锡安山（Sion）①——他的子民的舒适之地。赎罪之日即将
到来。②

　　不可思议的是，在形成许多最独特的宗教运动中，《启示录》一
书具有多么特别重大的作用。即将来临的破坏，对人的压迫者的
恐怖惩罚，崭新的和纯洁的时代即只有好人的王国的建立，欢乐的

---

　　①　锡安山（Sion 或 Zion）即郇山，耶路撒冷山名。Sion 或 Zion 还有耶路撒冷，天
国、天堂，乌托邦、理想之国等意思。——译者

　　②　*Zwcn wunderseltzamen Sendbrieff zweyer Widertauffer an ire Rotten gen
Augsburg gesandt. Verantwurtung: durch Urbanum Rhegium*（《两个再洗礼教徒在奥
格斯堡附近的罗特镇寄出的两封奇妙的书信》），1528.（译者：该书的完整名称如下：
*Zwcn wunderseltzamen Sendbrieff zweyer Widertauffer an ire Rotten gen Augsburg
gesandt. Verantwurtung aller irrthum diese obergesandt Brieff durch Urbanum
Rhegium*. 可以译为：《两个再洗礼教徒在奥格斯堡附近的罗特镇寄出的两封奇妙的书
信，[信中所有的错误]由 Urbanum Rhegium 负责》。Urbanum Rhegium 是德国神学家
乌尔班努斯·雷吉乌斯（Urban Rhegius, 1489~1541）的拉丁文写法。）

千禧年和耶稣基督的行将降临,这些概念对受损害的和悲苦的人具有奇妙的吸引力;开往暗礁的航道就是这样的,而方济各会的梦想家、罗拉得派①和再洗礼教徒同样向着这个航道漂流。对于一切强烈地感觉到需要伟大的改革、需要对伤害和不宽容的世纪判决的人来说,一些歇斯底里的犹太教徒的讽喻变成最近的将来的预告;他们要求发出他们的激昂抗议的声音,他们在《启示录》中找到它。在它的对过去及其错误野蛮的、疯狂的破坏中,在它的对更加光明的未来的预言中,甚至在鼓舞人心的奇特语言中,他们听到表达出来的他们自己无言心灵的被抑制的激情。迫害驱使再洗礼教徒达到的第一个思想就是这样的:神的复仇会到来,并为他的圣徒兴建新的锡安山。但是,随着数月时间的流逝,随着火与血的洗礼的继续,新观念开始在社区传播:复仇者确实意欲利用正当的东西本身作为基甸(Gideon)②的刀剑;圣徒自身应该站起来,灭绝偶像的崇拜者,然后他们就可以建立正义和爱的王国。像蠕虫一样的最温驯的人最终是反抗的开端!让愿扔的人扔第一块石头。闭眼不看一半人类的苦难的人,或者认为他们的悲惨是一切形式的人类社会的永恒必然性的人,当他们注意到这些苦工的单纯信仰急剧发展为自我破坏的狂热时,可能会玩世不恭地付之一笑。无知的、被引入歧途的人们,你们为什么不继续手扶铧犁、脚踩踏板、身子在工作台旁边呢?你们为什么力图隐秘地为你们自己树立信仰,选取那本神秘莫测的书作为根据呢?那是更适合留给牧师、喧

---

① 罗拉得派(Lollards)是14～15世纪英国约翰·威克里夫的信徒为核心的一个基督教教派。——译者

② 基甸是《圣经》故事中的人物,以色列的法官和英雄。——译者

闹的神学家、花言巧语的职业骗子的工作。假如你们重新做你们
的苦工,那么社会机器的轮子就可以平稳地向前滚动了!你们的
兄弟之爱和公正是荒唐可笑的,根本不可能实现。难道你们看不
到,书本和实际生活是大相径庭的两码事,社会——至少它的有教
养的一半——决不赞同你们的基督徒之爱和兄弟情谊的理论吗?
就像驴子必定遭到鞭打,或者它不愿动一样,统治者也必须如此驱
赶、鞭打、绞死和烧死平民百姓、所有的老兄(Sir Omnes),或者将
在它的牙齿之间套上辔头;必须驱赶粗野的、无知的老兄,犹如人
驱赶猪一样。① 粗略地讲,那无非是大量辛苦劳作的人当时采纳
的"不可避免的"隐秘的观点,就像在现在许多最值得敬重的公民
采纳的观点一样。**他**为什么应该为出自这些"民间渣滓"②的无知
和愚蠢的暴行、奇形怪状的和可怖的事情负责呢?

然而,"渣滓"并非总是采纳与最值得敬重的公民相同的观点,
在第三个十年的最后岁月,再洗礼教徒的鲜血开始趋近沸腾的顶
点。他们的领导人几乎全部被屠杀;他们的组织被摧毁;他们不能
碰在一起相互透露消息,或者不能碰在一起彼此寻求安慰。每一
个小社区继续走它自己的路,那条路往往是稀奇古怪的路。不仅
如此,除了简单的掰面包和成年人的洗礼以外,在各种各样的群体
中,几乎没有什么共同的东西;迫害以它自己特有的样式驱赶每一
个群体。在一些实例中,完全不顾日常道德的纽带。如果路德不
能在《圣经》中发现禁止多配偶的说法,那么黑策和几个追随者为

---

① 路德。
② 茨温利如此称呼他们。

什么不能宣称多配偶是上帝制定的呢?① 在另一些实例中,狂热性以它的最放肆的形式爆发了。一些人为了使他们自己免除罪恶,奴颜婢膝地匍匐在地;一些人像小孩子一样,针对福音宣称那是灵魂得救的一个阶段;托马斯·沙伊格(Thomas Scheyger)以圣父的命令,经他的兄弟的同意砍掉他的兄弟的头颅;像耶稣基督和使徒一样,马格达莱·米勒林(Müllerin, Magdalen)和她的同伴东奔西走;一些相信他们自己摆脱了肉体灾祸的人,变得冒昧地原谅每一次放纵;先知出现了,解释奇异的梦幻,宣告耶稣基督降临。尽管把这样的狂热入迷的爆发隔离起来,尽管大多数人稳定地维护他们纯粹的和道德的虔诚的原初信条,但是显而易见,任何强烈的新冲击、任何热情的先知,都可能唤起激动的再洗礼教徒达到不受约束的宗教狂热或社会放纵的癫狂。

两者之中任何一个也没有长期等待有效的原动力。宗教狂热在梅尔希奥·霍夫曼(Melchior Hofmann)身上找到它的先知——在他的门徒中的社会放纵找到莱顿(Leyden)的先知们。这些人是形式上的重要因素,因为迫害是把再洗礼教徒从被动的殉道者变为任性的狂热者的本质原因。虽然灭绝过程把再洗礼教徒驱赶到德国北部之外,但是一些人在摩拉维亚(Moravia)找到庇护;只是受到我们关注的另一些人逃到斯特拉斯堡,在此地一个时期宽容处于支配地位。在这里,他们和其他宗教激进分子大批聚集起来,以至路德信徒找到了思想安慰,以至上帝为了拯救尘世的

---

　　① 路德的《作品》*Werke*. Erlangen. Bd. 33, p. 322。也许不需要注意,黑策的观点一般未被再洗礼教徒接受。在他们的歌曲中,多配偶起初作为反对耶稣基督的直接教导被拒绝接受;它甚至也不是《明斯特的辩护词》(*Münsterische Apologie*)的一部分。

其余的人,容许异教渣滓一起流入斯特拉斯堡的污水池。在这里,在 1530 年后不久,梅尔希奥·霍夫曼登台亮相。

　　这个人是在苏阿比亚(Suabia)的哈雷的本地人,一位从事贸易的皮货商。起初,他是路德的热切信徒,但是他的《圣经》研究和他对他的苦工同胞的强烈同情,不久导致他超越"纯粹的福音"。七年间,他在异乡度过了充满冒险的生活,在北欧(Northern Europe)的几乎所有国家布道,但是仍然通过他的双手劳作谋生。在路德信徒和茨温利信徒的迫害下,由于他被从一个城镇驱赶到另一个城镇,从一个国家驱赶到另一个国家,他与他的妻子和孩子烦恼不断、困境连连,但是他一直坚持自己任命的任务。我们最终发现,他在斯特拉斯堡非常忙于《启示录》,并谴责福音派新教会的学说是字面的信仰;真正的基督教是温顺的、谦卑的和受苦的人的宗教。再洗礼教徒欢迎他是他们自己的人,这是多么奇怪呀! 他作为再洗礼运动的先知从斯特拉斯堡到荷兰;但是,他教导的信仰不是古老的兄弟之爱,不是原始的基督教;该信仰的主导信条是耶稣基督立即降临。他诉诸受激发的想象,诉诸在国外迫害和在国内受苦引起的过度激动的幻想。由于受到小先知的包围,他的生涯半是神秘主义,半是狂热入迷。斯特拉斯堡必定是新的锡安山,是耶稣基督选择的城市,来自该城市的 144 000 个圣徒将外出行进,宣讲上帝之言。此时,他本人愿意作为埃利亚斯(Elias)露面。荷兰和威斯特伐利亚(Westphalia)立即变得由再洗礼教徒社团的网络覆盖。穷人、手艺人和农民被梅尔希奥的热情裹挟而去。随着 1533 年的临近,他的预言变得越来越响亮、愈来愈热切,这必然终结不公正的统治并目睹上帝的降临。重返斯特拉斯堡,他把民众煽动得几乎一触即发。他被关押，但是透过他的监狱的窗户向站在城市壕沟边的人们布道。他被关在牢房里，但是他设法与他的门徒交流："世界的终结即将到来，除了第七个天使的复仇以外，《启示录》所述的上帝的责罚都实现了。巴比伦（Babylon）摇摇欲坠、濒临倒塌，约瑟（Joseph）和所罗门前来建立上帝的王国。"①出奇的是他到达荷兰的所作所为的报道，在那里骚动变得很剧烈。第二个先知和目击者即不得不作为恩诺赫（Enoch）露面的人出现了——荷兰哈勒姆（Haarlem）的面包师傅，甚至比霍夫曼更彻头彻尾的狂热入迷者扬·马泰伊斯（Jan Mathys），这个人将带领受迫害者突破一切遏制。与霍夫曼的信条相比，马泰伊斯的信条具有更加放肆的特征。他教导，圣徒自身必须准备为耶稣基督铺平道路。他诅咒一切不听他的话的兄弟，他的狂热入迷压倒犹豫者的一切良心上的不安。他指出在阿姆斯特丹避难所期间在他们的极端意见上摇摆不定的那九个头领的教训。他派遣热心的鼓吹者施洗礼，宣告清白之人的鲜血不会再流淌，暴君和不信神的人将立即被根除。在再洗礼教徒中间，处处是没完没了的混乱，无穷无尽的发酵。在明斯特的马泰伊斯门徒中，年轻的扬·博克尔松（Jan Bockelson）为再洗礼教徒的教义赢得强有力的立足点。折磨人的痛苦最终是转折的开端；为了有可能消灭不信神的人，淳朴的民众正在领悟上帝的子民必须使他们自己识别的丰富概念。于是，在整个荷兰，重复的和剧烈的迫害随之而来；面临这种情况，再洗礼

---

① 参见 Cornelius, vol. ii. chaps. iii. and ix。霍夫曼的最好的叙述必须在 F. O. zur Linden, *Melchior Hofmann*《梅尔希奥·霍夫曼》1885 中寻找。

教徒一致地逃到明斯特。扬·马泰伊斯与亡命者在一起；他宣布，由于斯特拉斯堡背信弃义，上帝选择明斯特作为新的锡安山。大约在 1534 年伊始，男人、女人和儿童一起聚集在那里，他们来自所有地区和诸多阶层——农民、贵族、商人、手艺人、修道士和修女。确实，大多数是贫穷的、悲惨的和受迫害的人；少数是宗教或政治的理想主义者；大家都决心建立公正和爱的统治——明斯特的上帝的王国。

在着手陈述这个离奇的上帝的王国——这是一出怪诞的和恐怖的戏剧——之前，简要地叙述一下在明斯特为它铺设道路的事件，将会使事态得以简化。正是从第一次宗教改革起，在那个城市就形成了强烈的政治特征。一方面，我们发觉贵族主教格拉茨·弗朗茨·冯·瓦尔德克(Graf franz von Waldeck)就其个人而言，同样地完全不在乎旧信仰和新"福音"，并准备采纳这个或那个东西，因为它可以服务于他的意图——维持他的独断专行的权威。另一方面，我们拥有这样的平民百姓：他们无根据地相信"纯粹福音"意味着主教的废除和自治的胜利。我们拥有无法无天的，常常醉醺醺的，为了供养他的姘妇和充分享受他的盛宴而抓住权力不放的主教；我们拥有渴望自由的，无知的，对主教及其走卒充满轻蔑的平民百姓；在主教和平民百姓之间，城镇教会会议是为有教养的自治市自由民组成的，决不为主教或民主挂虑；主教受到腐化堕落的全体教士和懒惰的，即使并非不道德的教士支持——民主政治的要素正在引领"纯粹福音"的布道者和想要把他们组织到教会的城镇教会会议，这尽管与主教对立，可是依然处在其掌控之下。明斯特的状况就是这样的。在布道者中间，发现进入该城市道路

的是伯哈德·罗特曼（Bernhardt Rottmann）——绝不是或者不能
胜任有效指导平民百姓，或者不能胜任约束平民百姓的领导人。
他对被压迫阶层的广泛同情由于未受明晰的和冷静的理性抑制，
促使他追随民众的主张，而不是引导它；而与此同时，他的语言能
力标志他是大众事业的首要鼓吹者。在向前推进到潮流的顶点
后，他成为注意的中心对象，直到他随潮流冲上悬崖，并被吞没为
止。起初，我们发现他在城镇大门之外布道，正如一些人所说，这
是由于主教的默许。他采纳路德的信条：唯有信仰能够拯救人类，
其余的一切——形式和仪式——都是魔鬼自己亲手做的事情。不
管这一点，他在明斯特有大批追随者，手艺人和他们的妻子成群结
队地去聆听他宣讲。他的教导并非没有效果，在 1531 年的基督教
受难节，暴民夜晚在大门外猛攻圣莫里斯教堂（Church of St.
Maurice），摧毁圣坛、画像和雕刻装饰。罗特曼似乎想起，最好在
这次事件之后引退——无论如何在没有天主教教士的贿赂暗示的
情况下不引退。[①] 在第二年，尽管他再次返回明斯特，虽然禁止他
布道，但是民众在城内的圣兰贝特（St. Lambert）教堂院子为他建
立木制的布道坛，最后为了防止骚乱把教堂本身托付给他。在"纯
粹福音"获得可靠的立足点时，罗特曼为寻求援助写信给马尔堡
（Marburg），我们不久发觉六位福音传道士在明斯特奋力破除旧
信仰。城镇教会会议和行政长官范德维克（Van der Wieck）偏袒
传教士，因为有传教士的援助，他们希望摆脱非常令人不快的教长

　　[①]　Dorpius，*Warhafftige historie wie das Evangelium zu Müster angefanden*
（《真正的历史：福音是如何开始走向明斯特的?》），等等。

和全体教士。六位传道士准备三十个条款，由于教会会议的默许，强使天主教教士引起争论。福音派信徒宣称上帝和理性在他们一边，六个牧区教会屈服于它们的传道士。其间，教长和全体教士离开城镇，并向贵族主教求助。主教起先试图玩弄一部分人反对另一部分人的把戏，甚至与民主政治妥协。最后，无论如何，他掌握着濒临埃姆斯河（Ems）的特尔格特（Telgte）小城镇的教会会议，并决定饿死他的教区脱离"纯粹福音"的居民。民主政治对他付之一笑以示轻蔑，趁黑夜把行会样式推进到特尔格特，并突然袭击主教法庭、教会会议以及教长和全体教士——唯一幸运的是他的赦免，那些人碰巧在几天前离开了。囚徒被带入明斯特，移交给城镇教会会议。"在这里，我们带来你们这些阉牛，听听他们在地狱里怎么样！"丧失了他的"阉牛"的主教做出让步；修道士将在明斯特得到正式承认，唯有教区总教堂为天主教徒保留下来。就这样，"纯粹福音"似乎被胜利地确立起来。

但是，体验到"福音派新教会自由"的民主政治绝没有安排在这里停止，它漂流到哪里罗特曼就跟随到哪里。正如路德信徒所说："发觉不可能借助牧师压服'纯粹福音'的魔鬼，追捕再洗礼教徒的先知。"罗特曼这位平民百姓的崇拜对象，在维滕贝格已经开始变得名声不佳。路德写信给城镇教会会议："正像我听到的，上帝把优秀的传道士给予你们，尤其是马斯特尔·伯恩哈特（Master Bernhardt）。可是，相称的是，所有传道士确实受到告诫和控制，由于魔鬼是无赖，能够很容易诱使甚至优秀的、虔诚的和博学的传道士步入歧途。"的确，马斯特尔·伯恩哈特已经实行了有点奇特的仪式。他坚持认为，圣餐仅仅是兄弟之爱的盛宴，他相应地在盘子掰饼,把酒倒在饼子上,招待所有愿意参加的人。他从布道坛宣讲,反对天主教徒的、同样反对福音派教徒的"上帝的面包和酒"。他发现,民主与福音书的教导完美地一致,不仅明斯特,而且来自遥远而广大地方的穷人即苦工都聚集在他的周围。行政长官范德维克写道:"他的信条是奇妙的,悲惨的、被剥夺的暴民集合在他的周围,就我所知,他们之中没有一个人能够积攒两百荷兰盾偿还他们的债务!"直到行政长官和教会会议变得日益挂虑,渣滓——被压迫的做苦工者,也即是被迫害者和现在狂热入迷的再洗礼教徒,在明斯特聚集在"班诺克-伯恩特(Bannock-Bernt)"周围。在他的一批比较激进的追随者的迫使下,他开始表达他对幼稚的洗礼的怀疑。莫泽的(Mörse)赫尔曼·斯特拉普雷德(Hermann Strapraede)从布道坛宣布,它是"摆在上帝面前的令人憎恶的事情"。教会会议求助于路德和梅兰希顿,但是这些名字在大众中长时间失去了一切权威。教会会议指示,要把再洗礼教徒的教师赶出城镇大门,但是"圣灵"(或魔鬼,如福音派教徒所说)却鼓动他们绕城墙行进,并在对面城门再度进入城内。教会会议怀疑它自己的力量,便以辩论的形式诉诸理性,并引进赫尔曼·冯·德姆·布舍与班诺克-伯恩特斗争。可是,班诺克-伯恩特肯定具有巧舌如簧的口才,在他滔滔不绝地讲了几小时之后,教会会议绝望地终止辩论。在进一步的小争吵中,这位激进的传道士的能力变得越来越明显,此后教会会议关闭所有的教堂。传道士在他们的布道坛之外甚至比在布道坛更加有效。罗特曼与在他背后的工人阶级和日益增加的再洗礼教徒暴民嘲笑教会会议。他将履行上帝加在他身上的责任,不管权威多么傲慢。接着,教会会议尝试新的应急手段;他们把天主教雄辩家穆姆佩特(Mumpert)引进城镇。穆姆佩特在教区总教堂布道,反对班诺克-伯恩特,而班诺克-伯恩特则在圣泽瓦蒂乌斯(St. Servatius)教堂布道,反对穆姆佩特;结果,这却导致骚乱和穆姆佩特的流放。在绝望中,教会会议力图建立"福音派新教会的秩序",并从黑森输入路德派的传道士。罗特曼及其同僚将被流放。众多的妇女威胁市长,要求受她们爱戴的传道士复位和驱逐黑森人。暴民再次胜利凯旋;福音派教徒被从教会驱除,甚至在布道坛流下眼泪。先前的路德派教徒、现在的先知海因里希·罗利乌斯(Heinrich Rollius)①在全城奔跑呐喊:"忏悔吧!忏悔吧!请接受洗礼!"许多人受到洗礼,一些人因为害怕上帝,另一些人因为担心他们的财产。突然,再洗礼教徒从他们的阴暗肮脏的房间和各个角落源源而来,占据市场、市政厅(the Rathhaus)和城防炮;天主教徒和福音派教徒凭靠"在水对面的圣母玛利亚"教堂的护城河防御。可是,"会社派(party of order)"强大得多;他们行进越过关闭的教区总教堂和面对市场入口的成套火炮。但是,此时恐惧情绪支配他们,主教将获得进攻城镇的机会。再洗礼教徒发觉,他们在人数上还是太少了,遂达成休战协定;所有人将秉持他们合意的无论什么信仰。"安息日还没有到来。"和平!

　　像这种处在沸腾的狂热入迷大众中的和平也算和平?并不只是如此!明斯特必须是"正义的堡垒";无非是等待一段时间,直到更多的圣徒到达。从那天起,圣徒继续涌入明斯特,"会社派"衰落下去,带着金钱细软逃离城市。班诺克-伯恩特宣布,他将只向蒙

---

① 此后不久,罗利乌斯作为再洗礼教徒在梅斯施特里希特(Maestricht)被烧死。

上帝挑选的人布道。形容枯槁的面孔和奇异装束的人们出现在街道上；家庭破裂；妻子把她们的丈夫说成是"不信神的"，甚至儿童离开他们的双亲变成"圣徒"。在半夜，礼炮声响彻明斯特上空，召唤再洗礼教徒祈祷；先知像疯子一样东奔西跑，发出刺耳的尖叫窜过街道；教会会议的权力在狂热的旋涡中消失，这种阴森恐怖的旋涡正在把一切事物卷入其中。在 1534 年 2 月 31 日[①]，市长选举完全落入再洗礼教徒的手中，他们任命他们自己的领导人克尼佩尔多林希（Knipperdollinch）和基本布罗伊克（Kibbenbroick）。从那天起，上帝的王国在明斯特开始了。

在这一骇人的历史审判的四个首要的行动者中，我们注意到扬·马泰伊斯和罗特曼的最主要的特征；有必要就另外两个人即克尼佩尔多林希和莱顿的扬·博克尔松说几句话。伯恩特·克尼佩尔多林希（Bernt Knipperdollinch）是明斯特的布匹商，特别受民众喜爱，这也许是由于他的魁梧的身材和兴高采烈的本性。在暴动之前好长时间，他似乎陷入与主教有关的困境；他在街道上演唱关于他的讽刺歌曲，并因他的有点开下流玩笑的讽刺教长和全体教士的作品赢得民众的喝彩。在一段时间，主教把他投入监狱，这位伟岸的布匹商绝没有原谅凌辱；他决定"烧毁主教个人的房子"。忠于信仰的他，甚至一点也没有把他的信仰系于民主。他向往他

---

① 原文如此。现行公历是教皇格列高利十三世在 1582 年颁行的。在此之前（以及之后在很多非天主教国家），欧洲各国采用的是由罗马共和国独裁官盖乌斯·儒略·恺撒（Gaius Julius Caesar）在公元前 46 年 1 月 1 日颁布执行的儒略历（Julian calendar）。儒略历一年设 12 个月，大小月交替，四年一闰，平年 365 日，闰年于 2 月底增加一闰日，年平均长度为 365.25 日。——译者

自己拥有权力,但是他还不够强大,不足以根本不会成为他人的工具。那时,他的狂热入迷一度与其说趋向精神的表现形式,还不如说是趋向肉体的表现形式。在疯狂的舞蹈中,他显示出蛮横残忍的、几乎像疯子一样的成分。他有时好像意识到这种假装的上帝的王国是严酷的幽默;而难以领悟的是,他的狂热入迷是戏谑,还是他的戏谑是他的狂热入迷的结果。开始,当他被捕获并在严刑拷打下审问时,他只能说,他出于正直做了一切,他出于对上帝意志的意识做了一切![①] 莱顿的扬具有截然不同的本性。作为在那个城镇的裁缝的私生子——他的母亲是他父亲的妻子的女仆,扬早年的生涯可能是严酷的和辛酸的。非常年青的他离家漫游,他对他的阶层的痛苦和对世上许多不公正的普遍情感留下深刻印象。他在英格兰度过了四年时间,看到穷人被羊驱离土地;接着,我们发现他在佛兰德(Flanders)结婚,但是还在含糊地寻求想象中的黄金国(Eldorado);再次游历时,他作为水手访问里斯本(Lisbon)和吕贝克(Lübeck),一直寻找和探索。在梅尔希奥·霍夫曼教导期间,新的光明突然照亮他;他使自己充满人间的壮丽王国的梦想,公正和爱的统治。平静了一小段时间,先知马泰伊斯阻挠他的路线,并告诉他新的锡安山和根除不信神的人。由于对未来充满希望,扬宣布明斯特加入圣徒的队伍。尽管就其本性,甚至就其选择而言,他依然是年青的、慷慨大方的、浸透火热的热情的行动者,但是他对再洗礼运动在那个城市的传播没有一点影响。

　　[①] 参见《明斯特主教的历史由来》(*Die Geschichtsquellen des Bisthums Müster*),在那里全部给出自供状。

面对罗特曼的追随者,这位二十三岁的青年详述他的善和真的理想王国的美,详述公正和兄弟之爱的统治。妇女和少女悄悄地走进青年空想者的秘密集会;在明斯特,这位不断成长的、年青的莱顿先知变成兴趣的中心。当内心的纯粹不在他周围时,当"上帝选择的"精神不得不宣告它本身摆脱肉体时,这就是危险的场所、十分危险的场所。世人严厉地审判扬,宣判他是无止境被咒骂的人。最好是诅咒数代人所受的压迫,迫使苦工造反的大量迫害,达到疯狂状态的再洗礼教徒。在其他境况下高尚的热情,随着另外的环境莱顿的扬的坚强意志,可能在历史的记录上留下了不同的印记。由于在狂热入迷、肉欲性和绝望的这种旋涡中生拖硬拽,我们只能把他视为历史审判中的一个因素、明斯特的那场悲剧的必要行动者,这形成更伟大的《圣经》的最庄严的篇章之一。

在新的锡安山,在它建立的头几年,到处都是热情、准备自我牺牲和预示的欢乐。经常在街道听见"上帝与你同在",听到喜气洋洋的回答:"阿门,亲爱的兄弟!"在星期六,选举出新市长;在接着的星期一,他们立即着手采取步骤保卫城镇。作为他们成员的1500名圣徒从圣莫里斯大门出发向前行进,捣毁同名的修道院。建筑物和在它们之内的全部艺术珍品在火焰中升到天空,使它们不可能形成邪恶的人的庇护所;期间,多群妇女把能够在附近找到的所有粮食及必需品运送到城镇。此时,为了城墙安全和警戒突然袭击而采取了预防措施。新王国刚一在外部阻止邪恶的东西得到安全,圣徒就在内部消灭邪恶的东西是适宜的。对于上帝选中的人来说,这些画像、这些雕刻、这些彩色的窗户是什么?是长期失去它们的意义的符号,是过去的奴隶身份的标志,是字面上的信仰的记号；从新自由的视角看，它们无非是被诅咒的偶像。让冷酷的先知和使徒从他们的壁龛坠落下去吧；把上帝及其圣徒的这些着色的画像搬到外面，在市场烧毁这些令人憎恶的东西！虽然我们没有真实肉体和血液的先知和使徒，但是新锡安山的圣徒因为把上帝铭记在他们的内心，他们不是比花哨俗气的虚构更好吗？把这些外表的形式，这些祭坛服饰，这些豪华的弥撒书，这些圣餐酒杯拿走！上帝的精神在我们身上起作用，它为什么要在徒然的展示中伪装起来呢？让我们以最粗鲁和最有力的样式表明，我们对这样的魔鬼似的欺骗的轻蔑。但是，更进一步，就在锡安山中这样的法律上的区别而言，这些案卷和文献在那里能够有什么样的需要呢？过去的东西没有什么依然是神圣的；在我们看来，这些骨骼——主教和圣徒的遗骨、生活在罪恶时代的人的死骸——是什么东西？把它们丢到粪堆，因为它们不能帮助我们把真相暴露在光天化日之下！再洗礼教徒就这样思想，直捣教堂，清除遗骸、艺术珍品和多代人的劳动成果；人们的确在多年创造的东西，新锡安山的民众的确在一个晚上就给摧毁了。世人都称这是野蛮的、疯狂的！可是，尽管再洗礼教徒取下冷漠的画像，烧毁油画和绘画的印版，但是你们的贵族主教也扮演了反对崇拜圣像者的角色——只是他的形象具有血肉之躯。他在沃尔贝克（Wolbeck）淹死了五个再洗礼女教徒，他在贝弗格姆（Bevergem）烧死了五个再洗礼教徒——十个无助的、无知的灵魂，可是还像所有的灵魂一样渴望活着。明斯特的圣徒在他们的幻想方面变得疯狂，在他们的行动方面变得更疯狂，多么令人惊奇啊！教堂的装饰品不仅使圣徒伤心，甚至教堂本身也让他们伤心。上帝不愿在人手建造的神殿里受到敬奉。于是,让这些大量的石块转向合适的用途;让教区总教堂及其院子变成锡安山,变成蒙上帝挑中者的集会场所;让圣兰贝特教堂变为圣兰贝特采石场,从此大家都可以拿走石块建筑他们的房子或修补城墙。其他举行宗教仪式的建筑物遭到同样的命运,新的名字"圣母玛利亚采石场"刻写在正门的入口上,如此等等,不一而足。哎哟,这位倒霉的兄弟,他的不幸的语言放弃挣脱旧名字!作为自我惩罚,他被迫喝下"一罐水(einen pot watter)"![1] 无论如何,破坏在这里没有停止;城市的无数尖塔和塔式建筑不仅作为敌人炮火的标志是危险的,而且也是遮掩关于上帝的知识的盲目崇拜的记忆;因此,我们的新锡安山孩子"强大得足以拆毁堡垒,丢掉想象和每一个高级事物——它本身激发反对关于上帝的知识"。一旦摧毁偶像,驱逐偶像崇拜者,也就能够把女隐修院转变为有用的目的;因为能够在它们那里找到房子,供给众多陌生的再洗礼教徒居住。驱逐并非总是必要的,由于圣埃吉迪乌斯(St. Ægidius)的修女不久就成群地去受洗礼,她们的奥费拉特(Overat)的姐妹也随之受洗礼。禁欲主义的真正精神很久以前就死去了,在新锡安山修女希望把神圣和感官愉悦结合起来。一些修道士也没有落后,因为我们至少听到,在锡安山后来的岁月,一位依然在任的女隐修院老院长娶了四个妻子! 正是这一位来自民间的穷人,一点也不与早期基督教禁欲主义的高尚目的一致,在精神的新王国里这十分危险的世俗成分。不仅如此,一位和她的修女拒绝洗礼的、

---

[1] 《海因里希·格雷斯贝克斯报告》(*Heinrich Gresbecks Bericht*),载于《明斯特主教的历史由来》,Bd. 2。

呆笨而狭隘的女隐修院院长,只能告诉我们一点点圣徒的所作所为。她对这种巨大的宗教骚动的意义全然不知。那是十分邪恶的、十分恐怖的,一切都源自一位出逃的维滕贝格的修道士,他在德国人中做弥撒,在两种形式下主持圣餐仪式。因此,她和她的修女逃到希尔托尔佩(Hiltorppe),在那里第一个晚上她们没有找到吃喝的东西,一些姐妹非常口渴,以致她们被迫饮用体液。① 圣徒和不信神的人二者似乎都对体液感到极度厌恶。关于圣徒的信仰,还有另外一个考验接踵而至。在 26 日即星期三的夜晚,先知马泰伊斯布道反对学问,号召民众捣毁在以色列的所有书籍、除《圣经》之外的一切。因为正是书籍,用词语歪曲,在话语上诡辩,从而导致人们离开正道。真理在字里行间的织网中被窒息,上帝不能到达人的内心。把书籍堆积在市场付之一炬,锡安山的王国基于精神而不是基于学问,过去的智慧从新时代的眼光看是无根据的欺骗。尔辈大脑的徒劳的努力,在火焰中升腾;锡安山开始不受你们阴暗的质疑的妨碍;她的知识直接源于上帝;她的智慧是神灵感应的结果;她与费力完成的、误入歧途的过去的理性毫无共同之处!

但是,甚至锡安山还未被纯化,甚至还未把不信神的人与圣徒分开。在星期五,在明斯特的上帝的王国建立的头一周最后一天,先知涌向街道激动地呐喊:"忏悔吧,忏悔吧,尔辈不信神的人! 离开死后灵魂进入天堂的人的城市,汝等偶像崇拜者! 上帝被唤醒

---

① 在《明斯特主教的历史由来》中的《尼辛克的姐妹房子的编年史》(*Chronik des Schwesterhauses Niesinck*)。

惩罚你们！"在同一天,圣徒追捕逃离城镇的不信神的人;不愿受洗礼的所有人必须滚蛋。贫穷的、不幸的福音派信徒逃避再洗礼教徒的狂暴,只有落入主教手中。在没有审讯的情况下,西恩迪克·范德维克(Syndic Van der Wieck)和两个路德派传道士被迅速斩首。许多人留下来,并接受洗礼,这有什么好奇怪的呢? 在三天内"赶走不信神的人！"的呐喊响彻所有街道,在三天内先知在市场继续施洗礼。在使每一个先知放置水罐之前,鉴于民众一个一个地来临,跪在他面前,他规劝改变信仰者皈依兄弟之爱,从而避恶求善;于是,他以圣父、圣子和圣灵的名义,用三撮水给他们施洗礼。给予每一个兄弟或姐妹一个金属标志,上面刻写 D. W. W. F——"道成肉身(das Wort ward Fleisch)"——the Word became Flesh(道成肉身)。甚至当在市场的施洗礼结束时,先知绕城镇给老人和衰弱的人施洗礼。每一栋房子都受到检查,若是找到不信神的人,便为社区的利益夺去他们的财产,同时把业主从他们的屋子赶走。就这样,新锡安山最终被纯化! 这样的纯化的价值是什么? 它可以净化人类敌手的"上帝的王国";它能够击中圣徒本人内心的疾病的病菌吗? 到目前为止,我们注意到,"公正的统治"如何在锡安山昌盛;人类发展的规律如何不可改变;历史进化的判断如何不可阻挡。

二

　　圣徒和不信神的人被分开了,但是新锡安山的民众并非完全在内心里是一致的。有宗教的狂热入迷者,他们认为大家必须一样地分享他们的关于公正的王国的热情；有无赖恶棍，他们只是为劫掠才参加，愿意把它转变为人间地狱；有胆小如鼠者，恐惧驱策他们，在最需要的时候，他们的双手会不听使唤；最后，有傻瓜笨蛋，他们起初被他们几乎没有领悟的话语煽动，参与蠢人的极乐福地，但是当没有提供他们的物质欲求时，他们的精神就枯萎了，而且他们最终会因小小的抗拒被屠杀——无知的、淳朴的、意识到某种严重不公平的民众，很容易受强力意志的引导，于是最终听任成为蛮横逞凶的和残酷无情的权力首当其冲的打击目标。正是在不久之前，冷淡的精神出现了，并引起可怖的判决。铁匠奥内·胡贝特(One Hubert)在夜晚守护城墙时，大胆地向他的一些同志说："直到先知使我们付出割颈的代价，他们才会预言，因为魔鬼附着在他们身上。"①小小的惊奇是，热情的锡安山同道被震撼了，因为正是在他们的队列里发现了邪恶的人，在已经纯化的城市发现了背叛者！圣徒聚集在市场，把不幸的铁匠带到他们中间，他是第一个使新耶路撒冷光辉灿烂的希望黯然失色的人。接着，先知开庭审判，宣告贫穷的、发抖的罪人罪该万死。"他鄙视上帝选中的人，而上帝的意志是，在该城镇不应该存在不纯洁的人。必须根除一切罪恶，因为耶稣基督需要圣洁的民众。"让我们像那些先知试探的那样，顷刻尝试探索一下；探索的是，一旦锡安山的公民可能怀疑他们的使命，不仅如此，一旦允许怀疑的阴影在他们自己的心智停留下来，一旦冷静的理性试验可能质疑他们的神灵感应，那么这

---

① 《格雷斯贝克斯报告》(*Gresbecks Bericht*)。多皮斯具有更加意味深长的表达——"它们是先知的胡扯"(Sie sind scheissende Propheten)。

个上帝的王国的光荣希望便会碎成粉末。它唯一地基于圣徒对先知的信念，以及先知对自己的信念；信念是上帝和他选中的民众之间沟通的直接手段。而且在这里，在新时代的破晓，正是出自同一教会的教徒之一出现了，并冒险怀疑——怀疑所在是，怀疑的隐约想法意味着公认的自我欺骗的疯狂！不仅如此，在先知跌落之后，甚至当他们在拷打下受到质询时，他们回答："我们失败了，可是我们依然是上帝手中的工具。"在锡安山的第一次审判是威严的，但是不比少女淹死在萨尔茨堡的供马洗澡的小池塘里威严。在德国的那些久远的日子，神甫就是行刑人，现在先知本人承担起令人畏惧的职务。哆嗦的铁匠被带到教区总教堂——锡安山；在那里，莱顿的先知扬抓住戟，两次打击他，但都是白费力气；死神坚决拒绝接受它的牺牲品。这位受伤的人被收回监狱，奇怪的一幕随之而来。上帝使他们的先知的臂膀失去力气，在市场匍匐在他们面前的圣徒发出尖叫声，锡安山丧失了上帝的恩典！接着，先知马泰伊斯命令把犯人再次带出来，紧靠教区总教堂的墙壁；但是，他不愿站立，倒在地上作十字形乞求宽恕。在锡安山一点也没有宽恕，马泰伊斯端起滑膛枪，朝背部射杀他。他还没有死去。于是，先知们说："他活着，这正是耶稣基督的意志。"不管怎样，他不能活着，他在那周内死了。在锡安山流出的第一滴血就是这样的，洪水的迹象来临了。当这个世界听到这件事情以及诸如此类的事情时，狂怒、发疯似的狂怒审判它。世人呐喊："把他们像野兽一样地击毙！"而且，这个世界是正确的：消除害人精是唯一的途径。但是，它从未汲取教训——情况将始终如此？——历史对过去的罪行的审判。它忘记了十年前被屠杀的再洗礼教徒；它忘记了"堕落的洗礼水",而它本身是在血的洗礼中监督执行的。

不过,让我们片刻从画面的比较阴暗的一面转过来——这将很快需要我们的全部注意力,目睹一下过于经常被遗忘的东西,即锡安山的社会重建。把圣徒与不信神者的所有污点分开的努力刚刚结束,领导人便开始按照他们关于人的完善的热情洋溢的观念组织新的公正王国。首先,宣告善的社区。"亲爱的兄弟姐妹们,现在我们是结合在一起的民众,我们把钱币、金银汇集起来,正是上帝的意志;一个人像另一个人一样拥有同样多的东西。让每一个人携带他们的钱币到教会会议厅的金库。委员会会将坐在那里接收它。"就这样,先知和修道士现身,就上帝的宽恕和兄弟之爱发表演说,呼吁所有圣徒随着对不履行者的可怕诅咒,拿走他们的财富充当公共库存。在每一个牧区,任命三个执事挑选所有的食物,然后把食物储存在大门近旁的房子里。在这里,举行公共进餐——女人在一张桌子,男人在另一张桌子,同时某个青年人朗读以赛亚(Isaiah)或但以理(Daniel)①的怪诞而激动心灵的预言。执事把全部家庭经济掌握在他们的手里,特别是公共食物和财产的掌管。起初,对公共进餐的热情如此之大,甚至小孩子跑来跑去指示隐藏的储存品的位置。② 白天和夜晚,房门不得不任其敞开,以至一切人都可以进入;所允许的唯一临时围栏是为了阻挡猪。为儿童建立了大约六所学校,教他们在学校读书和写字,朗诵赞美

---

①　以赛亚和但以理都是《圣经》中的人物。前者是希伯来预言家,后者是希伯来先知。——译者

②　路德派的多皮斯(Dorpius)称他们是"拥有魔鬼的、泄露被隐藏的东西的少女"。

诗;不过,最主要的是,他们学习兄弟之爱的教义和在锡安山就要到来的光荣未来。每周一次,儿童成双成对的地行进到教区总教堂,听传道士之一布道,唱一两首赞美诗,然后以相同的方式回家。钱币还是在锡安山铸造的,无论如何不是为了它的居民,而是为了收买为不信神的人服务的护身符纹章(menat-arms)。任命了十二位长老,他们早晨和中午坐在市场,听取起诉和执法。圣徒的审判是可怖的,例如小偷是兄弟关系的背叛者,甚至锡安山的士兵由于在啤酒桶上开孔而被射死。

不管怎样,在城镇中并非一切都是严格的认真;在这头几周,由主教付费,民众的欢乐在粗俗的戏谑中显露出来。一头赢顿的老牝马被从城镇驱赶出去,跑向主教的营地,系在它尾巴的是带有它的大主教封条的和平协定,靠那个东西他的恩典重新获得在特尔格特被捕获的"阉牛"。接着,随着铃声响起,形成行进的队列,塞满稻草的人形玩偶反复用教皇的诏书包裹,走出城门放纵依然如故,面对敌人的防线也以相同的样式办理。另有一次,四轮运货马车运来一个大酒桶,马车夫却无影无踪;主教和他的理事的好奇心很强,想知道它里面装的什么——打开后,他们才发现他们自己受到再洗礼教徒的嘲弄,原来大酒桶装满的只是这些教徒的排泄物!圣徒也不只是使自己满足于戏谑;他们成功地出击:当着做感恩祷告主教的面搬走黑色火药,把大钉钉入枪管使之无法使用。在主教的营地有少量的纪律,恳请他的邻人的帮助只是慢慢地才得以达到。后来,在围城期间,我们在教区总教堂听见模拟的弥撒;穿上神甫盛装的傻瓜主持宗教仪式,而民众则在圣坛献祭垃圾、污物和死耗子;整个过程以在教堂过道假装的战斗结束。在另一个场合,把圣坛旁供祭司及唱诗班用的高坛改变为舞台,演出关于富人和拉撒路(Lazarus)①的戏剧。但是,这是在锡安山后来的日子里,当时锡安山选出了国王,在挨饿的再洗礼教徒中间怀疑阴郁地蔓延开来。滑稽戏以悲剧收场。锡安山的统治者有理由疑心扮演富人的王后的男仆;这位富人被从地狱拖出来,吊在市场的树上。在锡安山后来的那些日子里,还有戏谑的小余地。

可是一开始,甚至最狂热入迷的人也能够放松;我们听到,当最坚定的再洗礼教徒在一起时,"他们高兴地坐在餐桌对面,他们的所有谈论不是耶稣基督、保罗或生命的神圣。"②在复活节之前不久,我们在结婚宴席发现首席先知马泰伊斯和他的年轻漂亮的妻子迪瓦拉(Divara)——他为她匆匆甩掉了一桩肉体的婚姻。谁会说,什么隐秘的思想进入这位稳重的先知的心智呢? 他瞥见在新的锡安山必定很快来临的精神式微吗? 他像不信任他自己那样对未来表示怀疑吗? 被残杀的铁匠的阴影常常出没于他的心智吗? 谁能把这一切说得确切呢? 我们仅仅知道,正当普遍欢乐的时候,马泰伊斯突然受到圣灵的鼓动,他把他的双手举到头顶,他的整个身躯摇摇欲坠,情况仿佛是死亡时刻降临在他身上。这位结婚的当事人惊恐得默不作声地呆坐着。接着,先知站起来,叹息说:"啊,亲爱的圣父,这不是按照我的意愿,而宁可说是按照汝的意愿。"在给予他的每一只手一个亲吻后,他补充说"上帝的和平与

---

　　① 拉撒路是《圣经·约翰福音》中的人物,是马大(Martha)和玛利亚(Mary,拉撒路或马大之妹,耶稣之友)的兄弟,死后四日耶稣使他复活。拉撒路也是《圣经·路加福音》中的人物,死后进入天堂的病丐。——译者

　　② 《格雷斯贝克斯报告》。

你同在"，便离开集会。几小时后，明斯特的圣徒获悉，他们的首席先知抓住长矛，像疯子一样大喊："由于超凡的圣父的帮助，我将驱使敌人溃逃，使耶路撒冷获得自由。"他冲出城门，几个狂热入迷的热情者紧随其后，结果被主教的部队杀死了。就这样，在圣徒道德衰退之前，明斯特的第一个对他的观念真诚和忠实的首席先知死去了。他可能是狂热入迷的，他的观念可能是虚假的；他不断地为**精神的**概念即他的对神的皈依战斗，直至战死，而主教则为**他本人**战斗并凯旋而归！

　　不可思议的一幕随着马泰伊斯之死上演了。先知和民众聚集在市场呐喊："啊，上帝，把汝之爱赋予我们！啊，圣父，把汝之恩典给予我们！"圣徒以最凄惨的方式匍匐在地。妇女和少女跳跃着通过街道，狂怒地嘶喊。她们披头散发，穿着乱七八糟的衣服，跳跃尖叫，直到她们的面孔变得像死人一样苍白，精疲力竭地倒向地面。在那里，她们用紧握的拳头打击她们裸露的乳房，一撮一撮地扯掉她们的头发，在烂泥里打滚。但是，莱顿的年青的扬站起来宣布，上帝将赋予她们更伟大的先知，甚至比马泰伊斯还要伟大。在很久以前，他就看到一个幻象，马泰伊斯被长矛刺了一个洞，上帝的代言人吩咐他娶死去的先知的妻子作为他自己的妻子。[①] 因此，民众呐喊："赋予它，圣父，赋予它！"从这天起，扬是锡安山的首要统治者。然而，不幸的是，这位年青的先知已经与克尼佩尔多林希的女仆少女结婚，他怎样才能另外娶漂亮的迪瓦拉呢？三天三

---

　　① 即使在严刑拷打下他的招供中，扬在幻象结束时，依然维护这个幻象的真相和他自己的惊奇。《明斯特主教的历史由来》。

夜,他一直恍恍惚惚、神志不清,接着灾难性的胜利狂欢的力量,社会放纵的防洪闸突然打开,扬·博克尔松意识到宣讲感官的福音。在一个天平盘,有青年人的感官快感的活力、对权力的情感、动物性的意志;在另一个天平盘,有对人的新未来的希望、人类之爱的教规、基于世世代代经验的古老的道德约束。感官的愉悦和自我牺牲的艰苦——这是在历史上经常复发的古老的斗争——必定同样地复发,直到诸多世纪的进步或许可以在人身上使物质的东西和精神的东西和谐相处为止。尽管这位莱顿的青年裁缝充满对意志和权力的意识,但是什么东西依然抑制他呢? 不存在对缓慢获得的过去的智慧的尊重,因为过去由于罪孽而被诅咒;诉诸民众的常识是不可能的,因为上帝仅仅通过先知口授真理。不仅如此,在锡安山存在巨大的危险——女人在数量上超过男人,而在女性圣徒的患癔症的宗教中,感觉到的冲击是强烈的。就这样,扬宣讲感官的福音的情况发生了。修道士和十二位长老宣布,男人可以拥有一个以上的妻子。上帝祝愿他选中的子民"儿孙满堂,人丁兴旺"。没有一个人依旧独身,每一个再洗礼教徒都有可能把孩子在锡安山培养成圣徒。据说,起初甚至一些圣徒抵制这种新的放纵,但是未结婚的妇女自己把火炮拖到市场,她们在消灭所有反对意见中起了主要的作用。尽管情况可能如此,但是可以肯定,在 4 月 14 日受难节,在鸣响的钟声和民众的欢庆中,先知扬与荷兰哈勒姆的先知的寡妇迪瓦拉结婚。从那个日子起,扬的妻子的数目不断增加,除了首屈一指的迪瓦拉外,直到她们达到总共多至十四个为止。罗特曼拥有四个妻子,克尼佩尔多林希和其他领导人至少拥有相同数目的妻子。没有一个女人拒绝结婚,虽则她可能排斥任何求婚的丈夫。把豆蔻年华的姑娘赐予圣徒,甚至把明斯特的老妇人作为妻子在民众中间分配,这些民众不得不照料她们,务必使她们充分领悟伟大的再洗礼教徒的教义。修道士说:"亲爱的兄弟姐妹,尔辈生活在异教的状态实在太久了,那里没有真正的婚姻。"新仪式是极其简单的。男方与几个朋友一起到女方家里,双方当着他们朋友的面抓住手,以此宣布他们自己是丈夫和妻子。但是,在锡安山的圣徒方面,一夫多妻几乎立即带来稀奇古怪的判决,因为妻子相互之间没完没了地吵架,圣徒在家里无法和睦相处。在女人中间,每日的打架和骚扰的案例发生在十二位长老面前,关押证明是无用的。因此,班诺克-伯恩特最终宣告,将尝试杀戮,但是纯粹的威胁在一段时间后失去它的力量,结果不得不把几个女人处死。领导人发觉流放仍然不顶用,便命令所有必须前往的女人来到教会会议厅。几百个被强迫结婚或厌倦一夫多妻的女人以他们的名义施行惩罚。被召集几天后,在长老面前宣布她们**摆脱**她们的丈夫,在市场站立的修道士宣告她们该被上帝诅咒,身体和心灵是魔鬼的身心! 在明斯特,这个祸患污点被严严实实地掩盖起来;如果读者记得,它一直起暗中起破坏锡安山的王国的作用,它导致可怕的弊病,在那个王国摇摇欲坠之时,结果简直可以说是以性混乱告终,这就足够了。

即便在明斯特,在没有造反的情况下,也没有完成伟大的社会变革。较少狂热入迷的群体在本地圣徒的帮助下,决不赞成善的社区,他们突然一跃而起,逮捕先知和克尼佩尔多林希,把他们关押在教会会议厅的地下室。溺爱妻子的修道士施拉赫恰普(Schlachtschap)被从他的一堆老婆中拉扯出来,给套上颈手枷;在那里，女人以老式观念连续向他投掷牲口粪和石块，询问他是否需要更多的妻子，或者他现在是否不认为一个就足够？锡安山的命运危如累卵，迅速派遣送信者到主教的营地。但是，在他出城之前，来自荷兰和弗里斯兰省（Friesland）的陌生人据守城门，而且多达六百人正在向教会会议厅进军。在那里进行了短暂的而激烈的战斗，守卫者从窗户向下面的陌生人射击；但是，哎呀！他们痛饮从城镇酒窖弄来的储藏美酒，度过了一个夜晚，荷兰人强力夺取他们的入口，抓了大约120名俘虏。被激怒的狂热入迷者的报复是可怖的。莱顿的扬、克尼佩尔多林希、十二位长老和正被释放的先知，促使每天把暴乱者十个一批地推出去；接着，一些人被射杀，一些人被斩首，一些人被用短剑刺死。无论谁想要到锡安山杀死叛徒，都可以像他乐意都那样，提取一个杀害他。在四五天内，大屠杀持续着，尸体被扔进教区总教堂院子的两个大地坑里。这种死神之舞，这种放纵激情的假面舞会，是令人畏惧的；但是，那些会汲取它的教训的人永远必须记住"血的洗礼"。最后，狂热入迷者的暴怒得以满足，剩下的俘虏被赦免，送到圣乔治（St. George）修道院，在那里娶了许多妻子的施拉赫恰普爬上高凳子，就他们的罪过向他们宣讲训诫；他们如何违反上帝的意志，必须感谢他使他们受到感化。这位布道者按名字对每一个人讲话，告诉他怎么犯了反对锡安山的兄弟姐妹的过错。他们再次被接收到信徒当中，他们确实可以及时地对这样的宽恕表示感激。① 在锡安山必定有许多悲伤的心灵，必定有许多这个上帝王国的萎靡的和患病的人，可是

---

① 《格雷斯贝克斯报告》。

热情并没有熄灭,它需要的无非是以从前的全部力量展示它本身的机会。

自 2 月以来,主教几乎没有做出多少进展,即使在他的营地,他也无法从锡安山这些异乡的依附者那里感觉到安全。大约在复活节,奇特的事件发生了。一位名字叫希拉·法伊兴(Hilla Feichen)的再洗礼教徒少女①在公共进餐时,听见大声朗读的关于犹滴(Judith)和奥洛费尔内(Holofernes)②的故事。受到这个故事的鼓舞,她决定在无耻主身上再现这种行为,地点是他的特尔格特营地。她宣布,对上帝的先知而言,这是上帝的意志,他们允许这位姑娘前往。她穿上最漂亮的衣服,佩带克尼佩尔多林希赠送的金项链,到达敌方的营地。不料,不幸的受骗孩子落入重骑兵之手,她的异常的装束引起猜疑,被严刑拷打,不得不招供,为不切实际的幻想付出她的生命。她的名字为什么不应该与那些担任职务者筹划更宏伟行为,即便较少英雄行为的人一道被记住呢?哪里有强权,哪里就有在希拉身上的时代精神,这个世界的确使时代精神处于美丽悦目的青春焕发时期,它在明斯特这种亵渎的泥潭中确实并未受到毒害!在接下来的圣灵降灵周,主教感到强大得足以强攻城镇;机会呈现在锡安山的居民面前,从而可以在大众中展示希拉的热情。按照最初的转述,男人、女人和儿童成群结队地

---

① 参见她在《明斯特的证明文书汇编》(*Nieserts Münsterische Urkundensammlung*)中的坦白,也可以参见莱顿的扬和克尼佩尔多林希在《明斯特主教的历史由来》中的坦白。

② 犹滴是《圣经·旧约》经外书中的女英雄,她是犹太人的寡妇,以美貌迷住敌军统帅奥洛费尔内,乘他酒醉杀死他,以拯救犹太人。——译者

来到城墙;只有老人和病人留在城内。他们从每一个洞坑和角落出来,从每一个防御土墙把沸腾的油和水、熔化的铅和灼热的石灰——十足的魔鬼的肉汤——向敌军倾倒。把熊熊燃烧的焦油圈旋转地投掷到主教士兵的脖子;当士兵逼近时,冰雹一般的弹丸和石块迎接他们。在城墙上,女魔鬼(she-devis)用干草叉猛击那些爬到云梯顶点仰攻的士兵的颅骨。锡安山的民众愤怒得发狂,仿佛多年的压迫、所有"血的洗礼"在这一天得以报仇雪耻。"汝等最后想到了吗? 三四个夜晚我们确实后退了,并因为你们沸腾;肉汤已经准备很久了,只等汝等前来!"一次,两次,三次,重骑兵像暴风雨一样猛扑过来;一次,两次,三次,被打散的残存者节节败退。他们的爱是公牛般的人的战斗之爱,而不是出自观念的热情。守卫者嘲笑地呼喊:"再来吧,再来吧,汝等可能已经逃走了? 猛攻确实会持续整整一天吧。"接着,再洗礼教徒跪下歌唱:"当有人起来反对我们时,如果耶稣基督本人不站在我们这一边,那么他们便会很快吞没我们。"莱顿的扬和较小的先知通过街道边跳边唱:"亲爱的兄弟,难道我们没有强有力的上帝吗? 他帮助我们。事情并不是用我们自己的力量做成的。让我们欢庆,感谢圣父。"受鼓舞的人宣布即将到来的解救;耶稣基督将立即降临,建立圣徒的千年王国。在锡安山存在新的统一,新颖的希望和崭新的热情。上帝只不过是考验他的圣徒。蒙受上帝的恩典,主教也汲取了教训,他将采取更可靠的阻挡方法,他将监禁这些狂热入迷者,直到饥饿为他赢得战斗。就这样,由于从他的同盟者那里得到帮助,他完全切断了明斯特与外界的联系,锡安山被不可逾越的碉堡圈子围在当中。

胜利似乎给扬·博克尔松带来新的鼓舞。只要有一个强人之手指引这些热情者,甚至锡安山的王国确实现在就建立起来了,甚至现在就可以除掉衰败的成分,制服圣徒卑鄙的、自私自利的激情。在人那里的思想变成在先知那里的上帝的意志。启示降临在被称为新耶路撒冷之王的扬身上,不仅如此,他是整个世界之王、上帝在地上的总督;是处罚全世界一切不公正的公正之王。启示也不是仅仅降临在扬身上。在 6 月 24 日施洗约翰节(Johannistag),神秘而神圣的正义太阳节,先前是瓦伦多夫(Warendorff)的金匠,现在却是耶稣基督的先知的约翰·迪森丘埃尔(Johann Dusentschuer),如同他的跛瘸可以容许那么快地,迈着笨重的脚步走过锡安山的街道,向聚集在市场的民众高喊。在那里,一瘸一拐的先知猛然扑向大地,并宣告上天的意志。上帝委任,莱顿的扬这位神圣的先知将是整个世界之王,所有的帝国、最有权势者、贵族、领主和统治者之王。只有他能够统治,无一人在他之上。他将赢得王国和他的保护人大卫(David)①的宝座,只要上帝要求他这样做,他就一直做下去。于是,民众指望他们的受爱戴的先知,而他跪下把**他的**启示告诉他们。"上帝选中我做整个尘世之王,可是,我进一步对你们说,亲爱的兄弟姐妹,与其这样说我是王,毋宁说我更愿意是猪倌,更愿意扶犁耕地,更愿意钻研。我必须做我做的事情,由于耶稣基督选中了我。"许多其他王想象他自己尽管未赦免而被上天任命,没有几个人如此成功地相信他们的臣民拥有他们的神圣权利。诱饵迪瓦拉在人们中间显现。采取阿谀奉承态度的一瘸一拐的先知按照宗教仪式涂油于新王,并授予他巨大的战斗决定权;十二位

---

①　大卫是《圣经》中记载的古以色列国王。——译者

长老把他们的武器放在他的脚旁,这位裁缝王请求上天目睹,他保证以耶稣基督的精神管辖他的人民,并以上天的公正审理他们。于是,激动不已的民众围着他们的王和王后手舞足蹈,唱道:"荣誉只属于在天堂的上帝!"无疑的,这是假装的王的威仪;可是,环绕王的神威常常更加千奇百怪。锡安山像以色列一样,从神权政治过渡到独裁统治;但是,没有拿单(Nathan)[1]控制它的统治者,因为他本人是首席先知。

锡安山的君王虽然"由于肉体是死的,黄金对他来说不过是粪土",可是却认为适合于在一切尘世威仪的壮观场面中露面。他任命以克尼佩尔多林希为大法官的法庭,其中从司库到厨子有许多职员。他组建警卫队,其成员身穿丝绸衣服。两个侍从官听候王,他们中的一个是**他的恩典明斯特主教的儿子**。[2] 邦国的大官员穿着有点奇异的服装,一个臀部是红的,另一个臀部是灰的;而在他们上衣的袖子上绣有锡安山的臂章——两个交叉的宝剑刺穿地球,万能的权势及其文书的标志,而金指环象征着他们在锡安山的权威。王本人则身着华贵的金色和紫色盛装,像他的办公室的徽章一样,他促使用黄金制造象征君主权力的节杖和踢马刺。把金达克特(ducats)[3]熔化,制作供王后和他自己戴的王冠;最后,用两把宝剑穿过金球,把带有词语的十字装在上面;"公正之王高于一

---

[1] 拿单是《撒母耳记》和《列王纪》中的大卫王和所罗门王时期的先知。——译者

[2] 《来自明斯特再洗礼派的新消息》(*Newe Zeytung von den Widertœuffern zu Münster*),1535。通常可以找到带有路德序言《在〈来自明斯特的消息〉之上》(*Auf die Zeytung von Münster*)的版本。

[3] 达克特是旧时在欧洲许多国家通用的金币或银币的名称。——译者

切"面对着他。大法官克尼佩尔多林希的随从穿着带有羽饰的红
礼服,一只手高举正义之剑。不仅如此,甚至王后和十四个小女王
必须拥有分开的宫室和鲜艳的礼服。王一周三次身着华丽的盛
装,由警卫队和邦国官员簇拥前往市场,而车骑后边是十四个王
后。在市场放置着带有丝绸靠垫和华盖的豪华宝座,裁缝王在上
面就座,他的正王后与他并排而坐。克尼佩尔多林希坐在靠近他
的脚的地方。在他左边的侍从官携带律法书、《旧约全书》;在他右
边的另一个侍从官携带未出鞘的宝剑。律法书表示,他坐在大卫
的宝座上;宝剑表示,他是正义之王,他被委任根除一切不公正。
班诺克-伯恩特是法庭的宗教仪式主持人,并当着王的面在市场布
道。布道结束,正义得以实施,往往具有最恐怖的手段;接着,王和
他的法庭以同样的排场返回。在街道上,他受到呼喊声的迎接:
"好啊,以耶稣基督的名义。赞颂上帝!"在这里有时会有小小的疑
惑,这种显示起初唤起锡安山圣徒的萎靡不振的精神。

　　新政体甚至比旧政体更加共产主义(communistic)。在一瘸
一拐的迪森丘埃尔看来,上帝已经启示,基督教的兄弟或姐妹应该
拥有多少衣服。基督教兄弟拥有的衣服将不多于两件上衣、两条
马裤和三件衬衫;而基督教姐妹拥有的衣服将不多于一件上衣、夹
克衫、披风,两对袖套,两个领圈,两套"平常的裤子和衬衫(par
hosen und vehr hemede)";而四条被单将足够每一张床铺使用。
执事带着四轮运货马车在城里四处走动,收集多余的衣服:"亲爱
的兄弟姐妹,上帝的和平与你们在一起。我得到耶稣基督的吩咐,
作为他的先知向你们宣布,而且必须看看你们在自己的家里有什
么。如果你们拥有比适配的要多,那么我们必须以耶稣基督的名

义从你们那里拿走,并把它分给那些需要的人。如果你们没有必
需品,为了耶稣基督的缘故,将会按照你们的需要分给你们。"就这
样,执事随着装载衣服的四轮运货马车返回,这些衣服被分配给同
一社区比较贫穷的成员,或者储存起来,供上帝不久将率领前来明
斯特的圣徒使用。① 接着,关于房屋交换的命令下达了,因为兄弟
不必把任何东西看作是他自己的,大家都应该轮流分享锡安山提
供的无论什么住处,这只不过是权利罢了。

　　但是,困难跟着来到明斯特的上帝的王国,政体体制无法排除
这些困难,再多的卖弄也无法从圣徒的思想中驱除它们。供给品
正在变得更加供不应求;尽管先知在新年前宣布救济城镇居民,可
是他们只许可在人行道停车,而在街道播种谷物和蔬菜。随着需
要变得更加紧迫,绝望开始找到更加心甘情愿的追随者,狂热入迷
采取更为蒙昧、更为沮丧的形式。在圣徒中间,圣灵感应的突发变
得更加频繁和更加普遍;而在同一时间,社会约束变得更为微弱,
感官福音和公正福音的怪诞而恐怖的联合把这种人之谜的越来越
奇怪的面相呈现给我们。两个八九岁的少女到处游荡,向她们碰
见的带有彩色膝盖勋表(knee-ribbons)的兄弟乞讨,向她们碰见
的装饰有可以卸下底肩的姐妹乞讨;她们佯称是哑巴,当她们没有
得到她们需要的东西时,她们就抢夺它,或者变得狂怒不止。她们
烧毁她们得到的东西。同样的儿童受到"圣灵"的侵袭,在圣灵感

————————

　　① 上述叙述的主要权威典籍是《格雷斯贝克斯·贝里希特》(Gresbeck)。他的关
于明斯特最后日子的故事似乎是最丰富的和最少偏见的。"两对袖套"(twe par
mouwen)也许在两个世纪以前是较为可以理解的,当时女士利用她们宽大的袖套作为
包裹。

应的突发中每人需要四个妇女抓住他们。从王向下的先知本人常常"拥有上帝",伴随最疯狂的呐喊在街道奔跑;或者,他们会一再使自己完全沉溺于感官享乐,通宵与他们的妻子跳舞,以鼓和管乐器伴奏。不久,新的狂热入迷的怪异举动也俘获了那位一瘸一拐的先知。在三声号角吹奏之后,耶稣基督将会援救锡安山,到那时在缺乏衣服或存储的情况下,圣徒将行进到明斯特之外。在第三声,大家会聚集在锡安山,在该城吃最后一顿饭。黑夜的寂静两次被一瘸一拐者的号角吹奏声打破。大家等待了两星期,这些日子必定处在它最后的洪亮持久的声音发出之前。在锡安山再次听见号角声,男人、女人和儿童集中在教区总教堂的院子里。两千名武装起来的男人,大约九千名带包裹的女人——包裹藏着细软以防执事抓住,以及一千二百名儿童,在锡安山等待上帝的意志。接着,王率领他的王后冠冕堂皇地到达,说明划出忠实信徒仅仅是上帝的考验。"此刻,亲爱的兄弟,请把你们的武器放在一边,让每一个人带领他的妻子坐在桌子旁,以耶稣基督的名义欢欢乐乐。"长长的一排排桌子和板凳排列在院子,失望的圣徒在那里坐下来。虽然膳食本身仅仅是硬邦邦的牛肉,接着是烤饼——在那些日子甚至可以说是稀罕的盛宴了①,但是它还是唤醒了再洗礼教徒的萎靡不振的精神。王和他的法庭伺候平民百姓,传道士走来走去与兄弟姐妹交谈。一瘸一拐者宣布,在锡安山有一些人,他们在时钟敲响十二点之前将活着和死亡。鉴于圣徒欢欣雀跃,罕见地大

---

　　①　*Newe Zeytung , die Widertœuffern zu Münster belangcnde*(《新报道:再洗礼派对明斯特的关系的终结》),MDXXXV.

吃大喝,对于整个预示没有预先通知。的的确确,克尼佩尔多林希请求王把他斩首,因为他确信在三天内可以复活,但是王不愿依从他的恳求;扬要另外实现某个看得见的预示。用餐之后,王和王后切开面粉烤饼,在平民百姓中间分发它们,并说道:"请拿着,吃吧,公开赞扬耶稣基督之死。"接着,他们带来一壶酒,把它从头到尾传递,同时说:"你们拿着喝酒吧,让每一个人公开赞扬耶稣基督之死。"就这样,大家一起切开圣餐饼,在一块儿喝酒,然后唱起赞美诗:"荣誉只属于在天堂的上帝。"此后,这位一瘸一拐的先知爬上凳子,宣告新的启示。他自己手里有一张被分为四组的几乎全部锡安山先知的名单:"亲爱的兄弟,我告诉你们的是上帝之言,你们要在夜晚之前离开这个城镇,进入瓦伦多夫,将在那里宣布耶稣基督的和平。如果他们不接受你们的和平,这样该城镇便会立即被吞没,随着地狱之火焚毁。"接着,他把他的名单的四分之一朝先知的脚扔去,上面有八个上帝仆人的名字,他们必须在瓦伦多夫宣告锡安山的荣耀。以同样的话语,他命令另外三组先知前往"尘世的另外三个四分之一"——奥森布吕格(Ossenbrugge)、科伊斯费尔特(Coisfelt)和佐伊斯特(Soist),他本人在最后一组。大家宣称,他们将执行上帝的意志。此时,这位名叫扬的王爬上凳子,对民众高喊,由于上帝发怒,他宣布在锡安山君权统治,但是先知迪森丘埃尔准时代替他,并吩咐他惩罚非正义。王使他自己就座在桌子旁,和正准备启程履行他们的使命的二十四位先知坐在一起。由于天色变暗,这位王的狂热入迷者站起来,命令他的侍从传讯从主教军队俘虏的一名骑兵,并随他一道带来正义之剑。上帝之言落在他身上,这个骑兵以耶稣基督的膳食呈现。他是犹大,王本人将惩罚非正义的人。这位骑兵徒劳地乞求宽恕；他被迫跪着，裁缝王把他斩首，如此便实现了一瘸一拐者的预示。就这样，耶稣基督的晚餐在他的圣徒中终结于流血，终结于可怕的狂热入迷。现在，正是秋天，可是却没有救济品；上帝会忘记他在明斯特选中的民众吗？

出发的先知的情况怎么样呢？一些人立即落入主教之手，另一些人到达四个城镇——他们被派出并开始在街道布道："忏悔吧，忏悔吧，因为耶稣基督生气了，将要惩罚人类。"他们马上被当权者逮捕，在严刑拷打下审问。他们依然坚强不屈，只是坦白，自从有传教士的时候以来，仅仅有两个真先知和两个假先知：前者是哈勒姆的马泰伊斯和莱顿的博克尔松，后者是路德和教皇——其中**路德比教皇更有害**。就这样，二十四人除一人之外，全都遭受殉道者之死。那位普罗费特·海因里希（Prophet Heinrich）被迅速派遣，他只携带了两百荷兰盾和"写有公正口号的横幅"。他必须把横幅挂在代芬特尔的桥上；当再洗礼教徒聚集到他的旗帜之下时，他必须引导他们援救锡安山。横幅刚一重现在木堡（blockhouse）附近，圣徒就成群结队地自愿出来迎接它。可是，普罗费特·海因里希携带两百荷兰盾和横幅径直走向主教，并向该城镇承保，公开表示圣徒投降和接受主教的恩典。但是，圣徒此刻并非如此饥渴，以致他们不能摈斥叛徒。班诺克-伯恩特布道，反对假先知海因里希："亲爱的兄弟姐妹，假先知会在我们中间涌现，让这件事情对你们来说似乎没有什么好奇怪的吧。就该事情而言，我们在《圣经》中受到告诫。海因里希就是这样的假先知。我们仅仅因他失去两百荷兰盾。"但是，再洗礼教徒并不满意派出先知。班诺克-伯恩特撰写一本书《复原》(*Restitution*)，描绘锡安山的荣耀和上帝的愤怒；必须把它散布在主教的士兵中间，希望他们可能开小差。他还写了另一部著作《复仇书》(*Book of Vengeance*)，把它寄到弗里斯兰和荷兰。"复仇将达到对尘世的强大影响，在达到时，为了上帝的子民，新的天地将会出现。""为了他的子民，上帝将使铁变爪、铁变角；将使犁和斧变成刀剑和长矛。它们将使领导人就位，展开旗帜，吹响号角。野性的、残忍的人民，他们肯定将要摇撼巴比伦；总之，他们确实将要为巴比伦所做的一切报复她——甚至可以说巴比伦将双倍地遭到报复。""因此，亲爱的兄弟，为战斗请武装你们自己，不仅用使徒因遭受苦难而逆来顺受的武器武装起来，而且用大卫为复仇而披戴的盔甲武装起来，以便运用上帝的力量和帮助，灭绝巴比伦的一切权势和所有的不信神。无所畏惧吧，冒着失去财富、妻子、子女和生命的危险。"①这部《复仇书》的数千个印本通过主教的防线被偷运出去。荷兰和弗里斯兰的再洗礼教徒开始奋起，在不止一个地方聚集在一起，为救援明斯特进军。贫穷的、无知的民众由于武装差劲、纪律涣散，无论在哪里发现，他们都被射中倒下，遭到大规模屠杀。在阿姆斯特丹，他们占据教会会议厅，但是不久便被击败、俘虏和刺死。就这样，把可怕的后果添加到罗特曼的《复仇书》，外部救援的一切希望均化为乌有。

在锡安山，事态变得愈来愈糟糕；未来的新先知无声地和非常直率地取代了二十四位殉道者：饥饿开始在圣徒中间布道。随着

---

①　这里是 Bouterwek 的《来自残骸的报道》(*Bericht von der Wrake*, 1864)的重印。

绝望增长,发狂和贪欲也向前迈进。"在外面能够享受时,让我们享受吧,因为明天我们也许被杀死。"这句话变成锡安山越来越多的人的暗语。在新年,王预言在复活节有把握解救。他大喊:"如果救助不来,那么请砍掉我的头,正像我此刻砍掉站在我面前的他的头一样。"现在,对圣徒来说,"公正之王"执行死刑是司空见惯的事情。为了使民众一直忙忙碌碌,把他们的注意力从可憎的先知那里分散开来,就无事不做。为不可能发生的救援做好所有准备;建造四轮运货马车营房,供从明斯特行军时使用。练兵的模拟战斗在市场进行;建成女性圣徒的军营,以便在即将临近的光荣战役中援助;把民众召集到市场,形成两个分队,其中一个分队处在左翼,守卫明斯特。命名十二位公爵,把人间的土地在他们中间分配;任命裁缝、皮匠、货郎、铸剑工和不可名状的人为世人的统治者;他们暂时必须使自己满足于城镇中的小管区,在管区尽力使人民保持平静。对圣徒来说,这是贫乏的、可鄙地贫乏的安慰,现在圣徒正在认为马肉和狗肉是奢侈品,他们正在吃树皮、根茎和干草!镀金的东西也正在从锡安山的王族中逐渐消失。小女王之一埃尔泽·格万德舍雷尔(Else Gewandscherer)变得厌倦她的生活,她把她的廉价首饰扔在王的脚边,请求允许离开锡安山。可怜的扬!在他的最亲近的人中间,热情彻底熄灭了吗?对于锡安山较小的圣徒来说,他们将是怯懦和变节的榜样吗?带她走到市场,拿来公正之剑!在那里,让她倒下死去——正是这个尸体被其君王用脚践踏,对于在明斯特对任何事物耿耿于怀的少数人来说,这是不忠诚、不信仰的警诫。就这样,尽管王的发抖的妻子站在她们同伴的无头的形体周围,可是她们还得歌唱"荣誉只属于在天堂的上帝"。

最后，复活节到了，不用说没有救援。王召集民众到市场。他询问，他们是否愿意冒险为上帝确定一个时间？不是预言物质救济，而仅仅预言灵魂从罪恶中得救。他，扬先知，他们的所有罪恶都被加在他身上，而他们在内心和精神方面是自由的。现状不能更长地持续，甚至恐怖统治将不会永远遏制挨饿的民众。执行死刑二十天，用你乐意的每一种恐怖手段处置被怀疑的叛徒——可是事情最后必须有个了结。在锡安山后来的那些日子，是狂野的、着魔似的跳舞。惊骇和戏谑试图与饥饿一决雌雄。一天一天地，必须找到某种新颖的事情，以便使民众继续忙碌。第一件事情是宗教节日。他们的王快乐地穿上盛装，斜倚在市场的窗子旁，从《圣经》中朗读大卫如何战斗，天使如何佩带光亮的刀剑而来，杀死他的仇敌。"亲爱的兄弟，正是同一个依然留存在人们记忆中的上帝，能够巧遇我们。"可怜的狂热入迷者，虽然上帝"依然留存在人们记忆中"，可是怎么不前来帮助你们呢？在明斯特挨饿的圣徒的心灵中，这些话语必定激起多么可怕的怀疑呀！你们这些误入歧途的、发狂的、受压迫的民众，虽然上帝"依然留存在人们记忆中"，可是却听任你们毁灭！和平——就是审判你们，宣告你们有罪。接着，学童伴随他们的老师，歌唱赞美诗——苍白的、暗淡的小面孔；最好不唱歌，因为唱歌只是增加空虚感。最后，班诺克-伯恩特透过窗户布道，以此结束活动。但是，宗教食物对于空空如也的肚子是一件贫乏的事情，扬尝试下一次更快活的款待。另一次庞大的民众会餐在市场举行，但是这次只有面包和啤酒。在会餐结束时，王和他的官员在号声中骑上马，手持在杆上钉着花环的长矛，射手向鹦鹉形靶子射击。接着，民众开始赛球之类的游戏：因为

"那是上帝的意志"。他们再次回家,单调地反复唱道:"荣誉只属于在天堂的上帝"。当把它与锡安山头一周热情的呼喊声比较时,它现在听起来多么沉闷、多么失望呀!次日,为另一组人提供食物,过后在市场上全体跳舞,王和王后领头起舞。尽管那些绝望的再洗礼教徒在明斯特教会会议厅前手舞足蹈,但是请想象一下他们消瘦的、受饥饿折磨的、耗尽渴望的和感情强烈的面孔吧。最残忍的笑柄——跳舞能够避免饿死!班诺克-伯恩特布道:"正是上帝的意志",让那些能够跳舞和享受的人愿意跳舞和得到乐趣。每一种约束很久以前就在锡安山消失了。但是,任何这样的感官享受和肉体享受可以作为替代物代替面包吗?正是魔鬼之舞,而不是人之舞——或者更确切地讲,在那里只有骨瘦如柴的人露面的死神之舞,把他们自己生拉硬拽出来。什么奇怪的角色在人间戏剧中扮演呢;我们将在哪里寻找这个怪诞之谜的答案呢?

　　可是另一天,锡安山的所有领导人自身开始成为这个真正的魔鬼嘲笑的不祥幽默之一部分。饥饿的民众再次聚集在市场。执事徒劳地四处走动,搜查每一所房子,没有发现隐藏在床垫里或屋檐下可怜的残羹剩饭。为了占据人的心智,必须做一些事情。突然,克尼佩尔多林希受情绪触动:"耶稣基督是神圣的、神圣的、神圣的。"他高呼:"圣父是神圣的,我们是神的子民。"接着,他开始跳舞,所有人都怀着期望等待,直到他在王面前跳舞,向王喊道:"王阁下,梦幻在夜晚浮现在我眼前,我将是你的弄臣。"过了一会,他继续喊:"王阁下,您好!您为什么坐在这里,王阁下?"然后,克尼佩尔多林希转向王,在他的脚旁坐下来,像熟练的小丑一样露齿而笑:"您仔细听着,王阁下,当我们离开明斯特去惩罚不信神的人时,我们将怎么进军。"此刻,这位新先知弄臣操着战斧,趾高气扬地在民众中乱窜,嘲笑他们。他在长凳上翻跟头,他宣称这个或那个男人或女人是神圣的,并亲吻他们:"汝是神圣的,上帝把汝奉若神明!"他拒绝把老妇人"奉若神明",主动要求的人要受到棍棒痛打的威胁。然而,他没有做出尝试,"把神圣性的神灵吹到"王身上。不过,过了片刻,扬本人被这种精神促动;他的象征君主权位的节仗从手中掉落,他从他的宝座跌倒在地。现在,女人都被神灵感应支配,一齐发出尖叫声。克尼佩尔多林希走到跟前,把扬扶起来,使他坐上宝座,并把神灵吹到他身上。接着,王站起来高喊:"亲爱的兄弟姐妹,我看见多么超乎寻常的享受!城镇居民足够分配、人人有份,你们全都作为天使出现。你们每一个人都比另外的人更荣耀,你们全都立即变得如此神圣!"女人尖叫:"圣父!"圣灵再次突然向王袭来。他说明"城镇居民足够分配、人人有份"意味着,再洗礼教徒将绕地球行进。然而,在他的说明中间,他发现民众中有一个戴灰帽子的人,便命令他走近宝座。大家预料他将把他斩首,但是他却让这位瑟瑟发抖的圣徒坐在他自己的座位上,然后热烈地拥抱他,把神灵吹到他身上。他把指环戴在他手指上时宣布,这是来自上帝的启示。这时,授予荣誉的圣徒开始跳舞,其举止像魔鬼附体的人一样,直到他因精疲力竭跌倒在地为止。在明斯特,这个令人惊奇的日子就这样结束了。① 现在,这些挨饿的再洗礼教徒几乎是疯了;宗教变成绝对的嘲笑对象;道德已经死亡;可是,不道德也快要死了,那位饥饿的人从头至尾凝视可能分

---

① 《格雷斯贝克斯报告》。

享他的干面包片的六个妻子。现在,他的恩赐越早,主教越有效地
把收场戏排演成悲剧性的滑稽剧。让他上台,弄糟留下的东西。
我们再次询问:什么是解谜的钥匙呢?哲学史的手指把被忽视的
东西指向压迫的发生,指向血的洗礼。世界将永远学会教育它的
辛劳的苦工,救赎他们摆脱农奴身份吗?古老的故事必须永远重
复它自己——是痛苦、教条的石块,而不是面包、暴动和被震撼的
"社会"的流血镇压吗?农民起义、上帝的王国、法国大革命和巴黎
公社是周期性复发的历史章节吗?人的发展、命运的进化存在吗;
或者,如果人类必须把它的最后意图委托给未来的奥秘,那么它能
够大致塑造它自己吗?

　　罕见的危难进一步紧接着这个故事;它的教训被书写下来,甚
至东奔西跑的他们也**可以**阅读了。让我们赶紧通过锡安山的最后
的日子。克尼佩尔多林希把他自己置于公正之王的宝座——在这
种发疯的舞蹈中,为什么王不可能是小丑呢?扬拖开他,把他监禁
几天"悔过";甚至莱顿的先知仍然能够影响明斯特形容枯槁的圣
徒。但是,消瘦的先知,饥饿具有比他更大的力量!围城行动渐渐
地越来越接近。饥荒是圣徒的君主。所有动物油脂和油类都被执
事搜集起来;鞋、草、大耗子和小老鼠在锡安山是生命的贫乏燃料。
于是,妇女和更虚弱的弟兄们到来,在他们之中没有留下信仰的影
子,他们甚至没有绝望的疯狂的力气了。他们全体对王呐喊:"外
出,我们必须外出。"他们把剥得只剩下衬衫的叛徒向外打发,但是
现在谁有力气惩罚他们呢——甚至十四位小女王也可以随其余的
人一起走!从城门外出,走向主教的木堡,但是什么侥幸有可能在
那里迎接他们呢?不幸的、饥饿的、穿着衬衫的兄弟,你们之中的

所有人,全都被砍倒。只有女人被驱赶回去。三天三夜,他们以木堡和城门之间的野草和草根为食,此后才被允许通过。通往何处,到什么地方? 历史没有告诉我们这些悲惨的、无家可归的女人的情况。想象徒劳地力图描绘锡安山王的十四位妻子遭遇什么。被迫离开的圣徒决定把城市烧成废墟,并强使他们的行走路线通过荷兰。但是,他们甚至到死也没有做到这一点! 背叛最终将在锡安山成功。在 1535 年的圣约翰节①,恰恰是一瘸一拐的先知把莱顿的扬置于新耶路撒冷的宝座一年后,"来自漫长道路"的亨斯根(Hensgin 'von der langen Strasse')和海因里希·格雷斯贝克斯(Heinrich Gresbeck)决定引领主教的士兵进入明斯特。在夜晚,这位先前的巡夜人和后来的锡安山历史学家海因里希·格雷斯贝克斯,引导三百名主教的重骑兵到靠近内城与外城之间回廊(Zwinger)的城墙低矮段上面。他们诡秘地向鱼市缓慢行进,离开在他们右方的圣马丁(St. Martin)教堂,向前通过荒废的街道,恰好到达教区总教堂的院子。接着,号角的吹奏声告诉带有伤痕的再洗礼教徒,锡安山处在敌军手中,告诉主教背叛成功了。圣徒蜂拥而上抢占兵器,不信神者必须被迫放弃锡安山。的确,在最血腥的战斗中,他们迫使他们退回原处,退回圣马丁教堂——骨瘦如柴的人在绝望的疯狂中搏斗。但是,兄弟会分遣队正在被遗弃的城墙上涌来,王和克尼佩尔多林希已经落入主教的人的手里。饥饿的狂热入迷者依然在圣马丁教堂的围墙四周像守护神一样战斗。休战协定——有重要人物认可休战协定——规定,再洗礼教徒必

---

①　圣约翰节(St. John's Day)在每年的 6 月 24 日。——译者

须回家,等待主教到来。他们回到家里,直到最后被诓骗。他们刚一穿过城镇溃散,士兵就进入房子,把他们一个接一个地拖拽出来,在街道上砍成碎块。很快,整个城镇散布着再洗礼教徒的尸体,或者半死不活的他们爬进他们的藏身洞,而痛苦的挣扎声震天作响。屠杀最终停止;所有被俘虏的人要被带到指挥官面前,然后被——斩首! 至于妇女和儿童,把他们驱赶出城,但不是在遍及周围的管区贴出正式通告之前——通告张贴在每一座教堂;通告说:无论谁愿意救济这些饥饿的和无助的民众,都会被认为本人是万恶的再洗礼教徒,并相应地会受到惩罚。"因此,没有一个人知道。这些人遭遇什么,虽然一些人说,大多数投向英格兰(England)。"①就这样,明斯特的上帝的王国在第二次血的洗礼中终结了。福音派信徒如是说:"他的恩典风靡一时的不是主教,而是上帝的恐怖的复仇,这种复仇从而惩罚了魔鬼似的锡安山教义。"人类何时才可以学会,人的自私自利永远降临它的可怕灾祸,未来始终不忘记展现对过去罪恶的最无情审判? 很罕见审判触动缺席审判的个人;人类必须充分地承担每一个人的特定罪恶的重担。

　　主教思索,什么样的审判即他的恩典适合于死去的,至少值得记载的锡安山的领导人。罗特曼手持剑战斗时,在靠近圣马丁教堂之处阵亡,而莱顿的扬和克尼佩尔多林希作为俘虏被带到这位民众的牧师面前。他嘲弄般地询问扬:"汝是王吗?"回答是简单

---

　　① 《真实的报道:魔鬼对威斯特法伦地区的明斯特做出的神秘行动》(*Warhafftiger bericht der wunderbarlichen handlung der Teuffer zu Münster in Westualen*)等,包括莱顿的扬的木刻画在内,上书"新耶路撒冷和全世界之王,年龄26"。

的,却是无穷奥妙的:"汝是主教吗?"就他们的内心倾向——作为
人民的保护人和心灵的牧师——而言,二人同样是虚伪的。一个
是冷酷的、追逐私利的怀疑论者,另一个是无知的、性情暴躁的、狂
热入迷的空想家。"汝为什么要毁灭城镇和**我的**民众?""神甫,我
没有消灭一个**汝**的小侍女。汝再次拥有汝的城镇,而我能够一百
倍地偿还汝。"主教以极大地好奇心查问,这个可怜的囚徒如何能
够偿还他。"我知道,我必死无疑,必定可怖地死去,可是在我们死
前,请把我们关在铁囚笼里,派遣我们穿越大地,收取好奇民众的
几枚铜钱观看我们,汝会很快地把汝内心的所有欲望积聚在一
起。"戏谑是无情的,但是锡安山之王胜过他的恩典主教。于是,严
刑拷打随之而来,不过几乎一无所得,因为王依然坚持他自己是上
帝派出的工具——尽管它是为了惩罚世人。对于这些关在铁囚笼
里的人,做出的宣判如下:将把他们在主教管辖的教区巡回游街示
众,以便威严地警告他的臣民,然后把他们带回明斯特;在明斯特,
用烧红的钳子把他们的肌肉从骨头撕裂下来,直到用炽热的匕首
刺入咽喉和心脏给予致命的一击为止。至于其他,把伤痕累累的
残存者关在铁囚笼里,悬挂在圣兰伯特教堂的高塔上。1536 年 1
月 26 日,扬·博克尔松和克尼佩尔多林希命丧黄泉。在市场搭建
断头台,面对它的是为他的恩典主教设置的宝座,主教完全可以饱
享他的报复。让其余的人湮没无闻。最可靠的证据告诉我们,再
洗礼教徒直到最后依然是镇静的和坚强的。[①]"汝是王吗?""汝是

---

① 路德派信徒宣称,扬承认他们一伙中突出的两位,而他是冒名顶替者;天主教
徒断定,他走到断头台,接受神甫行宗教仪式。

主教吗?"铁囚笼还悬挂在明斯特的教堂的高塔;作为警告设置,他们变成展览示众的对象;也许在某一天,他们将会作为真理的不可思议的良师益友珍惜,而世人必定迟早可以从明斯特的上帝的王国的故事获知这一真理。①

关于伯哈德·罗特曼的论著的短文

　　霍夫曼和罗特曼代表了再洗礼教徒思想的对立的两极——分别是精神的狂热入迷和感官的狂热入迷的方向。《奇迹书》(*T'wonderboeck*)的作者达维德·约里斯(David Joris)是两个派别之间的联系环节。1538 年在斯特拉斯堡举行的再洗礼教徒集会显著地说明了这一点,当时霍夫曼的追随者拒绝接受约里斯教导(*F. O. zur Linden*《F. O. 楚尔·林登》,p. 393)的感官成分。正是约里斯的朋友、明斯特的亨德里克·尼克拉埃斯(Hendrik Niclaes)建立了"爱之家",他的门徒维特洛(Vitello)1555 年在科尔切斯特(Colchester)创立了第一个英国分部。尼克拉埃斯本人大约在 1569 年到英格兰;尽管经过尼克拉埃斯改编,我们必须寻找我们自己的再洗礼教徒的来源,还得到明斯特的流亡者那里去寻找。因而,关于英国的再洗礼运动,罗特曼的论著和《奇迹书》是极其有趣的。鉴于我所计划的关于罗特曼的文章现在不可能完成,我增补他的论著的一览表:

---

① 记述了上面提到的事情以后,把铁囚笼移走了。

（1）Bekentnisse van beyden Sacramenten①，Doepe vnde Nachtmaele，der predicanten tho Münster "关于洗礼和圣餐两件圣事的告白，明斯特传道士撰写"，（1533 年 11 月 8 日）。布特韦克（Bouterwek）给出这个交代的摘录：*Zur Literatur und Geschichte der Wiedertaüfer*，*Erster Beitrag*《再洗礼派的文献与历史，第一篇文章》，Bonn，1864，pp. 6～10.

（2）Bekantnus des globens vnd lebens der gemein Christe to Münster "明斯特普通基督徒的众所周知的世界和生活"。这个交代——科尔内留斯在他的书 *Berichte der Augenzeugen über das Münsterische Wiedertaüferreich*《关于明斯特再洗礼派的见证报道》中作为 *Münsterische Apologie*《明斯特的辩护词》，1853，pp. 445～464 转载——的日期无法明确决定，但是它在恢复原状之前（参见 Bouterwek，pp. 37～38）。

（3）Eyne Restitution，edder Eine wedderstellinge rechter vnde gesunder christliker leer，gelouens vnde leuens vth Gades genaden durch de gemeynte Christi tho Münster an den Dach gegeuen "复兴或重建源自上帝的正确而健康的基督学说、信仰和生活，明斯特教区公布"（1534 年 10 月）。我拥有原始文件的几个

---

①　Sacrament 是圣礼的意思，基督教各教派普遍认为，圣礼不仅仅是象征记号，而是上帝使用这些被正确执行的圣礼作为对忠实信徒传播恩典的工具。圣礼共有七项，它们包括：洗礼（又称浸礼，Baptism）、坚信礼（又称圣膏 Chrismation/Confirmation）、圣餐（Eucharist）、神职授任礼（又称按立 Ordination）、忏悔礼（即告解，Confession/Penance）、病者涂油（又称膏油礼 Anointing of the Sick）和婚礼（Matrimony/Sacramental Marriage）。Doepe unde Nachtmaele 疑为古德语，很可能指的是上述七项圣礼中的二项。——译者

尚存的副本之一;它表明再洗礼教徒在印刷时遭遇的困难。"锡安山第二任王"约翰·威廉森(Johann Wilhelmsen)在 1574 年把该作品再版了五百本,但是所有的印刷本似乎都毁坏了,再没有重印它。分析可以在 Bouterwek,pp. 18~33 中找到。

(4) Eyn gantz troestlick bericht van der Wrake vnde straffe des Babilonischen gruwels,an alle ware Israeliten vnd Bundtgenoten Christi,hir vnde dar vorstroyet,durch de gemeinte Christi tho Münster"一份关于复仇和巴比伦之恐惧[①]的令人慰藉的报告,一份给因受驱逐而流落各地所有真诚的以色列之追随者和耶稣基督的同盟者的报告——该报告由明斯特教区做出(亦即生活在那里的再洗礼派)"(1534 年 12 月)。这部作品的印刷本好像没有幸存下来。布特韦克在 1663 年从写完的手稿抄本中全部转载了它,它现在保存在杜塞尔多夫(Düsseldorf)档案馆。

(5) Von verbergemheitt der Schrifft des Rickes Christi vnd von dem dage des Herrn durch die gemeinde Christi zu Münster "论基督之国的文字之隐蔽性并论主的日子——明斯特教区实施"(1535 年 1 月)。这本小册子的印刷本现存海牙(the Hague)图书馆以及其他几个地方。H. 霍赫胡特(H. Hochhuth)在 *Bernhardt Rottmanns Schriften*《伯哈德·罗特曼文集》,I.,Gotha,1857 中,从卡塞尔(Cassel)档案馆的手稿转载,这部出版物可能是十分有价值的,倘若它变得超出第一分册的话。

---

① "巴比伦之恐惧"当指巴比伦囚虏事件。巴比伦囚虏是指犹太王国先后在公元前 598/597 和公元前 587/586 年被征服后,犹太人被大批掳往巴比伦国之事。
——译者

三　社会学

　　我觉得好像要说："让我们吃吧、喝吧,因为明天我们就会死去"吗? 远非如此;相反地,我要说:"让我们携手互助吧,因为这一天我们还一起活着。"

——克利福德

11　社会主义的道德基础^①

> 世间仅一样东西强大无比:那些主宰一切的永恒强力,
> 是它们在驱驰各民族;谁要以可鄙的蛊惑手段
> 与这些力量作对并执意抗拒人类的势力,
> 或是期盼神性的势力,那它就是个泥足巨人!^②

　　自从我们的日报注意到社会主义政党在德国急剧的成长,向它的读者庆幸同样的运动在本国不可能以来,刚好十年。今天,社会主义在英国已经成长得比它的德国先驱还要无比迅猛。在德国,虽然社会主义依然是在引入工业的工厂体系下遭受苦难的、受压迫的工人的模糊声言,但是在英国它已经变成有助于使我们的立法逐渐变化,不久很可能有助于使我们的社会习惯革命化的重大社会因素。在德国,它作为一个不可实施的纲领,依旧是条理混乱的政治声言。在英国,部分由于卡莱尔和罗斯金(Ruskin)的强

----

　　①　这篇论文原先作为讲演稿撰写,后做了某种修改,以小册子的形式在 1887 年
6 月发表。

　　②　其德语诗句如下。——译者

Mächtig ist Eins nur auf Erden : die waltenden ewigen Mächte,

Welche die Völker bewegen; und was in schnöder Verblendung

Diesen entgegen sich stellt und verwegen auf menschliche Macht trotzt,

Oder auf göttliche hofft,ein Koloss ist's auf thönernen Füssen!

烈的感情主义,而主要由于我们比较发达的经济发展,早在它达到自我意识和把它自己阐述为一种公认的政治运动之前好久,它就变成了一种经济趋向和道德力量。作为一种公认的运动,我们首先能够发现,可以把各种拙劣的表现形式挑选出来加以激烈的谴责;但是,在一些轻蔑和误传之后,早期社会主义作家提出的社会重建乌托邦蓝图辩护的许多东西①,关于社会主义的学说至少会被尊敬地倾听,并最终把得到普遍承认的影响施加在所有社会变革和立法变革上。

我已经说过,社会主义是一种公认的运动,但是它在本质上有必要标示把它与本国的其他政治运动区别开来的特征。差异在于下述事实:新政治建立在与陈旧的或流行的基督教理想——可以毫不犹豫地称其为反社会的和不道德的——截然不同的道德概念的基础上。无论如何,社会主义首先是一种道德,其次才仅仅是一种政治,正是这一事实导致引入了荒谬的用词不当,用所谓的"基督教社会主义者"称呼模糊地承认社会主义道德方面的教会派别的一部分人。随着旧的宗教信仰消失,要求新的道德基础与时代的理性精神更为符合。由于在现世似乎只有悲痛和苦难,寻找那种为来世生存做准备的领域的人生观,越来越广泛地承认这是在人类发展的颓废时期占优势的悲观主义发明和接受的迷信。虽然

---

① 在我看来,社会主义者目前阐述精心计划的社会主义的国家组织,是极其不可取的。未来的社会形式现在完全超越我们的知识范围;眼下,追踪一下社会主义运动在修正现存的体制和影响最近将来的立法的可能后果,倒是充分的。在空中建立全体国民的合作是白费精力,对于敌对的批评家来说摧毁它并不是困难的任务;由于它把普遍的运动与容易引起争论的个人乌托邦之梦联系起来,它甚至是有害的。

迷信是有害的,但是人类的常识把我们从它完全接受的逻辑后果中拯救出来。不管怎样,它充其量证明贫穷、痛苦和各种各样的禁欲主义是有正当理由的。现代的社会主义道德理论建立在对超感觉东西的不可知论处理的基础上。人在行为判断中仅仅关注目前的生活;他必须尽其所能使生活充实和欢乐,必须殚精竭虑地服务,有意识地和科学地以现在的所有知识和过去的所有经验做到这一点。不是出于对地狱的恐惧,不是出于对王国的希冀,不是出于对受折磨的人格化上帝的爱,而仅仅为了我们是它的成员、它的福利即是我们的福利的社会的缘故——为了我们同胞的缘故,我们才道德地即社会地行动。实证论以模糊的、不能实行的方式承认这一点,即合理性道德的唯一可能的基础;它把人类进步置于它的信条的中心,尊重私人化的人性。社会主义作为一种比较实际的信仰教导我们,人的首要责任不是对准人的一般概念,而是对准他所归属的"人"的群体,对人的尊重归因于作为那种社会群体化身的国家。可是即便如此,还存在同情的充分根据,就社会主义而言,这一点毫无疑问被实证论者感觉到了。与在流行的基督教和社会主义的准则之间实际存在的深渊相比,能够想象更大的深渊吗? 社会主义起因于下述认识:(1)人类的唯一目的是今生的幸福;(2)进化的进程和群体与群体的斗争在人类中产生了强烈的社会本能,以至个人的欢乐直接和间接地在于促进他是其成员的社会的繁荣。联合的社会即国家而不是人格化的实证论的人,变成社会主义者信仰的中心。因此,社会主义者的政治就是他的道德,而他的理性化的道德在该词的古老意义上可以称之为他的宗教。正是这种身份,使社会主义处在与今日的其他政治运动或社会运

动不同的立足点上。流行的基督教不是生气勃勃的政治力量;它
不能是生气勃勃的政治力量,因为它是悲观主义迷信的直接结局,
永远也不能合情合理地与希腊的理性主义相结合。我们能够强有
力地强调旧道德基础和新道德基础之间的区别吗? 对于今日的思
想家而言,被钉死在十字架上的神、被奉若神明的人、天堂和地狱
都变成无法容忍的胡说八道,其唯一的价值是使人们对人的发展
的过去阶段有所认识。我们的祖先传给我们的对超感觉的东西的
这些理论,由于是过去的遗俗,它们都应该受到尊重。它们是历史
的无法估价的里程碑,是人的心理成长路线的指路标。它们是人
类在其下奋斗的旗帜,是在跨越过去的贫瘠荒原的行进中佩带的
符号,在那里几乎没有知识的源泉,没有一个人跑到那里会满载而
归。现在,那些荒原在我们身后,我们生活在富饶的土地,这里唯
有广阔的真理领域等待培育,唯有不计其数的知识源泉自由地向
渴求者敞开,我们担负得起把那些符号搁置起来的后果。让我们
恭敬地把这些旧有的五颜六色的旗帜悬挂在人类进步的伟大圣
殿。人类跟随它们战斗,并赢得许多艰巨的战役;但是,我们时代
的最可观的活力不再能够重新集合在它们周围了。它们属于历
史,而不属于我们在其中生活的这个世纪的辉煌现实。的确,我们
恰好处在理性真理的伟大书卷的前言,其中有无穷无尽的工作等
待多代人完成,迄今我们至少从中找到唯一合法的知识基础、唯一
富有成果的行动向导。在为这一发现欢欣鼓舞时,我们能够把人
类童年时代怪诞的想象撇在一边,因为历史向我们教导它们的起
源,科学向我们教导它们的价值。想象是美丽的,但是它们是无生
命的;它们无非是过去的无知雕刻的偶像。在理智终止屈服于崇

拜之后好久,或者理智在死亡的人含糊地渴望为他自己辉煌的影子设置的祭台上牺牲她自己之后好久,我们像古老的希腊人一样,依然可以为我们的偶像的美而感到光荣。是的!虽然我们必须具有对过去的同情心,但是必须与通过其偶像试图粉碎当前增长的过去斗争,无休止地斗争!重新塑造其自身的权利是人的主要的与生俱来的权利,神职人员或社会等级的"既得利益"、传统和法令的神圣性,在妨碍人的进步方面可能具有很小的效用,与在森林之王路线上的蛛丝具有的效用一样小。

正因为宗教和道德的旧基础对现在而言变得不可能了,所以社会主义——它给我们以行为的理性动机,它要求每一个个人服务于社会并尊重在国家中具体化的社会——注定要在人的建制的重新形成中起如此巨大的作用。不管海克尔(Häckel)怎么讲,不管赫伯特·斯宾塞(Herbert Spencer)怎么讲,社会主义**是**与近代科学的整个教导一致的,与近代理性主义的所有学说一致的。它没有规定超验的道德规范;它没有接受神的启示是行动的基础;它断言道德的人性起源、道德的可塑的和可发展的特征;它教导我们,随着人的知识的增加,人类社会将倾向于较大的稳定性,因为历史和科学将越来越清楚地表明什么有助于人的幸福。新道德虽然承认习惯的行为模式和遗传的社会本能的价值,但是它依然把知识和经验视为人的行动的向导。它主要托付人的理性而不是托付人的激情强制规定道德规范。给大家以同样的有用可能性,用在社会上有价值的工作的有效性和大小衡量报偿,确实有利于最适者在群体中成长,确实有利于最适应的群体在世界范围的社会竞争中幸存。社会主义在认真程度上不亚于赫胥黎教授,它要求从公立小学到国家最高委员会的开放性路线。它像最热情的达尔文追随者一样,急切地网罗人才并通过它的活动得益。

对我的许多读者来说,可以看到,对人格化的社会或国家的尊重,道德的行动与社会的行为的等价,都是世人长期以来公认的、十分古老的真理。我冒险地怀疑这一点,或者至少认为——若辨认出来的话——始终没有给予它们以它们的真正价值,或者始终没有把它们推到它们的逻辑结果。我怀疑,所有的社会主义者迄今完全理解从他们充分确认的东西涌现的巨大后果。我打算稍微比较仔细地审查一下这两个根本原则。

在现时,几乎不能说对人格化的社会即国家有无论什么样的尊重。国家之所以引起我们的注意,并不是因为它作为我们生活于其中的社会的总体,而是作为政府、作为我们习惯于视为必然恶的政府;我们对我们的政治家正确统治的能力没有信心。为政府牺牲我们的生命似乎是十足荒谬的;但是,这样做对于国家的福利来说应当是最纯正的英雄行为。正是对国家尊敬的丧失,使得我们的政府在它的所有形式方面变得几乎有点卑鄙。我们满足于容许国家由追逐私利者,其全神贯注的目标是塞满他们自己和他们家庭的钱袋的人,其最高的爱国主义是保护他们的阶层反社会的垄断的人任职。我们选举我们的参议员既不是因为他们有经验,也不是因为他们有智慧,而是因为他们巧舌如簧和钱包鼓胀。于是,便出现这样的情况:正是政客的姓名是耻辱的专用名词。我们的立法、我们的政府是几乎不掩饰的阶级战争、个人利益赤裸裸的争斗,而不是由严格挑选出来的少数几个人把握的社会进步的谨慎方向。对国家的尊重被对现存政府并非不公正的轻蔑窒息;一方面,它仅仅在非理性的忠诚——忠于堕落为谄上欺下的势利行为的傀儡——情感中才残存;另一方面,它仅仅在沙文主义,在对国家卓越的要求中才残存,这种要求主要是由没有在艺术、文学或科学中,更不必说由没有在艰苦斗争中对他们国家的声誉做出一点贡献的那些人提出的。把对人格化的社会即国家的真正尊敬的情感放在显著位置,净化管理经营的政府,显然是艰难的,但却是社会主义行为的原本必然性。我们必须使政府贵族主义化,与此同时我们使它民主主义化;最终诉诸许多人是毫无希望的,除非这么多人有先见之明,足以把权力放在最适者手中。

政府之所以变成它所是的样子,是因为我们对国家的尊敬增长得如此之小,而不是相反。我们有合适的人,我们应该把他们放在信赖的位置;如果我们真实地尊重国家的话,那么我们应该要求更佳的行为出自我们的统治者。在早期罗马和在雅典,存在这样的情感;实际上,它是这个古老群体的亲密关系的直接结果,是这两个国家的民族组织。它是比对扩大的家庭的尊敬还要多的某种东西,这正是我们今天需要的。由于现代的生活习惯,由于妇女的解放,家庭纽带的力量、旧的社会结构最后的约束环节的力量正在消失。我们必须学会及时用对人格化社会的尊敬、用对国家的尊重代替它。必须消灭个人和国家之间的对抗精神。我们的社会精神降落得多么低,可以在国家的任何工业部门,例如在邮电局,通过察觉几乎没有几个人辨认欺诈国家的不道德恰当地加以衡量;大家以类似于中世纪自治市的自由民厌烦城市的绞刑执行者的情感,多么近似地对待收税官。吹着口哨前行、用沉重的棍棒击打堤岸公园的装饰铁制品的男人,也许认为切削他的朋友的扶手椅是非常不道德的;把信件装入邮寄书籍的小包内的女人也许使人感到愤慨,不管你们是否联想她能够扒窃她的邻人的钱袋。可是,在这两个实例中,对国家的冒犯应当被视为比对个人的冒犯严重得多的事情。数年前察觉从公共大图书馆的书籍中剪去版画的教士,应当给他戴上颈手枷,当众逐出社会;可是,这件事情却沉寂下来,显然因为它只不过是对国家的冒犯。假如他偷窃了他的堂区俗人委员的调羹,更不必说极可恨的事情了,那么无疑会在警察局里找到他本人。只要有一大群人划破公用客车车厢的坐垫、损坏公共雕像、毁坏公园里的山楂灌木丛找乐子,一般而言破坏本来为整个共同体的方便或愉悦而设置的东西找乐子——尤其是,只要共同体的大多数人轻微地对待这样的冒犯,那么在如此长的时间内想要广泛地扩展国家的所有权就是毫无希望的。社会主义者不得不向民众灌输这样一种精神,对那些冒犯国家的人必须予以蔑视,并将其就地示众。每一个公民必须学会用路易十四(Louis XIV)的话说:"朕即国家!(L'état c'est moi!)"不幸的是,财富[①]自宗教改革以来变得如此个人化,以致共同所有权的精神几乎死去了。这种精神即保护共有财富的共同责任是社会稳定的最有价值的因素之一;我们越快地重新认识它,我们的社会福利就会越好。重新竭力鼓吹这个在古希腊城邦和中世纪德国城镇如此富有成效旧有的国家概念,应该是现代社会主义的首要教育使命。如果社会福利是道德行为的试金石,那么对国家——作为共和国

---

　　① 它如此全部地变成"财产权"(property)。当"财富(wealth)"和"私人财产(goods)"首次被用来描述对人而言是富有的(well)和有利益的(good)物质繁荣的状态时,尚未引申出个人的所有权(ownership)或财产权。

(res publica)的国家和作为全体国民(commonweal)的国家——的尊敬应该是新运动的最神圣不可侵犯的原则。

让我们转向社会主义道德的另一个根本的原则——把道德行动定义为适应社会需要的行为,尽管该定义似乎是平淡无奇的,尽管可以询问这是否超过对国家尊敬,但是它还是现时接受的行动向导。我担心,我们只能给予否定的回答。不管我们转向实践还是转向理论,我们将发现,流行的道德概念参照某种绝对的规范,我冒险地认为参照难以理解的规范。它罕见地——如果发生过的话——基于过去的经验查明的社会需要,或基于现在的社会成长趋势的准确研究。实际上,我们绝没有承认由放弃基督教的道德和基督教的生活概念逻辑地推导的重要推论。达尔文消灭了托勒密陈旧的精神宇宙体系。我们不再能够认为,所有创造物绕着作为它的中心的太阳即人旋转。我们不再能够相信,人的行动正在影响世界的诞生或消灭,或他的"拯救"与调节宇宙进化的伟大物理定律有任何关系。人的道德对"无限的"和"外部的"东西没有联系,而仅仅对他自己的世俗福利有影响。确实,这种哥白尼式的人类道德的观点是我们时代最明显的、最无懈可击的,甚至最革命的真理。可是,我们距离充分地和忠诚地接受它却何其遥远!基督教崇拜的整个附属物尽管具有对人的行动的根本原则的完全误用和对人的道德的麻木不仁的效果,但是它依然在大地上传播得辽远和广泛。不仅如此,甚至对于我们束缚于过去更有启发性的东西是这样一个事实:有一位思想家,他的论著也许写得遮掩我们世纪的观念,就像它们可能必定同样开导我们世纪的观念,就是他竟然发现宇宙以绝对的必然性存在的理由(raison d'être),即能够给人提供一个道德行动的领域！正是康德和新黑格尔主义调和者通过表面上合理性的过程，把愉快和更有生气的新生活归于虚妄的道德体系。这种新经院哲学不仅影响教会，而且影响我们的许多普及教师，因此它是一个决不能漠视的因素。它可能在理性主义的年代已经显著扎根，这证明社会主义的道德基础多么深远地出自直率的和普遍的认同。

乍看起来，道德性和社会性的等价似乎是一个连我们的最保守的朋友也能够接受的原则。他们说："如果这是社会主义意味的一切，我们也是社会主义者。""我们也想要改善穷人的状况。"让他们追踪该学说直到它的推论，他们将立即发现露出马脚。他们依然不理解，这种人生观以全体民众代替他们称之为"社会"（仅仅对术语的滥用就不强烈谴责他们吗？）的那个挑选出来的主体。它没有把共同体的大部分福利留给少数几个人的任性；它把他们能够为慈善事业交纳什么捐税看作是正当的要求和合法的权利；它将不可避免地不仅触动他们的感情，而且触动他们的更为神圣不可侵犯的钱财；它彻底扫除反社会的阶级垄断以及伴随它的阶级权力。"你必须或者为共同体工作，或者离开它"，这是社会主义的道德规范对每一个人的最后通牒。即使最大量的为求得心安而缴付的追偿金花费在最"慈善的目标"上，也不能补偿个人的游手好闲。社会的进步和福利不仅要求对过去的存储劳动共同使用，而且要求对每一个现存的个人的劳动能力（labour-power）共同使用。不分担现在的社会工作，那么在现在的私人财产中，或者在我们的前辈积蓄的财富中，就不会有给你的份额。要以猛烈的方式把许多被资助的懒汉——用不可言喻的厚颜无耻把他们称为"社会"——从熙熙攘攘的人群中一脚踢出，社会主义的脚趾会因这一稀有的、可克制的冲击而感到疼痛。社会的成员资格,享用社会劳动果实的道德权利,能够唯一地基于现在对社会福利的贡献这一要求,即用体力或智力为我们同时代的公民的生计、进步或欢乐依然正在工作或在有力气时工作过。正是这个以其使所有形式的劳动变得崇高的现代社会主义的根本概念,将革新现代生活,并且一旦接受为道德,将促使从新的立场审查所有的政治标准。社会主义将从道德变成政治。社会主义者只能是破坏性的批判,这是对他们的共同指责;但是,在任何呆板的和不容改变的社会重建系统提出之前,砍掉旧迷信,砍掉人的行动的旧错误概念,为行为的新基础创造充分感到的需要,确实具有原本的重要性。对政体贩子来说,如果他们实际上并非总是进步的障碍,那么时机还未到来。我们现在须要反复灌输一般原则,教导新的人生观。社会将以传播这些新观念相同的速度重建它本身;尽管这些观念可能变得流行的速率在某种程度上依赖于它们的传播者的能量和热情,但是主要将受到旧经济体系的失败和旧基督教道德的失败的影响——前者的失败是由于处于进步之中的势不可当的工业变革和商业变革,后者的失败是由于合理性的思想方法的急剧成长。

我们一些最主要的社会主义者呐喊:"如果你希望在世界市场的竞争国家中保持地位,那么请教育你的劳工们。"难以设想关于教育的更虚伪的理由,除非我们的社会主义者准备证明,没有在国外的成功叫卖,在国内的社会福利是不可能的。与其应该敬重名副其实的社会主义者,还不如应该敬重兰开夏郡(Lancashire)①的

---

　　①　兰开夏郡在英格兰西北部,曾利用水力发展起棉纺织业,18世纪末该产业就成为当地的经济支柱。——译者

棉布印花工,后者用瓷土的输入衡量国家的繁荣。让我们教育我们的劳工们面对我们的社会在国内不得不碰到的困难;让我们培养他们重视作为手段而不是作为目的脑力劳动,领悟在这里社会的普遍进步即舒适和智能共同标准的提升具有首要的意义。毕竟,对社会进步而言,与在地球上落在后边的、较少文明的种族的单调劳动方面和其他国家无止境的竞争相比,人口的限制或迁移可能是较为高效的辅助手段。

如果我们十分正确地解释社会主义的理想,那么它首要坚持这样的道德需要:每一个个人应该按照他的能力为共同体工作。由于传统的垄断,仅仅能够依赖他人的劳动或共同体的存储劳动——作为一个法则,为利用它实际上也需要现在的劳动——而生活的不劳动的男人或女人,会被作为道德上的麻风病患者看待。当大多数人采纳这个道德规范时,以及当与大多数人甚至现在也劳动着的事实协力取得的经济发展将使它的采纳加速时,那么用来反对不道德的和反社会的少数人的立法或治安措施将形成社会主义的政治实现。在某种程度上,社会主义的政治实现已经开始了,尽管还是盲目地和无意识地开始。社会主义的措施——限制那些依赖他人劳动或过去存储劳动的人的特权——绝没有变成目前立法的不引人注目的特征,而变成每年将获得较大声望的特征。

至于从共同体清除懒汉如何可以最可靠地进行,还有观点的分歧,但是可以使大多数社会主义者信服,消灭国家的物质资源和过去的存储劳动的私人所有权——使土地社会主义化和生产资料社会主义化——是遏制懒惰和对共同体的劳动能力产生误导的唯一有效的、持久的手段。我们相信,通过消灭金钱上生而有之的特权和教育的阶级专有权,我们实际上就会消除最适者幸存或者宁可说最适者卓越的巨大障碍。对于社会福利而言,这便能够从各个阶层获得作为指导者和组织者的最佳头脑和最佳双手。通过给所有人以同等受教育的机会,通过不容许在金钱上不利于心智或身体方面的优者而利于弱者,才能保证这一点。在这里,社会主义立即与现代激进主义(Radicalism)一致,而且肯定不与进化论的教导对立。

同时,社会主义者充分认识到困难在于他们理想的实现,充分准备面对、适当权衡可能招致反对他们的论点,是比较合情合理的。我打算在这篇论文的剩余部分,致力于对这些论点的一些比较重要东西加以简要考虑。我可以把这些论点陈述如下:

(1)社会主义会取消对成功竞争的奖励,从而削弱对具有这样的原初社会价值的个人能力的刺激。

(2)不能信赖政府恰当地实施社会主义总是信赖的庞大组织任务。

(3)所提出的土地和存储劳动的社会主义化会破坏信任和抑制事业,在一定程度上,这在社会主义化的国家能够进入工作秩序之前好久,可能对共同体具有灾难性的影响。

(4)人口增加会十分快地使从剩余劳动的社会主义化所得到的任何好处变得毫无价值。

(5)没有手段量度个人对共同体的劳动库存贡献的价值。

让我们按照顺序考虑这些反对意见;它们都值得仔细琢磨。

(1)社会主义会取消对成功竞争的奖励,从而削弱对具有这样的原初社会价值的个人能力的刺激。

假如社会主义重建的结果不得不窒息个人的能力,那么它无疑不会有助于社会的福利。但是,我相信,一切有思想的社会主义者都充分明白真正刺激的重要性,他们也许是可能性极小的否定特别奖励具有超常才干或显著社会能力的人。正因为目前给予这样的才干和能力的奖励比充分达到它们的目标要多得多,所以它们在所起作用上是绝对不相称的,且十分频繁地步入反社会的狡诈,而不是达到真正的价值,以至我不得不把目前竞争体制中的这些奖励视为几乎是共同体的灾难。我认为,公开的荣誉、公众的感谢和国家的承认是唯一适宜的回报,同时也是对个人能力非常充分的刺激,没有必要赋予一个有价值的社会成员的子孙后代以十足懒惰的可能性。像公共的金钱或土地、终身的津贴、或存储劳动的成功工业组织者的资本积累、或对利用现有劳动能力的手段的任何其他垄断这样的奖励,既不是必要的,它们对于一般的社会福利也不是有益的。这些刺激既不会产生一个阿尔布雷希特·丢勒(Albrecht Dürer)①、一个牛顿、一个莎士比亚或一个瓦特,又不会引导他们做出具有第一流社会价值的工作。与竞争体制的任何奖励相比,在三一学院(Trinity College)运用减费资格给予免费教育的机会,对于造就一个牛顿关系更为直接。正是自我发展的机会、它的活动领域的提供和一定数量的社会承认,实际上才是产生和利用共同体中的所有形式的才干所需要的。德国贸易商一年赚500英镑与英国工厂主净得5000英镑,将显示同样数量的能力、

---

① 丢勒(1471—1528)是文艺复兴时期德国最重要的油画家、版画家、装饰设计家和理论家。同达·芬奇一样是一位多才多艺的人物。——译者

资源的丰富和明显不过的艰难工作。当不可避免地发现文学、科学和艺术以最小的金钱上的荣耀和最大的社会承认最有利地繁荣兴旺时,我不认为在工业的社会主义化中包含对能力刺激的任何真实的风险。雅典的学园和中世纪的教会在这一点提供了足够的证据,而伽利略在处于最高声誉的情况下**付费**印刷《关于托勒密和哥白尼两大世界体系的对话》(*De Systemate Mundi*)。

社会主义者断言,在国家控制工业的情况下,国家对新发明者的承认也许是对事业心的巨大诱因,就像百分之二十利润的念头在目前所具有的吸引力一样大;在未来的受过教育的共同体中,这样的荣誉将更加特别地具有分量。在人的发展的目前阶段,实践的社会主义者没有倡导与对社会有利的劳动相等的劳动收益分配。他完全认识到,如果必要,通过物质奖励,把对共同体具有巨大价值的这样的能力和才干凸现出来的重要意义。他乐于承认,任何一个比他人更长和更好劳动的人应该收获较大的回报,但是这种回报就其本性而言是可消费的而不是再生产的。它不必在共同体的劳动能力和劳动存储上形成持久的税款(租金、利息等)。所有生产资料的社会主义化使这一点成为不可能的。当社会给它的成员以同等的教育机会时,应该用较高的报酬鼓励较好的工作,这是有利于作为一个整体的社会的。简而言之,接受社会主义并不包含赞成共产主义的均等分配原则。为了社会财富,它还为个体工作者的竞争留有余地,倘若这种竞争不像在目前的工业竞争形式中导致大量苦工的生活标准永久维持在十分接近勉强活命之点的话。

(2)**不能信赖政府恰当地实施社会主义总是信赖的庞大组织任务。**

　　这个反对理由具有十分真实的权重,因为对政府的所有许诺流行的不信任是毋庸置疑的。我已经提及国家行政部门陷入声名狼藉,并努力指出,在作为政体的社会主义的道路上,这种缺乏对国家信任是多么严重的困难。由于我们的当前民主政治下的全体选民贫乏的教育,由于作为政治家供职的人的阶层理智和道德的拙劣,由于作为结果产生的坏标准和四处蔓延的腐化堕落——由于诸如此类的伴随原因,国家眼下已经身败名裂。社会主义者的使命是,重新引入真正的国家概念,复活对人格化的社会的尊重;教导滥用公共财产权是头号犯罪,不当地管理公共事务是耻辱——这像反对圣灵的罪恶一样永远也不能被宽恕。我们必须使每一个公民深切地感到雅典的葡萄园艺工或中世纪城镇的工匠的情感。这样的教育改变只能是逐渐的;但是,另一方面,这要由拥有生产资料和过去存储劳动的国家逐渐承担,社会主义者既不力求,也不期望除此以外的东西。我可以指向德国邮政的效率和同一国家军事组织的科学完善性,尤其指出对发现和采纳真实的进展准备就绪,作为国家能够成功地从事和指导庞大事业的证据。甚至在我们自己的国家,对国家的信仰低得很,以致难以相信大铁路公司也会多少得以有效管理,即使它的主管是若未尽到他们的责任就应该遭到即刻免职处罚的国家官员,而不是为装满他们自己的钱包而奋斗的私人资本家。虚假的经济或以即时利润为目的而采取反社会的行为路线,是怎么经常存在的呢?① 教育是国家

---

　　① 值得花时间注意,正是通过私人公司的的企业,在头顶上空的电话线危及伦敦人的生命;在伦敦,国家已经把它的电缆铺设在地下。

常常以日益增加效率的结果从事的另一个广泛事业。在英格兰，存在以国家法规使教育具体化的趋势，这可能是十分真实的；但是，即便在这个国家，我坚定地相信，平均而言，我们的公立小学比自愿体制的私立学校更有效率。① 在教育的事情上，正如在我们国家的其他国家事务上一样，所需要的东西是它们与党派政治完全分离。我们必须教育全体选民达到这样的程度，以至他们将不选举政治演说家当议员。我相信，随着在国立学校受教育的儿童形成全体选民的越来越大的部分，这个目标将会越来越接近。我要争辩说，在国家对大型企事业的管理中，不存在任何固有的不可能性；我引用的例子足以证明它的可能性。我认为，许多其他人仅仅部分地成功，能够用我们现存的政府形式特有的弊病和它的异常不规则来解释。要求社会主义者为理想的社会主义化国家制定大量的法规，我无论多么频繁地重复这一点也不过分。与任何其他派别一样，他们完全有正当理由提出当前可能的立法变革的纲要。他们相信，他们的理想的实现将是十分渐进的，尽管实际上收效大，但是它必定在很大程度上是尝试性的；中央组织的可能性，郡、城镇或村社组织的可能性，肯定是可供讨论的事情，但是每一个的相对效率只能用经验来检验。到目前为止，我们甚至没有地方政府的综合体系的成果指导我们；我坚持认为，描绘充分发展

---

① 女孩公共学校团体最近（1887 年）用通告证明我们国家体制的价值，通告说：他们的大多数奖学金被其初等教育是公立小学的工作成果的女孩赢得。这个公司在某种程度上公开了女孩从国立中小学到大学的路线。在男孩具有同样的有利条件之前，还会有多么长的时间呢？〔在某种程度上，这种需要现在由郡政会高年级生奖学基金提供；不幸的是，选择方法似乎在其结果上是非常令人不满意的。〕

的、社会主义化的全体国民的任何尝试是不必要的和不明智的。就此要求社会主义者,差不多像偏要要求耶稣基督在提出他的新道德供考虑时,他在如此做之前,准备好为有一天把非摩门教徒(Gentiles)包括在内的世界教会制定法规一样,是通情达理的。毫无疑问,他无法在历史发展中找到他的在神圣的天主教会获得的教导。他正确地把这件事情留给以后的时代,此时教会会议和法规变得必要了。社会主义完全可以照样做;它使它本身满意于表明,国家并非固有地没有能力组织工业,并且由于强有力地确信新运动的道德真理,它完全能够把社会主义国家的确切形式留给未来去设计。

(3) 所提出的土地和存储劳动的社会主义化会破坏信任和抑制事业,在一定程度上,这在社会主义化的国家能够进入工作秩序之前好久,可能对共同体具有灾难性的影响。

它暗示的是,这些灾难性的后果可能起因于强大的社会主义政党的存在和社会主义立法的采纳。首先,也许十分可能,紧跟某些恶果,存在部分的不安全感。同时,任何过于性急的社会主义立法阶段可能产生充分的工业纷乱,这种纷乱迅速地在全体劳动选民身上起作用,从而迅速地反作用于过分性急的立法者。它总是倾向于对抗它自身。社会主义者明白,为了工人自身的缘故,社会主义化只能是比较缓慢的,将尽可能利用和吸收一切现有的工业企业及其管理。仅仅革命性的措施就会使国家工业瘫痪,这是不可能发生的,因为数百万人从来不会甘受几周不务正业不可避免会导致的饥饿;实际上,共同体的存储劳动几乎不可能维持**数周**。于是,我们预期,将由教育伴随的逐渐改变不仅是手艺人的逐渐改变,而且也是资本家阶级的逐渐改变。社会主义者必须教导,社会的认可和公开的荣誉比金钱奖励更有价值。从纯粹物质的奢华到比较理智的快乐形式的享受标准之改变,将极大地有利于形成新的追求目标,从而非常实质性地减少恶果;可以断言,这必然是由限制私人企业的收益和阻拦剩余劳动的一切垄断产生的。

（4）人口增加会十分快地使从剩余劳动的社会主义化所得到的任何好处变得毫无价值。

迄今,我设想,社会主义者认为的日益增加的社会福利,能够起因于生产资料和存储劳动的社会主义化,能够是**持久的**增长。让我们稍微比较仔细地审查一下这个持久性问题。在特定的共同体的每一时期,都存在某一数量的劳动能力和某一数量的存储劳动。社会主义者断言,正是为了共同体的普遍利益,在为全部共同体提供生存的必需品之后,应该把这种劳动能力和这种存储劳动用于提高整个群体的舒适标准,而不是用于提高个体成员的舒适标准。我称之为"剩余劳动"的这种应用,受到传统上或法律上的个人垄断的阻挡,而垄断能够使他们把不同的应用强加在劳动者身上;也就是说,在为大众提供低舒适标准之后,把剩余劳动用来无限期地提升垄断者自己的生活标准。社会的剩余能量花费在少数人的奢华上。在很大程度上,事态的这个条件能够被资本的国家所有和劳动能力的国家指导消除。具有社会价值的劳动,能够迫使现在的垄断者为他们自己提供像他们愿意作为它的等价物得到的那样的快乐。

虽然我坚持认为,如此社会主义化的剩余劳动,要接近增加普遍的社会舒适和快乐,在目前还要走漫长的路,但是我并不认为这种到达是持久的,即使不断增加的人口伴随着变革。直到某一限度,如果社会主义地加以组织的话,那么劳动能力的每一增加可以提高确定人群的普遍舒适标准;我以此理解一个生活在一定的地区,具有一定的内部资源,具有一定的与外部世界交流的手段,具有一定的与邻近群体交换的一系列产品的群体。当这个本质上是局域的和暂时的限度一旦达到,新的劳动能力的每次增加则倾向于降低普遍的舒适标准,最终迫使它下降到勉强活命的水平,在此水准饥饿牵制使它突然停止下来。在社会成长的每一时期,尽可能发现和维持这种"有效人口极限",正是政治家的责任。人口迁移、移民禁令,若有必要出生数目的限制,都是用来使有效人口极限近似守恒的办法。现有的社会组织重视这个极限吗?若不重视,社会主义化的社会如此做可能吗?这些是形成人口问题的疑问,要求我们考虑。对它们无知的市场的社会主义者使自己置身于有益的讨论领域之外。我们**必须**辨认该问题;在仔细地研究时,将会发现提供一种最强有力的、有利于我所了解的社会主义的论据。我们甚至可以说,社会主义是马尔萨斯(Malthus)定律的逻辑结局。

让我们考虑,目前社会的经济结构如何影响人口问题。首先,我们发现存在一个小思想家团体,他们相信,可以解除当前的许多社会痛苦,即使我们不是尝试转变现有的资本和劳动的经济关系,而把我们的精力专注于诱导工人阶级限制他们的数目。他们认为,这样的限制因增加工资会提高舒适的标准,从而在很大程度上实现社会主义者想望的东西,一度提高的舒适标准能够持久地维持下去。对此,我的答复是,不极大地和尽可能地减少人口,这样提高的标准也会远在剩余劳动的社会主义化所能达到的东西之下,还会听任阶级垄断的其他反常不被触动。进而,即使这样的标准达到了,但是要能够维持下去,也绝对没有保障。实际上,它总是直接有损于它能够损害的资本家阶级;大大依赖劳动成本的一种商品的出口价格,总是不得不被降低到生活标准是最低的那个制造国家确定的价格。英国商人总是不仅不能与他的外国对手竞争,而且在没有保护的情况下,国内市场也会被比较廉价的外国商品淹没。对垄断阶级来说,情况不可能是这样:劳动应该是可贵的;而且,在我们目前的为利润而不是为使用的生产体制下,在工人方面为限制人口的任何尝试对于提高生活标准都可能是有效的。当生活标准在这里比在国外明显要高时,我们便招致习惯于较低生活标准的外国劳工的入侵,或者由于不可能以较高的价格出口,招致国内对劳工需求的缩减。进而,唯一自然的是,我们的资本主义统治者应该表明,没有阻止任何外国劳工入侵的迹象;不仅如此,他们常常直接与输入劳工相关。对自由国家而言,像对劳动力的自由贸易等而言一样,我们周期性地因虚假的情绪生病——借用演说家之口讲,这种情绪不是经过周详考虑的社会理论的结果,而是有意识地或无意识地直接起源于对他们的钱财的情感。在资本主义的社会形式下,作为结果出现的、实质上的财阀统治将永远不会阻止具有较低生活标准的外国劳工的输入;它为它自己的生存的缘故不能采取任何真正的步骤去维持有效人口极限。

为**维持**现有的标准而限制人口是一回事,为**提高**现有的标准而限制人口是另一回事。前者是足够困难的,后者几乎是不可能的,不过这个后者实际上是非社会主义的马尔萨斯主义者提出的东西。巨大比例的工人阶级生活标准如此接近勉强维持生存的水平,甚至济贫院系统也不容许它落在这个水平之下,从而依然无法通过抑制去维持;如果提高标准的尝试必须是有效的话,那么它需要在如此众多的方面联合行动,在我们目前的社会制度下,它极其不可能成功,以致抑制并未打算唤起许多同情。

确实没有诱导大量的不熟练劳动者限制他们的数目,尤其是,倘若这种限制隐含节制处在他们可及的少数快乐之一的话;而且,像饮酒这样的乐趣似乎并未**即时地**和**直接地**减少每周的微薄收入。但是,熟练的劳工与不熟练的劳工之间的界线不是如此僵硬,以至后者的数量对前者的工资标准没有可察觉的影响;如果熟练劳工在一个时期得到高报酬,新机器也会十分经常地使它立即感到无产阶级竞争的整个分量。如果没有对无产阶级的限制,如果资本家总是力图通过引进机械降低工资,从而降低生活标准,那么遏制熟练的工人阶级毫无助益。我认为足够清楚,在资本主义的社会组织中,人口的限制简直无法尝试,即便尝试也不会成功。

让我们现在研究一下,在社会主义的国家组织中维持有效人口极限的可能性。首先,通过使剩余劳动社会主义化,在不求助于作为一种手段的限制的情况下,舒适标准会得以提高。这样一来,除了最小的物质快乐可以处在工人可及的范围之内,这本身还会给他值得维持的标准,并有助于限制人口。在目前的事态下,与积极阻止相比,具有合理性欢乐的人的道德约束甚至可能更为有效。虽然我相信,除非在那些舒适标准远高于勉强维持生存的阶层中,道德控制在我们目前的社会组织中永远不会变得有用,但是我倾向于怀疑,在任何社会形式下,它是否会被大量的人采纳。我们正在处理人的动物本能的最专横的一个本能;不仅完全可以质疑这样的约束是否可能,而且完全可以质疑约束它的努力是否可取——由于适当考虑本能有益于健康的价值和社会的价值。因为正在来到的妇女解放和我们的对外贸易趋于衰落,性问题和人口问题将越来越开始处于突出地位。认真地、科学地、从每一个可能的立场讨论,正在变为确实紧迫的重大事情,而困难呈现在它们前面;冷静地权衡可以真诚地提出的一切理论,不把每一个讨论作为不合意的和不适合的加以简单处理。真正不合意和不适合的行动是天天与重大的竞争问题面对面,可是每日却忘记它们的存在,并且宣告对它们的所有的——无论如何是认真的——考虑是令人厌恶的和徒劳无益的。迄今为止,这本质上是我们现代社会和政治的领导人的精神。他们否认,这些在事实上和思想上是最主要的问题根本不存在,那些能够对付劳动阶级的困难的人在专业上被非难,在社会上被排斥,在法律上被压制。曾经有一段时间压制人口问题的任何讨论;此时甚至禁止马尔萨斯门徒提及道德约束;这个时期还把新马尔萨斯主义当作在合法讨论的领域之外对待。我绝没有断言,新马尔萨斯主义将解决这个问题;①但是,关于这一件事情,我觉得可以肯定,该问题将变得越来越紧迫,社会将不得不以这种或那种方式面对它和解决它。即使最大量的伪善也不足以隐瞒它的存在;而且,如果我们是聪明的,我们将在有机会时考

---

① 实际上,我相信,在适合和不适合的东西之间没有做出区分的任何约束学说,都是国家的严重危险。

虑可以在它的所有生理方面和社会方面提出的任何解决办法。在我们在科学上深信它必定在它的结果上是反社会的之前，我们无法担负起拒绝任何可能的解决办法的代价。

我担心，在不小的程度上，由于我们目前的经济条件，对于这个问题的任何讨论都会遇到明显的恐惧。对钱袋相同的最终情感——这在某种程度上也许无意识地要求在劳工方面的自由贸易——也要求压制对这个巨大的竞争难题的一切自由讨论。由于相同的理由即劳工工资应该高一些不是我们现代财阀统治的兴趣所在，在现有的事态下，我们为此理由不能期望对复杂的人口问题有丝毫解决。就剩余劳动的社会主义化来说，正因为在那里能够终止成为对工资低下感兴趣的阶级，所以我们出于对性问题的彻底的和认真的研究而信赖社会主义。我们是社会主义者，因为我们相信，只有社会主义会有勇气发现满意的解决办法。唯有它能够把舒适标准提升到这样的高度，以至工人将能够设法获得除最小的物质快乐以外的其他东西；只要他被钳制在勉强活命的收入，建议他应该放弃他的一个尚未付款的令人兴奋的事物是徒劳的、不合理的，甚至是不礼貌的。只有在社会主义条件下，我们才能把外国劳工的输入局限在少数技艺娴熟的手艺人，他们确实多少达到我们自己工人的水准。唯有在社会主义条件下，才可能收获任一人口限制的好处，因为一个阶级对另一个阶级的过剩生产不会感兴趣。只有此时，才可能平心静气地和毫无阶级偏见嫌疑地考虑该问题的所有困难。由于剩余劳动的社会主义化，对于共同体的整个利益而言，它将维持它的劳动能力在给出最大剩余价值的那个数量上，它将发现和维持有效人口极限。实际上，社会主义的形式似乎是共同体的唯一能够在道德上对它的成员要求某种类型的约束,若有必要能够在法律上把某种类型的约束强加在它的成员身上。

因而,对付和解决人口问题的可能性似乎与剩余劳动的社会主义化密切相关。但是,正如约翰·斯图亚特·密尔很久之前就指明的,社会主义继续存在的可能性取决于这个真正的人口问题的解决。[①]

(5) 没有手段量度个人对共同体的劳动库存的贡献。

我们看到,新道德规范的一个根本原则是,每一个个人都将从事具有**社会价值**的劳动,也就是说,不仅仅是劳动,而且是对共同体确实有用的劳动。任何个人的报酬必须取决于他对公共库存贡献的质和量。因此,所需要的是,应该在这种报酬和提供给共同体的服务之间存在某种普遍的等值、某种实际的重合。把要求特殊估价的管理、教育、娱乐的劳动撇在一边,必须使生产劳动的报酬以某种方式与生产总量成比例。按照存储劳动和劳动能力的确定数量的消耗生产商品,并供共同体使用。这种商品对共同体的效用必定以某种方式等于个人的奉献,等于他有用地花费他的劳动能力。按照有用劳动对价值度量,是自然地浮现出来的想法。尽管权威的经济学家可能声言——我坚定地相信——正是有用劳动,才能够是唯一合乎道德的交换基础,即在社会上有益的交换基础。在没有试图完成的情况下,我以简短的篇幅可以自由处理,依然有意义地分析了卡尔·马克思的价值理论,但很少着手为它辩

---

① *Political Economy*(《政治经济学》),People's Edition,p. 226.

护;不过,简要地探究一下下述问题可能是有益的:甚至它的批评家的承认是否没有导致我们达到与这位伟大的经济学家从他的理论得出的相同的结论,这些承认实际上是否没有充分证明我们设想有用劳动能够成为合情合理的交换基础是正当的。P. H. 威克斯第德(P. H. Wicksteed)先生在《今日》(*To-Day*,1884 年 10 月)发表了对马克思的批评,这一批评遇到我们的一些权威经济学家的认可,并且肯定是明白易懂的,即使它不是无可辩驳的。在下面的评论中,我打算提到它。马克思理论的实际重要特征是:

(1)对资本家来说,劳动力的成本(比如说一天)在用劳动能力度量时,小于投入到该劳动能力在相同时间(一天)生产的商品的劳动总量。

(2)商品的交换价值由生产它所需要的平均劳动决定。

(3)在劳动能力中,劳动能力的成本和所生产的商品的交换价值之间的差异,即马克思理论中的剩余价值(或者也许最好把它命名为剩余劳动的输出量),进入资本家的钱袋。

如果我们片刻使用剩余劳动一词,不把它与剩余价值等价而使问题复杂化的话,那么也许可以承认马克思的第一点以及第三点。倘若我们选取产业工人阶级的劳动总结果,这些结论确实是成立的。这种劳动不仅为产业工人阶级获取或准备勉强的生活必需品以及像他们享有那样的舒适程度(即依据劳动能力的劳动能力成本)是充分的,而且同时它也为垄断阶级提供了每一种可想象的奢侈和便利——他们的想象力要求的奢侈和便利,或他们对劳动能力的控制将延伸到(即剩余劳动被垄断)的奢侈和便利。显而易见,存在大量的这样的剩余劳动,其结果或者为未来的使用存储

起来，或者立即被垄断者本人的奢侈消费掉。对剩余劳动的垄断
是与社会主义针锋相对的，这是我们目前的社会组织的一个重大
的经济事实。它无论成败都与马克思的交换价值的本质是劳动的
理论不一致，但是马克思对那个理论的讨论首次把该事实以它全
部的绝对骇人听闻明确地摆在我们面前。现在，我坚决主张，马克
思理论的所有重要结果实际上被他的批评者接受了，即使是在另
外的根据上接受的。P. H. 威克斯第德先生承认，"人能够像他希
望的那样以勉强维持生存的价格购买劳动力（labour-force）①"
（《今日》，第 409 页）；进而，他告诉我们，"在通常制造的商品的实
例中，在'交换价值'和'所包含的劳动总量'之间存在**重合**"（第
399 页）。因此，我们看见，如果劳动者能够在一个劳动日生产多
于他的勉强维持生存的东西——这是一个无可争辩的事实，那么
威克斯第德先生本人确实承认，由于上述的**重合**，这种剩余劳动的
结果归属资本家。但是，这恰恰是马克思的"资本主义生产的固有
规律"。

　　现在，我们的批评家借助斯坦利·杰文斯（Stanley Jevons）首
次拟定的定律（"无差别定律"和"效用变化定律"）逻辑地②推导
出，对于所有通常的制造商品来说，在交换价值和所包含的意味在
社会上有用的劳动总量之间的重合的确存在。眼下，这些商品正

---

　　①　更确切地讲，是劳动**能力**（labour-power）；我们不能购买**力**（force），而只能购
买为改变各种运动的**本领**（capacity），即能力（power）。力根本不是实体（entity），而是
改变运动的方式（mode）。混乱出自德语单词"Kraft"（力）的双重含义。

　　②　如果这种逻辑把我们的对手导向我们基于另外的根据已经确信的真理，那么
肯定不要求我们质疑它。

是社会主义化的国家也许首先必须涉及的商品;这种幸运的重合不管是从胶状劳动理论(jelly theory of labour)还是从胶状效用理论(jelly theory of utility)演绎的,它正好是实际的事实——为了以同样的近似度衡量共同体每一个成员的服务,即衡量他对公共劳动库存的贡献的大小,我们需要这个事实。在所有通常的制造商品中,由于价值与所包含的劳动总量**重合**,便以为我们把这样的商品的劳动当作价值的标准。在那些例子中,这个标准像黄金一样可以作为方便的和合情合理的交换媒介。如果我们现在转向其他商品,即未受劳动影响的供给和质量,也就是威克斯第德先生所说的"自然的和人为的垄断",那么千真万确,劳动价值理论是无法应用的。但是,我们并不认为,它们能够把混乱引入社会主义化的国家的交换系统。当我们分析这些自然的和人为的垄断时,我们发现:

(1)许多东西的交换价值是非真实的,这是由于原始品味的残存,这种品味几乎可以肯定地随着教育的扩展而消失(例如宝石、金银器皿和装饰品)。

(2)由于特殊的艺术价值,依据健全的社会主义理论,应当把超出源于现代生产的竞争之外的其他东西从易货贸易领域消除,并把它们陈列在地方博物馆和国家博物馆,或者无论如何用来装饰公共建筑物。

(3)一些少数自然的垄断,诸如受限制的地方水供应或食盐产品,总是要求它们的分配由国家管理;即使在我们目前的组织中,这也并非是不频繁地发生的。

(4)在社会主义体制下,没有什么东西阻碍一些人正在付出的不相称的劳动总量,这些人有意于为了大多数继续存在的人为垄断如此付出。在社会主义共同体中,热情的瓷器迷也许把整个一年的劳动专门用来购买在艺术上无价值的,却是绝对独一无二的茶壶,倘若他未受教育,以致在那种自我牺牲的形式中感受乐趣的话。他的这样的做法无疑是满足交换效用理论支持者的源泉;不明显的是,除了作为缺乏常识——常识是任何形式社会的稳定性的首要条件——的证据,它怎么能够摇动社会主义共同体的基础。

在我看来,社会主义者断言,在所有商品中某种共同的东西是在它们的生产中消耗的有用劳动,这似乎是不必要的。如果这样的劳动在所有通常的情况下以及在实际生活中真正充分近似地能够被视为它们的价值的量度的话,它就是充分的。社会主义坚持认为,在个人与共同体的关系中,能够公平地把他对劳动库存贡献的量和质看作是他的报酬的量度,由于这一贡献在实践中借助所有通常的制造商品具有一定的交换价值。正是个人的劳动或社会价值和商品的交换价值之间的这种**重合**,注定要把道德的要素引入未来的工业体系。它间接地表明,社会如何能够安全地和合理性地建立在劳动、建立在它的成员的社会能量的基础上,就像建立在财富的个人所有、少数人对整个共同体剩余劳动的垄断的基础上一样。

在这篇论文中,我已经尽力给出一些论据的简要的梗概;在我看来情况好像是,由于这些论据,合理性的社会主义者可能遇见某些主要的反对理由,而这些反对理由被提升到在社会主义路线上社会的逐渐重建。但是,与事实的执拗的逻辑相比,与最顽固的保守气质最终必定认出永远在社会主义化的方向上正在平稳发生的那些不可阻挡的经济变化相比,这样的论据无疑在我们对手的心智中具有小得多的权重。诉诸人的能力和神的能力,诉诸习惯或传统,都不能阻止正在重塑人类社会的需要和观念的力量。它们处在我们之外;我们能够研究、理解和遵循,但是我们不能控制。有些人把这些变化解释为国家的衰微,相应地用最黑暗的颜色描绘未来。他们发觉,旧的宗教概念像旧的中世纪教会一样倒塌了;他们没有看到,二者同样是陈腐的,它们能够在它们应当重建的地方复位。由于发现他们在其中被培养的社会道德和性道德的旧概念在目前难以实行,即便使他们除去偏见的白内障,当他们刚刚可以面对太阳的闪光时,他们还是叫喊没有光亮。另一方面,社会主义者在道德进步和经济进步的变化中发现,人类正在向比较充实的生活享受发展,用对知识的信仰替换迷信,用对在国家中体现的具体社会的尊重取代对未知的东西的崇拜。社会主义者教导,工业的目的首先不在于在世界市场的霸权地位,而是共同体的普遍幸福,这一点可用身体舒适和理智发展的一般标准的提高证明。从这种立场看,我们在进步中看到的变化带来没有掺杂的满足情感,并向所有愿意参与分享生活享受的活动的人开放健康的社会工作和富有成果的思想的领域。因此,我们的时代远非停滞的时代或颓废的时代,它是比自 16 世纪以来目睹的运动更加伟大的运动的时代;而且,正是在我们自己的国家,这些运动中的至少两个将更为直接地结出果实,最强有力地影响人类其余方面的发展。

一方面,解决妇女解放将是最沉重的、充满最深远的结果的任务之一,英国已经把这些任务承担在她的肩上。另一方面,我们从法国和德国接收了作为乌托邦梦想者的理想的社会主义,我们必须努力把它作为一种政治上的可能性——不是作为受苦难的劳工的盲目抗议,而是作为切实可行的社会政体——归还他们。

12　社会主义:在理论中和在实践中^①

> 让他随其所愿赞扬你的立法者,不过我必须说,我想要什么。——柏拉图

在去年的一连串事件中,在报纸以及报纸之外有大量的关于所谓"穷人"住处的讨论。为数众多有善心的人写信和写文章,描述我们伦敦许多短街和小巷极端悲惨的和不卫生的条件。威尔士亲王(The Prince of Wales)^②在上议院站起来评论,他在霍尔本(Holborn)区访问了几个最肮脏的贫民窟,发觉它们"确实十分糟糕"。整个主题似乎是用来构成政治资本的出色主题。保守党人

---

① 这篇讲演最初是 1884 年 2 月在德普特福德(Deptford)工人俱乐部发表的。此后,它作为小册子两次印刷。下面的在第一版的题献注释可能适合于说明它的对象和它的局限:

献给 E. C.

这篇讲演正好在它发表时印刷。你们可能希望仔细修订它。另外的劳动妨碍我接触它,现在让它的简朴的语言维持原状似乎更好。它是向淳朴的民众讲的;假如使它倾向于为中产阶级听众,它可以采取比较逻辑的、比较严厉的语气。"上等"阶级的自私自利在很大程度上是由无知引起的,不过这些阶级是无知本身即是罪过的这个特殊时期的社会状况。如果这本小册子甚至能够感受到一两个我从你们那里学来的真理,即我们时代较高级的社会主义不是为纯粹政治的重组而努力,而是为道德复兴正在劳作,那么它的目标将会实现。K. P.(卡尔·皮尔逊)内殿法学协会(INNER TEMPLE),1884 年圣诞节前夕。

② 威尔士亲王是英国太子的封号。——译者

的领导者在英国保守党杂志撰写了一篇关于穷人住处的文章。他告诉我们,事情在乡村比他们待在城镇要好得多;大地主关心农业劳工的住房供给。正是劳动的雇佣者资本家有责任。他们应当为他们的劳工提供合适的住所。这是大土地所有者索尔兹伯里勋爵(Lord Salisbury)的看法。但是,作为工人的朋友站出来的保守党人,由于目的在于未来的是选举,因而不可能让问题停留在那里。相应地,激进党派的领导人和资本家约瑟夫·张伯伦(Joseph Chamberlain)先生在英国自由党杂志撰写的另一篇文章表明,关心他们的劳工的住房供给,不是无论什么样的劳动雇佣者的职责。看见在土地上建筑像样的房子,正是土地所有者的本分。换句话说,在我们目前的社会体制下能够做出广泛改善的唯一的人,却从他们自己的双肩甩掉责任。索尔兹伯里勋爵说:"这确实是十分糟糕的,但是不用说不是地主的责任。那个贪婪的家伙资本家为什么不关心他的劳工呢?"张伯伦先生突然喊叫:"没有什么事情能够更肮脏了;我确信,它将导致革命,但是不用说,它与资本家毫无关系;那个懒惰的人,那个绝对无用的地主,为什么不建筑比较像样的房子呢?"此后,地主和资本家暗中觉得好笑,并一致同意最好任命一个皇家委员会,这意味着在一定数量的慈善废话和不计其数的政治泡沫之后,整个问题以空空如也告终,或者意味着绝对无结果的议会法案。① 任何变革都不得不或者以地主,或者以资本家,或者以二者为代价才能够进行,不管我们是否喜欢它,正是这两种人现在实际上统治这个国家。他们不可能为了我们的好处掏空他

———————————————

① 十六年后,我们看到,它以没有最小的实用价值而终结。

们的钱袋。众所周知,在两个议会,地主的利益是多么强大,不过
这种利益在我们衡量资本家的利益时,还是比较小的。将使你们
感到惊讶的是,如果你们研究一下这个问题,会发现下议院的大部
分代表资本的利益。若干下议院的议员是十分令人震惊的:他们
本身是劳动雇佣者,与巨大的商业利益有关,是大资本家公司的主
席或经理,或者以某种其他方式是资本的代理人(以及他们的委托
人的代理人)。据说,一个大铁路公司在一个选区能够征集四十张
选票;而铁路利益如果组合起来的话,可能形成联合体,在可想象
的情况下该联合体能够对国家具有极大的危险。我只是触及一下
这个问题,为的是提醒你们,我们在这个国家如何彻底地被一个**阶
级**统治。这个国家的政府不是在人民手中。对我们来说,设想所
有的阶级在我们事务的管理中都拥有发言权,只不过是自欺欺人
而已。起教育作用的阶级(用它的头脑劳动的阶级)和生产阶级
(用它的双手劳动的阶级)在下议院几乎没有影响,或者没有实在
的影响。统治阶级是在它的两个分支——土地所有者和资本所
有者——拥有财富的阶级。这个阶级自然是按照它自己的利益
统治的;倘若就任一庞大的国家政党而言,我们想要理解外国的
或本国的政治的特殊形式,那么财富的利益是我们必须探求的
东西。

可以打动你们的是,我漫游得距离我由以开始的主题即穷人
的住处已经十分遥远,但是我想通过一个实际例子向你们指出,下
述情况为什么是非常靠不住的:当共同体的一个阶级迫切需要的
改革必须由另一个统治阶级的钱袋支付时,这个改革可以由后者

有效地实行。从统治阶级佯称首次在 1884 年发现穷人不得不住糟糕的房子的事实，可以确认这个观点。关于穷人的住房供给，在最近惹起的一切喧闹中，存在几乎令人可笑的东西。就我自己的经验而论——而且我会询问它是否不是事实，穷人在 1884 年比他们在 1874 年不得不住质量更低劣的房子。这项罪恶是十分古老的直接受损者提出诉讼的起诉权(standing)之一。在十年前，二十年前，四十年前，就呐喊要求改革。在四十多年前的 1842 年，"大不列颠劳动人口公共卫生条件委员会"发布了一份报告。其中给出的描述与最近以《无家可归的伦敦的辛酸哭喊》(*The Bitter Cry of Outcast London*)为标题的小册子方式在公众面前提交的东西恰恰具有类似的特点。在那篇报告中，我们听到，仅仅在利物浦(Liverpool)就有四万人住在地面之下的地窖里。我们被告知，在穷人的住处，由于不清洁和过分拥挤，在英格兰和威尔士(Wals)产生的发热病的死亡数字，是在滑铁卢(Waterloo)战役中被杀死的人的数字的两倍。我们听见没有下水道的街道，没有通风设备的车间，十到二十人睡在同一房间，一个床上常常有五个人，罕见对性有任何关心。该报告的整个实质有助于表明，由于巨大的资本主义工业，工人阶级即使没变成赤贫，也变得更加情绪低落。他们被迫拥挤在一起，住在不健康的、常常倾塌的住所。统治阶级和知名权威几乎不为这些事情烦扰他们自己，而把工人阶级看作机器而不是看作人。我们此时看到，为了消除弊端，在 1842 年就大声宣布正好相同的罪恶，就像在 1884 年大声宣布一样。我们要问：在所有这些年间，为什么消除办法没有实施？对于这个问题,只能够有两个答案:或者消除办法是不可能的,或者拥有消除办法权力的人拒绝实施它。[1]

消除办法是不可能的吗？缜密思考的保守党人最近陈述,虽然他承认工人阶级比较贫穷的成员的苦难,但是他依然不认为消除办法是可能的。消除办法可以变得如此剧烈,以致可能导致爆发的结果;还有,当爆发结束时,事情会返回到它们旧有的路线。**必定**有贫穷,穷人总是悲惨的。[2] 剧烈的革命,和平的改革,都不会持久地有利于更贫穷的劳工阶级。可以说,社会应该拥有痛苦的根据,乃是自然法(即便不是上帝法)。**历史证明情况总是如此。**

我想吸引你们注意的是,正是这后一句话——**历史证明情况总是如此。**当我们的保守党朋友诉诸历史时,他在他的**方法**上显然是正确的。尤其是在解决社会问题和政治问题时,这种方法是应该使用的方法。诱导工人阶级从历史的观点学习,研究社会问题和政治问题,具有极其重要的意义。让我们不要听信激情的呼吁,也不要听信竞争的政治鼓动者的纯粹空谈。如果可能的话,让我们看看其他人在另外的时代如何尽力处理同样的问题,以什么成功的措施处理的。我意识到,历史研究是十分困难的,因为通俗历史书只告诉我们战争和国王,几乎没有告诉我们人的真实生活——他们如何工作,如何给他们吃,如何给他们住。可是,历史的真正使命必须告诉我们,人民大众怎样辛苦劳作和生活;必须告

---

[1] "实施消除办法"隐含着比通过公共健康法案更多的东西。它意味着迫使教区委员会和地方政府部门执行它的精神。

[2] 这似乎也是最近向在 1887 年 3 月的"教会游行者"(Church Paraders)阐述的说教。

诉我们他们的欢乐和他们的痛苦。这是能够在社会问题中帮助我们的唯一的历史。那么,历史告诉我们,在社会底层总是存在大量的痛苦,因此总是必须存在大量的痛苦吗?该问题实际上是一个统计学问题,极其难以回答;但是,在某种研究之后,我必须陈说,我得出的结论总体上不同于我们保守党朋友的结论。我确认,用在加利利为穷人工作的那位人的话来说,在所有时间和地点,"尔辈穷人总是与你在一起";但是,伴随它的数量以及痛苦的程度却大相径庭。我对大约三百年到四百年前的德国手艺人阶层的条件做过特别的研究,我毫不犹豫地断言,任何像伦敦赤贫地区的院落和住房的条件在当时是完全陌生的。如果这为真,那么来自历史的论据便是假的。手艺人阶层在过去的时代居于比现在更牢固、更富裕的地位。如果它在舒适等级方面有所降低,那么它肯定能够上升。换句话说,在我看来,对目前事态的消除办法似乎是可能的。倘若你们之中的任何人想要了解,为什么四百年前的工人阶级比他们在现在的境况要好一些,那么作为我自己的见解我必须陈述它:那是由于较好的社会体制。对工人而论,那些古老城镇的社会体制依赖于他的行会,而政治体制作为一个规则以结合起来的行会为基础。因此,把工匠和他们的工作组织起来的联合会——这也促使他们一起为社会目的尽力——实际上与指导他们城市的市政府的联合会是相同的。如果你们愿意精确地理解这意味着什么,那么你们必须设想,今天的贸易联合会在伦敦政府中占有很大的份额。如果他们有了联合会,你们认为穷人的住处多长时间会依旧是它们现在的样子?你们相信,罪过会继续存在另一个四十年吗?或者,在1924年,通过任命另一个皇家委员必然会狡猾地摆脱直接的行动吗?

正像我说过的,工人阶级的行会最初在自治市政府占据很大的份额。正如你们知道的,城市行会还是十分富有的团体,在城市拥有巨大的影响。这就是在参与城市事务管理的工人行会的旧有体制的伦敦继续存在的一切。

在旧时代,那时劳动阶级以行会联合起来,这些行会在当地政府中占有显著份额。从而,社会和政治体制在某种程度上以**劳动**为基础。这样的社会组织我们称其为**社会主义的**社会组织。四百年前的工人状况比今日的工人要好,因为古老的建制是比较**社会主义的**;换句话说,社会与其说是基于财富组织的,毋宁说是基于劳动组织的。以财富为基础的社会由于把权力与地位授予某种东西的所有者,而这种东西现在在少数个人手中,这样的社会可以称为**个人主义的**社会。今日,我们生活在**个人主义的**国家中。我相信,四百年前的工人比他的现在的同胞境况更好,是因为他形成**社会主义的**体制的一部分,而不是**个人主义的**体制的一部分。我相信,就目前的事态而言,消除办法是可能的,因为历史似乎告诉我们,手艺人在社会主义之下比在个人主义之下居于更牢固、更幸福的地位。它也告诉我们,某种形式的社会主义在过去曾经存在过,因此在现在或将来也许是可能的。我认为,而且我请求你们相信我,**消除办法是可能的**。如果是这样的话,那么就使我们重新回到二者择一:统治阶级拒绝实施它或忽略实施它。我们看到,罪恶之所以出现并继续存在,是因为我们的社会和政治体制以财富为基础而不是以劳动为基础——因为我们生活在个人主义之下而不是生活在社会主义之下。这是我们目前社会体制的缺陷,而不是历史规律——辛劳者应该被宣判为极端悲惨和贫穷。

我们现在考虑下述问题：所谓**劳动和基于劳动的社会体制**，我们意味着什么？用什么手段，我们能够把基于财富的体制转变为基于劳动的体制；换句话说，我们将如何着手把我们目前的个人主义转化为社会主义？在后一个问题之下，必然包括手艺人阶层本身关于社会主义变革的组织应该采取的态度的考虑，它应该如何尽力采取政治行动，特别是对于两大资本主义政党。

让我首先努力说明，我是怎样理解劳动的。你们起初也许可能想象，我仅仅涉及手的劳动——像需要制作一对靴子或转动车床这样的劳动。但是，我设想，劳动在范围上是比这宽广得多的某种东西。我认为，该词包括所有的工作，无论是脑的工作还是手的工作，这对共同体而言是普遍需要的和有益的。与指挥船只跨越大洋的路线的船长相比，把货物搬运到船只上的人是程度相同的劳动者；而他们之中的无论哪一个与数学家或几何学家相比，也不更多的是劳动者，后者的计算和观测能够使船长了解，当他离开陆地数百数千英里时，他要采取的方向。制鞋工人或邮递员并非比坐在商人办公室的职员或坐在法官席位的法官在更大的程度上是劳动者。教师、作家和演员全都是真正的劳动者。在一些实例中，可能多付款给他们；在许多实例中，可能付得比应付额要少。人们知道，有钱人付给他们的厨子工资多，他们付给教他们孩子的女家庭教师的工资少，而且很少尊敬地对待她。我强调脑劳动的重要性，因为我遇到某些工人，他们相信除了手劳动之外，任何劳动都不会有价值；除了用手的劳动者之外，一切人都是懒汉。你们无疑听到去年英国军队在埃及赢得的胜利。现在，你们怎么设想赢得胜利？英国士兵是比阿拉伯人更勇敢一些吗？他们更强大吗？一点也不是。他们之所以赢得胜利，因为他们更为训练有素，因为他们拥有更为精良的武器———一句话，因为我们可以称之为他们的**组织**的东西更为健全。组织是由于脑的劳动。现在，在埃及发生的事情正在每天在世界继续。这并非总是更加强大的人，但却是更有组织的、受过更多教育的、走在前头的人。对个体人为真对东西对国家来说也为真。更有组织的、受过更多教育的国民在人生的斗争中是得胜的。我们英国人之所以如此成功，是因为我们比我们征服的埃及人、祖鲁人和其他种族更有组织，受过更多的教育。你们必须永远不要忘记，那种组织、那种教育有多少归功于使用头脑的劳动者。你们中的一些人可能对大英帝国、对英国人的这种优势漠不关心，但是让我向你们保证，尽管在某些实例中，英国工人阶级的舒适是微不足道的，但是与国外民族的舒适比较——比如说与埃及农民的凄惨条件比较——平均起来还是较为舒适的。如果可能的话，我想向你们指出需要各种类型的劳动之间的谅解——用手的劳动者和用脑的劳动者是相互依赖的。他们二者是与懒汉即寄生虫对立的劳动者，这些一有机会便垄断财富的寄生虫依靠其他人的劳动生活。我愿对每一个人说："朋友，你们的职业是什么，你一般地正在为社会做什么？你们正在制作鞋子吗，你们正在教社会的孩子吗，你们正在帮助维持秩序和促进它的生意吗？如果你们没有从事这些职业中的任何一个，那么你们正在通过照顾它的交易减轻它的工作时间吗？你们作为一个演员、作家或艺术家把欢乐带给人们了吗？如果你们没有做这些工作中的任何一个，那么你们只不过是一个财富的拥有者，为你们本人提供娱乐和为你们自己的欢乐过活而奋斗，既然是那样——哎呀，于是在这里不需要你们，你们越早清空钱包和精神包袱，对我们来说越好，也许对你们自己来说越好。"你们现在把握了基于劳动的社会的意义吗？财富的拥有者仅仅因为他拥有财富，所以在这样的社会不会有地位。工作者甚至会把他清除出去，就像工蜂把雄蜂从它们的蜂巢驱逐出去一样。

社会应该是一个广泛的劳动者——用脑的工作者和用手的工作者——的行会；如此组织起来，在其中便不会为那些仅仅依赖他人工作而生活的人留有位置。在基于劳动的政治体制或社会体制中，以纯粹的财富为根据的人不能对权力提出要求。我们目前距离这样的社会主义多么遥远，可以通过注意财富现在几乎拥有一切政治权力和社会权力，最满意地加以领会；劳动并非是几乎没有什么实在的虚名。

我们现在达到了我设想是社会主义的基本公理的东西。**必须在劳动的基础上组织社会**，因此政治权力、组织权力必须在劳动者手中。正如我努力为你们留下印象的，劳动有两种类型。有为全社会提供必需品的手的劳动；有生产我们称之为**进步**的，能使任何个别社会在生存斗争中维持其地位的一切脑的劳动——教育和组织的劳动。我在某些用手劳动的工人中偶然遇见一种倾向，即以为在他们之外的人都是由他们的工作供养的懒汉、社会的雄蜂。我姑且承认，大量的懒汉在所谓的"社会上层阶级和中层阶级"。但是，这起因于下述事实：社会是唯一地按照财富分等级的，当然拥有最多金钱、最富有和最闲散的人在错误地称之为"上层阶级"中取得他们的地位。按照**劳动尺度**，他们自然会出现在真正的底部,形成"人口的渣滓"。确实,用脑的劳动者作为通例比用手的劳动者穿得好、住得好和吃得好,但这常常是**由于**他也是资本家的事实。再者,如果用脑的劳动者——他的劳动是他的生计的唯一来源——穿、住、吃比手艺人要好的话,那么这并不表明所在的情况下他挣得比他应得的更多;相反地,这可能表明手艺人赚得比他应得的少得多。事实上,差别往往表现出有助于供养我们的现存社会体制的雄蜂的效果。

在这一点,我达到我设想是真正的社会主义的第二个伟大的公理。**所有的劳动形式是同等可尊敬的**。对社会来说,是必需的劳动形式不能使从事它的人丢脸,或使他比任何其他类型的工作处于较低的社会阶层。让我们稍微比较仔细地考察这一点,因为它具有首要的重要性。只要工作者把他的工作视为仅仅为**他自己**工作——只要他认为工作只是作为**他自己的**生计的手段,并且只是作为它满足**他自己的**需要而重视它,那么一种工作形式会长期地比另一种工作形式低贱。把淤泥铲起倒入卡车将是比制作一对鞋子较低级的工作形式,而制作鞋子将不是像管理工厂那样高级的劳动。但是,还存在另一种看待工作的方式,在这种方式中所有形式的劳动显得具有同等的价值,即当劳动者注视他的工作时,不是关注他自己,而是一般地关注社会。让他认为他的工作作为它的存在条件是某种对社会来说必要的事情,从而一切等级便消失了。应该把污泥从大街清除,这对社会是完全必要的,正像应该制作鞋子或应该管理工厂对社会而言是必要的一样。一旦让劳动者认出,他的工作是社会需要的,那么不管它的特征是什么,它就立刻变成高尚的。换句话说,从社会的立场看,**所有的劳动是同等可**

尊敬的。我们甚至可以走得如此之远,以至于断言,比较使人厌倦的劳动形式更是可尊敬的,因为它们包含为社会所需要的较大的个人牺牲。一旦让真正的社会主义的这个第二公理——每一种劳动形式的平等性——被公认,社会在一类劳动者和另一类劳动者之间所划的错误的等级地位差异、虚假的界线必然消失。劳动的低贱必定中止。一旦承认劳动虽然在类型上有差异,诸如鞋匠与铁匠的差异,但是在程度上是等同的,从而所有的阶级障碍都被打破了。因此,在社会主义国家或在以劳动为基础的社会,明显不能存在阶级的差异。所有劳动者不管是手的劳动还是脑的劳动,必然在同等地位上相遇;他们同样为社会所需要,他们的价值将仅仅取决于他们用来履行特定责任的胜任和能力。

在离开劳动这个主题之前,无论如何还有一点必须引起注意。我已经说过,所有形式的劳动是同等可尊敬的,因为我们可以认为它们对社会而言是同等必要的。但是,在各种类型劳动的个人身上感受还是不同的。花费他的一整天时间铲淤泥的人几乎不可能像鞋匠或工程师那样有才智。他的劳动不要求相同的理智训练,也不在相同的程度上引出他的灵巧和智谋。因而,虽然他的劳动是同等可尊敬的,但是它对人本身没有这样的有益影响。因此,这样的职业的劳动时间应该尽可能短一些;应该给予这些从事比较机械的和不合意的形式的苦活的人以充分的空闲时间,以便在他们的工作之外提高和改善他们自己。当我们承认,所有劳动是同等可尊敬的,从而应该得到相同的报酬时,于是教育劳动者将不会导致他鄙视他的工作。那只会导致他更完美地重视和享受他的闲暇。闲暇问题是一个十分重要的事情。我听到许多对较短的劳动时间的要求;但是,如何利用增加的空闲时间? 许多苦工羡慕地看待富人过高的奢华,而且并非不自然地呐喊:"在我几乎不能获得生活必需品时,你们有什么权利享受这一切?"不过,有一件我乐于希望的事情:与他们可以合情合理地设法弄到物质的奢华相比,工人阶级应该更多地羡慕富人获得教育的能力。对我来说,在下述工人可能奋起反对富人的呐喊中,有某种不可能回答的东西:"在我是无知的时候,你们有什么权利受教育?"与这个呐喊相比,更加不可能回答的是:"在我贫穷时,你们有什么权利富有?"我可以希望,对教育的呐喊像在四十年代响起的对面包的呐喊一样,有可能从苦工那里发出。正是这一件事情,能够穿过似乎在最近的将来很可能积聚的危险风暴,使闲暇的增加确实对劳工有价值,能够使他们支配他们自己,并帮助社会。在我看来,用于教育、用于自我增进的闲暇,似乎是各种形式的劳动在特征上的差异能够等同的唯一手段。这是用脑的劳动者实际上能够帮助用手的劳动者的事情。让二者再次为那种如此必要的相互帮助联合起来吧,倘若他们在他们之间必须把社会组织成一个广大的劳动行会的话。

如果我们暂时从目前的可能性进入较为遥远的未来的可能性,那么我们可以想象,用手的劳动者获得这样的教育程度,以至两类工作者可以融合在一起。同一个工人上午可以用他的钢笔劳动,在正午用他的铁锹劳动。我认为,这是**理想的**存在,社会作为一个整体在其中会以尽可能大的速率进步。于是,我尽力把我对劳动所做的理解摆在你们面前;一切真正的劳动如何是同等可尊敬的,应该怎样得到相等的报酬。假如我们目前的社会状态的许多反常和许多痛苦可能消失,假如在社会主义的基础或劳动的基础上组织它的话,那么考虑劳动基础以什么方式不同于目前的财富基础,且与目前的财富基础针锋相对,就变得有必要了。

为了阐明目前的财富基础意味着什么,让我向你们提出一个假设性的例子。让我们假定,把在一个岛屿上的三个人与世界其余部分隔离。我们也将设想,存在充足的种子、耕地供应,一般地存在充足的农业必需品的供应。现在,假如三个人中的一个必须断定,岛屿、种子和耕地属于他所有,并且他的两个亲密同伴出于某种理由——或缺乏理由——接受他的断言,那么让我们追踪什么会随之而来。显而易见,他能够对岛屿上维持生活的一切手段实行完全的垄断。他能够以他乐意的无论什么比率出让它们,能够坚决要求拥有所有的劳动力——总是有可能从这两个人索取劳动力——的产品,作为为他们提供最稀少的生存必需品的交换。**他**自然会无所事事;他们能够用**他的**工具耕作,用**他的**种子播种,用**他的**谷仓储存。此后,他可以利用他们在业工作,易于增加他的奢华,为他提供像他们能够生产出来的那样的美轮美奂的豪宅和安适舒服的家具。他可以容许他们为他们自己建筑简陋的棚屋应对恶劣天气,并给予他们足够的食物以维持生存。在为他们提供这些必需品后,他们的所有时间都要专门为他服务。他当然是地主和资本家,对财富拥有十足的垄断权。实际上,他能够把另外两个人作为奴隶对待。让我们稍微展开我们的例子,假定这种关系在岛屿上的一个人和相当大数目的人之间有效。如果一个人管理他们的劳动,那么这确实可能对所有的居民都是有利的。我们可以设想,他是一个实践的农场主,对他的事务了如指掌;从而通过他管理其他人,能够从土地产出尽可能大的产量。作为这样的农场经营主管,他当然是用脑的劳动者,值得作为在他指挥下的任何人接受他的雇用。他能够像他管理的任何一个人那样,对用手的劳动者生存的生活必需品拥有同样大的要求。在社会主义的规划中,他依旧能够是管理者;他还会收到他的产品份额,共同体的劳动成果可以按照它的成员的劳动来分配。另一方面,如果我们的农场主管是岛屿上一切事物的所有者,他可能不仅要求他用脑劳动的、归于他的份额,而且也要求应该受到管理的其他居民劳动的所有份额,以改善他的条件而不是改善他们自身的条件。其他岛民在为他们自己提供稀少的生活必需品后,被要求献出他们一切剩余时间,而给予他奢华。他能够要求这一切,因为他对岛屿的所有土地和财富拥有垄断权。岛屿上的这种事态当然是个人主义,或者是以财富为基础的社会。我以为,这个例子可以清楚地表明,基于劳动的社会和基于财富的社会之间的差异。尽管这个说明似乎是老生常谈,但是对于我们在我们自己国家发现的事态而言,它是能够加以扩展的说明,而迄今却罕见得以扩展。我们只不过必须用若干土地所有者和资本家——他们作为一个群体将拥有土地和财富的垄断权——代替我们的单一土地所有者而已。实际上,他们能够强迫既无土地、又无资本的劳动阶级给予他们奢华,作为更需要的生活供养的交换。他们能够限制劳动阶级的舒适程度将取决于下述考虑,当然这些考虑是随时间而改变的:第一,他们自己的私人利益至少使充足的劳动供应维持像样的健康和力气,以便这种供应能够满足他们的需要;第二,他们担心过大的榨取可能导致剧烈的革命;第三,一种见到苦难就不安的感情——也许部分地出于宗教,也许部分地出于固有的种族同情。

在这里，在财富方面对奢华的要求越多，劳动阶级能够专门用来改善他们自己的条件和增加他们自己的舒适的时间便越少。让我们举下面的例子，它可能不是绝对真理，但是却可以说明我们陈述过的定律。假定劳动阶级每天工作八小时。此刻，这八小时不仅花在生产绝对的生存必需品和我们的苦工生活在其中的舒适程度，而且也花在富人享受的一切奢华。例如，让我们设想，五小时足够播种、耕作、纺织和打杂——一句话，生产民众的食物供应和劳动者在住房和服装方面享有的平均舒适。那么，另外三个小时的工作会怎么样呢？它在为垄断者创造各种各样的奢华中被消费掉，比如美轮美奂的豪宅、典雅讲究的家具、精美可口的食物，等等。这三个小时不是花费在改善劳动者本阶级的条件，不是花费在为他们自己建筑较好的住房、为他们自己缝制较好的衣服，另一方面，这三个小时也不是花费在为整个共同体利益的公共劳动，而仅仅是为富有的个人供应奢华。富人能够要求这些奢华，因为它们拥有土地和资本的垄断权，简言之，拥有维持生存的手段。对生存手段的这种垄断使他们在事实上——要是不在名义上的话——成为奴隶所有者。这样的状况是与社会主义体制对立的个人主义体制的结果。我们现在看到，穷人的住房为什么是糟糕的，也就是说，因为应该专门用来改善它们的剩余劳动在供应富人的奢华中被消费了。实际上，作为以财富为基础的社会的普遍规律，我们可以如下陈述它：**劳动阶级的痛苦与富人的奢华成正比**。这个定律确实是一个十分古老的定律；唯一奇怪的事情是，它每天都被忘记。

于是，在注意到基于财富的社会体制的罪恶在哪方面时，我们最后不得不考虑在什么程度和用什么手段消除它。

我感到可以确信,研究这类问题唯一真正的方法是历史方法。让我们抚躬自问,在过去的时期,一种社会状态如何被另一种社会状态代替,接着如果可能的话,如何把普遍的定律应用到现在的时代。

眼下,有相当数目的社会主义教导者——我不愿称他们为假社会主义者,他们从来不知疲倦地呐喊,我们目前的社会状态是极其不公正的,必须消灭它。他们接连不停地告诉劳动阶级,富人不公正地对他们实行专制统治,必须甩掉这种暴政。按照这些教导者的观点,情况看来仿佛是,富人无条件地开始共谋榨取穷人。现在,虽然我自称是社会主义者,但是我必须坦率地告诉你们,我认为这样的教导不仅是十分愚蠢的,而且是极其有害的。它只能起因于是无知的人,或者由企图通过诉诸工人阶级比较低级的激情而赢得来自他们的声望的人引起。这样做绝不是帮助真正的社会主义,它煽动阶级憎恨,它不是带领阶级走到一起,而是在它们之间制造仇恨和敌意的隔阂。谈论富人共谋反对穷人,一个阶级共谋反对另一个阶级,这是无用的。人一出生就进入他的阶级,进入他的阶级的传统。他不为他的诞生负责,不管是生于富有还是生于劳动。他生于某些奢华,但是从来没有人教导他认为这种奢华不是他自然应得的;他像他的阶级,像他的父辈在他面前所做的那样行动。他的过失不是恶意的过失,而是无知的过失。他不知道,他的奢华直接增加穷人的痛苦,因为从来没有一个人使他深切地感到这一点。他虽然是奴隶所有者,但他是无意识的奴隶所有者。简而言之,他缺乏教育;在与劳动阶级缺乏教育相同的意义上完全未受教育——他可能有足够的学习书籍。他缺乏教导:存在着比以财富为基础的社会道德更高级的社会道德。尤其是，必须教导他的一切事理是，纯粹的所有权根本没有社会价值，唯一有社会价值的事情是劳动——脑的劳动或手的劳动；财富的个人所有在过去起因于酬劳这样的劳动的十分粗糙和浅薄的方法。从而，对所谓的上层阶级或拥有财富的阶级的教育是迫切必要的。必须教给他们**新道德**。这里再次有一个要点，我们在此看出教育阶级和用手工作的阶级之间联合的需求。用脑的劳动者必须通过教育富人去帮助用手的劳动者。不要认为这是好高骛远的方案；至少两个有个性的英国人约翰·罗斯金（John Ruskin）和威廉·莫里斯（William Morris）正在为这项任务操劳；他们正在努力教导资本家阶级，以财富为基础的社会道德是纯粹的不道德。

但是，你们可能告诉我，教育是非常漫长的过程，其间穷人正在受难，必定继续受难。劳动阶级未被不公正地对待吗，他们对某种更好的事物没有权利吗？一言以蔽之，他们不应当坚持那种权利吗？倘若我坦率地告诉你们，我们不理解这样抽象的"正义"或"权利"意味着什么，那么请原谅我。我熟知，如果社会在劳动的基础上建构，那么劳动阶级的舒适远远低于它应该具有的水准。我相信，在这样的基础上，在世界上总会有较少的痛苦，因此它是所瞄准的结果。不过，因为这是所有人应该为之奋斗的结果，所以我们不可能由此得出，通过把任何东西称为"权利"而获得它。"权利"使人联想到，一个人可以强行地获得某种东西，倘若他以另外的方式不能得到它的话。它暗示，劳动阶级应该造反反对资本家阶级，从而夺取是他们的"权利"的东西。

让我们考虑片刻，这样的造反的意义是什么。我愿再次把历史视为我们的老师。历史向我们表明,无论何时劳动阶级的痛苦达到某一限度,他们总是突然起来公开叛乱。在整个时间的进程中,它或多或少是所有革命的源泉。但是,历史完全一样确实地告诉我们,这样的革命伴随着劳动阶级和有闲阶级二者的剧烈痛苦。如果这种施加的苦难始终导致社会的重建,那么我们甚至希望由革命带来的好处;但是,我们不可避免地发现,某种与旧制度一样的东西再次从混沌中涌现,相同的旧的阶级差异,相同的旧的劳动卑微确实重现出来。这恰恰是巴黎公社的教诲,或者是明斯特市基督教再洗礼的上帝王国的教诲。撇开这一点不谈,用手的劳动者在革命中从未能够持久地获得成功,除非他们拥有和他们站在一起的用脑的劳动者;他们总是缺乏组织,他们总是缺乏纪律,这必定失败,除非他们接受教育。现在,当用手的劳动者造反时,用脑的劳动者通常会抛弃用手的劳动者,因为前者是历史的学生,他们非常充分地从历史获悉,革命罕见持久地对造反阶级有利。你们可以接受它是原本的历史规律:**伟大的变革从来不是以跳跃的方式发生的**;能够持久地有利于共同体任何阶级的伟大社会重建从来也不是通过革命带来的。它是逐渐成长的结果,是进步的变化,我们称其为**进化**。这像自然定律那么多地是历史定律。虽然你们愿意尝试,但是你们不可能使儿童一天长成大人:你们必须等待,让他们成长,逐渐教育他,用成人的思想代替他们的幼稚想法。你们必须恰恰如此看待社会;如果你们想在它的结构方面持久地改善,那么你们必须通过教育改变它。正如我所做的,在感觉到由基于财富的社会的现状引起的极端痛苦时,我会对工人阶级说:造反——倘若历史还没有非常确定地告诉我们,革命会在它的目标上失灵的话。所有通向更好事态的进步都必定是渐进的。进步是通过进化而不是通过革命进行的。为此理由,我想告诫你们反对这样的社会主义教导者:他们大声谈论"权利"和"正义"——他们企图煽动阶级反对阶级。这样的教导只是有助于革命,而革命并不是无可非议的,因为它从来不会成功。它从未达到它的目的。这样的教导者不是真正的社会主义者,因为他们没有研究历史,因为他们的教导实际上阻碍我们向社会主义进步。从我们的包括地主、资本家对其他居民专制统治在内的岛屿的说明中,我们甚至可以再次学习。我们设想他是实践的农场主,有能力管理其他人的劳动。现在,假定居民不得不奋起造反,把他扔进大海,那么会发生什么情况呢?哎呀,正是在翌年,他们不可能知道播种什么,怎么播种它;他们的农业经营会失败,很快会在岛屿上发生饥荒,而饥荒要比就专制糟糕得多。假如劳动阶级必须把我们的所有资本家仍进大海,那么某种十分类似的事件便会发生。没有一个人有能力管理工厂或复杂的贸易或商业经营;这些事情可能完全崩溃,在这个岛屿很快会出现饥荒。你们必须引导你们的资本家看到,他只是一个劳动者、用脑的劳动者,相应地应该得到报酬。你们只能用两种方法做到这一点。第一是教育他达到较高的社会性,第二是用土地法来限制他。眼下,土地法或多或少无非是统治阶级的道德;只要政治权力在资本家手中,这些人又是"未受教育的",他们就不可能限制他们自己的利润。

如果我的观点——我们只能通过渐进的变革趋近社会主义——是正确的,那么我们在我们面前有两条明显的、我们可以同时追求的行动路线。我倾向于认为,第一条行动路线即比较重要

的行动路线是教育富人阶级；必须从童年时代起就教导他们，唯一
道德的社会形式是以劳动为基础的社会；必须教导他们总是要记
住那个伟大的定律——穷人的痛苦永远与富人的奢华成正比。这
第一个目标应该本质上是用脑的劳动者的责任。让用手的劳动者
始终认识到，他们是与用脑的劳动者协调工作的；二者真的无非是
一个大行会即劳动行会的成员，我们正是在这个基础上重构社会
的。实际上，向所有真正的社会主义者敞开的第二条行动路线，就
是获得政治权力；必须使财富不再是这个国家的统治权力，必须用
劳动代替它。教育阶级和手工工作者必须统治这个国家；只有这
样，才会有可能用劳动基础代替财富基础。在这个方向的第一步
必须承认所有手工工作者的选举权。这是十分实际的和十分确定
的行得通的目标。现在，我已经提示，我认为两大政党实际上代表
财富。因此，我不相信任何真正的社会主义者或是自由党人
（Liberal）或是保守党人（Conservative），但是眼下想让社会党党
员（Socialist members）返回下议院也是徒劳的。① 社会主义者现
在最好务必通过支持可能增加选举权的政党，以促进他们的目标。
因此，我认为，目前支持自由党的政府，是真正的社会主义的手段。
之所以给予这种支持，不是因为我们是自由党人，而是因为借助它
我们能够最佳地帮助社会主义事业。不过，关于选举权，有一点我
们怎么强烈坚持也不过分。如果给用手劳动者完全的选举权是促

---

　　①　这写于 1883 年。选举权的扩大尽管是不完备的，但是此后这一扩大显著增加
了社会党党员至少在一两个城镇返回的可能性。即使在这样的党员返回恐怕是不可
能的地方，当地的独立劳动党（Independent Labour Party）可以像跷跷板支轴上的男孩
一样，通过控制辉格党党员（Whig）和托利党党员（Tory）创造奇迹（1887 年）。

进社会主义事业，那就必须教育他，以便为那个意图利用它。此时，我们设置了社会主义的一个准则：所有的劳动是同等可尊敬的；在以劳动为基础的社会中，不能有阶级区分。因而，真正的社会主义者必须不屈服于阶级利益。他们必须超越他们自己的阶级普遍地看待社会的需要和习惯。因此，如果选举权实际上必定是有用的，那就必须教育手工工作者超越他们自己阶级的狭隘界限看问题。必须教导它把社会视为一个**整体**，尊重它的各种各样分支的劳动。他必须尽力领会他自己之外的其他劳动形式的需要和习惯，不管它是脑的劳动还是手的劳动。他必须充分认识到，所有的劳动是同等可尊敬的，一般地对社会具有同等的要求。鞋匠不鄙视铁匠的劳动，而且他必须完全确信，教师、天文学家、用其大脑工作的人的劳动，对共同体是同等有价值的。在这里，我们再次看到，用脑的劳动者如何最终能够有助于用手的劳动者。为了选举权实际上可以对手艺人有价值，他必须领悟如何利用它服务于比阶级目的更广泛的意图。要做到这一点，他需要教育他自己。我重复说，我会乐于聆听发自手工工作者对于教育和受教育的空闲时间的呐喊，甚至像四十年前为面包而响起的呐喊一样；因为心智与胃具有相等的重要性，也需要它的面包。撇开选择权，我认为，还有另一个可以采取实际步骤的方向，也就是获得工会（trades-unions）——我倒是偏爱称它们为劳动行会（labour-guilds）——在市政府的影响或份额。让劳动行会在每一个堂区，在每一个教区委员会都发挥作用。正如我前面说过的，我无法想象，假如工会在伦敦政府中有代表，穷人的住房会是它现在这个样子。这样的代表能够是通向基于劳动的公共组织的第一条进路，最终是通向相同基础的社会的第一条进路。你们越精神抖擞地支持你们的工会越好,你们在这方面给用脑劳动者上了一课。这些劳动者也恰好正在开始形成他们的劳动行会——教师行会和作家行会,正是对于这些劳动行会和你们的工会,我们必须期待未来许多有用的工作。

这些确实在目前是足够的实际目的,但是也许可以容许我向你们指出,设想准许所有手工工作者有选举权,我认为应该采取的合法行动的方向是什么。正如我力图表明的,任何突然的变革总是极其危险的;它会打翻我们旧的社会安排,不会给我们带来任何稳定的新建制。它可能激怒阶级反对阶级,而不会统统消灭阶级。我们必须努力,渐进地从旧状态过渡到新状态,从财富是社会基础的国家过渡到劳动是我们用来判断人的唯一因素的国家。现在,为了财富应该不再是霸主,必须消灭对生计手段的个人垄断。换句话说,必须终止土地和资本处于个人手中。我们必须实行土地国有化和资本国有化。每一个社会主义者是土地国有化者和资本国有化者。

现在,考虑第一个问题即土地国有化特性,也许是充分的。乔治(George)先生说:收回土地,不给补偿。这是我们称之为革命的措施;它试图在一瞬间消灭和重建。如果历史教导我们无论什么东西的话,它告诉我们,所有这样的革命措施失败了;它们带来比它们达到的好处还要多的痛苦。因此,虽然我是土地国有化者——因为每一个社会主义者必然是土地国有化者,但是我不相信乔治先生的“不给补偿”的呐喊。于是,我们具有另外一组土地国有化者,他们会购买地主的全部产权。让我们看看,这意味着什

么。可以给地主一大笔钱和股权，作为他们的土地的交换，这笔钱
必须由国家借用，基于股权能够增加国家的税收。换句话说，我们
应使地主的财富和他们持久受到劳动阶级供养的要求长存。这不
是**社会主义的**消除办法。乍看起来情况似乎是，仿佛没有替代
物——或补偿或不补偿。可是，我认为，如果我们只想尝试为未来
及现在立法的话，那么还有第三条路线。设想通过一项法案，把全
部土地不动产的终身保有转变为来自国家的租赁权，比如说 81 到
100 年。在这里，不存在补偿的问题，对**眼下的**土地所有者也几乎
没有实在的损害，因为不动产的终身保有与一百年的租用（尤其是
在城镇）之间的差别是比较小的。在一百年到头时，国家便能够拥
有所有土地，而不必为之付一便士，也不剧烈地打破目前的社会安
排。在不到一百年时，由于土地正从它们的手指滑掉，我们目前的
土地所有者的孩子能够获悉，他们要想生活就必须劳动。这是通
向真正的社会主义的伟大步骤。正像我提出处理土地一样，对于
大多数形式的资本，我也能够如此处理。当然，对于土地、矿山和
工厂，必定会转入国家手中。铁路也可以用相同的样式处理。现
在的公司可以有一百年的租借权，而不是他们财产权的长存。

这些只不过是过渡到基于劳动的社会的稳定形式——过渡到
真正的社会主义——如何是可能的一些建议。变革能够是稳定
的，因为它能够是渐进的；国家能够是社会主义的，因为它能够以
劳动为基础；财富以它的两个重要形式——土地和资本——最终
能够属于整个共同体。

你们中的一些人可能惊讶地呐喊："但是，为这样的社会主义
工作有什么用呢？我们将永远不会活着看到它，我们将永远不会

享用它的好处。"我回答说:完全正确,但是存在着比为我们自己工作更高尚的召唤,存在着比自我享受更崇高的幸福——也就是这样一种情感:我们的劳动将使后代,也许甚至将使我们的孩子摆脱苦难,而我们自己曾经不得不通过这些苦难而奋斗;我们一生的工作已经给世人留下比我们建造的还要快乐的人类住处。每一个人能够在他身后留下的些许社会利益——人类能够确信的唯一不朽——是比六十年无限的个人幸福高尚得多的手的劳动或脑的劳动的成果。

13　妇女问题①

　　立法者应当是完整的和完美的,不应当只是一半人;他不应当让女性软弱地生活、浪费钱财和没有生活秩序,而他却极度照顾男性,当他可以使整个国民变得幸福时,他仅仅听任生命的一半有幸得到幸福。……显而易见,需要某个敢作敢为的人,他们特别尊重言论的坦率,将对全市居民和公民说什么是最佳的,从而制定对整个国家来说是有益的和便利的东西,在人的心灵腐化堕落中反对欲壑难填的贪婪,在除了他自己没有人做他的帮手的情况下茕茕屹立,仅仅遵循理性。——柏拉图

　　在本国,妇女正在迅速地获得独立的社会地位和政治地位,几乎趋近她们的完全解放,这种迅捷是我们时代最显著的特征之一。迄今,像如此之多的其他社会变革一样,在起初没有理智地研究这场运动正在把我们导向哪里,或者它实际上不可能正在多么深远地暗中破坏我们整个社会的现存基础的情况下,我们任凭它以试验性的和零碎的样式发生。对现存建制的重新塑造本身是吸引人的,但是我们应该看到在这场性关系革命中正在发生的事情的真实意义,并在力所能及地范围内努力把运动导向这样的渠道,即它

---

①　1885 年在男人和女人讨论俱乐部宣读,并为私下传播而印刷。

可以逐渐变革社会的根基,而同时不使社会丧失它的稳定性,这难道不也是有利的吗? 可以确信,妇女解放最终包含我们所有社会建制的革命,这导致我尝试陈述一些妇女问题所充满的诸多社会问题和性学(sexualogical)问题。这些问题在很大程度上依然是未解决的,部分地是它们的困难本性,部分地因为庸医和江湖骗子之流的危害遏制了具有真正的历史能力和科学能力的研究者。在巴霍芬(Bachofen)、吉拉德·图伦(Gilard Teulon)和麦克伦南(McLennan)的历史研究以及在泰勒(Tylor)和普洛斯(Ploss)的人类学研究得到性发展过去阶段的公共卫生和社会后果的仔细研究之前,在我们具有关于各种规则和不规则的性关系的医学和社会结果的大量统计资料之前,将不可能奠定真正的性学科学的基础。没有这样的科学,我们便不能保险地决定妇女解放正在把我们引向何处,也不能保险地决定必须给予妇女问题的真正答案是什么。正是由于完全无视性学的困难,使得从"妇女权利"讲台发出的许多讲演如此肤浅和不可信。我们首先必须确立,在我们能够谈论妇女的"权利"之前,什么是她的身体能力,什么能够是她的解放对她的种族再生产功能的影响;而"权利"毕竟只是什么对她来说可能是最适合的位置,什么可能是她在未来发达社会中的最大有用性的范围的模糊表述。妇女的较高的教育可以表示共同体的普遍智力进步,或者另一方面,由于延长学习对妇女生育孩子的效能有不利影响,也意味着种族身体的退化。这仅仅是强加于我们的许多问题的一个例子;那些最热切的妇女独立的支持者应该首先认识到,她对社会的责任是至高无上的。在他们以所有关于"正义"和"权利"的浮夸矫饰的华丽辞藻诉诸市场之前,他们必须

以性学知识和历史知识面对性问题并解决它们。他们必须表明，
解放将不仅倾向于增加社会的稳定性和人类的普遍幸福，而且将
有利于两性的体格和健康。正是这种预备的性学研究的缺乏，使
得约翰·斯图亚特·密尔就该题目所写的许多东西毫无价值，在
稍 微 小 一 点 的 程 度 上 使 玛 丽 · 沃 斯 通 克 拉 夫 特（Mary
Wollstonecraft）的更为权威的著作失去效力。以强有力地强调这
种对预备研究的需要为目的，我把下述评论放在一起；我没有声称
给出主张，但是却承认提出问题。要避免个人偏见的确是困难的，
而我不能奢望我自己实际上已经成功了。无论如何，如果我的论
文能够使即便少数为妇女自由而劳作的诚挚男人和女人确信，存
在某些比激情的处理要求更多的问题，我就会感到心满意足；它们
需要仔细选择事实，用科学的和公正的心智解释这样的事实。

　　为了把我正准备提出的问题归类，我愿首先引起注意，我认为
人们一般将承认什么是男人和女人之间的基本区别。它在于生育
能力，而不仅仅在于活动力，但是同样也在于该功能的潜在性。这
种能力是男人和女人之间生理差异的本质；在我们面前出现的第
一个问题源于生育的潜在性对女人的身体和心理发展的影响。像
这样一类影响造成男人和女人之间在社会地位和政治地位上的根
本差异吗？它们表示在妇女一方身体和心理的低下吗？该问题并
不像老样式的人们和新样式的讲台鼓动者似乎想象的那么容易回
答；必须仅仅从科学和历史的基础处理它，即便这样也总是不容易
得到确定的答案。不过，该问题是基本的问题，在没有某种解答的
情况下难以看到我们如何能够在我们的讨论中有利地推进。一些
人据理争辩，历史表明妇女的地位总是屈从的；另一些人指出，朝

向妇女解放的趋势近年稳固地增长，他们引证世代奏效的例子，使人充分信服奴隶解放的正义。不管怎样，我们在这里可以注意这样一个论据，即黑人解放在白种人口中间在改善的道德风气方面造成它的最佳影响。黑人虽然自由了，但是在智力和道德上依旧是白人之下的人。我们可以询问，妇女解放是否不可能对人的道德风气具有同样卓著的影响，而是否决非不可能把妇女提升到智力平等的高度。与整个问题密切关联的是男性儿童和女性儿童具有他们的双亲相同的或不同的智力能力遗传的问题。[①] 与男孩比较，女孩在这方面处于不利地位吗？她对不利条件的生命感到吃惊吗？假如我们承认在现时女人是低下的——而大量男人的风气，尤其是他们在妻子身上特别想望的特点是它的强有力的证据，那么我们仍然不得不决定，它是否对**所有的**妇女是一种必然性。生育是对智力发展的钳制吗，从而生育的妇女作为不可避免的自然定律的一部分处于屈从地位吗？再者，我们必须如何对待非生育的妇女呢？相像的低下在这里存在吗？或者，我们必须与《威斯敏斯特评论》(*Westminster Review*)最近的作者一起在两类人之间划出广泛的区分吗？这个问题对于增加独身妇女在共同体中的数目——现在大略为百分之二十——是极其重要的。这些妇女在她们的身体或智力发展中受到纯粹潜在的功能妨碍吗？一本最近

---

①　回答这个问题的某种尝试可以在下述研究报告中找到：*Heredity, Regression, and Panmixia*（《遗传、退化和随机交配》），*Phil. Trans.*（《哲学会刊》），vol. 187，p. 253 和 *On the Inheritance of the Cephalic Index*（《论颅指数的遗传》），*Royal Society Proceedings*（《皇家学会会议录》），vol 62，p. 413.

的小册子①的作者谈到非婚妇女的窒息的呐喊、像拉结（Rachel）②
那样的呼吁："给我孩子，否则我就死。"对于这种呐喊，多么久远地
存在生理基础，是一个公开的问题。无论如何，它导致詹姆斯·欣
顿（James Hinton）的某些门徒通过诉诸妇女无法满足地和激情满
怀地希望给予社会唯有她们能够给予的东西，取代他的多配偶制
的主要论据——未被满足的性欲求的罪恶。我们目前的社会安排
是这样的：不存在对孩子的需要；我们的统治阶级把大片土地的获
得不是视为新生人口的田地，而是看作为商人的利润开辟新市场。
因此，在我们目前的社会体制下，妇女独有权利的生育功能具有微
小的重要性，可能在比它所是的小得多的程度上被履行，倘若它与
性欲求的满足没有关联的话。如果种族进化在妇女身上嵌入对孩
子的自然渴望，那么显而易见，它依然在大于百分之二十的女人们
中间未得到满足。我们可以询问，这是否影响妇女的身体健康，就
这一点而论它是否不可能作为对智力活动的钳制起作用？这样一
来，无论生育还是不生育，都可能成为妇女发展的障碍。可以产生
反对女人与男人能够占据平等地位的论据种类就是这样的；它们
不是反对让她享有平等的论据，而是反对她坚决主张平等的权利
的论据。在社会的大多数历史形式中，怀有对妇女的尊敬取决于
社会当时对放在孩子身上的价值值得重视的程度。因此，我们看
到社会和政治问题对妇女的极端重要性；这些问题与巨大的社会
变革和人口显著相关；但是，这些问题是她迄今对其几乎没有或根

---

① The Future of Marriage（《婚姻的未来》）。对今天的问题的一个和解建议。
② 据《圣经·创世记》记载，拉结是雅各（Jacob）第二位和最宠爱的妻子。在拉结
的一生中，她一直把生孩子当做人生唯一的目标，不惜一切代价去追求。——译者

本没有主张,迄今不允许她就其发声的要紧事情。新机器使劳动的数量完全依赖于市场,从而减少对人口的需求,而眼下人们相信新机器的创造者是公众的恩人;能够生产新人的妇女却未受到重视。也许正是由于这个事实,在美国和我们的殖民地的妇女的地位无可否认地高于在英格兰的妇女的地位。

　　也许,我已经说得足以指出这些重要的问题,它们的中心围绕妇女的这种天赋优势的功能。就我们目前的意图而言,我愿把妇女划分为两类:生育的妇女和不生育的妇女;①这种区分在某些方面是有害的区分,但是也许将足以标志问题的两种不同的类型。让我们考虑与独身妇女有关的第一个类型。

　　如果百分之二十的妇女依然独身,那么我们必须考虑,面对这种情况,谈论妇女的恰当地方是回家,她的活动范围是家庭,是否不是荒谬的;认为社会的首要责任是教育成为母亲的妇女(我们仍然可以询问,社会是否或频繁地或适时地履行这个责任),是否不是荒谬的。就算存在大量的和日益增加的独身妇女,我们也将不得不考虑,她们是否绝望地受到目前竞争的社会构造的妨碍。她们只不过是不能使之变成她们的合适意图的多余的机器吗,或者她们形成其劳动最终将对共同体具有最大意义的一群人吗? 关于独身妇女低下的问题,只能通过研究她的智力和体力状况来解决。如果我们把影响她福利的任何生育愿望的问题放在一边,情况似乎很可能,她可以比独身男人**较少地**,肯定不是更多地受到性冲动的影响。另一方面,她的身体活跃性可能较多地受到她的性逻辑

_____

①　对应于妇科学作者的经产的(parous)妇女和未产的(nulliparous)妇女。

活力的影响,而男人的活跃性则较少受到他的性逻辑活力的影响。独身妇女是否在体力——我是在最广泛的含义上使用体力一词的,不仅是力量的含义,而且也有耐久力的含义——上等同独身男人,还是一个需要非常充分研究的问题。现在人们认为,包括生育和未生育两类妇女在内的普通妇女在体力上劣于男人,这可以由她干手工劳动收到的较少报酬最充分地证明。如果消除必然处于不利条件的生育妇女和具有其他谋生手段的妓女的竞争的话,那么未生育的妇女是否在劳动市场上不会像男人那样卖得高价,则是一个重要问题。南部德国和意大利的农民女儿,有时英格兰的家庭佣人,显示出令人惊讶的耐久力,并非表明体力低下,在那里体格是发达的。

当我们转向妇女的智力地位时,我们发现我们应该全神贯注的事态。妇女过去和现在的屈从地位在同样大的程度上依赖于她的被假定的智力低下,就像在这样的程度上依赖于她的被假定的体力低下一样。我们必须面对她自然地比男人智力低下的问题;她天赋优势的生育功能可能包含这一点。如果情况如此,我们只能接受低下,并容许妇女在另外的方向寻求它的补偿。不过很可能,现在的平均智力低下可以归之于压抑的世纪,压抑直接地通过性别选择产生了生来就有的低下。心理差异直接与身体差异相关,有同样多的理由表明,妇女遗传的比男人较少充分发达的心理器官就像男人遗传的退化器官是一样的,而这些退化器官在妇女身上却充分发达。可是,我将进一步考虑——在这里我自负地认为我趋近问题的核心,**现在的**压抑是否不是比过去的压抑更有说服力的原因;虽然男人的教育无疑是糟糕的,但是大量妇女迄今没有接受值得称之为智力训练的东西，这个事实是否不是这种所假定的心理低下的全部根源？妇女最近在学院和大学的成功充分显露，当她们和男人在智力上竞争时，她们能够做什么。同时，我必须注意，较高的教育机构目前使所挑选的妇女显示出才能，而几乎没有使所挑选的男人显示出才能。我给出两个理由是：较少的充分发达大脑的遗传和智力训练的缺乏值得仔细研究，因为似乎有可能发现消除二者的方法。独身妇女的智力和体力训练应该受到国家的特别注意，因为未来共同体的许多工作非常可能要落在她们身上，因为现在寄托在她们发展上的巨大约束是如此明显的罪过。家庭、社会、国家关于独身妇女的一般风气还处于十分低的水平。第一个是由于不合理的家庭和社会的要求提出对个人学习和活动的约束；第二个在很大程度上是由于更加不合理的社会偏见限制行动和交往自由；第三个是不给妇女在公共事务上发言权的国家，听任她们的利益在立法和实施中实际上无法表达出来。现今，无论智力低下还是体力低下，都没有把选举权排除在外——也许它们应该如此。必定存在某种其他的不合格，这种不合格剥夺被算做最愚钝的乡巴佬乔治·艾略特（George Eliot）的投票权；唯一明显的差异是生育的潜在性。它为什么应该排除，绝不是清楚的。迄今为止，在强权即公理，为此使大多数生育妇女依赖于男人和附属于男人的年代，可能存在某种深刻的种族经验，存在某种比我们的建制的历史起源更确凿的因男人的这种明显的孤行专断所产生的原因。假定妇女解放是值得想望的，我还是无法确信，甚至它的热情鼓吹者是否充分认出这样的事实：她的被给予的选举权和投票权能够一举在**理论上**把政府的整个权力放在她的手中，因为她在这个国家拥有五十多万的超过票数。如果有一个创建妇女政党的提议——这个提议在将来似乎并非不可能，那么这确实能够是一场重大的革命，我不愿说是一场不受欢迎的革命。

无论如何，所有公共建制和职业对妇女开放是可取的，这是适合于诸多考虑的问题。在我们**目前的**社会状态（我强调**目前的**），不可能像起初可能以为的那样如此容易回答它。男人和女人自由地参与人的活动的所有关系是可能的还是不可能的？迄今，在我看来，在人生事务中，几乎完全的两性分离导致似乎是男女之间十分不自然的关系。我们不得不面对和考虑的事实正是，男人和结婚的女人之间的友谊是可能的，而独身的男人和女人之间的亲密友谊几乎是不可能的。这可能是由于在人的本性中某种遗传的东西，由于群与群在生存斗争中的奋斗产生的性吸引的存在，或者这可能是由于人为的关系，由于虚假的社会体制的后果。可能需要的是，现存的社会应该否决这样的友谊，但是我们还可以质疑，这种否决对于人的发展是否不是真实的妨碍。在生命的某些序列携带的这种限制是如此深远，以至于若一旦看见独身的男人和女人单独在一起散步，社会就指指点点；若两次看见他们，社会就宣布他们已经订婚；若否认这一点，在第三次机会社会不是诋毁它注意的男人的名誉，而是诋毁妇女的名誉。在我们目前社会的高等和中等阶层中青年人以上，男人和女人几乎完全的分离是要求我们仔细研究的要点。它是得当的吗？它不可能阻碍普遍的进步吗？它甚至有益于健康吗？在公立中小学和大学，在很大程度上阻止男孩与妇女社会接触。此后，在他的性冲动正在最迅速发展的时期，却把他扔入妇女社会。我以为，乔治·艾略特在她一生的晚年敏锐地感到这一点；当时她说："在英国人的实例中,他们的公立中小学和大学教育无情地牺牲"实在太多的家庭影响。对女孩来说,在很大程度上发生相同的过程。不论男孩还是女孩,都充分而清楚地了解什么影响他们；这样一来,整个未来生活的安排或结婚过分经常地完全依赖于突发的性冲动的盲目方向。有多少男人、有多少女人在后来的生活中惊异,什么东西使他们喜爱他们现在的配偶？他们试图相信那种已经改变的角色,因为他们不愿意承认他们在结婚前没有倾向,也没有知识,亦没有学习角色的机会。

　　男孩和女孩一起教育是否不会是有利的,这是一个要求缜密思考的问题。很可能,从儿童以上,具有平等地位和同等智力的男人与女人不断的联系,能够对一般的道德风气具有良好的影响；它能够导致一些男人理解,与纯粹的性欲相比,两性之间的友谊具有另外的愉悦,具有更有价值的成分。例如,它能够在阻止卖淫中起某种作用,或者无论如何在把某种程度的文雅施加在妓女身上起某种作用。面对这种状况可以回答,在我们**目前的**社会组织中,它往往会导致长期的婚约,对此似乎存在来自医学一方的相当大的反对。

　　如果在青年时期两性之间的相对分离是可取的,那么我们还必须注意对比较丰富的性学知识的可能渴求,这种知识可以通过家庭教育或学校教育传授。男人或女人不仅对彼此的思维模式和情感阶段惊人地无知,而且极其经常地对相互的体格惊人地无知；甚至,不仅彼此惊人地无知,而且间或对他们自己也惊人地无知。这个问题是极端困难的问题,但却是无限重要的问题,尤其是对于教师和双亲而言,该问题涉及据说是在男孩的公立学校和女孩的私立学校日益增长的罪过。一些双亲相信,无知是最好的预防措施,但是无知可以阻止儿童了解它陷入的真正危险。性学知识的缺乏,甚或虚假的羞耻感,都可能妨碍双亲自由地讲这些内容。问题在于,社会在这里是否没有通过教导者在双亲和儿童之间干预的权利。

我们必须不要忘记,妇女解放虽然使她处于拥有社会责任的位置,但是将使研究现在频频设想她是无知的许多事情成为她的本分。可以怀疑,纯洁和无知的身份验明是否在过去统统具有良好的结果;[①]实际上,它频繁地是虚假的呐喊,人们企图以此隐藏他们的反社会行动。不管怎样,可以肯定,它不能在未来持续下去,男人将不得不面对这样的事实:妇女关于性问题的观点和社会行为可能广泛地不同于他自己的观点和社会行为。于是,具有极度重要性的事情是,妇女不仅由于她已经在青年人的教育中扮演的角色,而且也因为她的解放必定带来的社会责任,应该对性规律具有丰富的知识。迄今为解决卖淫而做出的每一个尝试都失败了——当妇女彻底领悟该问题,并在国家可以接受对于它的看法上拥有发言权时,她们将扮演什么角色呢?现在,成百上千人不了解它的存在;成千上万人仅仅出于蔑视以它谋生的那些人而知道它;在一万人中仅有一人调查导致它的原因,感到那种堕落——若存在任何堕落的话——不仅在于妓女,而且在于它存在的社会;不仅在于街道上的妇女,而且在于社会上千千万万的妇女,她们不知

---

① 若我们可以信赖亚历山大·小仲马(Alexandre Dumas fils)的话,在法国百分之八十的婚姻是在无知中促成的,在一个月内懊悔不已。

道这个问题,不知道它,或者害怕面对它。在这件事情上,妇女行动的结果将是什么呢? 很可能,妇女对这一点的看法的表达在社会和报刊上会做得更多,但是此时它必须是基于知识的看法——这种看法认出事实,熟悉该问题数不清的困难。诉诸侠义心肠、神学教义或圣经经文,将几乎没有什么帮助。我们就加尔文的日内瓦(Calvin's Geneva)持有的描述表明,禁欲的抑制是完全徒劳的。知晓历史事实和性学事实的妇女的看法和深思熟虑的行为将采取什么形式呢?

也许很可能,当妇女充分把握该问题时,她们会像许多人一样,对它的解决感到绝望。她们可能评说,卖淫在几乎所有的历史共同体中,在几乎所有的人种中都存在。只要一夫一妻制婚姻存在,它作为一种体制便存在——它本身是那种婚姻的结果。我不知道,同样的乱交的任何痕迹是否在与人最亲近的动物中发现——我不相信。人类如何逐渐失去周期性的本能,这种丧失怎么可能仅仅与人的婚姻体制相关,这些问题是并非没有兴趣的问题。一方面,可以断言,卖淫是我们目前的社会关系的逻辑结局;而另一方面,可以认为它在历史上是母权制许可的残余,而不是人类社会所有形式的必要条件(sin quâ non)。有十分显著的证据表明,由于绝对的需要,或者由于把被诱入歧途的妇女逐出的社会迫使她陷入绝境,从而驱使大百分比的妇女卖淫。这件事是十分重要的。情况也许是,我们的社会体制完全像男人所设想的需要那么多地使卖淫保持活跃。妓女为了她们自己生计的缘故引诱相对年轻的男子的频次,可能像男性性欲本身一样多地是罪恶的原因。社会主义者认为,妇女人格的出卖直接与剩余劳动的垄断有关。

被解放的妇女很可能必需采纳这个观点吗？接着，若采纳，我们不能拥有强加在我们身上的深远的社会重建吗？被解放的妇女能够为广泛的经济重组奋斗，作为维护她的性的自尊和独立的唯一手段，这是具有最重大的或最深远的结果的可能性。在没有使妇女处在与男人等同的政治和社会影响的地位的情况下，我们无法解放妇女。完全有可能，她会从非常不同的立场凝视经济问题和两性问题，结果将绝对可靠地导致妇女党派的形成和男人与女人之间或多或少的有意识的斗争。这能够以增加的社会稳定性或以另外的性别屈从告终吗？

　　不管怎样，妇女可以断定，两者择一为真——卖淫不是我们目前经济组织的结果，而是人类社会所有形式的特征。于是，她必须把它视为必然的恶或必然的善。在前一种情况下，就它的法律约束行得通而言，如果她像在任何其他反社会行为的形式中那样不要求的话，她将至少坚持把同等的社会耻辱归于男人和女人。在后一种情况下，也就是说，倘若它的存在确实以某种方式有助于社会福利或稳定性，妇女将不得不承认，卖淫是可尊敬的职业；她们不能逃避这个结论，尽管这对一些人来说似乎是难以接受的。于是，必须认为"社会的被遗弃者"履行了社会功能，从而问题能够变为她的生活的改善和她的社会等级的提高。存在实际上废除卖淫的办法，或者必须把双方参与者同样看作是反社会的，或者妓女是可尊敬的妇女——不可能想起其他可能性。迄今，社会没有找到消除办法，也许是因为只有男人寻找消除办法；当妇女首次充分领悟该问题时，必须给她准备消除办法，或者必须认出可供选择的对象。无论如何，在这里毋庸置疑，在如此密切关乎她的人格尊严的

事情上,她会采取行动;于是,若是仅仅在这一件事情上,她的自由
将唤起许多人宁愿不理的疑问,而且当唤起时,这些疑问肯定将触
及对我们现存社会组织来说是明显根本的原则。

到目前为止,我大略尽力提出从仅仅对非生育妇女的考虑产
生的问题——当然,我只是触及广泛主题的最真实的外围,但是所
需要的是,我应该继续前进到与妇女的第二个阶层或生育阶层更
直接相关的其他问题。

在我们现在的社会条件下,生育妇女的公认状态是婚姻。即
使我们一般地承认这种建制的优点,我们也可以询问,已经解放的
和在经济上独立的女子是否会允许把社会污名推诿给她们之中的
生一群孩子的人和私生子。她们可以要求,社会和立法机关应该
重新考虑这样的妇女和儿童的地位。如果承认这一点,那么该要
求也许包含在目前关于所有权转移的观点和一般的继承规律方面
的非常革命性的变革。最终,它可能导致某种跟返回通过女性追
踪血统的古代母权制原则一样的境况。

回到婚姻本身,我们可以察觉,现存类型的持久性受到不止一
个作家的质疑。有人争辩,这种体制是可塑的,它的目前形式并非
必然是最适合的,可能只是性进化的一个阶段。的确,众所周知的
现代多配偶制的鼓吹者,通过假设卖淫是一夫一妻制婚姻的必然
的交互补足物,断言它不适合。在不能以任何方式对这种倡导在
特征上不合逻辑的论据赞同的情况下,我还必须强调,在我看来似
乎不存在这样的前景:未来有教养的妇女将从与男人看待婚姻及
其责任的相同立场看待它们;很难设想,她会认可对该体制礼拜
(Church-Service)的观点,会准备把她的活动领域局限于婚姻,或

者会准备把她的生命功能局限于生育。由基督教会的婚姻概念产生的厌恶,将成功消除对该体制的宗教特征的一切信仰。对它的持续时间和它的形式的疑问似乎不会超出讨论范围,现存社会的特征性的支柱可能正确地或错误地被十足的妇女解放摇撼。正在倒塌的宗教法令和通过理性研究留下来的唯一可能赞许的社会福利,若干处在建制真正根底的问题,将要求调查研究。人们将不得不面对、确认或反驳下述类型的论据。人们会询问,男人和女人为生活结合在一起是否是合宜的或必要的——它是否不可能是进步的真正障碍并且在不止一个方面是这样? 婚姻是否终究不是过去野蛮状态留传给现在的最后剩下的,最少认出的,从而最大的迷信? 我们将不得不探究可能为该建制辩护的真实社会基础。我们能够主张,因为一夫一妻制的终身婚姻在某些信仰基督教的人群中存在,而我们又习惯于把他们视为文明的前驱,因此它必定是进步所需要的条件吗? 不可能把相同的论据在一个时期适合于奴隶制,在另一个时期适合于神圣的天主教会,甚至在目前适合于卖淫吗? 这最后一个不像婚姻那么多的是我们基督教文明的社会建制吗? 它确实不会把"最适者幸存"的定律翻译为"无论什么正在幸存,它就**是**最适者"。在它存在的时期它可能适应,但是那个时期过后它不可能适应吗? 妇女独立能够还是不能够摇撼这个建制? 我只是提出问题;这不是尝试任何解答的时候,尽管解答是可能的。作为个人,我愿仅仅补充,我没有发现绝不可能为第三个人负责的两个人应该为生活结合在一起的理由,不管他们愿意还是不愿意。孩子的出生无疑使他们对第三个人负有责任,可以是婚姻持久——至少持续到小孩达到其法定年龄——的强有力的社会理由。如果我们接受青春期的儿童可能蒙受的这种状况,那么难道不可以提出这样的问题:除了更容易解除的结合,是否不应该在社会上承认婚姻? 婚姻在持续到导致它的意气相投枯萎时,它除了使两个生命痛苦外,还能够做任何事情吗? 只要社会诋毁与她的丈夫分离的妇女,只要妇女未处在与男人一样稳定的经济地位——也就是说,只要分离会把她的不能自立加于人世,或者只要她是一个纯粹的玩物而没有个人的活动,那么毕生的纽带可能是需要的。让我们假定平等的教育,赢得生计的平等的权利,平等的社会重要性;在这样的境况下,哪个妇女会渴望把变得对双方无论哪一方都讨厌的婚姻继续下去呢? 在这样的状况下,由我们目前的社会体制迫使的婚姻只不过是无法摆脱的梦魇,即使歌德的《亲和力》(*Wahlverw and tschaften*)也无法描绘这种噩梦。另一方面,只要把婚姻放在没有任何角色学习,某种些微的性爱倾心或喜爱的意气相投的召唤之上——这在今日如此频繁地发生,那么婚姻纽带的任何松弛肯定会导致反社会的不正当的性行为的蔓延。未来的自力更生的妇女将怎样看待这个问题? 这样的妇女在过去采取什么路线? 由于过去指引我们,似乎并非不可能的是,当妇女真正地受教育并与男人同等地发展时,她将认为男人和女人最崇高的关系是与刘易斯·艾略特(Lewis Eliot)和乔治·艾略特、玛丽·沃斯通克拉夫特和戈德温·沃斯通克拉夫特(Godwin Wollstonecraft)的关系同类的关系;婚姻最崇高的理想是完全自由的结合,而且一般地也是终生的结合。这样的结合是唯一的结合,妇女在其中能够保持她的独立性,能够是妻子,而且也能够保留她的个人自由,情况难道不可能如此吗? 我没有对这些问题提供答案,但是我相信,不面对它们,我们便不能充分地把握妇女解放可能把我们导向何处。

尽管妇女解放正在理解婚姻,但是我们可以询问,婚姻在什么程度上限制妇女的成长?这不是我们能够轻易回答的疑问。有许多妇女清楚地确认它所做的。即使我们承认在目前的屈从状态下这是真实的,但是只要妻子生育,在任何状态下补救弊端将是可能的吗?这样的妇女能够永远希望在智力上与独身妇女等同吗?若不能,将如何可以使她达到具有等同心理力量的普通人的标准,从而维持她的个体性呢?在结婚之后,妇女个体发展的可能性是重要的;鉴于妇女较高教育的某些热情鼓吹者为之提出辩护,若妇女接受教育仅仅为了理解她的丈夫的观念并开始从事她的事务,幸福就会产生,情况尤其如此。难以想象关于妇女教育的更讹误的论据。它否定她的个体性,甚至像伊斯兰教教徒那样否定她的心灵。

不过,还有另一个婚姻问题,它是重要的,要求解放的鼓吹者面对它。生育妇女保持个人自由将如何始终可能呢?在生育或抚养期间,除了特殊情况外,她不能保持她的经济独立;她不得不变得依赖于男人支持,这必定意味着对她们的自由的限制,屈从于他的意志。怎么应付这种情况呢,或者正是生育这个事实不可避免地产生妇女的屈从吗?任何一个人的幸福,是可以用他的个人活动范围、他的意志自由加以公度的;足够明显的是,对妇女来说,在普通婚姻中,这个范围多么无限地狭窄呀。通过对男人和女人进行比较正式的教育,能够在什么程度上维护妇女的个体性,这是一个非常复杂的问题。用这样的手段,可以把更好的社会风气引入男人和女人彼此之间的关系和责任的概念,引入他们对个人自由范围的尊重。完善的法律平等和政治平等能够在家庭强化这种尊重,但是我们看不到,在没有完善的**经济**平等的情况下,妇女的自由如何能够始终绝对地维持。可是,没有完备的社会重组,如何能够有生育者的经济独立? 在这里,妇女解放似乎再次与现存社会的经济基础针锋相对。

　　不仅婚姻**形式**,而且开始考虑的感情和目标,很可能都必须受到妇女解放运动的质疑和重新塑造。不能说新教已经形成夫妇之间关系的高尚概念,①能够毫无疑问的是,未来有素养的妇女将发现她自己在这一点不得不拒绝它的教义。它反复地教导,早婚是对恶习和被漠视的社会痛苦———这不仅出自无远见,而且也出自对生活伴侣情欲冲动的青年人惯常的、不谨慎的选择———的补救。只要使早婚变为可能的,卖淫将接着消失,这是广泛流传的看法,特别是在福音派新教会的牧师中流传的看法。路德坚持,在小伙子和姑娘感到性冲动时,让他们结婚,我们便不会有恶习。至少在我们目前的社会状态下,对许多人来说,早婚和处在它的道路上的困难问题无疑是重要的;但是,在我看来,路德关于早婚的理由似乎是基督教教会曾经发现的最卑劣的理由,该理由从来不会形成非常理想的婚姻观点。在婚姻之外的不能被抑制的激情几乎不会在婚姻之内被抑制。为了这个缘故,有利于路德倡导的理由的早婚似乎不可能是幸福的毕生婚姻的基础,这种基础需要目的的协

---

　　① 　参见下一篇文章《在远古和中世纪的德意志的性关系概述》(*A Sketch of the Sex-Relations in Primitive and mediæval Germany*),关于路德教导的本性的某一叙述。

调一致和诸多习性的类似。它几乎不会对社会的稳定性和建制的持久性有所帮助。实际上,离婚是由新教引起的。

只要一夫一妻制继续存在,对男人的约束是在婚姻之外像在婚姻之内的责任一样多,路德关于卖淫的疗法绝不是社会的疗法。在什么程度上不履行这种约束,或者再次在什么程度上卖淫是对一夫一妻制婚姻的补充,这些是难以就其获取信息,但却是并非就未来的妇女地位没有争议的要点。数年前,作为在我们乡村人口中几乎正式承认的习惯,已婚男人常去妓女那里的证据就引起我的注意;医院的朋友给我提供了在伦敦的工人阶级中其频繁的进一步证据;而几乎不能否认,它在某种程度上以不同的形式在上层阶级中流行。早婚理论作为对不正当性行为的补救被推进得如此之远,以至在目前的人口压力下,为了使它在经济上变得可能而提出各种各样的方法。新马尔萨斯主义的整个问题,充满了庞大的社会困难和性学困难。实际上,作为保护妻子免遭大家庭的烦扰和使她保持她的经济独立的一种模式,它可能被未来的妇女接受。不过,它提出一个十分重大的种族持久性的问题:物质的昌盛和受限制的人口各自较大的效率将抵消无限制生产的有利因素吗?回答这个问题要达到使进化论者满意的程度,可能需要另一场法德战争。

如果我们现在转向理智的意气相投和习惯的类似——唯此似乎很可能有助于婚姻稳定,我们将发现,它们在历史上被我们正在讨论的较为肉体上的一面遮蔽得黯然失色。性冲动(不管怎样是在最广泛的意义上理解的)几乎总是婚姻的原因。男人或女人平静地坐下来就他们自己讨论,这样一个人作为终身伴侣能够适合还是不能适合他们,这样的男女也许是对诗人和"道德家"的奚落。

如果我们列举一下从歌德以降的我们的近代诗人，没有一个人描绘这样一个妇女：一个理智的男人在他神志比较正常的时刻会考虑与她度过他的一生。格蕾琴（Gretchen）是他们的创作的整个范围的典型；她——诗人的女人气质的典范——是娃娃世界（dolldom）的完美。可以质疑的是，这种遵循纯粹的本能，这种缺乏理智的影响，是否没有使婚姻沦为纯粹碰巧的事，从而对于许多有思想的男人和女人而言是否没有使婚姻理所当然地受辱。除非独身男人和女人之间在友谊中的较大自由变成可能的和习惯的，否则确实难以想象，婚姻怎么能够是别样的。

如果我描绘的观念很可能完全代替古老的新教婚姻概念的话，那么显而易见，妇女的教育和解放甚至会使男人和女人的性理想发生革命。可是，在我们有可能为增加目前妇女的自由和幸福而牺牲未来的效率之前，我们可以正确地要求，新理想将被证明是与种族持续一致的。

迄今，我正在提出本质上对妇女地位有影响的问题，或者在有点理想的未来引起对男人与女人的关系质疑的问题。它们仅仅是下述人将要讨论的疑问：这些人在某种程度上揭起生活的面纱；他们允许人的惯例不能如此神圣，以至它超越检验它的基础的人的理性之神圣不可侵犯的权利，他们允许整个真理只能通过由普遍质疑开始的合理性的过程达到；他们允许对知识的信念——一个真实的信条——只能通过完备地把握疑问的普遍性的那些人获得。不过，如果较少激起我所提及的具有哲学兴趣和科学兴趣的问题，那么此外还有某种极其重要的东西。因此，有一些作家断言，文明化的男人的性本能如此反常地发达，以致它们相当于疾病。我没有说，这个看法是真实的；我认为，可能属于人类学的研究能够表明，它是虚假的。也许正是支持这种看法的事实证明，这些本能比旧时的本能更多地受到限制；我们现在把以前认为是自然的东西命名为疾病，这可能是本能已经减少平均活力的迹象。德国城镇愿意向它的王侯客人彰显的最高荣誉是，必须把公共妓院向他们免费开放，我们可以质问，自从这个时代以来，公众风气是否没有变化。情况也许是，我们的王侯还像在旧时那些日子一样是喜爱感官享受的，而我们的城镇为了王权的荣誉与其奉献女人还不如奉献甲鱼肉。另一方面，关于性本能的增加，存在据说来自进化论立场的某种东西。总的来说，那些具有最强生殖力的民族是在世界历史上的统治民族；正是他们，在生存斗争中幸存下来。英格兰的扩张，并不像依赖普通英格兰男人或女人的生殖能力那么多地依赖他们的愚钝的大脑。于是，如果种族的优势在任何程度上取决于种族的生殖本能，那么幸存的种族将拥有这种强健发达的本能。相应地，强健发达的性本能可以是种族持续的条件，从而可能在幸存的种族中趋向于增强。这仅仅是一个建议，我们确实应该牢记它；当然，也有许多其他因素有助于扭转平衡——种族的体格、精力和先见之明。这必定也是未被滥用的性本能，但是却在日益增加的出生率中显现它自身。不管怎样，依然存在一种可能性；性本能从来不可能倾向于减少，而且甚至在人类占优势的种族中增加，这正是我认为值得我们注意的可能性。假如生育妇女在智力上必定受到妨碍，那么为种族占优势而付出的损失是妇女的屈从。在这方面，我们可以觉察，在希腊妻子或生育妇女是如何处于十足的屈从地位，在社会荣誉上把她们视为合法的生育者;另一方面,一般而言非生育的妓女和情妇常常是智力相同的人,是男人的真正亲密的同伴。这个事实不仅对于现代在最近这种关系中发生的彻底变革是值得注意的,而且对于阐明对生育妇女以及非生育妇女的解放和教育的可能限制也是值得注意的。这几乎暗示,生育将最终构成女性之间的差异。

另一个普遍的问题出自遗传特征的规律。如果受较高教育的共同体成员或多或少抑制性本能,从而比他们的较为动物性的同胞少生孩子是真实的,那么将总是存在对遗传的智力发展的抑制。种族将不倾向于发展较擅长的大脑能力,也不倾向于发展较精细的本性。这不可能是大量的人的进步如此令人沮丧地缓慢的理由吗?现在,我们的中产阶级由其理智能力使中世纪哲学家感到震惊的人充斥;但是,与中世纪的手艺人相比,请在道德上或理智上评定一下现代的工人,我们能够表明绝对的进步吗?我怀疑这一点。达尔文和高尔顿(Galton)强调对中世纪而言它的最优秀的男人和女人禁欲生活造成的损失——那些时期千千万万的精神贵族仅仅为后世留下个人的影响,而没有留下遗传的影响。许多相同的趋势今日是可见的;有教养的男人和女人常常不结婚和晚结婚。已经提到的《威斯敏斯特评论》中的作者认为,最优秀的妇女在未来太高度发展,以致不甘心忍受受生育;换句话说,将把种族延续留给比较粗俗的和智力较差的未来成员。在我看来,这似乎是一个十分严重的难题,从而要求最透彻的调查研究。有教养的男人和女人甚至可能在这方面把责任归于社会——社会妨碍他们履行责任,而社会目前就是这样构成的。生育的权利是神圣的权利,在比现在更健全组织的社会里,或者国家在这个问题上应该有声音,或者强大的公众舆论应该经常干预,这竟会是不恰当的吗?那些患病的人,那些最近乎人面兽心的人,将没有权力生产他们的同类吗?草率鲁莽者、游手好闲者——不管他们贫穷还是富有——只听从本能而无理性的人,应该是未来一代的双亲吗?当有肺病的父亲把痛苦传给子孙,把无效率的公民留给国家时,他不会给社会抹黑吗?难以设想任何比反对种族更大的犯罪了。深刻地介入我们目前社会习惯的真正根子的问题,均源于遗传特性的规律。

当旧的性关系的理想被动摇时,将引起的不是一个问题,而是整整一堆问题。这场运动包含妇女的职业和享受的整个本性方面的变化,以及在给予她们帮助的或因她们得益的人所发出的相应呐喊。请描绘一下在妇女中间公众舆论成熟实际上将包含的变化吧;古老的文学和特别的新闻报道会变得过时,因为社会问题和政治问题将对男人和女人二者具有同等的重要性。妇人之见(Damen-Lectüre)这种对德国妇女特殊的咒骂将化为乌有。应该专门为妇女阅读撰写任何普通的文学,这太荒唐了,以致不需要批评。可是,妇女和她们的观点能够成为公众新闻舆论中的影响因素,因为出版商和编辑会立即认出,他们为了商业成功必须尊重大约一半他们的可能的顾客的意见。不仅报刊特有的文学,甚而真正的大街发表,都能够标明在妇女解放方面必定伴随的变化。她的具有确定社会责任和政治责任的设想,能够使午后在任何时髦的伦敦干道在三四个人之间被我们看见的情景革命化。成百上千的妇女——纯粹的玩偶——专心致志地凝视用相当数量的各种彩色缎带装饰起来的商店橱窗。妇女的较高教育就其现在的状况而论,几乎没有触及这个巨大的总体的边缘。除了夜晚十二时和一时之间正是在这些相同大街的女群氓之外,也许没有什么东西比这种情景更令人沮丧的了。估计两种现象都使我们对现代文明彻底绝望。轻蔑和同情被莫名其妙地混合在一起;总的来说,我们的轻蔑对白天活动的妇女比较强烈,我们的同情对夜晚活动的妇女比较强烈。后者提出重大的种族问题,是对妇女的屈从和颓废的社会组织的无意识的抗议。就前者即购物的玩偶,实际上由自我放纵牵引其提线(隐藏在习惯和流行式样的装束下)的反社会的傀儡,能够说同样的话吗?

人们怎么往往对过分明显的事实——它们在很大程度上应该为塑造性别屈从生活方式的手段负责——耿耿于怀呢?如何打动,如何影响普通的男人和女人,这是那些正在为妇女解放操劳的人能够使他们自己关心的最困难的问题之一。只有不诉诸偏见、尽力推动寻常的男人或女人的那些人,才能够充分地领悟我意味的东西。请把一切教条的信仰、一切教条的道德撇到一边,请把性关系本身既不看做是善,也不看做是恶,而仅仅看作如此处在它给个人或种族带来的痛苦之中:然后尝试感化普通人!如果你们在你们身上具有充分的希腊文化,把一切激情的运用视为适度的善,假若它不产生间接的或直接的痛苦的话;如果你们没有在禁欲主义中察觉美德,而只是察觉不值得人类作为无节制的某种东西,那么你们会发现,它要影响普通的终有一死的人,其难度是多么巨大呀!

在提及上述问题时,我充分意识到,我只是绕着社会困难的巨大领域的边缘走了一遭。对许多具有更广泛的经验、更科学的训练和对人的本性有更真实的洞察能力的人来说,似乎不会有在我看来是模糊的问题。尤其是对于妇女而言,这些困难中的许多好像以完全不同的模样出现；在她看来，其他依然未提及的困难可能具有大得多的重要性。我完全承认，只有男人不能理解或阐明形成妇女问题的困难；"除非男人和女人相互细致了解彼此的目的和观点，从而在某种程度上接受共同体的相同标准和相同理想，否则一点也没有真正改革的希望。"不过，我们必须暂时不要忘记，妇女问题本质上也是男人的问题。它展现出重大的种族问题，它在经济上进入我们现存社会结构的真正基础。我努力表明，妇女的完全解放意指在社会习惯和性理想方面的革命性变化，这是自从在1460年和1530年之间发生的中世纪的思维模式和行为模式倾覆以来，肯定无法比拟的变化。

在结束对一个困难而复杂的题目的这个必然不充分的讨论时，我愿请求读者注意，男人和女人相对地位的每一次历史变化，都伴随着巨大的经济变革和社会变革。性关系本身是大多数财产权的基础。社会经济和性关系永远密切关联地一起变化。因此，在我看来似乎可以得出，目前的妇女解放运动不能听任我们的社会组织不予改变。性关系的每一次变化都引起家庭以及公众福利的重大变化。母权制和父权制意指完全不同的家庭和部族组织。难以想象，男人和女人完善的社会平等和法律平等——我们感觉好像倾向的目标——将不伴随家庭的完整重构，即使不是国家的完整重构。国家保持男人和女人之间的平衡，在双亲和孩子之间干预，遏制纯粹的体格在劳动领域的统治，这一切可以变得比现在更加重要。在世界历史上有一些时期，存在两性之间平等的接近，但是这些时期与其说是以抑制中的平等标志的，还不如说是以自由中的平等为标志的。所谓抑制，我不是意指禁欲主义，而是意指这样的性关系规则：它容许种族为持续，为老一辈把其部族的知识和传统传给比较年轻的一代，而以充分的数目再生产它自己。这些事情对于国家的稳定是必要的，它们与完全的性自由是不相容的。性关系的正确与错误（在它的狭义上的道德）是与社会的稳定与不稳定同义的。如果日益增长的性平等隐含性自由——重返普遍的男女乱交，那么它就意味着国家的衰微，它将需要第二个圣保罗的基督教和第二种一个性别的屈从，以便恢复稳定。但是，性平等或者必须以在男人中间以停止嫖妓为标志，或者如果卖淫继续存在，则必须以对女人同样的自由为标志。我看不到其他可供选择的办法。我们将在同等的乱交和同等的约束之间做出选择。社会的不幸在于，前者是比后者更为容易采取的路线，历史向我们表明这条路线被普遍地采用过。

可是，毕竟存在预示新的社会时代破晓的一线希望。如果情况如此，那么两性平等不可能再次意味着重返降临在摇摇欲坠的罗马皇帝身上那样的"进退两难的困境时期"（swamp-age）。妇女过去的屈从大大有助于扩张我不能否认的男人利己本能；不过，正是这种屈从本身如此惩戒妇女，以致把她训练成宁可为他人着想，而不是为她自己着想，毕竟它可以作为对世人的赐福多于对世人的祸根起作用，情况不可能是这样吗？它不可能以比对男人来说是可能的更为纯粹的目的和更为敏锐的洞察把她引入有关未来的问题吗？她可以比他更加清楚地察觉真实的争论之点，正像她在过去通过使她的意志屈从他的意志学会自我控制一样，她在未来也能够如此使她的自由服从社会福利所要求的约束，服从种族持续所需要的条件。

14　在远古和中世纪的
德意志的性关系概述①

妈妈,母亲,您的声音太奇怪了。(Die Mütter! Mütter!
—'s klingt so wunderlich!)——歌德

在追溯种族的历史成长时,有两个疑问需要突出地保留在我

---

① 我相当犹豫地把这篇论文交付刊行,因为它没有伴随对德意志人的民俗、神话和英雄传奇的分析,而前面的篇幅的叙述实际上是以这些材料为基础的;叙述似乎只是演绎的,但无论如何是冗长的、历史的探究,即使一些人认为是缺乏指导性的探究。该论文是一些时间之前撰写的,而且随着诸多材料的增加,虽然我看到有理由在一两个观点上修正我当时所做的叙述,但是依我之见,像在这里摹写的社会成长的**一般**动向依然得以充分确认。需要修正的主要之点是对于**群婚**缺乏充分的强调。我现在辨认出的社会成长的这一阶段在史前德意志的发展中起了巨大的作用;我认为,我能够就它的存在和影响举出的证据也许会使怀疑论者的麦克伦南感到满意。我之所以决定以其眼下的形式发表该论文,是因为它有助于阐明前面的文章,可以帮助说明在后继文章中系统阐述的观念的起源。它在某种程度上代表作者的心智从不可知论的怀疑,通过历史的探究,到达比较确定的社会理论的经过。

我对事实的选择对准早期德意志的社会状况,我最终希望分类和发表这些事实。但是,在数年内,这几乎不可能进行。其间,我愿请求读者一点也不要未经核实地接受,而是作为一种好空想的启发对待这篇论文,直到以另外的方式忙于生活的稀有闲暇时间可以充分地积累起来,使得我通过事实的合理性的处理,让他信服这些启示具有真实的历史基础为止。[后来,它们的一小部分在我的《死亡的机遇与进化的其他研究》(*Chance of Death and other Studies in Evolution*,1897)第二卷的文章中予以发表。]

们面前,即(1)在那种成长中相继的阶段是什么? (2)产生这种相继的物理原因是什么?

对第一个疑问的回答在我可以称之为**形式的**历史(formal history)中具体化了。形式的历史学家必须由语言、传统(民俗和英雄传奇)、"考古学发现",并最终由历史遗迹和文献构造对给定种族来说是独特的成长**形式**。只有当这个十分必要的形式的历史以其广阔的概要建立起来时,**理性的**历史学家(rational historian)才能进入该领域,指出产生每一个特定阶段的物理原因和生物原因。形式的和理性的区别遍及人类知识的所有分支。形式的历史在近些年做出巨大的进展;可以说已经有了它的开普勒和哥白尼,但是还必须出现牛顿或达尔文——他将会使它理性化,也就是说他将会以与物理科学和生物科学已知定律完全的和谐,详尽阐明历史的成长的公理。他等待形式的历史的完成。①

我们完全可以确信这一点。由于人类的整个发展取决于性关系,未来理性的历史学家将在现在几乎不可想象的程度上诉诸科学性学(science sexualogy)和形式的性史(formal history of sex)。形式的性史正在变成一个公认的研究分支;对于性学科学(science of sexualogy)以及最终接受这门科学的定律是历史成长的**基本原理**(rationale)中的因素而言,它都是必要的预备程序。除非断言未来较高级的治国才能——在历史和科学上受过训练的治国才能——愿意承认性关系是在国家组织中是根本的,这会是什么呢?

---

① 赫德尝试过它,却失败了,因为他这位前达尔文主义者(pre-Darinian)实际上是前科学的(pre-scientific)。

　　在本文中,我希望把我认为是在德意志人中间形式的性史的东西之简要概述摆放在你们面前。在这一概述的过程中,我将提出可能产生所描述的发展的各种原因。事实上,我愿到理性的历史领域做形形色色的短途旅行——可能具有相当悠闲的特性。此刻,我不能要求你们与我一起相当仔细地审查我把我的形式的历史基于其上的材料。

　　如果我的论文中的许多陈述对你们来说好像听起来是令人惊奇的、言过其实的,甚或是不可能的,那么我会请求你们悬置判断,直到你们分析了我希望有一天摆放在你们面前的证据为止。

　　德意志人属于这样的人群,这个具有共同语言、习惯和风俗特征的一群人显示,在某个遥远的时期起源于共同的祖先。① 通常把这个种群命名为亚利安人(Aryan),亚利安人的第一个发源地早先处在亚细亚(Asia)。近些年,这个观点受到辩驳,按照某些第一流历史学家的见解,北欧代替了亚洲。不管这是真的还是假的,我们必须清楚地记住,德意志人在他们目前的地理界线内可能没有经历他们的文明的起始阶段。

　　在石器时代,在洞穴和湖边桩屋的时代,并非亚利安人的人种占据地理的德意志——关于他们,我们就了解得这么多,倘若没有别的的话。从兽性状态发展到人的状态的德意志人,在地理的德意志之外,经历了原始文化的漫长世纪。当我们得知从历史上了解德意志人时,他们已经达到中等文明的阶段——这个阶段并没

---

　　①　在我看来,共同的习惯和风俗是比源于共同祖先的语言更确凿的有利于共同亚利安人(Aryan)的始祖的论据。

有处在他们从共同的亚利安人的祖先接受的东西之前很久。让我使你们短暂地想起，亚利安人的文明总共达到什么程度。它饲养家畜、奶牛和奶山羊，保有大群的羊、猪、鹅和家禽，把狗驯化了，发现了黄油和奶酪。它播种谷类作物，用蜂蜜酿制蜂蜜酒，用羊毛和亚麻粗糙地纺线、织布和缝制衣服；它利用道路，发现可涉水而过的地方，它用木头制造船只、运货车和盖房子，也学会了陶工的技艺。它有武器、矛和盾、弓和箭，可能都只是用石头和木头制作的。它有村庄、民众集会、民间习俗、小首领和部族组织。进而，它能够计数接近一千，用月和年计算时间，拥有医术的成分、复杂的神话，可能相信灵魂不朽。尤其是，家庭生活相当发达，从而正在分辨我们通常的亲属关系的等级。[①]

　　于是，必须把亚利安人的迁徙视为半农业民族的迁徙。农业民族不像纯粹的狩猎民族那样轻易地离开它的住处和牧场。很可能，某种社会压迫，某种对百姓的镇压，把亚利安人从他们的第一个发源地驱赶出去。尽管情况可能是这样，但是我们不得不注意，德意志人差不多依然落后于进一步向南迁徙的亚利安人。十分可能，这可以用环境压力把他们驱赶到的区域的自然状态加以解释；北欧广阔的森林制约了他们的发展，人的狩猎天性受到激发或者得以复活；因此，父权制的成长被延迟了；母权制的完全消失被延缓了。我们的对德意志人的第一个历史关注把清晰的母系时代存在的证据带到我们面前；女人的权力虽然不再处于它的顶点，但是它远离最低点；男人和女人之间为最高权力的争夺没有结束。这

---

① 这个段落的许多内容需要根据比较新近的工作加以修正。

种争夺的存在是德意志人急剧接受基督教的原因之一；基督教是
男人需要的宗教武器；古老的信仰即便被男人改造，它依然是女人
创造的，并且不容许很快地被用来作为反对她的武器。正是女人
屈从中的这种阻滞，反映了德意志人在一般文化史中具有这样的
价值的原始历史。如果我们不计部族的组织与可能放牧的牛群和
武器的使用，那么亚利安人的文明是女人的文明——母系时代的
文明；而且，正如我已经察觉的，塔西陀（Tacitus）笔下的德意志人
并没有无法计量地超越它。当我们考虑到，男人和女人之间的冲
突在 16 世纪以后者的完全屈从而终止时，在中世纪德意志的性关
系的发展就是唯一可理解的。德意志人只是在路德时代才达到希
腊人在伯里克利（Pericles）①时代就已经完成的事情——女人的
"驯化"。

让我们努力形成在早期德意志文化中性关系相继阶段的粗略
图式。人类学向我们表明，许多未开化的种族都经历过，或者正在
经历类似的阶段，该图式没有向我们提供普遍的进化定律。很可
能，它并非对亚利安人祖先的每一个成员都适用；依我之见，巴霍
芬已经充分证明它对希腊人有效，②兹米格罗兹基（Zmigrodzki）已
经充分证明它对斯拉夫人有效，③而我大胆地认为，我能够就早期
印度人（Hindoo）的性关系探明的一切是可以起确认作用的。

---

① 伯里克利（Pericles，约公元前 495～前 429）是雅典最伟大的政治家、大将军和
演说家。在他领导下，古雅典文化和国势达到巅峰状态。——译者

② Bachofen, *Das Mutterrecht*（《母权》），1861.

③ Zmigrodzki, *Die Mutter bei den Volkern des arischen Stammes*（《亚利安部族的
人的母亲》），1886.

下面的阶段是我希望引起注意的阶段：

（一）**乱交时期**（The Period of Promiscuity）。

在这个时期，人类还没有远离兽性阶段。没有关系的概念，性交绝对是男女乱交。人的食物不管是植物性食物还是动物性食物都是生的，他是森林的动物。性关系具有十足野性的偶然特征。植物落下它的种子，它结果实，或者不结果实，尽管周围环境容许。男人为他的食物追捕动物，当他要满足他的情欲时，他追求处于繁殖时节的女人。这个阶段的痕迹充满亚利安人的神话。就基本特征而言，乱交时期或生食时期有森林和沼泽。神的概念——如果能够这样称呼它们的话——具有最隐秘的、最非人的类型。它们是森林的自然力，特别是夜间活动的力量；它们是沼泽的生物，这是不规则的繁殖力的象征。这种自然力是人类的敌人，尤其是相对无助的儿童和妇女的敌人；它们获得野兽的外形，或者半兽半人的外形。由于它们捕食无助者，因此后来出现用儿童和俘虏的牺牲抚慰它们的想法。在整个神话群体即德意志人、希腊人和斯拉夫人中间，这些在特殊场合由野蛮残忍伴随的人的牺牲是典型的，这是乱交晚期的唯一回忆。在出自德意志每一部分的分娩和结婚的民俗中，我们也发现这个时代的残存物。

让我们转向因男人而怀孕，然后他听任她本人为自我保存自行其是的女人的地位。无论如何，假定在怀孕的后来的阶段，她对男性一方而言不再是追求的对象，在分娩期间她在自我保存方面还有摆在她面前的困难任务。我首先提出自我保存，虽然毫无疑问，保护幼儿的母亲的本能早就在发展过程中能够通过自然选择逐渐形成；不过，自我保存的冲动也许在母亲不习惯于对孩子消灭的年代是首要的。进而,我们必须注意,在原始种族中,哺乳期是极其漫长的,往往长达两三年,甚至时间更长。在整个这一时期,服从众所周知的生理规律的原始女人有意避免与男人性交。因为她对他来说价值不大,因此大半听任她为她自己提供生计。于是,在这些事实中,我们具有人类文化中的原始因素。**必须在女人怀孕和生育期间试图自我保存中去寻找文明的诞生**。男人在乱交时期成功做到的事情归因于他与他的同胞和野兽争夺食物。他发明和改进武器;尽管女人看来好像受到生育妨碍,但是正是因此之故而变成人类文明中的主要工具。在这一早期,男人的贡献与女人的贡献比较起来仅仅是一无所有。以最早的德意志和斯堪的纳维亚的神话为例,除去所有女神,还留下什么呢?绝对不可能的状态。没有农业,没有才智,没有医术,没有传统,没有家庭,没有不朽的概念。现在,拿走所有的神;我们留下完全可能的文明阶段,不过没有战争或海上贸易;狩猎继续下去,尽管更不用强调了;的确,一些人甚至联想到战争——或者至少是男人和女人之间的偶尔争夺。① 这个社会组织是**母系时代**的社会组织,是女人的作品。女人在怀孕和生育期间在它们为自我保存的斗争中使之逐渐发展。我大胆地认为,在生育这个要素方面,女人在文明中曾经扮演和将要扮演的角色截然不同于男人的角色。拿走这个要素,同样的生存斗争的特点将导致未生育的女人沿着与男人相同的路线发展。我以为,女人在个体上为文明完成的事情应归于她的生育功能。它把她提到智力的创造力的至高无上的地位,它使她在母系

———————————

① 关于基于斯拉夫人传统的相似结果,参见 Zmigrodzki,p. 222。

时代成为男人的教师和指导者。

让我们试图勾勒出从乱交到母系时代这种形式变化的合理性的一面。

由于自我保存的本能,怀孕的女人寻找山洞、洞穴或森林中某些最黑暗地带的隐避处;她在那里收集叶子、枝条或无论什么保护她的东西。她必须为她自己提供躲避男人和野兽的庇护所。当她既不能像以前那样容易地狩猎,又不能像以前那样容易地寻找根茎和浆果时,她也必须储藏数天或数周的食物。如果在冬天生孩子,她的任务更为艰难。在这里,有足够的需要敦促她去发明创造,从而发展她的灵巧和她的实证知识。洞穴或山洞成为房子的根据,因为孩子长期依赖母亲;她教给孩子她的有关根茎的知识和保存食物的方法。她变成传统文化的中心;她给孩子传授她的原始信仰;她使宗教和习惯成形。在洞穴周围首次出现农业的尝试;根茎和浆果长出来,在旁边堆积人的粪便和其他垃圾。由邻近之处偶然引起的繁殖多产最终用来作为食物供应的基础。于是,女人变成第一个农学家;分娩的民俗没有忘记纪念这个事实。可能在第一个孩子能够维持自身之前好久,母亲并非不可能因不同的父亲怀孕;女人现在有双重的负担加在她身上,二者都要求发明和足智多谋。儿童的死亡率可能很大,把孩子遗弃在户外和他们的牺牲也很频繁;自然选择指向那种能够供养几个孩子的类型的女人的幸存;我们看到,女人增加了穴居能力,增加了她关于根茎和农业的知识。我已经提及在原始种族中的长期哺乳;这个时候在女人中必然引起对孩子的责任和性意向之间的竞争。很可能,在许多实例中,竞争以男人或女人遗弃孩子或例行的牺牲而告终。

但是,从这种竞争中产生母系文明的最惊人阶段。人类在其成长的某个时期驯养动物,并用它们的奶和肉作为其食物来源。我们应该把这种恩惠归功于男人还是女人? 在那些审查分娩民俗的人看来,对于答案不会有任何踌躇。即使不是完全归功于女人,也大部分归功于女人。奶牛、猪、黄油和牛奶、公鸡和母鸡,都与德意志人和斯拉夫人的分娩传统以仅仅容许一种解释的样式联系在一起。生育女人的需要,她为保存自己和孩子的斗争,她希望缩短哺乳期,均导致动物的驯养。在漫长的逝去的世纪,被一群孩子围绕的女人成为中心的文明化的力量。唯有以母亲为基础的家庭从这种种群体中出现;男人向女人学习农业成分,至少照管和培育较小的驯养动物、根茎和草本植物的资产。她形成宗教和传统,她自然尊敬女人而非男人——尊敬女神而非诸神。条顿人[①]的(Teutonic)诸神中最古老、最聪明、最神秘地强有力的神均为女性。为了学习她们的神秘的知识,众神之父奥丁神(Altvater Wuodan)必须牺牲一只眼睛。我甚至在"Fru Gude"(弗鲁古德)即大地女神(earth-goddess)中找到奥丁本身的原始女性体形的蛛丝马迹。女人奉若神明的自然力有两种类型。她逃避男人的视域,她在怀孕和养育孩子期间与男人长期不和。在这个时期,通过在洞穴和山洞生存,借助在黄昏和黑夜与男人处于交战状态的女神,使她防范男人。对男人来说,趋近怀孕的女人是危险的,她被对男人怀有敌意的神灵环绕着;但是,在乱交时期,在她四周也有

---

① 条顿人(Teuton)是古代日耳曼人(German)的一支,公元 4 世纪居住在易北河口北海沿岸。——译者

对**她**怀有敌意的其他存在物,如古老的自然力、半兽半人,时刻准备夺走她的生命和她的孩子的生命。这些存在物仿佛是人格化的困难,她不得不为自我保存与之斗争。在分娩女人的周围,堆拢一群穷凶极恶的存在物,它们对男人、同样也对女人不友好。后来的民间传说用众多渴望消灭孩子和母亲的女巫和魔鬼描绘它们。她应该如何逃避他们?把斧子、扫帚、粪耙放在门口;让她吃某些根茎;引进宗教仪式用的牛奶和奶酪,或者宰杀公鸡。于是,他们无法接触她。这些是最早时期女人为自我保存而采取的手段的象征——她的文明作品的符号。它们比较近似于更加充满希望的,在那里保护她的神灵,比较近似于我们后来在德意志人的神话中发现的女神的原型。这样一来,情况发生了:在德国今日的农民看来,在产褥期的女人同时是某种纯净的和不纯净的东西。在那里,女巫准备伤害丈夫和妻子;但是,守护神这位善良的神照样在那里,在分娩中死亡的女人躲开炼狱,径直走向极乐世界。

在现代调查研究揭示出**母系时代**之前多年,雅各布·格里姆(Jacob Grimm)就谈到德意志人的女神:

"在诸神的实例中,先前的研究通过把个体分开能够达到它的目标;不过,集体地以及个体地考虑女神,好像是可取的,因为共同的观念处在她们的基础,从而能够更清楚地标示出来。她们被特别构想为四处游历、巡视凡人的**神圣母亲**(göttermütter);人类从她们那里学会**操持家务以及农业、纺线、织布、照看家、播种和收割**的事务和技艺。这些劳作把和平和安宁带给大地,对它们的记忆比对战争和斗争更牢固地继续处在合意的传统中,大多数女神像女人一样避免战争和斗争。"①

几乎不能想象对女人的文明化工作的更真实的称赞了,尽管是完全无意识的称赞。如果我们把治疗的技艺、作为传统的宗教信仰的成分、就德意志人而言明显神秘莫测的书写符号添加到格里姆提到到技艺中,那么我们拥有女人在乱交时期和母系时代的完备确立之间诸多世纪完成的事情的些微图景。

(二)**母系时代(母权制)**(The Mather-Age(Matriarchate))。

在这个时期,生食被牛奶和黄油补充或代替;因此,该时期被称为牛奶和黄油时期。洞穴发展为家庭或住房,母亲是其首脑。她是所有传统知识和所有关系的来源。她的孩子是不同父亲的孩子,而且十分可能是未知父亲的孩子。像在那里存在的这样的所有权通过她传下去。在母系时代的较早阶段,当洞穴的食物供应和避难所受到限制时,男孩随着年龄增长,会出走为他自己狩猎,像其他男人一样自由地生活。由于洞穴的供应和舒适增加到小屋的供应和舒适,无疑会有两种类型的男人:外出狩猎的猎人和留在家里务农的农人,他们依然处在他们的母亲的影响之下。女儿照例也会依然待在家里,当她达到青春期时,便与某个男人临时结伴。最早的亚利安人的关系命名仅仅意指性功能。没有把女儿和儿子与父亲和母亲相互关联;一个只不过是"乳汁给予者"(milk-giver),另一个只不过是"生子女者"(begetter)。"母亲"一词与意指"胎动"的人的来源有联系。父亲的概念在乱交时期和母系时代较早期间几乎不十分明显。它的含义被说成是双重的——"保护

---

① *Deutsche Mythologie*(《德意志人的神话》),i. p. 207.

者"和"管理者";这若是正确的,至少指向母系时代后期,即便不是父权制或父系时代。① 母亲建立了比较舒适的穴居,在那里对父亲没有引诱力,她阻止他,保护或管理子孙后代。在某些动物身上,值得注意的是在禽鸟身上,父亲本能在生存斗争中进化出来。我不知道,是否在任何食肉动物,因而在猎食的哺乳动物身上发现它;尤其是,我怀疑它在母系时代之前是否在男人身上存在。

上面的评论将启示,女人在原始家庭中处于突出地位。男人起初依然在家庭之外——他是狩猎者。他的整个知识是他在穴居时期接受的"母亲的才智"(mother-wit)②。女人处在较高的水平;她变得**定居下来**,对土地感兴趣。不再是沼泽而是田野变成性交的象征。在两个实例中,正是大地母亲是多产的,但是它不再是沼泽时期没有条理的完成:

她的丰硕的子宫

表示它的完满的耕种和家畜饲养。

在民俗中的性交概念变成耕种,分娩女神是农业女神。

正如我们所说的,女人高高在上的地位导致人类分工分为两类:务农者待在家,狩猎者离开它,依然处于文化的较低等级。很

---

① A. Kuhn, *Zurältesten Geschichte der indogermanischen Völker*(《印欧语系人的最古老的历史》),Bd. I.,1850. Deecke, *Die deutsche Verwandtschaftsnamen*(《德意志人的亲属名称》),1870. 也可以参见本书作者在 *Chances of Death*(《死亡的几率》),vol. ii.,1897 中关于群婚和关系名称的含义的文章。

② mother-wit 也可以译为"天资、常识"。——译者

可能,在我们可以冒险地称之为家庭的女人和称之为在外边的男人之间,一成不变的乱交性关系继续着,但是务农者即家庭的男人现在必须提供生计。这种供应似乎是以各种各样的方式进行的,我们发现这在早期神话和民俗中清楚地标示出来。我注意到下述事实:

(1)他们像狩猎者一样与其他家庭的女人具有乱交的性关系,但是在他们自己的家庭还保留他们的位置。他们的子孙完全独立于他们,属于他们在其中没有地位的家庭。

(2)他们与他们自己家庭的女人、他们的姊妹有性关系。兄弟姐妹婚姻和群婚(group-marriage)是十分通常的关系,德意志人的以及希腊人的神话、民俗和历史比较语言学都指明这一点。

(3)他们使他们自己与其他家庭的女人结合,并使他们自己转入那些家庭;在这种情况下,他们的地位似乎是不稳定的,即便不是危险的,甚至当他们在后来的日子带嫁妆给她们的时候也是如此。

(4)他们从其他家庭俘获女人,并把她们纳入他们自己的家庭。即使不为女人付出代价,这也可能是危险的方法。

关于务农者满足他们的性本能的模式,(3)和(4)比(1)和(2)似乎属于较后的发展阶段。他们进入父系时代,第四个发展到通过俘获和购买的通常婚姻形式。但是,在这里有一个重要之点被辨认出来:这四个形式中的三个倾向于性关系的永久和在它的领域的限制,或者最终倾向于持续的一夫一妻制。十分真实的是,兄弟姐妹和群婚在许多实例中导致了一夫多妻和一妻多夫,但是即使在这里也存在持久的和受限制的体制。条顿人的神话的年代是从兄弟姐妹婚姻正在变成一夫一妻制起始的。在母系时代的务农者在男方发展了规则的性关系;在我们的德意志文化的最早的遗迹中,我们找到普遍的一夫一妻制,即使不是绝对的一夫一妻制。

不过,虽然对妻子的所有权可以通过她的俘获表明,丈夫的权利从而建立起来了,但是它与孩子是两码事。孩子是子宫的必然结果,拥有是用分娩的劳动表明的,这是我们祖先许多世纪坚持的原则,并且发觉极其难以回避,尽管随着母系时代的衰落,两性之间的父亲的重要性升高了。在非洲、南美的土著人和斯特拉博(Strabo)①时代的凯尔特人(Celts)中间,都能够发现主张父亲权利的相同方法。这就是,丈夫也应该模仿分娩的劳动,像他的妻子一样在同一时间上床,倘若他希望作为父亲和孩子的所有者被看待的话。在德意志人的民俗中,我们发现这种朴素手段的痕迹。与我们此时考虑的时期相比,它属于靠后的发展时期,但是它与标志母系时代终结的通过购买和俘获的婚姻密切相关。斯特拉博这样告诉我们原始的西班牙人的状况:他们经受了"女人最愚蠢的统治";女人拥有财产权,它从母亲传给女儿;后者把财产分发给她们的要结婚的兄弟,男子随身携带嫁妆到他们的妻子的住所;女人完成一切农业劳作,借以变得如此强固,以至分娩对她们来说已经无足轻重。斯特拉博评论说:"实际上,**她们在这些场合使她们的丈夫卧床并伺候她们。**"斯特拉博关于西班牙坎塔布里(Cantabri)地区的记述受到怀疑时代的奚落。然而,现代的研究和母权制的发

---

① 斯特拉博(公元前 64/前 63~公元 23)是希腊地理学家和历史学家。他所著的《地理学》是奥古斯都时期涉及各民族、各国家的巨著。——译者

现正在大大地重新确立可靠的信念,不仅重新确立斯特拉博的可
靠信念,而且其至重新确立那个被认为是首要说谎者的希罗多德
(Herodotus)的可靠信念。

让我们回到与农业人口部分判然有别的狩猎人口部分。可以
说,它代表原始文明的男人一方。他改进他的武器,在巧妙追猎的
过程中变得技艺娴熟;按照利珀特(Lippert)的观点,他像埃及人
那样驯化了牛群,这可能是以羚羊或某种同源形式的容易驯服的
鹿为开端的。[①] 从猎人发展到牧人,在这里出现了与女人文化相
对的男人文化。在那里没有或少有男人变成农人,我们有男人和
女人之间的食物的差异;他们分开生活和分开进食——这种事态
显然在某些原始的德意志人部族中存在,在中非(Central Africa)
的一些部分也可发现它。另一方面,在那里农业成分是强大的,出
现分工,可能在原始人类的游牧部分和农业部分之间出现冲突。
他们的利益或兴趣是对立的,尤其是在性事上。在女人中间培养
的原始农人没有牧人的战斗技艺。牧人不容易接近女人。对他来
说,必须俘获女人,但是由于长期哺乳——没有假定男人和女人数
目上的任何巨大悬殊,我们必须猜想适合性交的女人必然是比较
稀少的。因此,出现争夺农人、一妻多夫和女人往往在牧人中间作
为俘虏或动产的比较低下的地位。

在农人中间性关系的持久性,在保卫事务中必定委托给男人
组织的必要性,这些是父系时代的开端。但是,正像利珀特指出
的,男人在作为两性之间的父亲的地位被公认之前,他似乎就作为

---

① *Die Geschichte der Familie*(《家庭的历史》),p. 41.

部族的组织者、管理者或部族之父。第一个父亲概念是"管理者"、"保护者",而不是祖先。通向父系时代的第一个阶段是需要体力强大的保护者。母亲还管理住所,但是"族长"(Altvater)管辖战斗,实际上常常受女人指导。因为女人本质上还是聪明人,她是传统宗教的来源,神的掌管基本上是她的事务。在炉边产生了第一批"圣坛"和"神殿"的概念。她用棍棒在灰烬上写下神的意志,她的罐和锅在中世纪的每一次女巫审判(witch-trial)中再现。即使在死后,她的精灵在炉边徘徊,今日坐在炉子有利位置的独居学生或当他的亲属不在家时的农民会告诉你们,她们是 mutterseelen allein(仅有的本地灵魂),意味着绝无仅有。未被公认的母系时代的遗俗——他们独自在炉边和他们的母亲的灵魂在一起!

　　如果我可以冒险沉湎于空想的建议——无论如何这在我看来似乎受到来自德意志人的民俗的诸多确认,那么我就该说,它是游牧人口与半农业人口之间的冲突,这种冲突把德意志人——即使不完全是亚利安人血统——从他们的较早的居住地驱赶出去。假如情况可能是这样,那么我们关于德意志人的第一批历史踪迹属于半农业人,在其中母系时代还没有消逝;女人是祭司和住所的管理者,诸神大部分是女神;知识——神秘符号的全部知识——掌握在女人手中,民间惯例承认她在许多方面地位高于男人;男人可以是族长或部族的管理者,但是还没有充分承认他作为两性之间的父亲。但是,这是斗争时期,男人要求得到承认,规则的性关系显现了,存在两性之间的父亲的可能性,女人的权力处于下降之中。但是,男人的胜利并不容易;充分确认它花费了漫长的世纪,母系时代的痕迹依然遍布中世纪时期。确实,从母系时代到父系时代的过渡,以具有巨大身材和接近穷凶极恶本性的女人的出现为标志。迄今在妻子和丈夫的关系中不存在神圣的义务或权利;妻子是购买或俘获的结果,她不轻易屈从母权的丧失。男人和女人之间争夺的古老传奇故事,并不像一些人想让我们相信的是无根据的幻想,实际上十分隐秘的暗示创作了像伊尔迪科(Ildico)、弗雷德贡德(Fredegunde)和布伦希尔德(Brunhilde)这样的穿越历史记录编排的人物形象。确实,这样的女人仅仅与希腊人发展的相同时期的克莉泰姆内斯特拉(Clytæmnestra)和美狄亚(Medea)相对应。甚至在德意志人中间,诗歌也没有忘记描述男人和女人之间为统治权的争夺;它是新的白昼神或日光神(day- or light-gods)战胜旧的黑夜女神或大地女神(night- or earth-goddess)的胜利。奥丁取代黑尔娅(Hellja)和母亲大地(Mother Earth),西格弗里德(Siegfried)征服布伦希尔德,贝奥富尔夫(Beovulf)击败沼泽女神格林德尔(Grindel)的子孙,托尔(Thor)与盖罗德(Geirrod)的女儿吉阿尔普(Gialp)和格赖普(Greip)战斗。[①]

在考虑性关系的发展时,正是文明的母系阶段和父系阶段之间的这种斗争,是十分重要的。由于外部婚姻代替群婚,新娘的俘获必定遭遇母亲一方的极力反抗;她必定以同样的敌意对待与财产权转移有关的惯例的必然变化。对丈夫来说,岳母或婆母,或者妻子家庭的主妇,变成特别憎恨的对象;她是他的特殊仇敌,在一些原始部族中,她和婚后的他在同一屋顶下从来没有交流一句话

---

① *Corpus Boreale*(《北方的语料库》),Mythic Fragments(神话片断),i. p. 127.

或相识。[①] 相似情感的证据在德意志人的民俗中是非常明显的。在发布妻子应该通过**购买**而不是通过**俘获**得到的管理者看来，通过俘获的婚姻的确导致这样的充满怨恨，我们在早期德意志人传统中发觉具有巨大价值的东西的确归因于流血世仇。在从住所母亲（house-mother）的指挥地位被驱赶出去，并在财产权事务上剥夺了她的母亲权利之后，条顿女人的最后的避难所是她的司铎天赋神权说的（sacerdotal）特权。她作为女祭司依然是神圣的，她承担部族的牺牲献祭和部族的宗教。从这个最后的庇护所开始，借助在德意志人中间引入基督教，把她驱逐了。在罗马人的世界，那种由沼泽象征的性关系的眼界长期让位给规则的性体制，该体制在永远可能由任何人得到的最强大的父权中达到顶点。在诸多世纪的进程中，对父权的反动至少在罗马人自身导致看来好像是沼泽时代复活的东西。对于社会主体而言，规则的性关系变得不可能了，因为它采取了同样的放纵，而不是采取同样的约束作为两性之间平等的要旨。带着重建的困难任务和圣保罗教义的可怕狭隘性的基督教，在这个领域露面了。借助克里索斯托（Chrysostom）和哲罗姆，它成功地控制沼泽，但是却以女人为全部代价。只要女人被看作是性工具，她就不得不完全屈从于男人。她在智力上和体力上都在他之下，必须服从他。她被视为性交的动物，只能在教会世界里获得地位，但仅仅是在这个条件下。这样一来，标志女人是神圣的，或者赋予她作为圣徒的宗教意义，不是自然的母亲特

---

①　Lippert 引自 *Nachtigals Reisen*（《纳赫蒂加尔的旅行》），pp. 44～45。

征,而是人为的贞操品质。为了控制沼泽,这可能是必要的,但它
不是基督教的说法——这种说法对于还处在母系时代的人而言很
可能是普及的,它导致不少古怪的异教。无论如何,以德意志人为
例,正如我们在从母系时代到父系时代的转变当中发现他们那样,
保罗和哲罗姆的基督在男人看来绝不是不合意的信仰。其中有许
多东西有利于父权的传播;而且,当把基督划归为首要斗士时,当
把门徒划归为他的监工时——正如我们在最古老的基督教德文译
本和古撒克逊语救世主(Saxon Heliand)①中发现他们那样,此时
实际上可以作为父系时代或英雄时代的合适信仰接受它。另一方
面,女人即古老信仰的祭司母亲不可能热情接受这些屈从和贞操
的说教。她们和她们的诸神变成基督教传教士憎恨的对象,后来
变成虔诚的禁欲主义者和修道士交替嘲笑和畏惧的对象。祭司母
亲变成某种不纯洁的,与魔鬼有联系的存在物,她的全部知识变成
恶魔似的咒语,她的烧煮烹调变成毒物的酿造;不仅如此,对男人
来说,正是她的存在变成罪恶的永恒源泉。因而,作为母亲和祭司
的女人变成作为女巫的女人。成千成万的女人被宣判处以火刑的
中世纪女巫审判,是男人和女人之间十分真实的争夺的最后痕迹。
在那里每烧死一个男人,至少要烧死五十个女人;当人们阅读这些
可怜人在拷打下的坦白时,一种奇异的亮光照射到所有这一切痛
苦的意义上。它是女人反对完全屈从的最后斗争。在这些坦白中

---

①　Heliand(救世主)是以古撒克逊语头韵诗叙述基督生平的史诗(约830年)。
该诗试图使好战的撒克逊人理解这种新传入的基督教是何种宗教。基督被塑造成日
耳曼国王,用手镯犒赏他的门徒。该诗约有六千行。——译者

流露出母系时代所有的传统知识；在那里有古老的诸神和女神，以及古老的思维方式；不仅如此，正是应归于乱交时代和母系时代的性关系形式重新出现。这也不仅仅是传统，在这里几乎不能怀疑性崇拜，而且分娩礼仪持续到父系时代，甚至持续到基督教的中世纪。我希望在另一场合用德意志的女巫审判作为证据，阐明这种隐秘的性崇拜。

（三）父系时代（父权制）（The Father-Age（Patriarchate））。

直到接受基督教之前，还不能说这个时代在德意志人的所有种族中充分地确立起来。当然，它的基本特征即族长管理、妻子的俘获或购买、由父亲一方对血统的推断和仅由儿子继承财产，是英雄时代——德意志的周游四方的民间行吟诗人的时代和劫掠欧洲西北海岸的北欧海盗的时代——的全部表现形式。《英雄集》（*Heldenbuch*）①和《埃达》（*Edda*）②的英雄传奇故事非常清楚地证明了这种事态。但是，在同一时期，甚至正是在这些传奇故事以及在早期的习惯和法律中，我们发觉女人的异常地位。英雄时代是过渡时期。基督教必然使父系时代普遍化，完成了女人的屈从。

不过，基督教为女人留下空子，这具有非凡的重要性；它容许她在她主导的禁欲生活的条件下在这种形态中实际上起重要的作

---

① 《英雄集》是 13 世纪日耳曼传奇故事集。每首诗均以英雄为主题，叙述日耳曼部落大迁徙时期大斗争和征战的故事。——译者

② 《埃达》是古冰岛文学作品，包括 13 世纪的散文埃达和诗体埃达。它是研究日耳曼神话的最完整和最详细的资料来源。——译者

用。它向男人和女人同样开放它的学校；而且，假如女人保持她的
童贞，她可以提升智力卓越到任何程度。作为重要的女隐修院院
长，她具有社会影响和智力影响，这一点并非总是受到充分公认。
在德意志的文化史表明，一系列女人像甘德斯海姆的赫罗斯维塔
（Hroswitha of Gandersheim）①和兰茨贝格的赫拉德（Herrad of
Landersberg）②一样，她们时代的无论哪一个男人几乎难以望其项
背，肯定无法超过她们。那个时代的流行神学用下述短语表达了
女人的新地位："伊娃（Eva）（母亲和妻子）使男人不能享受伊甸
园，万福玛利亚（Ave）（Ave＝Maria（原文如此）③——贞女）使他
灵魂得救。"

　　这样一来，我们再次越过女性性别划出一条非同寻常的分界
线；未生育的女人是神圣的，在她面前拥有毕生的事业；生育的女
人具有低下的等级地位，是人的软弱的和有罪的本性的必然。不
必猜想，这仅仅是教父（Church Father）的观点，或者仅仅是经院
哲学家和修道士的观点。它进入民间文学和人的谚语哲学；在它
不再是有教养的人的意见之后，它在那里还逗留了好长时间。倘
使篇幅允许，修道士的作品和民间作品的比较会把这一点清楚地
带到读者面前。即使农民和自治市的自由民不支持与"无尽的赎

――――――――――――

　　① 赫罗斯维塔（约936～1000）又作 Hrosvitha，被认为是德意志第一位女诗人。
她出身高贵，一生大部分时间在甘德斯海姆地区的本笃会隐修院当修女。为抵制古典
作品中的异教道德观，她用拉丁文写了六部喜剧。――译者
　　② 赫拉德（1125？～1195）是兰茨贝格地区的女隐修院院长，作家和艺术家。她
在1175年用羽毛笔为儿童教学写下带用图示的《乐园》。――译者
　　③ 万福玛利亚的一般写法是 Ave，而 Ave 等同于 Ave Maria。当时的流行神学
写作 Ave＝Maria，所以作者在此夹注"原文如此"。――译者

罪苦行"——这是一位中世纪的英国诗人表达的,当他"找到首要的理由(saught fyrst occasioun)"结婚时,他从婚姻的"地狱"被拯救出来①——相同的婚姻观,但是每一个农民和自治市的自由民依旧把女人看作是低下的人,始终准备争夺男人的当权地位,把他导向灾祸。考虑到女人的屈从和父系时代的确立年代并不遥远,我也不认为这种感觉无论如何是不合理的。尽管情况可能如此,不过还是有点拿不准:人们接受了神学家的观点,把女人划分为较高的等级和较低的等级即贞女和妻子。在诸多世纪,作为妻子的女人从政治影响和社会影响的领域消失殆尽。

不管怎样,童贞的漂亮和母亲身份的相对降级之间的对照在人类生活中不能维持下去来,虽然它充满性的影响。解决矛盾的方式向我们呈现一种密切关系的最显著的例子之一,这种密切关系似乎总是存在于强烈的宗教热情和性兴奋之间。

德意志人处在实在太原始和太自然的状态,以致无法完全摇撼他们的多神教信仰;一方面巫术保持它的地位,另一方面应归于母系时代的、古老的对女人尊敬的影响使它本身在新宗教中被感觉到了。由于犹太人选择了耶和华而不是阿斯托雷思

---

① 不过,上帝以他的恩典保护我,
这是三个天使英明的忠告;
他们保全我自己免入地狱大门,
在一年一度的时光里,当情人色欲旺盛之时。
(But of his grace God hath me preserved
Be the wise councell of aungelis three;
From hell gates they have my silf conserved
In tyme of yere,when lovers lusty be.)

(Astoreth)①,因此作为他们部族的神的基督教呈现出没有女神的奇怪宗教景象。就这一点而论,我们公认它不是农业人的产物,而是女人在其间占据非常次要地位的人的产物。犹太人和**迟来的**希腊人一起不可能把女人的宗教给与世人。因此,当这种男人的宗教来到还充满母系时代的信念和情感的人们中间时,虽然它是作为针对女人屈从而制作的工具来到的,可是就它而言民间精神还是太强大了;人们需要女神和得到女神。② 如果理想的女人不再是母亲,那么至少会把贞女女神添加到基督教的万神殿(pantheon);三神论的(tritheistic)信仰会变成四神论的(tetratheistic)信仰,最终会变成多神论的信仰。一些新教徒易于把基督教的这种改变视为魔鬼的标识;在我看来,它似乎是中世纪基督教的伟大凯旋。由于这一打击,它甩掉了犹太教,还丢弃了比较有害的晚来的古希腊人文主义,从而变成德意志人的基督教。它变成情感和想象的事情;就伟大的艺术、伟大的文学和伟大的神学在它之下成长壮大而言,这是可能的。它变成一种手段,借助这种手段德意志的要素能够影响文明,就像希腊人和印度人那样影响了文明。德意志人接受基督教的条件是经由基督教对母亲要素的比较充分的接受——女人的比较充分的接受,甚至是以贞女的明确

---

① 阿斯托雷思是古代腓尼基和叙利亚司掌爱情和生殖的女神,相当于阿施塔特(Astarte),是土地丰饶和人口生育的象征,其地位相当于希腊的美和生育女神。——译者

② 虽然德意志人没有发明对圣母玛利亚的崇拜(mariolatry)——这在谷物女神刻瑞斯的女祭司直接转化为基督母亲(Christ-Mother)的女祭司的过程中具有它的起源,但是对圣母玛利亚的崇拜从最早时期起就是德意志人的基督教的本质的和大力强调的特征。

形式接受的。

新女神一旦结合到基督教神学,便急剧地在喜爱和尊敬方面取代了比较古老的诸神。每一种美德,每一个赞扬,都以最夸张的语言倾注在她身上。被剥夺了他的性情感自然外流的禁欲主义修道士,用歌唱圣母玛利亚体现它,随着岁月的流逝,圣母玛利亚增添了越来越强烈的感性色彩;最显著的明喻得以使用,虽然说不上危险的明喻;性激情的所有兴奋都在这些拉丁文的圣母玛利亚的歌词中一泻千里。事情也没有在这里终止:流浪学者采用了这些圣母玛利亚的歌词,修饰和扩展它们,结果在奉献给上帝的赞美诗和嬉戏的、饮酒的爱情歌曲中,我们偶尔发现一行一行的这些歌词。贞女只不过变成挂物钉,能够把最放荡的情欲的每一表达悬挂在上面。对圣母玛利亚的赞美诗变成性关系中的新阶段的基础。

在修道院的手写本内,在这些对圣母玛利亚的放荡的赞美诗中,我们发现第一流的爱情歌曲。虽然只是拉丁文的圣母玛利亚的赞美诗,但是它们的范围还是明显的:不管它们是修道士使用的,或者十分可能是为骑士撰写的,它们纯粹是性爱歌曲,敬慕尘世的情人而非天国的情人的歌曲。它们是中世纪德意志宫廷抒情诗(Minnesang)的萌芽。我们到达宫廷抒情诗人(Minnesinger)的时代,我们在英国叫作 chivalry① 的东西的开端,但是德意志人是用 Minne② 称谓的,这个名词在最古老的德语中意味着作为对诸

---

① chivalry 的意思是骑士,骑士制度,骑士气概,对女子的殷勤等。——译者
② Minne 的意思是骑士向贵妇人献殷勤或求爱,爱情等。——译者

神的精神性的爱,但是在中古高地德语(Middle High German)几乎具有纯粹感性的意义。女人,至少处于社会较高阶层的女人,必定重新获得有影响的地位。的确,她为自己向把贞操放在母姓之上神话报仇。但是,她凌驾于男人之上的权力不是基于母亲的权利,而是基于情人的魅力。只要她保持她的美丽,或者男人的迷恋没有得到充分满足,那么他就是她的奴隶。这是德意志人发展的伯里克利时期;杂婚(hetairism)胜利了,只有一个差别——为女人的性服务以比较精神的形式偿还她。她在法律和教会面前依然屈从于丈夫,但是她却通过感官控制他。这是在德意志人中的父系时代的奇异结果!我们太易于从 19 世纪浪漫文学作家的立场看待中世纪的骑士制度,认为它是慷慨的男子对高贵的,但却柔弱的女子的纯真的服务。我冒险地认为,这样的服务尽管偶尔也许是 19 世纪生活的特征,但它肯定不是 Minnedienst(骑士向贵妇人献殷勤、求爱)的突出因素。实际上,它是对男人一方的服务,常常是艰巨的和延长的服务;但是,总是存在一个看得见的终点,而且总是存在感官激情的满足。那些研究其原初形式的伟大的亚瑟王(Arthur)传奇史诗,对归因于宫廷抒情诗人的大量抒情诗有某种了解的人,无疑会表示同意这个结论。实际上,在男女双方有一个不受约束的性放纵时期。少女、âmîe(女朋友、爱人)和已婚女人同样是骑士一方效忠的对象;但是,漂亮女士给予马上比武的胜利者的喜爱是最具有肉体性质的喜爱。贞操是故作正经,无论男方或女方长期继续保守秘密是不好的教养;唯一的耻辱是被激怒的丈夫发现和断肢;唯一的犯罪活动是用暴力诱奸。âmîe 在所有的骑士社会都被接受,自由之爱——只在一两种情况下受到形式礼节限制——是时代的道德。不仅如此，即使到战地，âmie 和公认的妓女追随骑士。第二个女人队伍伴随十字军东侵战士，在圣地巴勒斯坦（Holy Land）性交的无节制达到如此程度，以致古代作家把第二次十字军东侵的失败唯一地归咎于放纵。

　　自治市的自由民仿效显贵社会的这种标志性特征，农民在较小的程度上仿效，以致这个时期被几乎不平行的性事中的自由而显出特色。可能在修道院产生的少年之爱感染了德意志人，虽然它从未如此鲜明地在英国和法国出现。持续不断地发现女人，尤其是已婚女人与修道士和神甫私通，这些人为他们自己的缘故保守秘密，而骑士在痛饮一阵时可能会忘记这个秘密。没有几个中世纪的歌曲详述司铎的亲爱者和骑士的亲爱者相对于前者优势的是非曲直。但是，我所说的足以指出这个时期的特征。乍看起来，它好像返回沼泽时代——像神圣罗马帝国（Roman Empire）最后的年代那样的社会瓦解时期。

　　然而，情况实际上是某种十分不同的事情；这个骑士制度时代把最高贵的因素之一给予德国文明，在我们的近代世界这个因素在性关系上起了重大作用。让我们回想一下这个事实：我们还处在父系时代，购买婚姻只是最近才代替了俘获婚姻；父亲还有权把他的女儿给予或卖给他乐意的人；甚至他还偶尔把她奉献给马上比武的胜利者；每一个女人法定地处于某个男人的掌控之中，或者正如德国人命名的处于监护（mund）之中。请注意这一切，接着辨认进展——当容许女人自由地处置她的人身时，当准许她在性事上有选择权时。这的确是朝着修正父系时代特有的性关系的苛刻

迈出一大步。但是,这并非一切;霍亨斯陶芬(Hohenstaufen)①世
纪是伟大的可塑的发展的时代,德意志的建制此时塑造成形,其中
一些建制甚至持续到今日。它既是自由思想的时代,又是自由恋
爱的时代。它是建立教区总教堂的时代,是与牧首斗争的时代。
在建筑物和装饰性的雕刻中,德意志人达到了没有几个民族永远
比得上的地步。我们就帕台农神庙及其带状装饰言来语去,但是
我们将如何把它们与哥特式大教堂朝西的立面比较呢?在史诗和
抒情诗篇方面,在后来的时代几乎没有能够与《特里斯坦与伊索尔
特》(*Tristan und Isolt*)②和迈斯特·瓦尔特(Meister Walter)的
爱情歌曲匹敌的作品!它是德意志人朝气蓬勃的青少年时代,而
不是产生这个官能时代的垂死帝国的老态龙钟。男人和女人的关
系原本是肉体上的关系,但它是被最高的艺术阶段理想化的肉欲
性。它是音乐和歌曲的时代,高贵的建筑物的时代,飘拂的纺织物
和优美得体的服装形式的时代。当性关系像在宗主国罗马那样由
两性之间自由选择标明时,此刻肉欲性也像在雅典的伯里克利时
代那样被艺术理想化了,这正是德意志文明的这个时期的特质。
正是人的感觉(sense)代替了兽性的官能(sense)。把这两件事放
在一起——性本能受相互选择(co-option)指引并被艺术地诉诸激
情理想化,我们随着相当可观的诸多精神化的世纪的步伐,便拥有
发展到我今天叫作**爱情**(love)的东西的基础。在罗密欧(Romeo)
与朱丽叶(Juliet)之爱中,更多地在浮士德(Faust)与格蕾琴之爱

---

①　霍亨斯陶芬王朝是神圣罗马帝国的王朝。——译者
②　《特里斯坦与伊索尔特》是德国作曲家、音乐戏剧家理夏德·瓦格纳(Richard
Wagner,1813~1883)于 1859 年所著的一本歌剧,1865 年首次演出。——译者

中——尽管二者在同样的程度上是肉体上的,有一种我在我所了解的古典作家中从来也没有遇见的成分;存在某种无法说明的微妙性,我完全不可能分析它,但是我相信它归因于中世纪的骑士制度。

于是,朝向 13 世纪末,我们有性关系相当广泛流传的新阶段。女人在法律上完全屈从于男人,但是在社会上建立起相互选择,并存在使性吸引理想化的倾向。这个结果并不是在没有显著削弱习惯的性约束的情况下得到的。我现在达到了最后的时期,我将把该时期摆在你们面前;从它的主导特征之一看,我愿将其特征如下概括为卖淫时代。

(四)卖淫时代(The Age of Prostitution)。

塔西陀告诉我们,在原始德意志人部族中间不存在妓女,可在骑士制度时代妓女却变成公认的角色。要追溯导致重新强加给已婚女子的性约束的精确原因是什么,并不是十分容易的;当然,它们部分地归因于在 13 世纪教会影响的重新确立和那种影响的纯粹特征;部分地归因于旧骑士文化的衰落。骑士由于日渐贫穷,不再能够沉溺于显贵的聚会、音乐和歌唱中寻欢作乐;弓箭手和后来的火绳枪手使骑士在战场上变得毫无用处,而有学问的人——神学家或法学家——在地方委员会具有更大的价值。随着骑士制度的消失和自治市自由民文化的兴起,性关系的新时期来到了;女人在选取丈夫时有了自由选择权,但是一旦结婚,她在法律上、很大程度在社会上便处于完全屈从的地位。另一方面,骑士制度时代的自由性关系以卖淫的形式继续存在,卖淫开始在中世纪城市的社会生活中起巨大作用。也必须注意,在同一时期,资本家和工人之间的界限变得更加突出,城镇无产阶级首次使它的影响被感知。中世纪城市中的妓女扮演奇特的角色,她时而受尊重,时而被蔑视。她常常为城镇政务委员会的宴会或接待皇帝增光添彩;但是,她往往被迫穿戴与众不同的服装,或者被剥夺所有的法律权利。没有什么东西比这样对待妓女更特别的使女人绝对屈从的花样了;在像纽伦堡、法兰克福和奥格斯堡这样的城镇中,警察对她们的管理向我们呈现出最有启发性的例子之一:结果是容许男人并且仅仅容许男人在性事上立法。妓女首先不是被作为女人看待,而是作为城镇财产权的必然的,尽管令人烦恼的一部分看待,把这种财产权作为能力对待在那时似乎是最方便的。只是偶尔,她不得不感谢教会的一点人道的照顾。在 15 世纪末性病传播之前好久,一般由执行绞刑者或城镇差役掌管的城镇妓院委员会维持变得普遍了。这个时期道德感的典型例子是,城镇政务委员会投票表决动用公款开放和装饰公共妓院,因为当时外国贵宾要来参观游览。对这种古老的城镇生活的历史研究无疑会阐明今日的一两个问题。

在我看来,依然要注意宗教改革对这个时期的影响,尽管这是由一夫一妻制婚姻和有组织的卖淫为标志的。让我首先陈述一下跟随父系时代的骑士制度的确切结果。

(1)对女人来说,在婚姻中的自由选择通常伴随我们所谓的爱情。婚后,妻子完全"适应家庭生活";她在国家中不起作用,在住处之外没有什么功能。

(2)卖淫由男人组织,仅仅附带容许妓女的最微不足道的社会权利或法律权利。

（3）对于男人或女人二者而言，禁欲生活提供了唯一的手段，中产阶级妇女借以能够得到知识和权力。15世纪的女隐修院表明，在某些实例中，诚挚显著地复兴；在其他实例中，它们沦为妓院的水准。

我们倾向于把宗教改革看作纯粹的宗教运动，从而忽视产生和伴随它的更为重要的社会革命。16世纪伊始是个人主义的诞生，即是这样一个发展阶段：在产生无限丰富的人文知识的结果的同时，也在一些方面使社会的物质福利遭受大致相等的灾难。新世界（New World）①的发现和旧信仰的同时衰落导致师傅和手艺人关系的完全重构。行会和劳工的整个组织或者被消灭，或者被重塑。资本家的时代，贸易公司的时代，投机者和冒险家的时代开始了。奥格斯堡的霍赫施泰特（Hochstetter）和韦尔特（Welter）在葡萄酒和谷物市场形成"团伙"，纽伦堡的科贝格（Koberger）控制了欧洲的出版生意；资本开始了它的剥削劳工的漫长岁月，手工业者立刻感到新生产方法的挤压。带有它的强有力的社会主义信条的天主教，它的对手工劳动颂扬的教会法规和半宗教的指导——手艺人的堡垒，作为敌基督或伪基督的圈套从几乎全部德意志人当中被消除了。在已经减少的共同体的大量阶层的嫁娶能力中，在作为结果发生的卖淫增加中，弊端首次使它本身被感受到了。正如我已经指出的，现存的女隐修院有两类：一类由于像盖勒、温普费林和坎普滕的托马斯这样的道德家的精神，充满了真正真诚的男人和女人；另一类包括准备或实际上正在实践每一种形

---

① 新世界指西半球或美洲。——译者

式的性放纵的修道士和修女。宗教改革领袖没有做出区分,他们怒斥一切形式的禁欲生活"是淫妇的服务";他们同样要求关闭所有的女隐修院。这种做法的结果是很容易想象的。身份低下的修道士和修女从他们的修道院仓促出走,过于经常地用来自极端的性无节制的一切不幸,为他们过去的禁欲主义"罪恶"赎罪。可以毫不夸张地说,遍及德意志,更多的修道士还是通过他们的性激情的力量,不是通过他们对维滕贝格的"福音"的热情而变成路德主义的。众多早期新教神学家的性关系,甚至一些主要的改革者的性关系,形成宗教改革史的一个显著方面,虽则是几乎没有受到注重的方面。与放荡同时,修道士和修女的最诚挚的阶层从他们的住所被驱逐。像夏里塔斯·皮克海默这样的妇女是有教养的修女的最后类型,可是她和她的修女却被从纽伦堡的圣克拉拉(St. Clala)女修道院被驱赶出去。在与对新知识和旧文学极感兴趣的最主要的人文主义者的通信过程中,她因没有教养和蛮横的奥西安德尔的唆使,从她的女隐修院被扫地出门。她的日记是最有启发性的书籍之一,近代读者为了了解那个时代的隐秘问题能够求助于它。正是最后的一瞥,我们获悉,即使在 16 世纪,禁欲生活对被奴役的女性也具有巨大的价值。从今以后,适应家庭生活和卖淫是向德意志女人敞开的唯一前程。

正如我已经评论的,关闭女隐修院的第一个结果是放荡的增长。在这个时期进步中的经济变革趋于相同的方向。对改革者来说,不可能漠视这种增长;他们承认它,正如他们做许多其他事情一样,他们从而把它归咎于他们的虔敬在魔鬼中激起的独特的活动。像今日许多健全的人一样,他们在他们叫作罪恶的范围内恐惧地举起他们的手,他们布道反对它,他们得到已经通过的严厉法律反对它;但是,他们从来没有不辞辛劳地调查研究产生它的社会原因。一旦把性无节制叫作罪恶,并把它归咎于魔鬼,那么寻找它的存在的任何进一步的原因,就是不合逻辑的。魔鬼是方便的绑缚罪犯的鞭笞柱,而且由于他到场的明显显灵是妓女,因此新教的城镇政务委员会在不久之前就关闭了城镇妓院。像修女这样的妓女被赶到大街,命令她们自寻出路;偶尔,以典型的严酷把她们从城镇驱赶出去。由于它没有触及难题的真正的经济原因,这样的行动宁可说是倾向于增加,而不是倾向于减少放荡正在传播的速率。路德似乎比任何其他人更清楚地留心性难题根底的社会问题,他提出一个补救办法——最为异常大胆类型的补救办法。我们已经看到,宗教改革消除了禁欲生活,甚至比天主教更卖力地给作为社会的被遗弃者的妓女抹黑;最后,我们必须考虑在婚姻方面它的作为结果的教诲。在骑士制度的影响下,婚姻变成相互选择的事情,纯粹的性本能借助艺术变得高尚了,在某种程度上精神化。在结婚中终结的大量的爱无疑是好色的基础,但是纯粹的性欲满足通常隐藏在隐蔽之处,或者依然完全被搁置起来。正是婚姻中的这一因素,路德毫不犹豫地用最直率的语言把它再次带到显著位置。早期的基督教神甫说:"婚姻是比贞操低级的状态。**如果**男人或女人不能依然贞洁的话,那就让他们为他们的肉体的缘故结婚吧。"虽然这贬低婚姻,但是它至少还听任**如果**拯救人性。路德没有保留**如果**。"当上帝造男人和女人时,它祝福他们,并对他们说:'繁殖和繁衍。'从这个短语,我们肯定,男人和女人为了繁衍将结合在一起,并且必须结合在一起。……因为我无法使自己不是男人之躯,也不可能没有女人而生存。此外,你也无法使自己不是女人之体,也不可能没有男人而存在。因为这不是自由意志或劝告的事情,但却是必要的、自然的东西;凡是是男人的事物必定含有女人,凡是是女人的事物必定含有男人。上帝的'繁殖和繁衍'这句话不是命令,而是比命令更多的东西,即神圣的工作——我们不可能阻止或忽略它,但是它甚至像我拥有男人的形体那样是必然的,而且比吃和喝、身体的功能、睡眠和醒来还要必然。"[①]

"假如人指望像鸟一样飞翔,并且确实如此指望,那么就存在来自上帝的奇迹。现在,当男人或女人立誓贞洁时,情况恰恰是这样。因为他们不是为贞洁而被造出来的,不过上帝说:'请繁殖和繁衍。'当他不能克制肉体痛苦的减轻时,他必须克制;对他来说,会发生什么呢?"(有谁必须为他把屎端尿呢,反正他是不会那一套的;那样做成何体统呢? Wer seinen Mist oder Harn Halten Müsste,so er's doch nicht kann;was soll aus dem werden?)[②]路德断言,贞洁仅仅对于老衰之人是可能的,不结婚的他必定是奸夫,或者犯更恶劣的罪恶。

在那时,以这种样式指责禁欲生活可能是必要的——现在我不愿考虑此事,但是不可能约束的信条肯定打算增加当时的性放荡。路德告诉我们,性交并非从来没有罪恶,但它是需要的罪恶,婚姻使它合法化。[③] 正是在这里,宗教改革的婚姻说教的最坏特征流行起来——所有在婚姻之外的性关系是犯罪。路德走得如此

---

① *Vom Ehelichen Leben*(《出自婚姻生活》),1520.

② *Schreiben von August*(《八月的信函》),1523. *De Wette*(《打赌》),2,372.

③ *Von dem ehelichen Stande*(《关于婚姻登记》),p. 44.

之远,以致断言,必须用乱石击死奸夫("死,以他之死,是为了避免坏榜样!"①)。婚姻是为性本能的合法满足而确立的——这是建制的基础。路德提出用早婚和和普遍结婚来堵塞他的时代的放荡:婚姻的原本目标就是性欲的满足。显而易见,这种说教把性欲升高到不可抗拒的自然力的地步,必然在实践中导致最为灾难性的后果。因而,当黑森的菲利普觉得一个妻子不够时,路德允许他娶第二个妻子,因为不能使性欲受约束;当马夸德·舒尔多普(Marquard Schuldorp)与他的侄女结婚时,路德在辩护时写了一本书②,因为不能使性欲受约束;当英格兰的亨利八世(Henry XIII)就他离婚一事写信给梅兰希顿时,梅兰希顿劝告他,如果他的性欲不能受约束,那就娶第二个妻子作为替代。不仅如此,这个教海触及婚姻生活最深处的私密。妻子必然是纯粹的生孩子的人。"人们看到,不生育的女人是多么虚弱和多病。然而,生育的女人更健康、更有生气、更强有力。倘若女人由于生育变得萎靡不振,并且最后死去,那么这无关紧要;让她仅仅因生育而死吧,她在那里必定获得成功。度过短暂而健康的生活,比度过漫长而多病的生活更好。"③若妻子拒绝服从这样的生活,那会怎么样?"那时,对男人而言,正是说下述话语的时候:'如果你不愿意,那么我决心要娶另一个;如果妻子不愿意,那么让未婚的年轻女子来吧。'"这是《圣经》的瓦实提(Vashti)和以斯帖(Esther)的例子支

---

① *Von dem ehelichen Stande*(《关于婚姻登记》),p. 28.

② *Grundt vnd orsake worup Marquardus Schuldorp heft syner suster dochter thor Ehe genamen*(《马跨德·舒尔多普娶姐姐之女为妻的根据和原因》),1526.

③ *Von dem ehelichen Stande*(《关于婚姻登记》),p. 44.

持的说教。① 我就当时的性放荡和经济萧条已经评论过；鼓吹婚
姻是治疗放荡的宗教改革领袖，还被迫承认经济不景气。当手艺
人没有什么东西支撑一个家庭时，早婚怎么可能呢？路德布道：
"我们不得不遭遇巨大的和强烈的反对。他们说，是的；结婚是不
错，但是我将如何供养我自己呢？……实际上，这是对婚姻生活的
最大妨碍，是它的毁坏以及所有卖淫的原因。但是，我对此将回答
什么呢？那就是不相信和怀疑上帝的善和真。因此，毫不奇怪，在
它存在之处，徒然的卖淫接着发生，每一种不幸作为必然结果出
现。疑难之点在这里展现：他们首先希望确信财产权，他们由此能
够得到食物、饮料和衣服。他们需要把他们的头颅从绞索抽
出——'靠你的辛苦劳动，你将挣得你的面包。'……因此，可以断
定，谁没有发觉它自己合乎贞洁的要求，将让他及早找到工作，以
上帝的名义开始婚姻生活。小伙子最迟二十岁，姑娘最迟十五岁
或十八岁。而且，他们依然是健康的也是合适的，让上帝关照他们
和他们的孩子必须受到供养。上帝创造孩子，肯定会供养他
们。"②我从路德那里列举的关于婚姻的这些说教，在许多改革者
的论著中不自觉地重复着。人们会看到，它们随天主教教会的概
念变化得多么大。圣哲罗姆宣称，童贞充满天国；宗教改革领袖把
这描述为亵渎神明的言辞。③ "最小的罪恶是偷窃，其后到来的是
通奸，接着是凶杀，最后是禁欲生活。"天主教会坚持认为，结婚是
具有神圣意义的事情，也就是说，它把精神的意义赋予肉体的事

---

① *Von dem ehelichen Stande*（《关于婚姻登记》）。
② 出处同上，p. 43。
③ *De servo arbitrio*，*Opera*（《歌剧奴役》），Wittenberg，1554，ii. 472.

实。宗教改革领袖说："婚姻像世间的任何其他买卖合同一样,是明显的肉体的事情。"这种新的性关系概念不仅与天主教的立场相对立,而且依我之见,也显著地低于骑士制度的信念。它把婚姻降格为纯粹的性交关系即纯粹的肉体结合,这种观念对于现代每一个有文化的男人和女人来说是不相容的。它有助于抑制性关系的理想化,同时却通过把女人看作仅仅是孩子的生育者而贬低女人。宗教改革通过消灭修道院生活完成了女人的屈从;事实上,它的妇女观可用它的主要英雄的下述言论来概括:

"正如上帝所说,要使女人的意志屈从于男人,他将是主人(《创世纪》,iii. 16);也就是说,女人不应该按照她的自由意志生活,尽管那就会有未犯罪的夏娃(Eve),尽管此时她作为他的同僚与男人亚当(Adam)同等地保持某一水平。现在,不管怎样,她犯过罪并引诱过男人,她失去统治权;在没有男人的情况下,她既不必着手任何事情,也不必完成任何事情;他处在那里,她也必须待在那里,她在他面前像在她的主人面前一样屈从——她将畏惧主人,她将被迫服从和顺从主人。"

这是父系时代不合格的、厚颜无耻地基于希伯来人的神话的信条,男人在父系时代的早期要求它帮助他。

宗教改革之后的三个世纪,妇女的历史在德意志是空白。对她来说,适应家庭生活或当娼妓,屈从或被社会逐出,几乎是唯一的可能性。也许,没有一个近代国家像开始解放工作的德国这样落后,或者在它给予妇女以较高教育的支持方面如此冷淡。它为贫乏的智力组织了特殊的课业班级,许多"有教养的"德意志人像波利尼西亚(Bolynesia)的野蛮人一样,将向他的女人讲文学杰作

《禁忌》(*Ai tabu*)——不准你吃这种食物。那是与原始人的**母亲常识**(mother-wit),与为了效力情妇之爱而撰写的骑士文学,甚或与在早期的神甫和后来的人文主义者周围所发现的有学问的和诚挚的妇女的优秀圈子奇怪地对照的呐喊。我没有把近代妇女的屈从归咎于宗教改革领袖的教导,它实际上是父系时代的结果;我相信,德意志人求爱的比较令人反感的一面,德意志女人比较完满地适应家庭生活,在不小的程度上是由于在 16 世纪先是滥用禁欲生活,接着使禁欲生活变得不可能的方式。

15　社会主义和性①

终于,他们来到深思(Reflection)停留的地方,那个奇妙的、有经验的妇人总是一个胳膊肘撑在她的膝盖上,用手托住她的下巴,她窃取来自过去的亮光,以便在未来发光。

生活(Life)和爱(Love)呐喊:"嗬! 聪明人,请告诉我们,当我们首次相遇时,优美的、光芒四射的事物属于我们——兴高采烈而没有眼泪,阳光普照而没有阴暗。嗬! 我们怎么会犯失去它的过失? 我们要走到何处才可能发现它?"——奥利费·施赖纳(Olive Schreiner)

在一切生长的基础,有一个博物学家首次使它变得明了的原理,但是它将在某一天受到来自科学史家的最惊人的确证。这个原理在某种程度上被错误地命名为"最适者幸存"。能够向好的方向做的稍微改变是,我们把它叫作"较适者幸存"。在一切生存形

---

① 这篇写于 1886 年的论文最初在小讨论俱乐部宣读。它在《今日》(*To-Day*)(1887 年 2 月)得以发表,后来作为小册子出版。我也许应该另外表达的一些要点,是我现在重新撰写它的要点(参见文章"Women and Labour 妇女和劳动",在 *The Chances of Death*《死亡的几率》第一卷第一章);但是,我容许它维持原状,因为它描述了我依然认为是最近的将来的理想的东西,即使是现在不能即刻实现的东西。它的武断甚至可以作为刺激剂起作用,促使不同意它的人独自思考。

式中——在野兽和人的生活中,在野兽和人的习性中,在人的建制如宗教和哲学中,最适者从未被达到,从未得以生存,因此不能幸存。当最适者真的做到这一点时,进化将终止——目前可以用某种灾变分类的最终纪元称为"世界末日",这以前在中世纪的宇宙起源论中起过引人注目的作用。我们可以把它们二者留在难以理解的废旧杂物的仓库,伴谬论者和超自然主义者由此提取他们的材料。我作为一个比较注重事实的感觉论者①满足于承认,每一种生活形式、每一种人类建制和思维模式,永远经受着变化;这不是因为无数的偶然事件而变化,而是在很大的和永远比较广泛的程度上就大小和方向二者而言是可以预见的和能够测量的。没有绝对的道德准则,没有绝对的哲学,也没有绝对的宗教;社会的每一个阶段,都有它的特殊的道德、它的特殊的宗教和它自己的性关系形式。它的道德和它的宗教常常被后代人打上不道德和迷信的印记。乱交、兄弟姊妹婚姻、杀害婴儿、女人屈从、劳工的农奴制,本身都曾经是道德的,再变成不道德的。无财产权、群体财产权、部族财产权、首领财产权和个人财产权,在土地和动产两方面都有它们的时代。把一种称作绝对好而把另一种称作绝对坏的人,实际上是愚蠢的。只有一件事是肯定的,即在特定时期人类社会变化的方向和速率。可能难以断定它,但是它还是真实的和可以测量的。道德的或者善的行为是特定社会在特定地点、特定时间的成长方向上趋向的行为。在这种意义上,为了避免绝对的东西的

---

① 我使用这个名词,一方面排除了毕希纳(Büchner)类型的物质论的荒谬,另一方面排除了我们的一些新黑格尔主义朋友的头脑糊涂的神秘主义。感觉论者是不尝试得到超越于他的感觉及其相互关系的人。

先入之见,我将使用**社会的**一词代替道德的,使用**反社会的**代替不道德的。是社会的(或道德的)行为可以出自习惯、出自情感或出自信仰,但是要理解它**为什么**是社会的或道德的,则需要知识。它需要历史成长的知识和特定的社会阶段的目前合理的趋势。因此,我们看到许多出自情感、习惯或信仰的行为为什么是反社会的;如果习惯不能强制规定道德准则,我担心社会主义现在就不会拥有支持的基础;它必须使自己重新依靠以历史研究为基础的理性判断。为此,我不能把社会主义看作是纯粹的政治变革方案;它本质上是一种新道德,它指明一切个人行为服从社会的福利;这种福利只有通过研究社会成长的方向才能够确定。社会主义者必须宣称是新道德的鼓吹者,而且作为新道德的鼓吹者去行动,倘若他们想创造只有人类之爱而不是人类之恨才可能激起的热情的话。对"基督教社会主义者"的荒谬头衔的唯一宽恕就在这里。① 当作为道德的社会主义变得普遍时,作为政体的社会主义才能变成可能的;作为一种政体,此时它将仅仅是警察的事务,约束少数反社会的人的法律。

在所有的社会主义问题中,存在两个需要研究的疑问:(1)我们在我们自己面前设置的理想是什么? (2)为了促进我们的理想实现,我们如何竭尽全力地行动?

在我尝试就这些疑问与性问题的关系考虑它们之前,需要说明,就"理想"一词而言,我在这里是怎么理解的。所谓"理想",我

---

① 它使我想起一位众所周知的女医生,她称她自己是**基督教生理学家**,仿佛社会主义和生理学不是通过独立于任何宗教信仰形式的科学定律对事实的协调。

不是意指某种壮丽的、如诗如梦的乌托邦,即个人的希望、灵感或偏见的结果,而仅仅是在下述境况中的方向、所通向的目标——在我从过去的历史看来,这似乎是紧接着的未来的历史确实必须进步。我们的理想是我们研读过去的结果,是在我们的能力内适当权衡在一定的方向上目前正在发展的人类的倾向和力量的结果。它是我们为形成判断而立足于其上获得的绝对的东西,从而是道德的或社会的行为的检验。并非因为我们是社会主义者,我们才是历史的学生,而我们之所以是社会主义者,正因为我们研究了历史。[①]

我们现在要询问关于性关系的如下问题。什么是它的理想形式? 我们如何最好地工作才能达到它? 也就是说,未来在性事上社会行为的真正类型将是什么? 正因为我认为目前的性关系远离理想(最近的将来的关系),目前的婚姻法倾向于阻碍我们通向理想的进路,以至于我才写这篇文章。

在这里,让我简要地陈述一下,虽然现在不可能着手任何过长的历史研究,但是我相信,正如在过去的历史中已经证明的,现在的力量和趋势正在起作用反对我们现在的性关系,而且并非不可能在将来把它从现存生活中如此全部、如此剧烈地清扫出去,就像理性知识正在扫除形而上学、自由思想正在扫除基督教神学、社会

[①] “无政府主义团体”的领导人最近在我的意见听取会上宣读了一篇论文,它推断自从德国学生生活阶段的观念论时期以来,无政府状态由于我完全不可能理解的形而上学过程,对于即将到来的时代是必然的。我大胆地询问他,他是否认为借助历史方法能够达到相同的结论。他没有回答它,不过他说,他十分肯定,那种方法不能与他的过程矛盾。

主义学说正在扫除正统的政治经济制度一样。我将试图简短地列举我已经发现的起作用的趋势，指出它们如何必定发生冲突，最后修改我们现在关于性关系的法定的和习惯的观点。

我讲过进化规律的一个原理，即较适者幸存。按照达尔文的理论，进化主要是通过性选择和争夺食物发生的。尽管很容易看到这些因素在野兽世界的发展中是全盘统治，但是乍看起来，它们似乎无法充分说明人的成长和人类建制中的变化。然而，科学的历史学生将发现，它们在引导人从野蛮到文明的进步进程中恰恰同样有力地起作用。文明史的未来的达尔文也许将认识到，他的主题落入两大部门——性史和财产权史，落入性关系的变化和财富所有权的变化。对这两个主要的变化群的说明，就绝大部分而言在于性选择和争夺食物。① 一个接一个的各种各样的性关系形式相互接替，在那里没有持久的类型，而且在每一个阶段，性关系的历史成长都与那个阶段其他社会的和法律的建制的发展状态密切一致。在人类的历史上，得到法律认可的终身一夫一妻制无非是昨天的事情，没有一个无偏见的人（无论它多么可能适合他自己的品位）能够设想它的最终形式。因此，正是某种类型的性关系和某种模式的所有制，是人类成长的目前阶段的本质特征。在过去，另外的特征标示出人在他的长期进化过程中达到的相继阶段。不同的所有制模式，即人类社会的特定阶段，对应于每一个新颖的性关系类型。当性关系是纯粹的乱交时，那时拥有权建立在发现和

---

① 赫德在形而上学的基础上尝试历史哲学，他自然而然地失败了。历史哲学只是自达尔文以来才是可能的，"未来的达尔文"的历史理性化将在于借助物理学定律和性学定律、基于变化的人类建制摹写人的成长。

保存的基础上,只要发现者有力量保留已经发现的东西;随着兄弟姐妹婚姻和群婚,财产权由群体掌握——该群中的共产主义;对于母权制来说,至少在它的极盛时期,财产权能够由个人掌握,但仅仅是通过女人传下去的;对于父权制而言,财产只由男人掌握,通过他们传下去——女人是没有任何所有权的动产。关于父权制的最后痕迹消失、女人获得作为个体的权利的那些世纪,当新的拥有形式正在产生时,假定历史将违反它迄今恒定的规律,假定新的性关系将不代替旧的性关系,难道是合理性的吗?

我们时代两个最重要的运动无疑是社会主义运动和妇女完全解放运动。它们二者达到旧财产权概念的真正根底,对于精心的观察者而言二者隐含旧的性关系的相应变化。在有思想的旁观者看来,社会主义者和“妇女权利”的倡导者本质上是为同一战役而战斗,不管他们可能尽量向他们自己掩饰这一事实。对科学的历史学家来说,拥有财富的模式的变化意味着性关系的变化。正因为我认为社会主义最终将作为唯一站得住脚的道德准则幸存下去,从而我深信,我们目前的婚姻习惯和我们目前的婚姻法同样注定要经受巨大的变革。它不是感官,也不是性实验的凯旋问题,而是不屈不挠的规律凯旋的问题。变化正在我们关于性的观点和行为中发生,这些观点和行为只是新阶段的前兆;这个阶段可能在许多世纪将占据该领域。不必先验地把性实验视为对社会的严重损害,它是出自目前的正常类型的变化,其中一些可能注定作为未来的正常类型幸存下去。

在这种类型的论文中,让我尽其可能审查一下作为道德准则的现代社会主义的主导原理,以及它对流行的性关系的影响。我可以如下陈述这个原理：

人，男人和女人，除非在体力或智力上残疾，如果他或她不以这种或那种形式为共同体劳动，也就是说，如果他或她不为公共的劳动存储做出贡献，那么他或她就没有道德权利成为共同体的一员。

所谓没有"道德权利"，我仅仅意指它是**反社会的**；因此，如果任何人没有残疾，在对劳动存储毫无贡献的情况下生活在共同体内，从而依靠共同体的劳动生存，那么理应受到最强烈的社会谴责甚或惩罚。

作为第一原理的必然结果是，对于身心健全的人来说，下述事情是反社会的：（1）靠遗产生活，（2）收取累积财产的利息。例如，无论做二者之一的哪一个，这个人实际上都在为他或她的供养耗费他人的劳动，而没有用给共同体的劳动存储做出同等的劳动贡献偿还那一耗费。我完全意识到，这些强制规定在我们目前的社会制度下很难接受，不可能充分按照原则行动，但是我深信，它们将作为未来的道德准则的基础被接受。人可以劳动和获得，但是他没有道德权利赋予他自己或他的子孙游手好闲、无所事事的权利——这纯粹意味着依赖他人的劳动过活。① 这里有值得特别注意的一点，因为它与我现在将就妻子和她的家庭生活所做的评论有关。由于被供养的懒汉对所有物的垄断，他大半能够错误地引

---

① 在我们目前的个人主义情况下，累积财产的利息对残疾、老年或儿童教育来说，往往是唯一可能的供应。在这个实例中，它可以形成个人过去对共同体的公共劳动存储的贡献的回报。但是，它常常是与效力非常不合乎比例的回报。在社会主义国家，老年养老金、对寡妇和由长期居住在印度的英国公民服务机构（Indian Civil Service）承认的年龄之下的儿童的补助金，能够更加趋近理想。

导他人的劳动,给予它以反社会的方向;他雇用劳工为他自己创造奢华,而本来应该运用这种劳动在社会上改善人们的居住条件,整理和美化公共街道,建立公共机构,为类似的社会意图服务。

未来社会对于它的所有成员——不管他们是男人还是女人——来说,将应用上述原理作为正确行动的检验。但是,男人或女人将能够在那里合群地生活,这必定是自由地向他们敞开的真正的劳动领域。这只有在两个条件下才有可能:(1)个人经济独立,(2)在需要时对人口的限制。我认为,这两个条件都到达我们目前的性关系的真正根底。它们意味着丈夫和妻子的地位的整个变化,以及社会(国家)在家庭中心十分可能的干预——至少是在无效率的和不必要的人的反社会的传播者的家庭里干预。

所谓"个人经济独立"这个很可能受到误解的术语,我意指个人保持应有的对共同体劳动存储的真正贡献。只有当他或她的劳动是这样的**真正的**贡献,而不是满足另外的某人的突发奇想或纯粹奢侈的反社会需要,个人的道德尊严才得以维护。

用神学表达来讲,为了女人可以拯救她自己的灵魂,可以保持她的道德尊严,即为了她可以实现未来的道德准则,她必须具有经济上的独立性。我认为,男人在这方面非常易于低估女人的情感。一个男人可能十分乐意把他的一半收入交给朋友处置,但是具有任何社会情感的男人却如凤毛麟角,他们(除非这样的赠予能够使他们完成一次公认的社会服务)不会感到在收受它时失去道德尊严!他们迄今服从社会主义的准则,从而他们拒绝在不归还的情况下依靠是他们的朋友的其他人的劳动生活;不幸的是,却罕见对在不归还的情况下依靠**不是**他们的朋友的其他人的劳动生活提出任何反对意见。但是,在我看来情况似乎是,在我们现在的社会体制下,大多数女人必定依靠男人的劳动生活。男人可能愿意足够地给予,但是女人在道德上无法承受得起收受。女人必须具有经济上的独立性,因为只要她们为了生计依赖父亲、兄弟、丈夫或情人,而不是依靠她们自己的劳动,她们就不能真诚地行动。可能使人想到的是,女人常常携带财产给丈夫,比他为共有的可靠生计做出同样多的贡献,或者还要多的贡献。假如在将来返回——无论如何是部分地返回——到母权制原则,那么可能使这种情况变得更加频繁。确实可以找到这种返回的某些迹象,但是我以为,它只能具有非常短暂的类型,因为它似乎与社会主义的基本原理针锋相对;也就是说,个人的财产权不能是继承的财产权,而是他或她自己的劳动的结果。实际上,女人在结婚时携带的财产是她自己劳动的收入,这方面的实例是十分稀少的;这可能使她在经济上独立于她的丈夫,但是却使她在经济上依赖共同体。因而,共同体正在供养她,而不是她的丈夫正在供养她;如果供养不是对女人的社会服务的回报,这是更为严重的不幸。读者可能提出,女人的家庭责任实际上是她对共同体的劳动贡献,这是对她的无所事事的进一步的辩护。就这样的责任与生育有关而论,我立即承认,它们的确**可以**形成对社会存储的十分重要的贡献。但是,这种情况的可能性完全取决于特定男人和女人在目前的人口压力下生殖的社会的(道德的)权利。就体格和智力能力而言,特定的男人和女人为延续种族可能是适合的,或者可能不适合。如果他们是合适的,那么也不能得出他们具有无限制的家庭的社会权利。事实上,在社会上适合是未来种族的双亲,同时又是该种族抚养者和教育者的男人和女人,根本不像流行的习惯可能导致我们设想的那样是如此常见的。孩子的出生是责任,这个责任的道德重要性绝非今日普通丈夫和妻子可以恰当地权衡。

眼下,让我们把女人像在抚养和教育孩子这样的家庭劳动部分的社会价值放这一边,她实际上往往可以比在家庭更广泛的领域更好地行使这种功能。此刻,让我们把我们自己局限于无孩子的家庭,局限于不在家里教育孩子或不把孩子留在家里的家庭,局限于单身女人的家庭生活。女人的家庭责任是对丈夫、父亲、兄弟的责任,是对年迈的双亲或残疾的亲属的责任。这些责任是女人为她受共同体供养而做出的劳动回报,它们形成她能够宣称是道德的基础,形成必定产生她的独立感情、她对社会贡献某种东西——因为她从它收受某种东西——的感觉的源泉。在我看来,难以想象的是,任何男人会心甘情愿地接受对最亲密的朋友的类似依赖;而且,令人惊奇的是,习惯的思维模式听任如此之多的女人屈服这样的动产奴隶身份。我毫不犹豫地断定,在大多数实例中,非生育女人的家庭责任并不满足社会主义准则的标准。如果要求女人劳动,那么它是超过家庭限制的劳动。在最近五十年,由机器、由大批量的供应产品、由劳动分工、由公寓楼制度等引进的家务经济的巨大变革,使家庭生活发生革命;"在六十或八十年前,家庭主妇及其侍从有充足的理由去做的事情,现在变成无价值的消遣,机器使个体女人的手失去效用。"[①]也许能够使读者不仅想

---

① Marianne Hainisch, *Die Brodfrage der Frau*(《妇女的职业问题》), Mien, 1875.

起单身男人或女人成功经营他或她自己的家庭的几个实例,而且想起丈夫或未生育的妻子追求它们的自己的职业、他们的家庭也不是无希望的混乱的舞台的例子。从士瓦本和巴登(Baden)的农民生活中,我本人能够出示同一方面的诸多证据。许多农场主的妻子不仅承担她的家庭责任,而且从事乡村客栈的全部生意;或者,另一方面,当她的丈夫在林区忙碌时,她要借助童仆和女仆管理整个小农场及其家宅。我看见她耕地,施粪肥,收割和打谷,挤奶和制作黄油;我夜晚与她一起坐在灶火旁边,她似乎并没有忽略家务,她的精神生活也不是空空如也。在这样的时候我获悉,女人的劳动具有社会价值,这种价值必须把她列入超出家庭责任的所有类别。在英格兰,中产阶级的妇女把几乎全部时间花费在增加家庭的舒适和装饰上,以及相应的兜圈子"购物"、购买摆件(nicnacs)和无价值的物品,这么多的时间只不过是反社会的,是对他人劳动的误导。①

在这里,实际上可能有人会说:"但是,你忽略了家庭舒适的价值和女人创造社会幸福的功能。"对此,我回答:"如果以与男人相同方式劳动不是女人的功能,而在社会生活中成为舒适、同情和幸福的中心是女人的功能,那么为了一致,我们必须把这个准则应用于**所有**女人。我们必须阻止每一个女人收受她的劳动的工资。我们必须完全禁止在工场、工厂、办公室、商店和家庭服务中为挣钱雇用她;为了一致,我们必须禁止为妓女付钱和为文字工作付报

---

① 庞大数目的中产阶级妇女无所事事,或者忙于琐事;当人们查看仅仅在一个工作部门即科学研究部门,有组织的每一种资格等级的工作者做出多少事情时,想到上述情况是令人惊骇的。

酬。于是,必须听任现在挣钱的大量女人承担依赖男人的风险,或者必须由国家供养她们吗?由于女人的功能能够不同于男人的功能,且包含社会劳动的免除,因此对她来说大概存在不同的道德准则。假如这个未来的或想象的黄金时代在某个时候达到,女人确实会有令人高兴的舒心时刻;我的唯一的遗憾是,男人也不会分享它!"不过,在我看来,情况似乎是,男人和女人之间社会功能差异的一切假定——这到达生育的物理事实之外——是绝对无法证明其正当的,都打算把女人再次还原为玩物的地位,还原为没有灵魂的和不能按照为男人设置的较高社会准则行动的动物的地位。女人的劳动是对共同体具有无限价值的储备,[①]她拥有受教育和就业的社会公共机构向她开放的权利,这种权利是以她对共同体的公共劳动存储做贡献的责任为基础的。在"妇女权利"讲台背后的道德力量是妇女劳动的责任。我确信,这样的劳动在大多数未生育的女人的实例中与"家庭责任"不是同义的。

于是,我的论据把它自身划归为这一点:为了所有人可以发展他们的丰富个性和自由地服从较高的道德行为准则,对他们来说经济独立是必不可少的。把妻子局限在家里,不鼓励——若存在的话——她按照她的职责自由行动和自由劳动,这种流行的两性关系理想与这种经济独立不协调,因此是一种最终注定破灭的理想。具有它的新道德的社会主义运动和争取两性平等的运动确实

---

① 尽管劳动是社会地组织的,但是女性劳动的引进能够增加工作者的数目,从而在不增加所养活的人口数目的情况下会减少所需要的个人的总量。

将削弱我们现时的社会习惯,并且可能改变现存的婚姻法。

迄今,我从女人的立场处理这个问题,但是对于有思想的男人来说,流行的性关系观点看来必定是唯一无法容忍的,几乎是令人厌恶的。这个观念将浮现在我心中:女人可能为了生计或地位而和他结婚;她可能由于相同的理由依然与他在一起,或者因为她认为她对一个如此长期供养她的人有责任;再者,情况可能是,她觉得作为分离的必然结果的习惯性社会排斥是无法承受的。友谊的魅力在于它的本性的自发性;只要两个人相互发现同情的吸引,他们会继续是朋友;真正的破裂危险在于,彼此产生忍耐,使友谊变成如此习以为常地终生。在同情的吸引消失之后,受束缚把一个人作为朋友对待,也许是无法忍受的,可是这是毕生的一夫一妻制十分经常的后果。存在回避这样的结合的男人和女人,这什么好惊讶的呢?剥夺法律上的终身一夫一妻制的责任垄断,或者剥夺男人和女人的性本能,按照这种模式现在只能"社会地"实施这一点;我不相信,单身男人和女人会再次签名登记,用终生的暹罗联体双胎(Siamese twinship)代替友谊的自由。女人的经济独立将首次有可能使最高的男女关系再次变成纯粹的爱慕之情,这种感情无可怀疑地解除强制,清除一切可能的商业主义污染。

如果我们认为法定的一夫一妻制是必要的,是因为女人还没有经济独立,是因为男人出于本性是如此狡诈无赖,以致他偏要利用女人的依赖——而且这种观点有许多有利于它的证据,于是我们在为妇女解放和社会主义道德传播而工作时,明显地具有清楚的目的。但是,完全可以注意到毫无例外地维持法定的一夫一妻制的一个结果;也就是说,正如我们在更接近的所有权和性关系将在特征上变化的时代看到的,愈来愈多的男人和女人可能继续不结婚;这样一来,从一种类型到另一种类型到转变将对作为一个整体的社会更加有益,相形之下,社会因其作为一种越来越频繁的变异的出现,由此会成长得习惯于新类型。

　　我现在能够陈述,我认为性关系的新理想将是什么,关于它的法律或社会舆论将如何行动。我将从下述基本原理开始:妇女的经济独立,所有人对劳动的责任和权利,正如我们看到的,可能包含人口的限制。作为另类的社会主义者,我要求所有人必须劳动,必须对所有人提供劳动领域。不过,与大多数社会主义者不同,①我相信,这样的领域的提供最终——即便不是立即——必定包含

---

　　① 马克思通过滥用马尔萨斯并没有解决困难。勒鲁(Leroux)的理论(食物供应是粪肥问题,每一个人的粪便若恰当地使用,足以生产他的食物配额)和杜林的学说(每一个添加的劳动者都增加劳动存储,社会生产食物的能力也是如此)都是十分幼稚的,因为他们通过预设适合于粪肥和劳动的**田野**,用未经证明的假定来辩论。恩格斯(Engels)显然能够在密西西比河(the Mississippi)流域找到这样的田野,或者他提出移民的补救办法。另一方面,海因德曼(Hyhdman)宣称这种补救办法是资本主义的流放而加以反对。倍倍尔(Bebel)对该问题的处理像他的论著的其余部分一样,也缺乏逻辑和历史的精确性。最近,钱皮恩(Champion)竭力鼓吹使得国家"令人震惊地人口不足"这样一个有害的学说。少数社会主义者不愿面对这个问题,而实际上把它搁置起来。真正的解决办法只不过是,在社会主义共同体中,而不是在资本主义共同体中,在不失去民族活力的情况下,人口的限制是困难的。在我们目前的资本主义社会,新马尔萨斯主义者按照他们的说教十分明显地降低出生率,但是我收集的所有证据似乎表明,这种出生率降低是以损害民族活力为代价的,因为它发生在体力和智力较适者中间。考茨基(Kautsky)在接受马尔萨斯定律及其后果时,似乎唯一地站在社会主义者中间。

人口的限制。① 无论如何,如果大量的反社会的阶层还继续把若
干数量的不需要的人带到人世,那么在没有国家干预的情况下,社
会的男人和女人限制他们子女的数目,就几乎没有什么好处了。
在生育问题上,社会必须以某种样式干预和约束反社会的人。为
此我认为,将不会把未来的性关系首先看作是为生育而结合,而是
视为男女之间友谊的最密切的形式。我们将一劳永逸地消除路德
的或新教的婚姻信条。与为繁衍人类而结合相比,性关系将意味
着无限丰富的内容。

生育或抚养孩子将不伴随未来的结合,或者在比现在在更加
受限制的范围和大得多的责任感上伴随它们。因此,女人经济依
赖的主要原因之一将消失。她的性关系将不习以为常地意味着没
有能力积极劳动,从而不意味着性依赖。在这里,我必须做出在我
看来是根本的区分,即生育女人或不生育女人的区分,尽管这会引

---

①　我在另一个场合比较充分地处理了社会主义与人口问题的关系,指出接受马
尔萨斯发现的定律对于任何自命是科学的社会主义理论如何是必不可少的。不管怎
样,我愿意向读者推荐约翰·斯图亚特·密尔的《政治经济学》(*Political Economy*,
People's Edition,pp. 220,226)的下述段落:"每一个人都有权利生存。我们将假定这
一点得到承认。但是,没有一个人有权利使人活着而由其他人供养。无论谁意欲坚持
这些权利中的第一个,就必须宣布放弃对最后一个权利的要求。如果一个人除非其他
人帮助他,他甚至不能供养他自己,那么其他这些人就被赋予资格说,他们也不承担这
个人的任何后代的供养,而这个人从身体上讲也可能把后代带到人世。……国家保证
以足够的工资雇用所有出生的人,恐怕是可能的。但是,如果它做不到这一点,那么它
就以自我保护的方式、出于政府继续存在的一切可能的需要见起,有义务规定在没有
政府准许的情况下不能生孩子。……当人的责任的这个巨大的活动领域产生身体事
实的忘却时,对它的缄默能够产生道德义务的无意识,人们不会为此感到惊讶。推迟
结婚、在未婚时生活在禁欲之中是可能的,大多数人乐于容许如此;但是,当人们一旦
结婚,该观念在这个国家似乎从来也没有进入拥有家庭或没有家庭的任何一个人的心
智,或者家庭将要构成的人数服从他们自己的控制。人们也许想象,孩子像下雨一样
径直从天空倾泻在已婚人身上,而他们并没有策划和参与这件事情;正如通常的警句
所言,决定他们的后代的数目,确实是上帝的意志而不是他们自己的意志。"

起针对它的反对意见。女人可以从一个阶层通过和再通过到另一个阶层,但是关于两个阶层的社会地位是本质不同的。就性关系而言,只要它不导致生孩子,我认为未来的国家无论如何也不要涉及它本身;但是,当它导致生孩子时,那么国家将有权利干预。这是基于两个根据:第一,因为人口问题在数量和质量两个方面影响作为一个整体的社会的幸福;第二,因为生孩子在较长或较短的时间间隔内把经济依赖强加于女人。

读者也许注意到,我们设想未来的不生育的女人将具有经济独立,在这样的女人和男人之间将没有法律的或社会的差异。可能有人会问,这样的经济独立、这样的性质量是否真的可能?我相信,它在未来将是这样,我怀疑它在现在是否是如此。邮局雇用女职员,并不是因为她与男性职员平等,而是因为她们减少的效率和增加的病假被缩减的工资更多地补偿了。在我们目前的体制下,这个事实处于许多雇用女性劳工的基本原则之中。① 但是,今日普通女人较小的体力和较低的一般智力,并不是那些永远能够坚

---

① 这方面的例子是足够常见的;我仅仅引用刚刚(1886 年)引起我注意的下述引人注目的例证。伦敦柠檬汽水制造商合伙商号最近解雇了十二个男人,他们给这些男人每个人每天支付 4 先令的报酬;他们用十六个女人代替他们,他们能够干相同的工作,而他们给她们每人每天仅仅支付 1 先令 8(旧)便士。就这样,通过以不足温饱的工资大量雇用效率比较低下的工人,商号每天节省了 11 先令 4 便士。当然,这仅仅是制造商一方自我保存的行为;真实的罪恶源泉隐藏得更深,即在于竞争性的生产和无特殊技能工人未受抑制的增加。由于这些影响,越来越多的伦敦男人正在由他们的女人供养。连同两性在大都会的巨大不相称列举的这个事实,实际上指向返回母权制的痛苦形式。如果社会的资本主义阶段持续下去,那么我们可以预料发现,工人阶级的男性最终沦为唯一的寄生虫功能,沦为纯粹的工人生殖者![译者:英镑(pound,符号为£)为英国的本位货币单位,由英格兰银行发行。辅币单位原为先令(shiling,简写为s.)和便士(denarius 或 denarii 为旧便士,简写为 d.),1 英镑等于 20 先令,1 先令等于12 便士。1971 年 2 月 15 日,英格兰银行实行新的货币进位制,辅币单位改为新便士(penny,pence),1 英镑等于 100 新便士。]

持她的目前被奴役条件的人的真正论据。文明史的学生将发现，有一个时期，女人在**体力上**完全与男人颉颃，而在**脑力上**她大大超过他。① 不存在女性低下的固定的自然规律，我们现在在我们现行社会的某些阶层中看到的情况，主要是目前没有训练和在邻近的过去没有严格选择的女人的体格和智力的后果。每一个不得不与女学生打交道的教师或主考人总是承认，她们像男学生一样具有理解相同智力练习的能力。在南德意志、瑞士和北意大利山区的漫游者在某种程度上获悉，女人的体力能够通过健康的野外生活得以发展。我经常在距离最近的村庄数英里的蒂罗尔地区的阿尔卑斯山山地牧场（Tyrolese Alp）②歇息，在这里，两三个少女在四五个月内风雨无阻地经管四五十头奶牛。早晨和晚上，必须挤奶，必须制作奶酪，偶尔制作带到下面溪谷去的黄油。还有，在早晨早早挤完奶后，在山地牧场之上一两千英尺，几乎是在雪线上，可以看见这几个女子刈饲草，过后成捆地向下运送饲草，而许多男人也无法把这些草捆举起来。在恶劣的天气里，在雾霭和下雪时，不得不寻找奶牛，把它们引领回家；在其他时间，必须把它们驱赶到牧场，要到达牧场只能穿过相当大的雪原。可是，尽管她们的任务对身体是严酷的，但是这些蒂罗尔地区的**只有衬衣、紧身背心和腰褶彩裙的村姑装**（Tyrolese Dirndl），处在我遇见的最健康的、最

---

① 我就这些要点收集的证据太复杂了、太丰富了，以致在这里无法再现。说说下述事实就足够了：在我看来极其可能，在亚利安人中，女人是第一个从事农业、创造原始宗教、发现医学成分的人。

② 蒂罗尔（Tyrol）是奥地利西部与意大利北部的一个区域，在阿尔卑斯山中。——译者

精力充沛的、最幸福的女人之列。我并非正在指向女人中的脑力和体力能力的反常实例,她们只不过是训练容易产生那样的人的榜样。我确信,当一两代女人接受了健全的智力训练时,当姑娘的体格教育像小伙子的体格教育那么多时,当在性选择中男人比现在更多地受到他们的配偶的体格和脑力能力支配时,那么不生育的女人将与男人经济平等,从而能够保持她的独立性;在他们可以一致正式开始的任何性关系中,她将是他的在体力和脑力上地位相同的人。对于这样的女人,我认为,性关系就形式和实质二者而言,应当是纯粹的品位(taste)问题,是男人和她之间单纯的意见一致的事情,无论社会还是国家都不可能有任何需要或权利干预它。男人和女人双方的经济独立会使它仅仅成为相互同情和爱慕的关系;它的形式和持续时间按照个人的感情和需要改变。在我看来,这种自由的性结合似乎是未来的理想,是社会主义在应用于性时的结果。倡导法律或国家的干预并不是为干预而干预,只有当干预能够制止第二个处于更有利地位的人对一个人的反社会的压迫时,干预才具有社会价值。**除了孩子**,教会或社会以任何正式方式干预情侣都是不能容忍的。即使它不是惯常的,它也可能是令人讨厌的;它作为对受支配的阶层的保护变得习惯了。当婚姻不再被视为女人的职业时,而接近是她们能够获得男人的志同道合和更广阔的生活的唯一方式时,也就是说,当男女关系完全自由,他们能够在相同的立足点上相识时,那么这种自由的性关系不仅不导致淫荡和放纵生活,而且我认为它能够是预防淫荡和放纵生活的最好措施。与现在在一些社交圈子男人和女人必须是情人或没有显示出友谊的迹象相比,依据密切的友谊而拥有许多异性朋友的男人和女人，误解爱的迷恋或爱的友谊的危险恐怕要小得多，情侣关系也许比现在更加难以正式开始。每一个男人和女人可能最终会从他们的朋友中选中一个情人，但是作为绝对自由的、会选择一个以上情人的男人和女人肯定总是例外——我相信，这些例外无限地罕见，比在我们目前法定的一夫一妻制下实际上伴随未被社会认可的一夫多妻和一妻多夫、情妇和娼妓的例外还要稀罕得多。但是，这种理想的性关系的可能性取决于女人的经济独立和社会主义道德的接受；直到这些条件在某种程度上得以保证时，对于今日的乔治斯·桑德（Georges Sand）和乔治·刘易斯（George Lewis）来说，这样的结合才是可行的。

如果上面所写的东西在相当程度上表达不生育女人的性问题的未来解决办法——她的经济独立将保持她的个性，那么社会主义者将如何对待她的姐妹即生育的女人呢？在我看来，在这里似乎再次需要，首先应该使她在经济上独立于父辈和情人。在未来的社会中，孩子的出生将是社会的收益，或者它将不是社会的收益。如果父母保证期待一个健康的、有活力的公民，那么我认为，生养这样一个孩子的女人正在履行崇高的社会功能，维护她的经济独立的相应责任主要落在社会、落在国家肩上。国家而不是个人应该以一种形式或另一种形式守护，它的生育女人不因她们在生育或抚养它的未来公民期间不能从事其他社会劳动形式而失去她们的独立性。请不要任由读者向他自己描绘庞大的国家产院、免费的托儿所等，我看不到这类郁郁寡欢，简陋划一的房子能够代替我们通常家庭生活的理由，也看不到父亲对他的孩子的影响——恰如它今天存在的那样——能够唯一地基于他必须供养他们的母亲这一事实的理由;确实,存在它的比这更深刻的根源! 不仅如此,我想象,就像朋友现在居住在一起一样,情侣在未来将试图这样做;就像他们在没有成熟考虑和至少女方——即便不是配偶双方——没有愿望的情况下将不要孩子一样,他们也会渴望有他们的孩子,并围绕他们自己形成家庭生活。但是,在这种家庭生活中,不再是动产的妻子将具有由国家保障的经济独立性。

让我举一个**纯粹假设性的**例子——我不强调它的细节,不使它就它的用数字表示的价值唤起无用的讨论;让我设想,在任何时代,为维持效率高的人口限度,一个婚姻平均三次分娩就充分了。[①] 一些女人无疑愿意有较多的孩子,另一些则愿意有较少的孩子或者一个不要;在这样的实例中,完全可能存在共同体的平衡;任何个人对当地的平均数可以在被批准时添加;但是,对于每一个被批准的出生,在生育和抚养使母亲无法合适地从事其他社会劳动时,为她的生计提供固定的年金,应该是社区或国家的责任;这不是赞同减少父亲对他的孩子的关切或责任的观点,而只是使母亲成为自由的个人。随着国家财富的增长,可以产生较大的出生数目或做出较多的年补贴。在我看来,这是把未来的生育女人置于与男人经济平等,打破她变成丈夫的动产奴隶的唯一满意

---

①　由于国家向殖民地移民的广泛体制(并非个人没有计划地移居到殖民地,在那里个人或合伙的资本家已经拿到必要的土地),即使不向共同体的在体力和脑力上较适者的阶层征召,那么像目前这么高的出生率还可能继续下去,在多代人期间依然能够增加帝国的活力和威力。与我们目前的鼓励不适者过度生产,为贸易和其他利益的缘故占据未殖民的、因反对异己人口还没有牢靠守住的领土的资本主义政策相比,更加值得政治家注意的是效率高的阶层中间的高出生率,以及像将供养白种人这样的世界部分的吸纳作用和国家向殖民地移民。

的方法。显然,超过批准数目的出生不会受到国家的认可;如果境况在任何时候必定由大量的人口过剩引起,那么这甚至需要从正面和反面处罚父母双方。存在限制出生数目的可能性,法国的例子充分证明这一点。随着剩余劳动社会化能够导致的舒适标准的普遍提高,随着妇女完全解放而引起她们的独立性的增长,十分可能,只会在少数场合,国家才干预此事;若情况需要,出生数目能够下降,正像在法国所做的那样。在这里注意到可能性就足够了;控制人口的方式在这个讨论范围之外。它是一个需要国家本身仔细而科学地调查研究的问题——只有通过这样的调查研究,我们将确实能够在旧的和新的马尔萨斯主义者双方的提议中,决定什么是社会的或反社会的,什么是健康的或不健康的。

　　于是,在我看来,未来性问题的社会主义的解决办法似乎是这样的:性关系的完全自由留给在经济上平等,在体格上训练有素、在智力上发达的一批男人和女人的判断和品味;如有必要,国家在生育问题上加以干预,以便一方面保护两性之间的独立性,另一方面保持有效人口的限度。对于那些在这些事情上认为是徒劳的梦想家的理想而不是未来可能性的人,我只能回答:充分衡量一下在我们时代起作用的力量,指明不满足现状的男人和女人的数目和特点,仔细权衡一下我们社会主义的新道德和性的新道德的导师的热情,那么你们将不会把他们仅仅归类为梦想家。对于那些在现在能够了解他们的责任的人而言,我只能说:通向我们理想的头几步,是传播作为道德的社会主义和我们姐妹的完全解放。对于像老诗人那样犹豫不定、内心怯懦、在我们的时代的伟大中只看到卑鄙和贪欲的人,我们必须公开表示悲伤的但却果敢的告别:"大爷,汝不知道我们的需要,汝之任务已经完成,我们必须依然阔步前进——再见。"我们充满新的激情,新的热望,新的思想;我们的时代不是卑鄙和贪欲的时代,而是充实着比过去更明晰、更高尚的观念,我们的儿子和女儿们将产生这些观念。危险和困难存在着,苦难、痛苦和犯错误绰绰有余。但是,今天的我们超越它们观看;它们没有促使我们陷入绝望,而是召唤我们投身行动。过去的你们珍视基督教,而我们当然珍视自由思想;过去的你们珍视信仰,而我们当然珍视知识;你们热切地追求财富,而我们更珍视对劳动的责任和权利;你们谈论婚姻的神圣不可侵犯,我们在那里发现爱在市场出售,而且我们正在为消除性自由中的弊端而奋斗。你们的象征符号是过去的象征符号,文明把许多东西、把在过去历史指示人类进步的方向甚至启示未来的伟大里程碑、把**我们的**理想都归功于这些象征符号。但是,作为我们今天行动的象征符号,它们是无用的,它们现在意味着思想的奴役、劳动的奴役和性的奴役。对于即将到来的时代,我们具有另外的更加真实的理想——思想自由、劳动自由和性自由,这些理想基于关于人的本性及其历史的更深刻的知识,比你们、比我们父辈能够拥有的那些知识深刻得多。要是你们称它们是不虔敬的、不合理的、不纯洁的,那是因为你们既不理解时代,也不理解我们。我们不得不听任你们悲伤地落在后面,我们必须独自向前。这个时代在知识方面是强大的,在观念方面是丰富的;当我们的象征符号将成为行动的指导时,当它们的美通过它们在新生艺术中的实现使人们深切地感受到时,我们认为未来并非如此遥远。

　　所有这些关于思想自由的论证，已被解决。

　　(His Omnia, quae de Mentis Libertate ostendere

volueram, absolvi.)

人名和神名译名对照表 *

Abelard 阿伯拉

Abraham 亚伯拉罕

Absalom 押沙龙

Adam 亚当

Ægidius,St. 圣埃吉迪乌斯

Æsop 伊索

Agricola,Rudolf 鲁道夫·阿格里
科拉

Albert the Great 大阿尔伯特

Alda 阿尔达

Alexander of Aphrodisias 阿弗罗狄
西亚的亚历山大

Angelo,Michael 迈克尔·安杰洛

Angelo,Raphael 拉斐尔·安杰洛

Anselm 安塞姆

Apollo 阿波罗

Appius,Cn. Cn.阿皮乌斯

Aquinas,Thomas 托马斯·阿奎那

Aretin 阿雷廷

Argus 阿尔戈斯

Aristotele 亚里士多德

Arnold,Matthew 马修·阿诺德

Arthur 亚瑟

Astarte 阿施塔特

Astoreth 阿斯托雷思

Athena 雅典娜

Augustine 奥古斯丁

Augustine of Ancona 安科那的奥
古斯丁

Ave Maria 万福玛利亚

Averroes 阿威罗伊

Bacchus 巴克斯

Bachofen 巴霍芬

Bannock-Bernt 班诺克-伯恩特

Basil,St. 巴西勒

Beard 比尔德

Bebel 倍倍尔

Beham,Hans Sebald 汉斯·泽巴尔
德·贝哈姆

Benedict 贝内迪克特

Beovulf 贝奥富尔夫

* 原书无索引,本对照表为译者编撰。

David　大卫

Davids,Rhys　里斯·戴维斯

Dei, Alexander de Villa　亚历山大·
德·维拉·德伊

Descartes　笛卡儿

de Spina, Aphonsus　阿方索·德斯
皮纳

Diether　迪特尔

Divara　迪瓦拉

Docen,B. J.　B. J.多岑

Döllinger　德林格

Donatus　多纳图斯

Don Quixote　堂吉诃德

Dorpius　多皮斯

Dresser　德雷瑟

Drummond　德拉蒙德

du Bois-Reymond,E.　迪布瓦-雷蒙

Dumas fils, Alexandre　亚历山大·
小仲马

Duns Scotus　邓斯·司各脱

Dürer, Albrecht　阿尔布雷希特·
丢勒

Dusentschuer, Johann　约翰·迪森
丘埃尔

Eberbach, Peter　彼得·埃贝巴赫

Eck,Johann　约翰·埃克

Eckehart, Meister　迈斯特·爱克
哈特

Edgeworth,F. Y.　埃奇沃斯

Elias　埃利亚斯

Eliot,George　乔治·艾略特

Eliot,Lewis　刘易斯·艾略特

Engels　恩格斯

Enoch　恩诺赫

Erasmus　伊拉斯谟

Esther　以斯帖

Eulenspiegel　奥伊伦施皮格尔

Eva　伊娃

Eve　夏娃

Ezla　埃兹拉

Faust　浮士德

Faustus　福斯图斯

Fischer,Kuno　库诺·菲舍尔

Fredegunde　弗雷德贡德

Friedrich,Duke　杜克·弗里德里希

Friedrich,Johann　约翰·弗里德
里希

Gabriel　加百列

Galilei　伽利略

Galton　高尔顿

Gasparinus　加斯帕里努斯

Geiler　盖勒

Geirrod　盖罗德

George,St.　圣乔治

Gerson　格尔松

Gervinus　格维努斯

Gewandscherer,Else　埃尔泽·格万
德舍雷尔

Gialp　吉阿尔普

Gideon　基甸

Gifford　吉福德

Jahneh　耶和华

Jerome, St.　圣哲罗姆

Jesus　耶稣

Jevons, Stanley　斯坦利·杰文斯

Joël　约埃尔

Jonas, Justus　尤斯图斯·约纳斯

Joris, David　达维德·约里斯

Joseph　约瑟

Josephinus of Gerson　格尔松的约
　瑟芬努斯

Judas　犹大

Judith　犹滴

Juliet　朱丽叶

Julius, Duke Heinrich　杜克·海因
　里希·尤利乌斯

Jupter　朱庇特

Juvenal　尤维纳利斯

Kaiserberg, Geiler von　盖勒·冯·
　凯泽贝格

Kampschulte　坎普舒尔特

Kant　康德

Kassapa　迦叶佛

Katrei　凯瑟琳

Kautsky　考茨基

Kelvin, Lord　开尔文勋爵

Kepler　开普勒

Kibbenbroick　基本布罗伊克

Knapp　克纳普

Knipperdollinch, Bernt　伯恩特·克
　尼佩尔多林希

Koberger　科贝格

Königsberger　柯尼希斯贝格尔

Krauth　克劳特

Laertes　雷欧提斯

Lambert, St.　圣兰伯特

Landgrave　兰德格拉弗

Langen, Rudolf von　鲁道夫·冯·
　兰根

Lankester, Ray　雷·兰克斯特

Lassalle　拉萨尔

Lasson　拉松

Lazarus 拉撒路

Lechenholz　莱兴霍尔茨

Legatt　莱格特

Leroux　勒鲁

Lewis, George　乔治·刘易斯

Linden, F. O. zur　　F. O. 楚尔·
　林登

Lippert　利珀特

Livy　李维

Louis XIV　路易十四

Lucilium　吕西里阿

Luna　卢娜(月神)

Luther, Martin　马丁·路德

Macdonel, W. R.　　W. R.麦克唐奈

Magdalene　玛格达莱尼

Mahomet　穆罕默德

Maimon　迈蒙

Maimonides　迈蒙尼德

Maior　迈奥尔

Malthus　马尔萨斯

Ploss　普洛斯

Plutarch　普卢塔克

Pollock　波洛克

Pomeran　波梅兰

Priscian　普里西安

Prometheus　普罗米修斯

Proserpine　普罗塞耳皮娜

pseudo-Dionysius　伪丢尼修

Ptolemy　托勒密

Rachel　拉结

Regiomomtanus　雷吉奥蒙塔努斯

Renan,M.　雷南

Reuchlin　罗伊希林

Rhegius,Urbanus　乌尔班努斯·雷吉乌斯

Rinck　林克

Romeo　罗密欧

Rottmann,Bernhardt　伯哈德·罗特曼

Rubianus,Crotus　克罗图斯·鲁比亚努斯

Rüdinger　吕丁格

Ruskin,John　约翰·罗斯金

Sabinus,Georg　格奥尔格·扎比努斯

Sachs,Hans　汉斯·萨克斯

Salisbury,Lord　索尔兹伯里勋爵

Sand,Georges　乔治斯·桑德

Sartorius　萨托里乌斯

Satan　撒旦

Sattler,Michael　迈克尔·扎特勒

Scaliger　斯卡利杰

Schaarschmidt　沙尔施密特

Schedel,Hartmann　哈特曼·舍德尔

Scheyger,Thomas　托马斯·沙伊格

Schlachtschap　施拉赫恰普

Schleiermacher　施莱尔马赫

Schneider　施奈德

Schreiner,Olive　奥利费·施赖纳

Schopenhauer　叔本华

Schuldorp,Marquard　马夸德·舒尔多普

Schütz,Johann　约翰·许茨

Schwenkfeld　施文克菲尔特

Scotus,John　约翰·司各脱

Seneca　塞内加

Servatius,St.　圣泽瓦蒂乌斯

Servetus　塞尔维特

Shakespeare　莎士比亚

Sickingen,Franz von　弗朗茨·冯·西金根

Siegfried　西格弗里德

Socrates　苏格拉底

Sol　太阳神

Solomon　所罗门

Soloweyczik,Elias　埃利亚斯·索洛韦埃齐克

Sorley,W. R.　索利

Sortes　索尔特斯

Spalatin　斯帕拉廷

Spencer,Herbert　赫伯特·斯宾塞

Wolgemuth　沃尔格穆特

Wollstonecraft, Godwin　戈德温·
　沃斯通克拉夫特

Wollstonecraft, Mary　玛丽·沃斯
　通克拉夫特

Wotmann　沃尔特曼

Wuodan　奥丁

Wycliffe, John　约翰·威克里夫

Zarncke　察恩克

Zasius　察修斯

Zeller　策勒

Zeus　宙斯

Zmigrodzki　兹米格罗兹基

Zwingli　茨温利

地名译名对照表

---

*　原书无索引,本对照表为译者编撰。

兰克福

Freiburg　弗赖堡

Friesland　弗里斯兰

Fronhof　弗龙霍夫

Galilee　加利利

Gandersheim　甘德斯海姆

St. Gallen　圣加伦

Geneva　日内瓦

Germany　德国,德意志

Gotha　哥达

Greece　希腊

Greifswald　格赖夫斯瓦尔德

Haarlem　哈勒姆

Hague,the　海牙

Halle　哈雷

Hamburg　汉堡

Heidelberg　海德堡

Hesse　黑森

Hiltorppe　希尔托尔佩

Holborn　霍尔本

Ingoldstadt　因戈尔施塔特

Innssbruck　因斯布鲁克

Italy　意大利

Jena　耶拿

Jerusalem　耶路撒冷

Lancashire　兰开夏郡

Landersberg　兰茨贝格

Lechenholz　莱兴霍尔茨

Leipzig　莱比锡

Leyden　莱顿

Linz　林茨

Lisbon　里斯本

Liverpool　利物浦

London　伦敦

Lübeck　吕贝克

Mainz　美因茨

Marburg　马尔堡

Messina　墨西拿

Moravia　摩拉维亚

Mörse　莫泽

München　慕尼黑

Münster　明斯特

New World　新世界,西半球,美洲

Northern Europe　北欧

Nürnberg　纽伦堡

Ossenbrugge　奥森布吕格

Ossa　奥塞山

Ottobeuern　奥托博伊恩

Overat　奥费拉特

Paris　巴黎

Pelion　皮立翁山

Regensburg　雷根斯堡

Rome　罗马

Rottenburg　罗滕贝格

译 者 后 记

今天是公元 2013 年 7 月 23 日,一年中最普通不过的一个日子。可是,恰恰是这个大暑日,对我而言却有不大不小的意义。从去年金秋忙到今年炎夏,经过十个月又一天的连续劳作,《自由思想的伦理》中译文终于清稿,可望不久付梓。作为译者,又做了一件有点像样的事情,其欣慰之情自不待言。

皮尔逊是 19 世纪末和 20 世纪初英国伟大的哲人科学家[①]和百科全书式的学者,是批判学派[②]的代表人物和逻辑经验论的始祖之一。《自由思想的伦理》初版于 1888 年,1901 年经修订再版。它基本上是皮尔逊 1882～1887 年间发表的讲演和论文的汇集,当

[①] 李醒民:论作为科学家的哲学家,长沙:《求索》,1990 年第 5 期,第 51～57 页。上海:《世界科学》以此文为基础,发表记者访谈录"哲人科学家研究问答——李醒民教授访谈录",1993 年第 10 期,第 42～44 页。李醒民:哲人科学家:站在时代哲学思想的峰巅,北京:《自然辩证法通讯》,第 21 卷(1999 年),第 6 期,第 2～3 页。

[②] 批判学派的代表人物是马赫、彭加勒、迪昂、奥斯特瓦尔德、皮尔逊。关于批判学派,读者可参阅李醒民:论批判学派,长春:《社会科学战线》,1991 年第 1 期,第 99～107 页。李醒民:关于"批判学派"的由来和研究,北京:《自然辩证法通讯》,第 5 卷(2003),第 1 期,第 100～106 页。李醒民:批判学派科学哲学的后现代意向,北京:《北京行政学院学报》,2005 年第 2 期,第 79～84 页。关于批判学派的代表人物,读者可参阅李醒民在台北三民书局出版的《彭加勒》(1994)、《马赫》(1995)、《迪昂》(1996)、《皮尔逊》(1998)、《爱因斯坦》(1998)以及李醒民:《理性的光华——哲人科学家奥斯特瓦尔德》,福州:福建教育出版社,1994 年第 1 版;台北:业强出版社,1996 年第 1 版。

时他还是不到三十岁的青年人。该文集是他精心研究和沉思的结晶，也是他的理智的自由漫游和激情的自然喷涌的结晶，其内容之丰富、资料之翔实、说理之透辟、思想之敏锐、行文之典雅均堪称典范，不愧是一部名副其实的经典著作。该书虽然出版一百多年，但是至今仍然具有感人至深的精神力量和催人幽思的启发价值。它肯定能够成为学术守望者和文化驻足者的幽苑圣地，科学求知者和人文爱智者的良师益友，值得读者花时间研读，从而收获"旧学商量加邃密，新知培养转深沉"①之果。

　　译事维艰，绝非小儿戏言人人皆可为之——这是我多年从事移译的切身体验。就拿这本《自由思想的伦理》来说，作者皮尔逊学富五车、才贯二酉，他在书中涉及经济、政治、文化、宗教（包括犹太教、基督教、天主教、新教、佛教、伊斯兰教等）、科学、哲学、神学、历史、社会学、人类学、民族学、民俗学、语言学、神话学、地理学等诸多学科的资料和背景，英文行文中还夹杂有拉丁语、希腊语、德语（包括现代德语、中古德语、低地德语、高地德语）、法语、梵文等语种，着实令人眼花缭乱、无所适从。他所跨越的领域绝非我的知识和研究所能企及（译者的研究领域是科学哲学、科学史、科学文化），亦非我的外语功力所能涉足（译者至多只能对付一些英语、俄语、日语文献）。说实在的，翻译此书"是犹使蚊虻负山，商蚷驰河也，必不胜任矣"②。译者自不量力，之所以"知其不可而为之"③，斗胆承揽译事，盖因我毕竟还系统研究过批判学派及其五位代表

---

① 朱熹：《鹅湖寺和陆子寿》。
② 《庄子·秋水》。
③ 《论语·宪问》。

人物,就皮尔逊撰写了多篇论文,并有《皮尔逊》[①]一书问世(这在当时乃至迄今依然是全面论述皮尔逊思想的独一无二的专著)。在研究和撰写期间,我阅读或浏览过《自由思想的伦理》以及皮尔逊的其他论著,对他的生平、业绩和思想比较熟悉。佛曰:"我不下地狱,谁下地狱?"谚曰:"我不入虎穴,谁入虎穴?"同理,我不冒险翻译,谁来翻译?恕我直言,恐怕多年学界和学人也不大会注意这本书,更不必说用中文把它呈现在读者面前了——在我之前,此书一百多年在中国无人提及,更无中译本问世就是明证;因此,义无反顾、知难而进便是我的唯一选择,这也许是明义不容辞之责而后勇的自然结局吧。

好在手头工具书还不算太少,而今网络又十分发达,其中部分疑难就是在实在空间和虚拟空间,通过多方查找、反复搜索解决的。另一方面,我抱定不知就是不知的态度,不畏上问、不厌中问、不耻下问,我的朋友和高手方在庆、赵振江、刘钝,我的学生李艳平、郝苑、庞晓光,都是我经常请教和求助的学人。我还获得国内外有关学者的直接或间接帮助:比如一些中古德语和低地德语,就是国内德语文学大家杨吾能先生的高足、西南交通大学德语系教授莫光华帮助翻译的;又如一些疑难语词,借助英国、德国、美国一些同行的卓见和睿智得以解决。"天意怜幽草,人间重晚晴。"[②]写到此处,译者不由得暗自欣忭幽草有幸巧遇晚晴。在这里,谨向诸位贵人致以诚挚的谢意,感谢你们醍醐灌顶、甘露洒心之恩典。

---

① 李醒民:《皮尔逊》,台北:三民书局东大图书公司,1998年第1版,vi+357页。
② 李商隐:《晚晴》。

多年翻译实践的经验和教训,使我明白了一个简单不过的常识:译事浮躁不得,马虎不得,务必细心,务必耐心,一不留神,就可能出错;要坐得住冷板凳,要收得住名利心;否则,自取其辱事小,误人子弟、贻害学界事大——这样的实例数不胜数。译者尽管在翻译时"惟日孜孜,无敢逸豫"[①],但是名不副实、言不逮意之处在所难免,尚希读者宽宥,敬请方家指谬。威廉·布莱克讲得有道理:"犯错误和抛弃错误是上帝设计的一部分。"[②]本着这种精神,我依旧按照我 1998 年 3 月 4 日在《科学的价值》中译者序中坦言的心声行事:"作者早已仙逝,无可置喙。译者如人饮水,冷暖自知。读者慧眼独具,洞若观火。对于已匡之讹误,译者至今仍汗颜不已。好在《左传》有语可以权且自持:'人谁无过,过而能改,善莫大焉。'好在《论语》有言可以聊以自慰:'君子之过也,如日月之食焉。过也,人皆见之;更也,人皆仰之。'"[③]

抚今不免追昔,浮想极易联翩。中国的改革开放改变了我的命运[④],自从 1970 年代和 1980 年代之交"皈依"学界,我心无旁骛,以学为业,三十余年主要做了以下几件事情。在这里,我愿借此机会简要梳理一下,以告慰父母的在天之灵,以慰勉自我的特立

---

① 《尚书·君陈》。

② 原文是 To be error & to be cast out is a part of God's design。转引自 J. Bronowski, *Science and Human Values*, Hutchinson of London, 1961, pp. 59~83。

③ H. 彭加勒:《科学的价值》,李醒民译,沈阳:辽宁教育出版社,2000 年第 1 版,第 viii 页。

④ 李醒民:《科学的精神与价值》跋,《科学的精神与价值》,石家庄:河北教育出版社,2001 年第 1 版,第 502~519 页。李醒民:在思想解放的漩涡中——我的硕士论文的写作经过和多舛命运,合肥:《学术界》。2003 年第 3 期,第 224~233 页;李醒民:《中国现代科学思潮》,北京:科学出版社,2004 年第 1 版,第 329~351 页。

独行。倘若这些文字能对现时的学子或未来的学人有些微启示，那我自然喜不自胜了。

（一）研究。我围绕物理学革命，批判学派，列宁的《唯物主义和经验批判主义》，爱因斯坦，两极张力论和多元张力论，科学进步和科学革命，科学说明和科学理论评价，科学实在论，哲人科学家，科学精神和科学价值，自然辩证法研究的主要方向、基本方法、范式转换、学风建设、新视野和新境界，中国现代科学思潮，科学的文化意蕴，科学论等大小论题"探赜索隐，钩深致远"[①]。从1983年《激动人心的年代》的问世到2010年《科学论：科学的三维世界》的出版，先后共有十八部著作[②]刊行；同时，在海内外一百余家刊物发表学术论文三百多篇。这些论著发掘了诸多新颖的材料，提出一系列不同于传统观点的见解，相当一部分是填补中国和世界学术空白的开拓之作[③]；其学术成就在国内学术界名列前茅，赢得同行专家的好评，而且也受到美国、俄罗斯等国学者的重视和引用，

① 《周易·系辞上》。

② 按照出版先后排序，它们是《激动人心的年代》(1983)、《两极张力论·不应当抱住昨天的理论不放》(1988)、《科学的革命》(1989)、《理性的沉思》(1992)、《理性的光华》(1994)、《彭加勒》(1994)、《论狭义相对论的创立》(1994)、《马赫》(1995)、《伟大心智的漫游》(1995)、《人类精神的又一峰巅》(1996)、《迪昂》(1996)、《爱因斯坦》(1998)、《皮尔逊》(1998)、《科学的精神与价值》(2001)、《纵一苇之所如》(2004)、《中国现代科学思潮》(2004)、《科学的文化意蕴》(2007)、《科学论：科学的三维世界》(2010)。

③ 李醒民：《激动人心的年代——世纪之交物理学革命的历史考察和哲学探讨》，北京：中国人民大学出版社，(当代中国人文大系·哲学)2009年第1版，第174～289页("李醒民教授的学术研究和学术思想")。李醒民教授简介，合肥：《学术界》，2013年第5期，第239页。

在国际学术界产生了一定的影响①。

　　这一切成绩的取得,得益于我始终坚持的六不主义(不当官浪虚名、不下海赚大钱、不开会耗时间、不结派费精力、不应景写文章、不出国混饭吃)②,三不政策(一是在无"资格"招收博士生的情况下不招收研究生、二是不申请课题、三是不申请评奖)③和四项基本原则(绝不趋时应景发表论文、绝不轻易应约发表论文、绝不用金钱开路买发表权、绝不在他人论文上署名)④。这也是我向来

---

　　①　H. Lyman Miller, Science and dissent in Post-Mao China, *The Politics of Knowledge*, University of Washington Press, 1996, pp. 3, 65, 167, 181, 220~223, 238, 263, 247, 257, 347, 366. 在该书的 "Selected Bibliography" 中,开列了我的五篇论著。"计有李醒民:怀疑·平权·多元——关于发展马克思主义哲学的思考"。李醒民:"在哲学与科学之间",北京:《光明日报》,1988 年 12 月 26 日,第 3 版。李醒民:"略论马赫的'思维经济'原理"。李醒民:"关于《唯物主义和经验批判主义》第五章的一些思考",北京:《光明日报》,1988 年 6 月 27 日,第 3 版。李醒民:"关于科学与价值的几个问题",北京:《中国社会科学》,1990 年第 5 期,第 43~60 页。1999 年《我们的同时代人——俄罗斯作家杂志》(*Наш Современник, Журнал писателей России*)在纪念中华人民共和国成立 50 周年特辑中,发表了俄罗斯科学院哲学所弗拉季连·布罗夫(Владилен Буров)教授的文章 "在中国哲学家家里做客"。全文共 10 页,用将近 2 页评介我对《唯物主义和经验批判主义》一书据理批评的观点。2000 年,布罗夫教授在莫斯科出版了一部新著 *Китайи Китайцы Глазами Российского Ученого*(《一个俄罗斯学者眼中的中国和中国人》)。在 20 页的"谈谈社会科学"一章里,布洛夫用四分之一篇幅,详细介绍和评论我对彭加勒、马赫思想的研究成果,对列宁《唯物主义和经验批判主义》一书的批评和对列宁失误原因的分析。这本小书后来被译为中文,即 B. 布罗夫著:《一个俄罗斯学者眼中的中国》,李蓉译,哈尔滨:黑龙江人民出版社,2004 年 1 月第 1 版。
　　②　李醒民:"我的'六不主义'",《自由交谈》,成都:四川人民出版社、四川文艺出版社,1999 年第 1 版,第 107~112 页。
　　③　李醒民:"不把不合理的'规章'当回事",北京:《自然辩证法通讯》,第 22 卷(2000),第 3 期,第 7~8 页。
　　④　李醒民:"我为什么从来不⋯⋯?"北京:《自然辩证法通讯》,第 33 卷(2011),第 2 期,第 115~119 页。

固守下述学术座右铭的结果："哲学不是敲门砖和摇钱树,因此我鄙弃政治化的官样文章和商业化的文字包装。远离喧嚣的尘世,躲开浮躁的人海,拒绝时尚的诱惑,保持心灵的高度宁静和绝对自由,为哲学而哲学,为学术而学术,为思想而思想,按自己的思维逻辑和突发灵感在观念世界里徜徉——这才是自由思想者(freethinker)的诗意的栖居和孤独的美。"①

　　(二)翻译。迄今,我已经出版英、俄、日译著十八本②,其中多种忝列商务印书馆"汉译世界学术名著丛书"。我的翻译工作与学术研究或并驾齐驱,或穿插进行。二者相辅相成,互为推手:翻译使我精读外文论著,为我积累研究资料;研究使我熟谙作者的生平和思想,有利于把握作者的精神气质,提高译文的质量和水准。我曾经把翻译的理想境界概括为"角色转变,换位移情",最后译文达到的美妙境遇是:叫作者用畅达优雅的汉语说行话,让作者用激情四射的汉语写美文。为此,我对译者的资质提出一个相当高标准:外文驾轻就熟,中文功底厚实,具备专业知识,做过相关研究——

　　①　李醒民:《爱因斯坦》,台北:三民书局东大图书公司,1998年第1版,第544页。北京:商务印书馆,2005年第1版,第467页。
　　②　按照出版先后排序,它们是《列宁与科学革命》(1987)、《物理学史》(1988)、《科学的价值》(1988)、《科学方法讲座》(1992)、《巨人箴言录:爱因斯坦论和平》(1992)、《最后的沉思》(1995)、《科学的智慧》(1998)、《科学的规范》(1999)、《物理学理论的目的和结构》(1999)、《认识与谬误》(2000)、《自然哲学概论》(2000)、《科学与方法》(2000)、《科学与假设》(2001)、《爱因斯坦与大科学的诞生》(2005)、《霍金与上帝的心智》(2005)、《德国的科学》(2012)、《科学与哲学演讲录》(2013)、《力学及其发展的批判历史概论》(2013)。

虽不能至,然心向往之。① 我不认为,翻译是为他人作嫁衣裳,是
语种简单的机械转换。我觉得,翻译是为学界学子积德行善,是为
文化建设添砖加瓦,是为丰富和更新国人思想观念提供精神营养;
翻译是一种再创造的劳动,你的外文能力、知识素养和中文才华可
以在此尽情展现——"胸怀珠玑任挥洒,笔走龙蛇自成章"②。我
相信,每一个品尝过翻译甘苦的人,都会赞同我的看法,决不会小
视翻译的难度,决不会蔑视翻译的学术意义和社会功能,决不会无
视翻译的创造性内涵。正是意识到翻译是为学界铺路之义举,是
为学子架桥之善事,我将依然如故,摩顶放踵,愿效微劳,腾出时
间,孜孜矻矻致力于译事。

(三)编辑。编辑是我的本职工作,也是我谋生的手段或生计
来源。自1981年研究生毕业到中国科学院《自然辩证法通讯》杂
志社就职,至2009年退休即时辞去主编,我从事该职业近三十年,
先后任助理编辑(1981~1982)、编辑(1983~1985)、编辑部副主任
(1985~1991),常务副主编(1992~2000),主编(2001~2009)。因
历史原因和客观现实,在1988~1991、1995~2000年间,还不得不
勉力扮演执行主编的角色,独自负责编辑、出版等全盘工作。在我

---

① 李醒民:译者应该具备的资质,北京:《光明日报》,2011年9月20日,第11
版。P.迪昂:《德国的科学》,李醒民译,北京:商务印书馆,2012年第1版,第269~
274页。
② 李醒民的诗《人生》(2007年12月4日):"人生能有几回狂,降龙伏虎射天狼?
凌云猛志囊四海,茶火气势吞八荒。胸藏珠玑任挥洒,笔走龙蛇自成章。风卷残云碧
空净,更现天心慨而慷。"

的主持下,杂志的升格有条不紊地稳步推进。^① 在"硬件"建设方面:实现激光照排(1997),纸质改善(1998),篇幅扩张(2000、2003),蝴蝶装订(2000),封面更新(2000,2003,2008),开本增大(2002),首定刊徽(2008),编校、印装质量有所提高。在"软件"建设方面:使科学哲学栏目学术化、规范化,深度有所开掘或广度有所拓展;开设人文色彩较浓的新栏目,如科学文化、学人论坛、学术评论、学问人生;^②针对一些有理论价值或现实意义的问题,以学术专论和学术笔谈的形式展开思想交锋;组织专题讨论,为匡正学术流弊、遏止学术失检、净化学术氛围、整饬学术道德、恪守学术规范助一臂之力;^③倡导自然辩证法研究的新视野和新境界;^④……尤其是,对《自然辩证法通讯》进行准确定位:"联结自然科学、社会科学和人文学科的纽带,沟通科学文化和人文文化的桥梁";把刊物的副标题升级为"关于自然、科学、技术的跨学科研究和多维度透视的综合性学术刊物";明确刊物的旨趣和追求:"科学与人文珠联璧合、学术共思想相得益彰","弘扬科学精神、撒播人文情怀";坚守和张扬刊物的格调:"培育独立的思想品格、塑造狷介的学术

① 李醒民:卞和不悔三刖痛,盖因荆璞成美谈,北京:《自然辩证法通讯》,第25卷(2003),第6期,第11～12页。

② 本刊编辑部(李醒民撰写):"《自然辩证法通讯》2001年拟设新栏目",北京:《自然辩证法通讯》,第22卷(2000),第3期,第94～95页。

③ 李醒民主编:《见微知著——中国学界学风透视》,开封:河南大学出版社,2006年4月第1版,33＋334页。

④ 李醒民:"自然辩证法的新视野和新境界——《自然辩证法通讯》出版150期寄语",北京:《光明日报》,2004年2月10日第B2版;全文载北京:《自然辩证法通讯》,第26卷(2004),第2期,第1～3页。李醒民:自然辩证法研究应该拓宽视野和提升境界,石家庄:《社会科学论坛》,2010年第19期,第80～84页。

风骨"，"不当庙堂话语的应声虫或喉舌、不做时髦话语的追随者或尾巴"，"不为肉食者帮闲、不替暴发户帮忙"；并在征稿启事中郑重申明："不论职位高低，不问名气大小，不管关系亲疏，不计人情厚薄，不图感谢回报，不齿献金送礼，唯质是视，量质录用"。[①]

此外，我本人（偶与他人合作）还策划、组织、主编了十一种丛书和文集共八十本、影像三十集，其中比较有影响的是："三原色丛书"、"哲人科学家丛书"、"科学巨星——世界著名科学家评传"、"中国科学哲学论丛"、"科学方法丛书"、"中学生科学素养丛书"、"科学文化随笔丛书"。在这些出版物中，科学与人文比翼齐飞，学术共思想圆融一色。它们格调高洁特立独行，雅俗共赏惠及域中。我主编这些丛书，广纳四海学术翘楚，化育中国思想嚆矢，特别注意扶掖青年学人，毫无功利目的——不收出版费，还给作者发稿费。反观眼下一些丛书，不仅向出版社交钱买书号，甚至要作者自掏腰包，而且肥水不流外人田，只局限于本单位或小圈子的人员利益均沾——质量当然难以提高了。

（四）作诗。诗是我的感情的宣泄，心灵的共鸣，精神的升华，思想的结晶，乃至是我的生命的年轮。我是上高中时开始作诗的。当时正处于热恋之中，先后写了一二十首不今不古的爱情诗。可惜"文革"初来乍到，爱人怕红卫兵抄家，抓住资产阶级思想的证据批斗，偷偷地把我送给她的小本子销毁了——她至今后悔不迭。

---

① 　李醒民："《自然辩证法通讯》的定位、旨趣、追求和格调"，北京：《自然辩证法通讯》，第 30 卷（2008），第 3 期，第 98～99 页。

现在,我也记不清到底写了些什么,印象里仅有零散的片言只语。[①] 我写诗,是触景生情,有感而发,并非刻意为之,更不是作为一种正式从事的事业或所要完成的任务对待,所以往往是诗觅我而非我觅诗。就在这怡情言志、自娱自乐之中,将近五十年来,断断续续、时多时少地写了数百首,体裁有近体诗、现代诗、古今杂体诗,还有少数翻译诗。我的诗作在我的著作《爱因斯坦》、《皮尔逊》、《中国现代科学思潮》、《科学论:科学的三维世界》的编、章题记中有所披露,也散见一些序言、后记、短文中。我没有出版过诗集,目前也没有这样的打算。乐在其中,美在其里,身心充满诗意(诗人应该是充满诗意的人,也能够成为充满诗意的人),就是诗对我的最好报偿。人常说文如其人,诗在这方面似乎尤为统一、更为突出。试问:若非"心同野鹤与尘远",安能"诗似玉壶见底清"?[②]

我虽然是中国科学院研究生院的教授,除了偶尔做学术报告或给研究生做专题讲座外,我对一般的教学不大感兴趣。尽管我开设过"哲人科学家讲座"、"科学文化讲座"课程,选课的学生少则百人,多则达到七百余人——不得不三迁课堂(由中教室到大教室再到大礼堂),教学效果和反响也不错,但是教学工作依然激不起我的兴致。这可能与我一开始以编辑为业,后来又并入科技政策与管理科学研究所做副研究员、研究员有关,而且固定时间连续上课妨碍我的自由行动——我是一个习惯自由自在的人。不过,最重要的原因也许是,我总觉得,与研究、写作、翻译比较起来,一般

---

①   例如,"清风习习,天华灿灿,银河中天斜坠。欲说……,却道沁人心脾";"柔情绰态媚语言";"贴耳密谈,知心语绵绵"之类。

②   韦应物:《赠王侍御》。

教学的创造性有限,而我则是一个对创造情有独钟,不喜欢反复吃热烫饭、走回头路的人。我愿不断换新口味,始终走不归路!

写到这里,或告之曰:"若事实如此,那您就是哲学家、翻译家、编辑家、诗人了。"我即刻回答:"谢谢您的美言。我虽然尊重您言论自由的权利,但是我不能欣然接受您的'册封'或'加冕'。这话由您说出,有阿谀取容之嫌,起码也被看作溢美之词或吹捧之语。这话更不会出自我口,因为那会贻笑大家,也会被世人视为自吹自擂、不知天高地厚,尽管我向来不大在乎时人臧否①。这事得由时间老人评判,得由历史逻辑定论,因为时间老人最公正,历史逻辑最无情——它们最能忍耐,永久地忍耐!况且,自己做过的事情,在现实世界有白纸黑字在,在虚拟世界有数字信息在,它们也能够忍耐——长久地存在。当下的诸多事情最没劲,当下的不少话语不可信,乃至较近的所谓'历史'亦是如此(尤其是正史往往为辉格史)——或是无稽之谈,或是蛊惑之言,或是鹦鹉学舌,或是弥天大谎,甚或指鹿为马、颠倒黑白的案例也可以顺手摭拾。因此,我们还是把眼下的得失荣辱抛在脑后为妙,自处安然,干事崭然,言行翕然,得意淡然,失意泰然,待人蔼然,闻过幡然,内心坦然,决断毅然,遇利超然,于名漠然的好。"言罢,好事者若有所思,似有所悟:"善哉。此言得之!"

子曰:"吾十有五而志于学,三十而立,四十而不惑,五十而知天命,六十而耳顺,七十而从心所欲,不逾矩。"②作为抗日战争胜

---

① 有拙诗"非顾"(2010年2月16日)为证:"文章乃天成,行事本心声。所向遂己意,非顾时人评。"

② 《论语·为政》。

利年生人,我理应从心所欲不逾矩了。事实上,想必是从小吃苦过多(简陋的生存条件、繁重的田野劳动、往往吃不饱肚子),"文革"中又备受政治迫害和精神折磨,加之广泛接触社会底层(翻山越岭三千里步行长征,在工厂、农村、解放军农场劳动锻炼,在陕西富平县基层工作多年),因此我比孔圣人言说的好像要早熟一些。这有1968年11月17日写的"自画像"为证:

> 生性殊倔强,羞学如磬腰。
> 门寒志愈坚,身微气益豪。
> 岂慕阳关道,惟钟独木桥。
> 纵然坠激流,犹喜浪滔滔。

诗成之时,我还是一个小青年,年岁仅二十有三。十年之后,在北京参加研究生复试时,只身登上长城的最高处。瞭望万里江山无比娇美,聆听改革开放的春雷在神州大地激荡,一股强大的热流在周身翻腾不已,我随即口占"登八达岭长城"(1978年7月25日):

> 远眺仵哨台,清风沁我怀。
> 燕山逶迤去,长城蜿蜒来。
> 威名壮中华,神工展雄才,
> 愿借江山美,马革裹尸埋。

在届期五旬时,有"五十述怀"(1995年10月)不期而至:

　　　　世事沧桑知天命，神离红尘耳目清。
　　　　香茗一杯思絮远，任尔东南西北风。

在年近六旬时，又有"敢言"（2004 年 6 月 15 日）不期而遇：

　　　　年近花甲心未老，敢言清秋胜春朝。
　　　　笔端常蓄凌云志，直引文思上碧霄。

就在"知天命"前后，我本人可以我说不折不扣地做到行为心役而
非心为行役，在学术和思想的宁静憩园里"独钓寒江雪"①，从而进
入"不以物喜、不以己悲"、"宠辱皆忘"②的境界，自由而惬意地享
受"一蓑烟雨任平生"、"也无风雨也无晴"③的诗意人生。庄周真
不愧是伟大的超然物外的哲学家，他言必有中，值得看重精神生活
和生命的人们向往和追求："物而不物，故能物物。……出入六合，
游乎九州，独往独来，是谓独有。独有之人，是谓至贵。"④
　　德国古典哲学家谢林有言："超凡脱俗只有两条路：诗和哲
学。前者使我们身临理想境界，后者使现实世界完全从我们面前

---

　　①　柳宗元：《江雪》。
　　②　范仲淹：《岳阳楼记》。
　　③　苏轼：《定风波》。
　　④　《庄子·在宥》。这段话的意思是："支配物而不被物役使，才能主宰外
物。……[他的精神境界]却能往来于天地四方，神游于九州，独来独往，这可称为'独
有'。具有这样特立独行的人，便是无上的尊贵。"参见陈鼓应注译：《庄子今注今译》，
北京：中华书局，1983 年第 1 版，第 290 页。

消逝。"①有幸的是,我与诗和哲学以及科学均喜结良缘。我在1995年的随感中这样写道:"人常说,诗、科学和哲学是探索宇宙和人生真谛的利器。我以为,它们也是人的精神自由驰骋的广阔天地,是人的全面发展必不可少的素质。有幸的是,对于这三者,我都有缘且爱恋。但是,诗、科学和哲学只有在理想的天国才能自由翱翔,一旦跌落在理想与现实冲突的大地上,往往会折断强健的翅膀。然而,人的思想又不能长久地陶醉于天国的自由、和谐与宁静。这是一个悖论。"悖论并不可怕,人本来就生活在充满悖论的世界中,更何况人生本身恐怕就是一个悖论。

"思乐泮水,薄采其芹。"②在结束此后记时,我愿顺录近作三首,一来野老献芹,略表寸心——"献芹则小小,用意谁谆谆"③;二来怡淡泊之情,言致远之志;三来拟效"嘤其鸣矣,求其友声"——"矧伊人矣,不求友生?"④能否一箭三雕,唯有天知地知,我就管不得多少了。

逐日追春满眼春,春在心头总十分。

何方可唤春常在,青春哲学驻吾身。⑤

仰望寒山仁爱增,俯视冰湖智慧生。

---

① 谢林:《先验唯心论体系》,梁存秀、薛华译,北京:商务印书馆,1976年第1版,第17页。
② 《诗经·鲁颂·泮水》。
③ 赵蕃:《寄李晦庵》。
④ 《诗经·小雅·伐木》。
⑤ "记己丑年春日追春",2009年5月13日。

静动寿乐随天意,君子向来两袖风。①

天昏地白空山清,踽踽独行似野僧。
孤留足迹只身后,飞鸿印雪尽吾生。②

2013 年 7 月 26 日于北京西郊"侵山抱月堂"

---

① "晨练西小龙山有感",2012 年 2 月 1 日。
② "清晨踏雪东小龙山",2012 年 12 月 14 日。

图书在版编目(CIP)数据

自由思想的伦理/(英)皮尔逊著;李醒民译. —北京:
商务印书馆,2016
ISBN 978 - 7 - 100 - 12004 - 3

Ⅰ.①自⋯ Ⅱ.①皮⋯ ②李⋯ Ⅲ.①伦理思想一
研究 Ⅳ.①B82

中国版本图书馆 CIP 数据核字(2016)第 032483 号

自由思想的伦理

〔英〕卡尔·皮尔逊 著

李醒民 译

商 务 印 书 馆 出 版
(北京王府井大街 36 号 邮政编码 100710)
商 务 印 书 馆 发 行
北京市艺辉印刷有限公司印刷
ISBN 978 - 7 - 100 - 12004 - 3

2016年6月第1版 开本 850×1168 1/32
2016年6月北京第1次印刷 印张 17 插页2
定价:45.00元